中國古代史學叢書

［漢］班固　撰　［清］王先謙　補注
上海師範大學古籍整理研究所　整理

漢書補注

肆

上海古籍出版社

〔一〕李奇曰：於旁有吳陽地也。【補注】先謙曰：吳陽，吳山之陽。吳山見下。
〔二〕師古曰：土之可居者曰隩，音於六反。
〔三〕【補注】沈欽韓曰：說文「畤，天地五帝所基址祭地」。案此即禮經之郊兆。小宗伯職「兆五帝於四郊，四望四類亦如之」。周之故都所在有之。而或說以爲「神明之隩，諸神祠皆聚」，非也。先謙曰：官本無「神」字。
〔四〕師古曰：晚謂末時也。
〔五〕李奇曰：縉，插也，插笏於紳。紳，大帶也。臣瓚曰：縉，赤白色也。紳，大帶也。左氏傳有縉雲氏。師古曰：李云縉插，是也。字本作「搢」，插笏於大帶與革帶之間耳，非插於大帶也。或作薦紳者，亦謂薦笏於紳帶之間，其義同。【補注】先謙曰：封禪書作「搢」。索隱引鄭衆注周禮云「搢讀曰薦」。作「縉」者，借字耳，瓚訓非也。

作鄜畤後九年，文公獲若石云，於陳倉北阪城祠之。〔一〕其神或歲不至，或歲數。來也常以夜，〔二〕光輝若流星，從東方來，〔三〕集於祠城，若雄雉，其聲殷殷云，野雞夜鳴。〔四〕以一牢祠之，名曰陳寶。〔五〕

〔一〕蘇林曰：質如石，似肝。師古曰：陳倉之北阪上城中也。云，語辭也。【補注】劉敞曰：蓋於陳倉北阪上築城作祠祠之，下文云「集於祠城」是也。
〔二〕【補注】葉德輝曰：封禪書「來」下重「來」字，是。「來也」下屬爲句。
〔三〕【補注】周壽昌曰：封禪書作「東南」。
〔四〕師古曰：殷殷，聲也。云，傳聲之亂也。野雞，亦雉也，避呂后諱，故曰野雞。言陳寶若來而有聲，則野雞皆鳴以應之也。上言雄雉，下言野雞，史駁文也。殷音隱。【補注】顧炎武曰：竊謂野雞者，野中之雞耳。注拘於荀悅云「諱雉之字曰野雞」。夫諱恒曰常，諱啟曰開，史固有言常、言開者，豈必其皆爲恒與啟乎？又此文本史記封禪書，其上文曰「有雉登鼎耳雊」，其下文云「公孫卿言見仙人迹緱氏城上，有物如雉，往來城上」，又云「縱遠方奇獸飛禽及白雉」，竝無所諱。而地理志南陽郡有雉縣，江夏郡有下雉縣，五行志王音等上言「雉者聽察，先聞雷聲」，則漢時未嘗諱雉也。陳浩曰：案，此上文即云「若雄雉」，可爲不諱雉之確證。王念孫曰：其聲殷殷云者，殷殷然也。上文曰「文公獲若石云於陳倉北阪」，亦謂若石然也。僖二十九年左傳「介葛盧聞牛鳴，曰：『是生三犧，皆用之矣，其音云。』」謂其音然也。史記周本紀曰「其色赤，其聲魄云」，謂其聲魄然也。顏曰「云，傳聲之亂也」，則誤讀爲紛紜之紜矣。王引之曰：史記封禪書集解「如淳曰：『野雞，雉也。呂后名雉，故曰野雞。』」案「雉」字見於史記、漢書者甚多，皆不爲呂后諱，何獨於此而諱之？五行志云「有飛雉集於庭」，又云「天水冀南山大石鳴，壄雞皆鳴」。一篇之中既言雉，又言野雞，正與郊祀志同，不應駮文若是之多也。蓋書傳中稱野雞者有二：一爲雉之別名，杜鄴傳云「野雞著怪，高宗深動」是也；一爲野地所畜之雞，則此云「野雞夜鳴」是也。易林睽之大壯云：「鷹飛雉遽，兔伏不起；狐張狼鳴，野雞驚駭。」四句之中，而雉與野雞竝見，則野雞非雉也。又急就篇說飛鳥云「鳳、爵、鴻、鵠、鴈、鶩、雉」，其說六畜則云「豭豶、狡犬、野雞雛」，然則野雞爲常畜之雞矣。師古注急就篇云：「野雞生在山野，鷂雞、鶡雞、天雞、山雞之類。」如此，則非復常畜者矣，何以急就篇數六畜而及之乎？野雞夜鳴，猶淮南言「雄雞野鳴」耳。見泰族篇。郊祀志之雄雉、野雞，五行志之野雞、飛雉，皆判然兩物。謂野雞避呂后諱者，惑於荀悦之說也。封禪書作「野雞夜聲」，義與漢書同。聲亦鳴也。白虎通義禮樂篇云：「聲者，鳴也。」鄭注論語先進篇云：「鳴鼓聲其罪以責之。」淮南兵畧篇云「彈琴瑟，聲鍾竽」，是聲與鳴同義。宋王觀國學林引封禪書曰「野雞夜聲」，又引郊祀志曰「野雞夜鳴」，是王所見史記正作「夜聲」，而今本史記作「夜雊」。「雊」字，集解、索隱、正義皆無音釋，明是後人誤以野雞爲雉，而妄改之。

〔五〕臣瓚曰：陳倉縣有寶夫人祠，或一歲二歲與葉君合。葉君神來時，天爲之殷殷雷鳴，雉爲之雊也。【補注】沈欽韓曰：文選羽獵賦注，太康記曰：「秦文時，陳倉人獵得獸，若彘，而不知其名。道逢二童子，曰『糟弗述』。索隱引列異傳云：「此名爲媦，在地下食死人腦。」水經注三十一「秦文公之世，有伯陽者，逢二童：曰舀，曰被。」糟弗述亦語曰：『彼二童子名爲寶雞，得雄者王，得雌者霸。』陳倉人舍糟弗述，逐二童子。化爲雉，雌止陳（寶）〔倉〕，化爲石。雄如楚，止南陽也。」案，臣瓚所云葉君，即其止南陽之雄者。宋書符瑞志云「其後，光武興於南陽」也。

作陳寶祠後七十一年，〔一〕秦德公立，卜居雍。〔二〕子孫飲馬於河，遂都雍。〔三〕雍之諸祠自此興。用三百牢於鄜畤。〔四〕作伏祠。〔五〕磔狗邑四門，〔六〕以御蠱災。〔七〕

〔一〕【補注】先謙曰：封禪書作「七十八年」，此是，說見上。

〔二〕師古曰：即今之雍縣。

〔三〕【補注】先謙曰：故城今在陝西鳳翔縣南。

〔四〕【補注】先謙曰：索隱「秦紀德公元年，以犧三百祠鄜畤。」

〔五〕孟康曰：六月伏日也。周時無，至此乃有之。師古曰：伏者，謂陰氣將起，迫於殘陽而未得升，故爲臧伏，因名伏日也。立秋之後，以金代火，金畏於火，故至庚日必伏。庚，金也。

〔六〕【補注】沈欽韓曰：風俗通「俗說，狗別賓主，善守禦，取著四門，以辟盜賊」。

〔七〕【補注】周壽昌曰：正義「蠱者，熱毒惡氣爲傷害人，故磔狗以禦之」。案說文「梟桀死之鬼亦爲蠱」。左傳昭元年「是謂近女室疾，如蠱」。注「蠱，惑疾。」是凡厲氣傳疾者，皆可謂之蠱也。禮月令「季春之月，九門磔攘，以畢春氣。」說文「磔攘，祀除厲殃也」。

後四年，〔一〕秦宣公作密畤於渭南，祭青帝。

〔一〕【補注】先謙曰：封禪書作「六年」，此是，說見上。

後十三年，〔一〕秦穆公立，病臥五日不寤。〔二〕寤，乃言夢見上帝，〔三〕上帝命穆公平晉亂。史書而藏之府。〔四〕而後世皆曰上天。

〔一〕【補注】周壽昌曰：封禪書作「十四」。
〔二〕師古曰：寤，覺也。覺音公孝反。
〔三〕師古曰：上帝，謂天也。
〔四〕師古曰：府，臧書之處。

穆公立九年，齊桓公既霸，會諸侯於葵丘，而欲封禪。〔一〕管仲曰：「古者封泰山禪梁父者七十二家，〔二〕而夷吾所記者十有二焉。昔無懷氏封泰山，禪云云；〔三〕虙羲封泰山，禪云云；〔四〕神農氏封泰山，禪云云；炎帝封泰山，禪云云；〔五〕黄帝封泰山，禪亭亭；〔六〕顓頊封泰山，禪云云；帝嚳封泰山，禪云云；堯封泰山，禪云云；舜封泰山，禪云云；禹封泰山，禪會稽；〔七〕湯封泰山，禪云云；周成王封泰山，禪於社首，〔八〕皆受命然後得封禪。」〔九〕桓公曰：「寡人北伐山戎，過孤竹；〔一〇〕西伐，〔一一〕束馬縣車，上卑耳之山；〔一二〕南伐至召陵，〔一三〕登熊耳山，以望江漢。〔一四〕兵車之會三，乘車之會六，九合諸侯，一匡天下，〔一五〕諸侯莫違我。昔三代受命，亦何以異乎？」於是管仲睹桓公不可窮以辭，因設之以事，曰：「古之封禪，鄗上黍，北里禾，所以爲盛；〔一六〕江淮間一茅三脊，所以爲藉也。〔一七〕東海致比目之魚，〔一八〕西海致比翼之鳥。〔一九〕然後物有不召而自至者十有五焉。今鳳皇麒麟不至，嘉禾不生，而蓬蒿藜莠茂，鴟梟羣翔，〔二〇〕而欲封禪，無乃不可乎？」於是桓公乃止。

〔一〕師古曰：葵丘會在僖九年。葵丘在陳留外黃縣東。封禪者，封土於山而禪祭於地也。禪音上戰反，解在武紀。

〔二〕師古曰：父音甫。【補注】周壽昌曰：莊子曰：「易姓而王，封於泰山禪於梁父者七十有二代。其有形兆垠堮勒石，凡千八百餘處。」案，志自「桓公既霸」至「桓公乃止」，管子封禪篇文。所記自無懷氏以下十二家，其六十家無紀録也。史記注引韓詩外傳云：「孔子升泰山，觀易姓而王，可得而數者七十餘人，不得而數者萬數也。」緯書河圖真記作「七十二人」。許慎説文序作「七十有二代」。

〔三〕鄭氏曰：無懷氏，古之王者，在伏羲前，見莊子。服虔曰：云云在梁父東，山名也。晉灼曰：云云山在蒙陰縣故城東北，下有云云亭。

〔四〕師古曰：虙讀曰伏。

〔五〕李奇曰：炎帝，神農後。

〔六〕服虔曰：亭亭山在牟陰。晉灼曰：地理志鉅平有亭亭山。師古曰：晉説是也。

〔七〕【補注】葉德輝曰：封禪書索隱引「晉灼云：『本名茅山。』吴越春秋：『禹巡天下，登茅山，以朝諸侯，乃大會計，更名茅山爲會稽。』」

〔八〕應劭曰：山名，在博縣。晉灼曰：在鉅平南十二里。師古曰：晉説是也。

〔九〕【補注】沈欽韓曰：梁書許懋傳，懋議曰：「臣案，舜幸岱宗，是爲巡狩。而鄭引孝經鉤命決云『封於泰山，考績柴燎；禪乎梁甫，刻石紀號』。此緯書之曲説，非正經之通義也。依白虎通云『封者，言附廣也；禪者，言成功相傳也』。若以禪授爲義，則禹不應傳啟，湯不應傳外景也。又禮記云：『三皇禪奕奕，謂盛德也。五帝禪亭亭，特立獨起於身也。三王禪梁父，連延不絶，父没子繼也。』舊書伏羲禪云云，黄帝禪亭亭，皆不禪奕奕；顓頊以下禪云云，亦不禪亭亭；禹禪云云，周成王禪社首，異乎禮説。皆道聽所得，失其本文。」

〔一〇〕應劭曰：伯夷國也，在遼西令支。師古曰：令音郎定反。支音神祇之祇。

〔一一〕【補注】周壽昌曰：此句下，封禪書有「大夏涉流沙」五字。

〔一二〕韋昭曰：將上山，纏束其馬，縣(鈞)〔鉤〕其車也。卑耳即齊語所謂辟耳。【補注】沈欽韓曰：管子小問篇「桓公北伐孤竹，未至卑耳之谿十里，闟然止，瞠然視。公曰：『寡人大惑，今者見人，長尺，而人物(其)〔具〕冠，右祛衣，走馬前疾。』管仲對曰：『臣聞登山之神有俞兒者，長尺而人物具焉。霸王之君興而神見，且走馬前疾，道也。祛衣，示前有水也。右祛衣，示從右方涉也。』至卑耳之谿，有贊水者曰：『從左方涉，其深及冠；從右方涉，其深至膝。』桓公立拜管仲於馬前，曰：『仲父之聖至此！』」

〔一三〕師古曰：召陵，楚地也，在汝南。召讀曰劭。

〔一四〕師古曰：熊耳山在順陽北益陽縣東，非禹貢所云「導洛自熊耳」者也。其山兩峯，狀亦若熊耳，因以爲名也。

〔一五〕師古曰：兵車之會三：謂莊十三年會於北杏，以平宋亂；僖四年侵蔡，蔡潰，遂伐楚，次於陘；六年伐鄭圍新城也。乘車之會六：謂莊十四年會於鄄；十五年又會於鄄；十六年同盟於幽；僖五年會於首止；八年盟於洮；九年會於葵丘也。匡，正也。一匡天下，謂定襄王爲天子之位也。一說，謂陽穀之會令諸侯云「無障谷，無貯粟，無以妾爲妻」，天下皆從，故云一匡者也。

〔一六〕應劭曰：鄗音臛。蘇林曰：鄗上、北里，皆地名也。師古曰：盛謂以實簠簋。

〔一七〕服虔曰：茅草有三脊也。張晏曰：謂靈茅也。師古曰：藉，以藉地也，音才夜反。

〔一八〕師古曰：爾雅云「東方有比目魚焉，不比不行，其名謂之鰈」，音土盍反。

〔一九〕師古曰：山海經云：「崇吾之山有鳥，狀如鳧，而一翼一目，相得乃飛，其名曰蠻。」爾雅曰：「南方有比翼鳥焉，不比不飛，其名謂之鶼鶼。」而管仲乃云西海，其說異也。

〔二〇〕師古曰：蓬蒿藜莠，皆穢惡之草。梟，不祥之鳥也。鴟，蓋今所謂角鴟也。梟，土梟也。

是歲，秦穆公納晉君夷吾。其後三置晉國之君，平其亂。〔一〕穆公立三十九年而卒。

〔一〕師古曰：三立其君，謂惠公、懷公、文公。

後五十年，周靈王即位。時諸侯莫朝周，萇弘乃明鬼神事，〔一〕設射不來。不來者，諸侯之不來朝者也。〔二〕依物怪，欲以致諸侯。諸侯弗從，而周室愈微。後二世，至敬王時，晉人殺萇弘。〔三〕

〔一〕師古曰：萇弘，周大夫。

〔二〕【補注】何焯曰：史記作「設射貍首。貍首者，諸侯之不來者」。徐廣注「貍，一名不來」。錢大昕曰：案，禮記射義「諸侯以貍首爲節」。「貍首者，樂會時也」。大射儀「奏貍首」，鄭康成云：「貍之言不來也，其詩有射諸侯首不朝者之言，因以名篇。」萇弘所行，乃是古禮。戰國後，禮廢，乃疑其神怪爾。沈欽韓曰：大戴記投壺篇「嗟爾不寧侯！爲爾不朝於王所，故亢而射女。彊食。食爾曾孫侯氏百福。」攷工記「祭侯之禮，以酒脯醢。其辭曰：『惟若寧侯！毋或若女不寧侯，不屬於王所，故抗而射女。』」云云。諸侯不臣，謂之不寧。易曰：「不寧方來。」是固王之賓射也。御覽七百三十七引六韜曰：「武王伐殷，丁侯不朝，太公乃畫丁侯於策，三箭射之。丁侯病困，卜者占云：『祟在周。』恐懼，乃請舉國爲臣。太公使人甲乙日拔丁侯著頭箭，丙丁日拔著口箭，戊己日拔著腹箭，丁侯病稍愈。四夷聞，各以來貢。」亦貍首之比。

〔三〕李奇曰：周爲晉殺之也。師古曰：春秋左氏傳哀公三年傳稱「劉氏、范氏世爲婚姻，萇弘事劉文公，故周與范氏。趙鞅以爲討，周人殺萇弘」也。

是時，季氏專魯，旅於泰山，仲尼譏之。〔一〕

〔一〕師古曰：旅，陳也，陳禮物而祭之也。陪臣祭泰山，僭諸侯之禮。孔子非之曰：「嗚乎，曾謂泰山不如林放乎！」事見論語。【補注】先謙曰：官本「嗚乎」作「嗚呼」。

自秦宣公作密畤後二百五十年，而秦靈公於吳陽作上畤，祭黄帝；作下畤，祭炎帝。後四十八年，周太史儋見秦獻公，〔一〕曰：「周始與秦國合而别，别五百載當復合，〔二〕合七十年而伯王出焉。」〔三〕儋見後七年，櫟陽雨金，獻公自以爲得金瑞，故作畦畤櫟陽，而祀白帝。〔四〕

〔一〕孟康曰：太史儋謂老子也。師古曰：此亦周之太史名，非必老聃。老聃非秦獻公時。儋音丁甘反，又吐甘反。【補注】葉德輝曰：封禪書索隱引韋昭「案年表，儋在孔子後百餘年，非老聃也」。

〔二〕應劭曰：秦，伯翳之後也。始周孝王封非子爲附庸，邑諸秦。平王東遷洛邑，襄公以兵衞之，嘉其勳力，列爲侯伯，與周别五百載矣。昭王時，西周君自歸受罪，盡獻其邑三十六城，此復合也。孟康曰：謂周封秦爲别，秦并周爲合。此襄王爲霸，始皇爲王也。韋昭曰：周封秦爲始别，謂秦仲也。五百歲，謂從秦仲至孝公彊大，顯王致伯，與之親合也。師古曰：諸家之説皆非也。自非子至西周獻邑，凡六百五十三歲，自仲至顯王二十六年孝公稱伯，止有四百二十六歲，皆不合五百之數也。案史記秦本紀及年表，並云周平王封襄公，始列爲諸侯，於是始與諸侯通。又周本紀及吳、齊、晉、楚諸系家皆言幽王爲犬戎所殺，秦始列爲諸侯，正與此志符會，是乃爲别。至昭襄王五十二年，西周君自歸獻邑，凡五百一十六年，是爲合也。言五百者，舉其成數也。【補注】先謙曰：官本應注「西周」作「西州」。

〔三〕韋昭曰：武王、昭王皆伯，至始皇而王天下。師古曰：七十當爲十七，今史記舊本皆作「十七」字。伯王者，指謂始皇。始皇初立，政在太后、嫪毐，未得稱伯。自昭王滅周後，至始皇九年誅嫪毐，止十七年。本紀、年表其義顯，而韋氏乃合武王、昭王爲數，失之遠矣。伯讀曰霸。

〔四〕師古曰：畦時者，如種韭畦之形，而時於畦中各爲一土封也。畦音下圭反。【補注】錢大昭曰：太康地理志云：「時在櫟陽故城內。」其時若畦，故爲畦時，此司馬貞説也，較顔注爲優。先謙曰：案，官本無「自」字，引宋祁曰：「越本『獻公』下有『自』字。」

後百一十歲，〔一〕周赧王卒，九鼎入於秦。或曰，周顯王之四十二年，宋大丘社亡，〔二〕而鼎淪没於泗水彭城下。〔三〕

〔一〕【補注】先謙曰：官本「一」作「二」，封禪書同，徐廣注「去太史儋言時百二十年」。

〔二〕師古曰：爾雅云「左陵泰丘」，謂丘左有陵者，其名泰丘也。郭璞云「宋有泰丘」，蓋以丘名此地也。【補注】先謙曰：索隱引應劭曰，云「亡，淪入地」，非也。案，亡謂社主亡也。郭璞云「宋有太丘社」，以社名此地也。顔注作「以丘」，蓋誤。

〔三〕【補注】沈欽韓曰：周策「秦興師臨周而求九鼎，姚氏考春秋後語，在周顯王、齊宣王時。顔率東借救於齊」，是九鼎在東周也。周紀「周君、王赧卒，周民東亡，秦取九鼎寶器」。而始皇紀「二十八年，還過彭城，齋戒禱祠，欲出周鼎泗水」，則史公敘事自相乖謬。以理推之，周鼎至重，何得輕齎往宋，從河南府郤至徐州千二百里乎？愚謂九鼎之亡，周自亡之。虞大國之數甘心也，爲宗社之殃，又當困乏之時，銷毁爲貨，謬云鼎亡耳。左傳正義「其鼎有九，故稱九鼎」。召誥正義「九牧貢金爲鼎，故稱九鼎，其實一鼎」。兩書雜出不類如此。先謙曰：水經泗水注「周顯王四十二年，九鼎淪没泗淵。秦始皇時，而鼎見於斯水。始皇自以德合三代，大喜，使數千人没水求之，不得，所謂鼎伏也。亦云系而行之，未出，龍齒齧斷其系，故語曰『稱樂太早絶鼎系』，當是孟浪之談耳」。先謙案：志文本封禪書。既言鼎入於秦，又引或説鼎没泗水，正與周、秦本紀兩文相應，史公敘事固未誤也。當時列國分爭，紀載互異。秦之滅周取鼎，自由時人揣度之詞，而鼎實未入秦，淪没泗水，則係秦人傳聞如此，故始皇有禱祠出鼎之事。全祖望以爲「浮河入渭，即至秦土，不得由泗」，其説是也。鼎早不見，周自亡之，沈説可謂推見至隱。「顯王四十二年」，封禪書無此文，班氏增之。

自赧王卒後七年，秦莊襄王滅東周，周祀絶。後二十八年，秦并天下，稱皇帝。

秦始皇帝既即位，或曰：「黄帝得土德，黄龍地螾見。〔一〕夏得木德，青龍止於郊，草木鬯茂。〔二〕殷得金德，銀自山溢。〔三〕周得火德，有赤烏之符。〔四〕今秦變周，水德之時。〔五〕昔文公出臘，〔六〕獲黑龍，此其水德之瑞。」於是秦更名河曰「德水」，以冬十月爲年首，色尚黑，度以六爲名，〔七〕音上大呂，〔八〕事統上法。〔九〕

〔一〕應劭曰：螾，丘蚓也。黄帝土德，故地見其神，蚓大五六圍，長十餘丈。如淳曰：吕氏春秋云黄帝之時，天先見大螻大螾，黄帝曰土氣勝，故其色尚黄。師古曰：螾音蚓。螻音樓，謂螻蛄也。【補注】沈欽韓曰：册府元龜二十一「有大螻如羊，大螾如虹」。先謙曰：官本「丘」作「蚯」，音「蚓」作「引」。

〔二〕師古曰：鬯與暢同。

〔三〕蘇林曰：流出也。

〔四〕師古曰：謂武王伐紂師渡孟津之時也。尚書中候曰：「有火自天止於王屋，流爲赤烏，五至，以穀俱來。」【補注】宋祁曰：淳化本注末云「五至之數也」，無「以穀俱來」四字。葉德輝曰：封禪書索隱引尚書中侯及吕氏春秋皆作「以數俱來」。蓋「穀」、「數」二字形譌，淳化本「之數也」〔二〕〔三〕字，即「以穀俱來」之爛文。

〔五〕【補注】朱一新曰：汪本無「今」字。先謙曰：官本無「今」字，考證云：「監本『秦』上衍『今』字，從宋本去。」先謙案：始皇紀云「方今水德之始」，又云「更名河曰『德水』，以爲水德之始」。「時」字無義，似作「始」爲是。下文「漢當水德之時」，封禪書「時」作「始」，亦其證也。

〔六〕【補注】錢大昭曰：臘，南雍本、閩本皆作「獵」。葉德輝曰：德藩本作「獵」，封禪書同。先謙曰：官本作「獵」，是。

〔七〕張晏曰：水，北方，黑，終數六，故以方六寸爲符，六尺爲步。【補注】葉德輝曰：德藩本「尚」作「上」。先謙曰：官本作「上」。始皇紀「符、法冠皆六寸，而輿六尺，六尺爲步，乘六馬。」

〔八〕師古曰：大呂，陰律之始也。

〔九〕服虔曰：政尚法令也。臣瓚曰：水，陰。陰主刑殺，故上法。

即帝位三年，東巡狩郡縣，祠騶嶧山，〔一〕頌功業。〔二〕於是從齊魯之儒生博士七十人，至於泰山下。諸儒生或議曰：「古者封禪爲蒲車，惡傷山之土石草木。〔三〕埽地而祠，席用苴稭，〔四〕言其易遵也。」始皇聞此議各乖異，難施用，由此黜儒生。〔五〕而遂除車道，上自泰山陽至顛，立石頌德，明其得封也。從陰道下，〔六〕禪於梁父。其禮頗采泰祝之祀雍上帝所用，而封臧皆祕之，世不得而記也。〔七〕

〔一〕蘇林曰：騶，魯縣也。臣瓚曰：嶧山在北。師古曰：嶧音亦。【補注】先謙曰：始皇二十八年也。官本「瓚」作「贊」。

〔二〕師古曰：謂刻石自著功業。

〔三〕師古曰：蒲車，以蒲裹輪。

〔四〕應劭曰：稭，藁本也，去皮以爲席。如淳曰：苴讀如租。稭讀如戛。晉灼曰：苴，藉也。師古曰：茅藉也。苴字本作葅，假借用。

〔五〕師古曰：黜，退也。

〔六〕師古曰：山南曰陽，山北曰陰。【補注】先謙曰：官本無「下」字。

〔七〕【補注】宋祁曰：越本無「也」字。

始皇之上泰山，中阪遇暴風雨，休於大樹下。〔一〕諸儒既黜，不得與封禪，〔二〕聞始皇遇風雨，即譏之。

〔一〕【補注】先謙曰：始皇紀「因封其樹爲五大夫。」

〔二〕師古曰：與讀曰豫也。【補注】先謙曰：官本無「也」字。

於是始皇遂東遊海上，行禮祠名山川及八神，來僊人羨門之屬。〔一〕八神，將自古而有之，或曰太公以來作之。齊所以爲「齊」，以天齊也。〔二〕其祀絕，莫知起時。八神，一曰天主，祠天齊。天齊淵水，居臨菑南郊山下下者。〔三〕二曰地主，祠泰山梁父。〔四〕蓋天好陰，祠之必於高山之下時，命曰「畤」；〔五〕地貴陽，祭之必於澤中圜丘云。三曰兵主，祠蚩尤。蚩尤在東平陸監鄉，齊之西竟也。〔六〕四曰陰主，祠三山；〔七〕五曰陽主，祠之罘山；〔八〕六曰月主，祠之萊山，〔九〕皆在齊北，並勃海。〔一〇〕七曰日主，祠盛山。盛山斗入海，〔一一〕最居齊東北陽，〔一二〕以迎日出云。八曰四時主，祠琅邪。琅邪在齊東北，蓋歲之所始。〔一三〕皆各用牢具祠，而巫祝所損益，圭幣雜異焉。〔一四〕

〔一〕應劭曰：羡門名子高，古仙人也。師古曰：古亦以僊爲仙字。下皆類此。【補注】宋祁曰：注文「僊」字下當有「字」字，下「字」字當删去。錢大昭曰：「來」，南雍本、閩本皆作「求」。朱一新曰：汪本「來」作「求」，是。封禪書亦作「求」。葉德輝曰：德藩本亦作「求」。先謙曰：官本作「求」。

〔二〕蘇林曰：當天中央齊也。師古曰：謂其衆神異，如天之腹齊也。

〔三〕師古曰：下下，謂最下者。臨菑城南有天齊水，五泉並出，蓋謂此也。【補注】沈欽韓曰：元和志「天齊池在青州臨淄縣東南十五里」。先謙曰：封禪書「下」字不重，索隱引顔注作「下者，謂在下也」。地理志：馮翊谷口有天齊公祠。臨菑齊郡之縣，今山東臨淄縣治。此蓋於谷口望祭之。官本注「者」作「也」。

〔四〕【補注】先謙曰：祠二山。

〔五〕師古曰：名其祭處曰「時」也。【補注】先謙曰：封禪書「高山」之下作「小山之上，命曰時」。集解引徐廣云：「一云『之下上時命曰時。』」索隱云「此之『一云』，與郊祀志文同」，是小司馬所見漢書「下」下多一「上」字。

〔六〕師古曰：東平陸，縣名也。監，其縣之鄉名也。【補注】錢大昭曰：續志：東平陸有闞亭。劉昭云：「左傳桓十一年會於闞。杜預云『在須昌縣東南』。有闞城，博物記云，即此亭是也。」大昭案：監與闞，古字通。齊太公世家「監止有寵焉」，索隱云「左氏『監』作『闞』。」田齊世家亦作「監止」。東平陸與東郡之壽良接壤，故地理志蚩尤祠在壽良。先謙曰：官本不重「蚩尤」二字，以上下文例之，二字當衍。東平陸，東平國縣，今山東汶上縣北。

〔七〕師古曰：三山，即下所謂三神山。【補注】錢大昕曰：小司馬引顧氏説「東萊曲成參山，即此三山」者，是也，顔注誤。沈欽韓曰：輿地廣記「萊州掖縣有三山」。案，後文亦作「參山」，知非三神山也。寰宇記「三山在掖縣北五十里，海之南」。先謙曰：地理志：曲成有參山祠。曲成在今山東掖縣東北。

〔八〕韋昭曰：之罘山在東萊腄縣。師古曰：罘音浮。腄音直瑞反。【補注】宋祁曰：姚本注文無「之」字及「縣」字。沈欽韓曰：元和志「之罘山在登州文登縣西北一百九十里」。先謙曰：地理志：腄下云「有之罘山祠」。腄在今山東文登縣西。

〔九〕韋昭曰：在東萊長廣也。【補注】沈欽韓曰：元和志「在登州黄縣東南二十里」。先謙曰：「之」字不當有，緣上「之」字而衍。地理志：長廣「有萊山萊王祠」。下卷云：「祠萊山於黄。萊山祠月。」則是祠在長廣，宣帝移祀於黄，故兩地俱有祠也。長廣今在山東萊陽縣東。

〔一〇〕師古曰：並音步浪反。

〔一一〕韋昭曰：盛山在東萊不夜縣，斗入海也。師古曰：斗，絶也。盛音成。【補注】齊召南曰：案，封禪書作「成山」。此志後文云「成山於不夜」，「成山祠日」，又地理志亦作「成山」，則此文「盛」字訛也。然顔注云「盛音成」，則唐初本已作「盛山」矣。王念孫曰：古字多以「盛」爲「成」，則「盛」非譌字。繫辭傳「成象之謂乾」，蜀才本「成」作「盛」。公羊春秋莊八年「師及齊師圍成」，隱五年、十年，文十二年「成」竝作「盛」。左傳文十八年「以誣盛德」，正義本「盛」作「成」，引服虔曰「成德，謂成就之德」。秦策「今王使成橋守事於韓」，史記春申君傳「成」作「盛」。荀子王霸篇「以觀其盛」，楊倞注「盛讀爲成」。沈欽韓曰：元和志「成山在掖縣東北一百八十里」。先謙曰：地理志：不夜「有成山日祠」。不夜在山東文登縣東北。

〔一二〕【補注】宋祁曰：新本「最」作「聚」。錢大昭曰：封禪書「陽」作「隅」。

〔一三〕師古曰：山海經云琅邪臺在勃海間，謂臨海有山形如臺也。【補注】齊召南曰：琅邪在齊東南海濱，非在東北也。封禪書作「在齊東方」，可謂至確。地理志：琅邪郡琅邪有四時祠，即此文四時主也。顔不言此文「北」字之訛，於地理志注引山海經「琅邪臺在琅邪之東」，於此志注又引山海經「臺在勃海閒」，意欲以勃海解「東北」二字，非也。先謙曰：琅邪在今山東諸城縣東。

〔一四〕師古曰：言八神牲牢皆同，而圭幣各異也。

自齊威、宣時，騶子之徒論著終始五德之運，〔一〕及秦帝而齊人奏之，故始皇采用之。而宋毋忌、正伯僑、元尚，羡門高最後，皆燕人，爲方僊道，〔二〕形解銷化，〔三〕依於鬼神之事。騶衍以陰陽主運〔四〕顯於諸侯，而燕齊海上之方士傳其術不能通，然則怪迂阿諛苟合之徒自此興，不可勝數也。〔五〕

〔一〕如淳曰：今其書有五德終始。五德各以所勝爲行。秦謂周爲火德，滅火者水，故自謂水德。師古曰：騶子即騶衍。

〔二〕韋昭曰：皆慕古人之名，效爲神仙者也。師古曰：自宋毋忌至最後，皆其人姓名也，凡五人。【補注】王鳴盛曰：案，服虔、司馬貞説「最後」者，自是謂其在騶子之後耳，非姓名，其實止四人，顏注謬。洪亮吉曰：急就篇有仙人宋無忌，及魏志管輅傳言「宋毋忌之妖」，即此。沈欽韓曰：索隱「白澤圖云『火之精曰宋毋忌』，蓋其人火仙也」。藝文類聚八十引白澤圖同。寰宇記「鄂州多有大災，占之曰：『東南聖水陂，宋無忌遺迹。』觀察使牛僧孺立廟祀之」。司馬相如傳注「正伯僑，古仙人」。裴秀冀州記云：「緱氏仙人廟者，昔有王喬，犍爲武陽人，爲柏人令，於此得仙。」非王子喬也。羡門高者，秦始皇使盧生求羡門子高是也。先謙曰：官本考證云：「元尚，封禪書作『充尚』。羡門高作『羡門子高』。」沈濤云：「元尚，當作『元谷』，即列仙傳之元俗也。谷，俗之消。篆書『谷』字與『尚』字相近，訛而爲『尚』。史記又誤『元』爲『充』，遂不可曉矣。列仙傳言元俗河閒人，亦與燕人相合。」

〔三〕服虔曰：尸解也。張晏曰：人老而解去，故骨如變化也。今山中有龍骨，世人謂之龍解骨化去。應劭曰：列仙傳曰：「崔文子學仙於王子喬，化爲白蜺，文子驚，引戈擊之，俯而見之，王子喬之尸也，須臾則爲大鳥飛而去。」師古曰：服、張二説是也。【補注】先謙曰：官本注「如」作「節」，「於王子喬」下重「王子喬」三字，「見之」作「見爲」，皆是。

〔四〕晉灼曰：燕昭王築宮師之，故作主運之篇也。如淳曰：今其書有王運。五行相次轉用事，隨方而爲服也。【補注】

先謙曰：燕昭師騶衍，作主運，見孟子列傳。官本注在「諸侯」下，「有王運」作「有主運」，「方而」作「方面」。

〔五〕師古曰：迂謂回遠也，音于。【補注】王念孫曰：迂，讀爲訏。說文「訏，詭譌也。」字又作「謣」，說文「謣，妄言也」。法言問明篇曰：「謣言敗俗，謣好敗則。」「訏」、「謣」竝與「迂」通，妄言與詭譌同義，怪迂猶詭怪也。周語「郤犫見，其語迂。單子曰『迂則誣人』」，迂亦謂詭譌也。故賈子禮容語篇「迂」作「訏」。說見經義述聞。下文曰「海上燕齊怪迂之方士」，又曰「言神事，如迂誕」，楊雄傳曰「爲怪迂，析辯詭辭，以撓世事」，史記孟子荀卿傳曰「作怪迂之變」，義竝同也。

自威、宣、燕昭使人入海求蓬萊、方丈、瀛洲。此三神山者，其傳在勃海中，〔一〕去人不遠。蓋嘗有至者，諸僊人及不死之藥皆在焉。其物禽獸盡白，而黃金銀爲宮闕。未至，望之如雲；及到，三神山反居水下。水臨之，患且至，則風輒引船而去，終莫能至云。世主莫不甘心焉。〔二〕

〔一〕服虔曰：其傳書云爾。臣瓚曰：世人相傳云爾。師古曰：瓚說是也。【補注】沈欽韓曰：列子湯問篇「夏革曰：『渤海之東，幾億萬里，有五山：岱輿、員嶠、方壺、瀛洲、蓬萊。五山之根，無所連著，常隨潮波上下。帝恐流於四極，失仙聖之居，乃命禺彊使巨鼇十五舉首而戴之。龍伯之國有大人，一釣而連六鼇，於是岱輿、員嶠二山流於北極，沈於大海。仙聖之播遷，巨億計。』」岱輿、員嶠已失，故但云三神山也。葉德輝曰：封禪書集解「服虔曰傳音附。或曰其傳書云爾」。按「傳」、「傅」形近，服所見本當作「傅」，故音附。或曰傳書，別是一義。

〔二〕師古曰：甘心，言貪嗜之心不能已也。

及秦始皇至海上，則方士爭言之。始皇如恐弗及，使人齎童男女入海求之。船交海中，〔一〕皆以風爲解，〔二〕曰未能至，望見之焉。其明年，始皇復游海上，至琅邪，過恆山，從上黨歸。後三年，〔三〕游碣石，考入海方士，〔四〕從上郡歸。後五年，〔五〕始皇南至湘山，遂登會稽，竝海上，〔六〕幾遇海中三神山之奇藥，〔七〕不得，還到沙丘崩。〔八〕

〔一〕【補注】先謙曰：交，往來相錯也。

〔二〕師古曰：自解説云爲風不得至。【補注】葉德輝曰：封禪書索隱引顧野王云「皆自解説，遇風不至也」，即顏氏説所本。

〔三〕【補注】先謙曰：始皇紀：三十二年。

〔四〕師古曰：考，校其虚實也。【補注】宋祁曰：景本「碣」作「碭」。葉德輝曰：封禪書集解「服虔曰，疑詐，故考之」。又引瓚曰，與顏同。

〔五〕【補注】先謙曰：始皇紀：三十七年。

〔六〕師古曰：附海而上也。竝音步浪反。上音時掌反。

〔七〕師古曰：幾讀曰冀。

〔八〕臣瓚曰：沙丘在鉅鹿縣東北也。

二世元年，東巡碣石，竝海，〔一〕南歷泰山，至會稽，皆禮祠之，而刻勒始皇所立石書旁，〔二〕以章始皇之功德。〔三〕其秋，諸侯叛秦。三年而二世弒死。

〔一〕師古曰：竝音步浪反。

〔二〕【補注】張照曰：案，宋本「刻勒」字作「胡亥勒」，監本作「刻勒」。玩上下文俱稱二世，而此獨云胡亥，自無此理。但刻即勒也，漢人文字，似不如此率意。「刻」字與「胡亥」字，蓋俱非也。齊召南曰：案，封禪書已作「刻勒」矣。以始皇紀證之，二世元年春，「東行郡縣，到碣石，竝海，南至會稽，而盡刻始皇所立(碣)〔刻〕石，石旁著大臣從者名，以章先帝成功盛德焉。」案，碣石、之罘、琅邪、泰山、鄒嶧、會稽，始皇皆有刻石，二世東行，則盡刻其石旁也。封禪書及此文疑竝是「盡刻」二字之訛。錢大昭曰：閩本「刻」作「胡亥」二字。

〔三〕師古曰：今此諸山皆有始皇所刻石及胡亥重刻，其文並具存焉。

始皇封禪之後十二年而秦亡。諸儒生疾秦焚詩書，〔一〕誅滅文學，百姓怨其法，天下叛之，皆說曰：〔二〕「始皇上泰山，爲風雨所擊，〔三〕不得封禪云。」此豈所謂無其德而用其事者邪？

〔一〕【補注】錢大昭曰：閩本「秦」下有「皇」字。

〔二〕【補注】葉德輝曰：封禪書「說」作「譌」，謂譌言也。

〔三〕【補注】先謙曰：封禪書「風雨」上有「暴」字。

昔三代之居，皆河洛之間，〔一〕故嵩高爲中嶽，而四嶽各如其方，四瀆咸在山東。至秦稱帝，都咸陽，則五嶽、四瀆皆并在東方。自五帝以至秦，迭興迭衰，〔二〕名山大川或在諸侯，或在天子，其禮損益世殊，不可勝記。〔三〕及秦并天下，〔四〕令祠官所常奉天地名山大川鬼神可得而序也。

〔一〕師古曰：謂夏都安邑，殷都朝歌，周都洛陽。【補注】先謙曰：封禪書「皆」下有「在」字。

〔二〕師古曰：迭，互也，音大結反。
〔三〕師古曰：代代殊異，故不可盡記。
〔四〕【補注】先謙曰：官本「下」作「子」。

於是自崤以東，名山五，大川祠二。〔一〕曰太室。太室，嵩高也。恆山、泰山、會稽、湘山。水曰泲，曰淮。〔二〕春以脯酒爲歲禱，因泮凍；〔三〕秋涸凍；〔四〕冬塞禱祠。〔五〕其牲用牛犢各一，牢具圭幣各異。自華以西，名山七，名川四。曰華山、薄山。薄山者，襄山也。〔六〕岳山、岐山、吳山、鴻冢、瀆山。瀆山，蜀之岷山也。〔七〕水曰河，祠臨晉；〔八〕沔，祠漢中；〔九〕湫淵，祠朝那；〔一〇〕江水，祠蜀。亦春秋泮涸禱塞如東方山川，而牲亦牛犢牢具，圭幣各異。而四大冢鴻、岐、吳、嶽，〔一一〕皆有嘗禾。〔一二〕陳寶節來祠，〔一三〕其河加有嘗醪。〔一四〕此皆雍州之域，近天子都，故加車一乘，騂駒四。霸、產、豐、澇、涇、渭、長水，皆不在大山川數，〔一五〕以近咸陽，盡得比山川祠，而無諸加。〔一六〕汧、洛二淵，〔一七〕鳴澤、〔一八〕蒲山、嶽壻山之屬，〔一九〕爲小山川，亦皆禱塞泮涸祠，禮不必同。而雍有日、月、參、辰、南北斗、熒惑、太白、歲星、填星、辰星、二十八宿、風伯、雨師、四海、九臣、十四臣、諸布、諸嚴、諸逐之屬，百有餘廟。〔二〇〕西亦有數十祠。〔二一〕於湖有周天子祠。〔二二〕於下邽有天神。〔二三〕豐、鎬有昭明、天子辟池。〔二四〕於杜亳有五杜主之祠、壽星祠。〔二五〕而雍、菅廟祠亦有杜主。〔二六〕杜主，故周之右將軍，〔二七〕其在秦中最小鬼之神者也。〔二八〕各以歲時奉祠。

〔一〕師古曰：崤，即今之陝州二崤也。

〔二〕師古曰：泲音子禮反，此本濟水之字。【補注】宋祁曰：邵本「湘」作「相」。先謙曰：地理志：會稽郡山陰「會稽山在南」。長沙國益陽「湘山在北」。扶風武功「有淮水祠」。淮不祠於臨淮境，而祠於武功，亦猶天齊不祠於臨菑，而祠於谷口也。

〔三〕服虔曰：解凍也。師古曰：泮音普半反。【補注】先謙曰：因其時而禱之。

〔四〕師古曰：涸讀與冱同。冱，凝也，音下故反。春則解之，秋則凝之。春秋左氏傳曰「固陰冱寒」。禮記月令曰「孟冬行春令，則凍閉不密」。【補注】先謙曰：官本「固陰」作「涸陰」。

〔五〕師古曰：塞謂報其所祈也，音先代反。下並同也。【補注】陳浩曰：案，「塞」字，封禪書作「賽」，是也。以師古注推之，似本文原作「賽」。錢大昕曰：塞，古「賽」字。說文無「賽」字，當依班志，下竝同。先謙曰：班志竝作「塞」，陳說非。

〔六〕師古曰：說者云薄山在河東，一曰在潼關北十餘里，而此志云「自華以西」者，則今閿鄉之南山連延西出，並得華山之名。【補注】齊召南曰：案，水經注「襄山在蒲坂縣，爲永樂澗水所出」。然則襄山即古之雷首、首陽，亦名中條，亦名薄山，而後人謂之蒲山者也。但此志上文明云「自華以西，名山七」，蒲山顧在華東何也？師古所云，正當闕疑耳。先謙曰：官本「閿」作「閺」。

〔七〕師古曰：周禮職方氏「雍州，其山曰岳」。爾雅亦云「河西曰岳」。說者咸云岳即吳岳也。今志有岳，又有吳山，則吳、岳非一山之名，但未詳岳之所在耳。徐廣云「岳山在武功」，據地理志，武功但有垂山，無岳山也。岐山即在今之岐山縣，其山兩岐，俗呼爲箭括嶺。吳山在今隴州吳山縣。鴻冢，釋在下。岷山，在湔氐道。【補注】先謙曰：封禪書「吳山」作「吳岳」。地理志：右扶風汧下云「吳山在西，古文以爲汧山」。案，即周禮之嶽山也。武功下云「垂山，古文以爲敦物，有垂山祠」。錢坫、成蓉鏡皆謂「垂」、「岳」形近致誤，當從之。案，即今武功山，說詳地理志。官本「岳」作「嶽」。

〔八〕師古曰：即今之同州朝邑縣界。【補注】先謙曰：今山西臨晉縣治。地理志：馮翊臨晉「有河水祠」。

〔九〕師古曰：沔，漢水之上名也。漢中，今梁州是也。沔音彌善反。【補注】先謙曰：今陝西漢中南鄭。

〔一〇〕蘇林曰：湫淵在安定朝那縣，方四十里，停水不流，冬夏不增不減，不生草木。湫音將蓼反。師古曰：此水今在涇州界，清徹可愛，不容穢濁，或諠污，輒興雲雨。土俗亢旱，每於此求之，相傳云龍之所居也。而天下山川隈曲，亦往往有之。湫音子由反。【補注】沈欽韓曰：一統志：朝那湫在平涼府固原州西南。朱一新曰：「反」下，汪本衍「在涿郡遒縣」五字。案，當在下文「鳴澤」下。史索隱引服虔云「鳴澤，在涿郡遒縣」，正義曰：「遒縣在易州淶水縣北一里，故遒城是也。澤在遒南。」據此，則五字當在「鳴澤」下審矣。必是顏引服說，汪本誤羼入蘇林注下，毛本則竝此五字脱之也。先謙曰：官本「師古曰」上有「在涿郡遒縣」五字。地理志：朝那有湫淵祠。

〔一一〕【補注】先謙曰：索隱「案，謂四山爲大冢。爾雅『山頂曰冢』，蓋亦因鴻冢而爲號也。」

〔一二〕孟康曰：以新穀祭之。

〔一三〕服虔曰：陳寶神應節來也。

〔一四〕【補注】先謙曰：「其」字無義，當爲「及」，謂陳寶及河祠祭禮同也。

〔一五〕師古曰：霸、産出藍田。豐、澇出鄠。長水者，言其源流長也。澇音勞。【補注】齊召南曰：長水，水名。師古注以「長水」總承霸、産等水而言，非也。封禪書敘長水於霸、産下，豐、澇、涇、渭上，亦可云單言霸、産二水源流長乎？水經注渭水下云「霸水又北，長水注之。水出杜縣白鹿原，西北流，謂之荆谿。」可爲水名之確證。沈欽韓曰：索隱云「百官表有長水校尉。沈約云，營近長水，因以爲名」。長安志「萬年縣荆溪。兩京道里記曰，荆谿本名長水，後秦姚興避諱改」。

〔一六〕師古曰：加謂車及騂駒之屬。

〔一七〕【補注】先謙曰：地理志：扶風郁夷「有汧水祠」。郁夷在今陝西隴州西。

〔一八〕【補注】沈欽韓曰：武紀「北出蕭關，歷獨鹿、鳴澤，自代而還」。彼鳴澤固在涿郡遒縣，此云「以近咸陽」，則非涿郡之鳴澤也。

〔一九〕蘇林曰：壻音胥。韋昭曰：音蘇計反。師古曰：韋説是也。【補注】周壽昌曰：封禪書「壻」作「㟤」。

〔二〇〕師古曰：風伯，飛廉也。雨師，屏翳也，一曰屏號。而説者乃謂風伯，箕星也；雨師，畢星也。此志既言二十八宿，又有風伯、雨師，則知非箕、畢也。九臣、十四臣，不見名數所出。諸布、諸嚴、諸逐，未聞其義。「逐」字或作「逑」，音求。屏，並音步丁反。【補注】劉奉世曰：二十八宿既已備，而又言參與南北斗，蓋衍字也。何焯曰：參即曑字，謂三辰也，仲馮誤以參、昴當之耳。王念孫曰：大宗伯「以槱燎祀司中、司命、飌師、雨師」。鄭司農云：「風師，箕也。雨師，畢也。」鄭注堯典，及獨斷、風俗通義，竝與此同。此漢儒相承之舊説。若飛廉爲風伯，屏翳爲雨師，雖見於楚辭注，而其名爲祀典所不載，不得援以爲據也。風伯、雨師雖已在二十八宿之中，而既有專祀，則不得不別言之，猶之上文參、辰、南斗已在二十八宿之中，而既有專祀，不得不別言之也。晉語「辰、參，天之大紀也。」故與南北斗竝有專祀。史記封禪書索隱引漢（書）舊儀曰「祭參、辰星於池陽、谷口」，是其證。大宗伯職，既言祀星辰，而又言祀司中、司命、風師、雨師，其義亦猶是也。考封禪書文，正與此同。劉謂參、南斗爲衍字，何又讀參、辰爲三辰，其謬滋甚。沈欽韓曰：諸布者，爾雅「祭星曰布」。淮南氾論「羿除天下之害，而死爲宗布」。注「祭田爲宗布，謂出也。一曰今人室中所祀之宗布，或曰司命傍布也」。皮錫瑞曰：九臣、十四臣，疑九臣、六十四臣之脱誤。九臣當是九皇、六十四民，見小宗伯、都宗人注。又漢舊儀「祭九皇、六十四民」，皆古帝王，是在漢時嘗列祀典。九臣當是九皇之臣；六十四臣當是六十四民之臣，漢時亦列祀典，故志著之。葉德輝曰：「諸嚴」當作「諸莊」，避漢明帝諱改字。爾雅釋宫「六達謂之莊」，釋名釋道「六達曰莊」，即此義也。「諸逐」當作「諸遂」。周禮稻人注「遂，田首受水小溝也」。考工記匠人注「遂者，夫間小溝」。地官序官注「遂，謂王國百里外」。皆主道路言之。此諸嚴、諸逐謂路神耳。「遂」、「述」古字通，顏注云「或作逑，音求」，逑當爲「述」字之誤，音求亦當爲「音朮」之誤。南監封禪書「諸逐」作「諸逑」，其沿誤已久矣。惟索隱云「漢書作遂。」則小司馬所見漢書「逐」尚作「遂」。今官本索隱又云漢書作「逐」，必據誤本漢書所改。禮記郊特牲「饗農及郵表畷」。道路之神，固祀典所不廢也。

〔二二〕【補注】先謙曰：索隱「西即隴西之西縣，秦之舊都，故有祠」。案，索隱説非也。西者，長安之西。數十，統詞，對上「百有餘廟」言之。地理志西縣下竝無一祠也。

〔二三〕【補注】先謙曰：地理志京兆湖縣有周天子祠二所。

〔二三〕【補注】先謙曰：地理志下邽不載。

〔二四〕【補注】沈欽韓曰：周辟雍故地，故曰辟池。所祀者，滈池君也。程大昌雍録「梁載言十道志『鎬池一名元阯，在昆明池北，始皇毀之』」。先謙曰：索隱樂彦引河圖云「熒惑星散爲昭明」。

〔二五〕韋昭曰：亳音薄，湯所都也。臣瓚曰：濟陰薄縣是也。師古曰：杜即京兆杜縣也。此亳非湯都也，不在濟陰。徐廣云京兆杜縣有薄亭，斯近之矣。【補注】朱一新曰：「五杜主」，封禪書作「三社主」。先謙曰：官本「薄縣」作「亳縣」。正義「角、亢在辰爲壽星。三月之時，萬物始生建，於春氣布養，各盡其性，不罹災夭，故壽」。先謙案：地理志：京兆杜陵「有周右將軍杜主祠四所」，與三、五俱異。

〔二六〕李奇曰：菅，茅也。師古曰：菅音姦。【補注】先謙曰：謂雍縣、菅縣俱有此廟祠也。菅，濟南縣。

〔二七〕師古曰：墨子云周宣王殺杜伯不以罪，後宣王田於圃田，見杜伯執弓矢射，宣王伏弓衣而死，故周人尊其鬼而右之，蓋謂此也。

〔二八〕師古曰：其鬼雖小，而有神靈也。

唯雍四時上帝爲尊，〔一〕其光景動人民，唯陳寶。〔二〕故雍四時，春以爲歲祠禱，因泮凍，秋涸凍，冬賽祠，五月嘗駒，〔三〕及四中之月月祠。〔四〕若陳寶節來一祠。〔五〕春夏用騂，秋冬用駵，〔六〕時駒四匹。〔七〕木寓龍一駟，〔八〕木寓車馬一駟，各如其帝色。黄犢羔各四，圭幣各有數，皆生瘞埋，無俎豆之具。三年一郊。秦以十月爲歲首，故常以十月上宿郊見，〔九〕通權火，〔一〇〕拜於咸陽之旁，而衣上白，其用如經祠云。〔一一〕西畤、畦畤，祠如其故，上不親往。諸此祠皆太祝常主，以歲時奉祠之。至如它名山川諸神及八神之屬，上過則祠，去則已。郡縣遠方祠者，〔一二〕民各自奉祠，不領於天子之祝官。祝官有祕祝，即有災祥，輒祝祠移過於下。

〔一〕【補注】錢大昭曰：「時」，南雍本、閩本竝作「畤」。葉德輝曰：德藩本作「畤」。先謙曰：官本「時」作「畤」，是。四時四帝，總謂上帝祠，下文可證。索隱引顏氏説，以爲四時兼上帝爲五，謬矣。此尚述秦舊制，未入漢也。亦詳地理志雍下。

〔二〕【補注】先謙曰：以其有聲光。

〔三〕【補注】先謙曰：五月嘗則加駒。

〔四〕師古曰：中讀曰仲。謂四時之仲月皆祠之。

〔五〕【補注】宋祁曰：新本無「若」字。

〔六〕師古曰：騂，純赤色也，音先營反。【補注】先謙曰：騂、駵，承駒言之。

〔七〕師古曰：每時用駒四匹，而春秋異色。

〔八〕李奇曰：寓，寄也。寄生龍形於木也。師古曰：一駟亦四龍也。【補注】宋祁曰：李奇注「寓寄也」，晏本作「寓木以主之」。顧炎武曰：李説恐非。古文「偶」、「寓」通用，偶亦音寓。木寓，木偶也。史記孝武紀作「木偶馬」，而韓延壽傳曰：「賣偶車馬、下里僞物者，棄之市道。」古人用以事神，及送死者，皆木偶人、木偶馬，今人代以紙人、紙馬。又酷吏傳「匈奴至爲偶人象郅都」。索隱曰「漢書作『寓人』」，可以證「寓」字之爲「偶」矣。王鳴盛曰：封禪書「寓」作「禺」，索隱「禺音偶，謂偶其形於木」，顧説是也。後書劉表傳論言：「表猶木禺之於人。」李注「如刻木爲人，是與偶同矣」。而其下文又引李奇注，自歧其説。

〔九〕李奇曰：上宿，上齋戒也。【補注】宋祁曰：越本注云：「上宿，月上旬也。」錢大昭曰：閩本「上齋戒」作「月上旬」。朱一新曰：汪本作「月上旬」。案，二本似皆誤。史集解引李奇曰：「宿猶齋戒也」。據此，則原注似當作「上，月上旬也。宿猶齋戒也。」

〔一〇〕張晏曰：權火，烽火也，狀若井挈皋矣。其法類稱，故謂之權火。欲令光明遠照，通於祀所也。漢祀五時於雍，五十里一烽火。如淳曰：權，舉也。師古曰：凡祭祀通舉火者，或以天子不親至祠所而望拜，或以衆祠各處，欲其一時薦饗，宜知早晏，故以火爲之節度也。它皆類此。【補注】錢大昭曰：惠士奇云：「通權火，蓋燔柴之遺法。甘泉賦『欽柴宗祈。燎熏皇天。舉浩頤，樹靈旗。樵蒸焜上，配藜四施。東燭滄海，西耀流沙。北爌幽都，南煬丹厓』。所謂通權火也。」惠説是也，張、如、顔三説皆非。先謙曰：索隱「權如字。一音爟，周禮有司爟。爟，火官」。「權」乃借字。

〔一一〕服虔曰：經，常也。

〔一二〕【補注】先謙曰：封禪書「祠」下有「神」字。

漢興，高祖初起，殺大虵，有物曰：「蛇，白帝子，而殺者赤帝子也。」〔一〕及高祖禱豐枌榆社，〔二〕徇沛，〔三〕爲沛公，則祀蚩尤，釁鼓旗。遂以十月至霸上，立爲漢王。因以十月爲年首，色上赤。

〔一〕師古曰：物謂鬼神也。【補注】宋祁曰：「赤帝子也」，邵本無「也」字。

〔一〕鄭氏曰：枌榆，鄉名也。社在枌榆。晉灼曰：枌，白榆也。社在豐東北十五里。師古曰：以此樹爲社神，因立名也。枌音符云反。【補注】先謙曰：官本無「音」字。

〔二〕【補注】先謙曰：官本作「狥」。案，作「徇」是。

二年冬，東擊項籍而還入關，〔一〕問：「故秦時上帝祠何帝也？」對曰：「四帝，有白、青、黄、赤帝之祠。」〔二〕高祖曰：「吾聞天有五帝，而四，何也？」莫知其説。於是高祖曰：「吾知之矣，乃待我而具五也。」乃立黑帝祠，名曰北畤。有司進祠，上不親往。悉召故秦祀官，復置太祝、太宰，如其故儀禮。因令縣爲公社。〔三〕下詔曰：「吾甚重祠而敬祭。今上帝之祭及山川諸神當祠者，各以其時禮祠之如故。」〔四〕

〔一〕【補注】王念孫曰：景祐本無「冬」字，是也。高紀云「二年三月，漢王自臨晉渡河。六月還櫟陽」。是高帝以三月東擊楚，以六月還入關，皆非冬時也。又下文詔曰：「今上帝之祭及山川諸神當祠者，各以其時禮祠之如故。」而高紀云：「六月，令祠官祀天地四方上帝山川，以時祠之。」是詔祠上帝山川諸神，亦是夏六月時事，非冬也。「冬」字乃後人所加，故史記無「冬」字。通典禮二、禮五竝同。

〔二〕【補注】何焯曰：無黑帝者，秦自以水德，當其一也。

〔三〕李奇曰：猶官社。

〔四〕【補注】宋祁曰：淳化本作「各以其禮時祠如故」。

後四歲，天下已定，詔御史令豐治枌榆社，常以時，〔一〕春以羊彘祠之。令祝立蚩尤之祠於長安。〔二〕長安置祠祀官、女巫。〔三〕其梁巫祠天、地、天社、天水、房中、堂上之屬；〔四〕晉巫祠五帝、東君、雲中君、巫社、巫祠、族人炊之屬；〔五〕秦巫祠杜主、巫保、族纍之屬；〔六〕荆巫祠堂下、巫先、司命、施糜之屬；〔七〕九天巫祠九天；〔八〕皆以歲時祠宮中。其河巫祠河於臨晉，而南山巫祠南山、秦中。秦中者，二世皇帝也。〔九〕各有時日。〔一〇〕

〔一〕【補注】先謙曰：封禪書「治」上有「謹」字，「時」上有「四」字。

〔二〕【補注】葉德輝曰：封禪書「祝」下有「官」字，下「祀官」作「祝官」，上文「悉召秦故祀官」，「祀」亦作「祝」。

〔三〕【補注】宋祁曰：邵本無下「長安」二字。

〔四〕【補注】錢大昭曰：「當」，封禪書作「堂」，南雍本、閩本同。下云「荆巫祠堂下」，則梁巫祠堂上矣。沈欽韓曰：後漢桓紀「壞郡國諸房祀」。欒巴傳「巴悉毁壞房祀，翦理姦巫」。注云：「謂爲房堂而祀者」。朱一新曰：汪本作「堂」。葉德輝曰：德藩本作「堂」。先謙曰：官本作「堂」。

〔五〕服虔曰：東君以下皆神名也。師古曰：東君，日也。雲中君，謂雲神也。巫社、巫祠，皆古巫之神也。族人炊，古主炊母之神也。炊謂饎爨也。【補注】沈欽韓曰：東君即東皇太一。巫祠者，詛楚文云：「有秦嗣王，告於不顯大神巫咸」。此秦舊典也。族人者，祭法有「族厲」。炊者，禮器注：「老婦，先炊者也。」葉德輝曰：東君、雲中君皆見楚詞九歌。先謙曰：官本考證云「族人炊」，監本訛「巫祠皆」三字，今改正。先謙案：封禪書作「先炊」，正義「古炊母之神」。

〔六〕師古曰：杜主即上所云五杜主也。巫保、族纍，二神名。纍音力追反。

〔七〕師古曰：堂下，在堂之下。巫先，巫之最先者也。司命，説者云文昌第四星也。施糜，其先常施設糜鬻者也。【補注】沈欽韓曰：風俗通「今民間獨祀司命，刻木長尺二寸，爲人像。行者擔篋中，居者別作小屋。齊地大尊重之」。葉德輝曰：九歌有大司命、少司命，即荆巫祠所本。

〔八〕師古曰：九天者，謂中央鈞天，東方蒼天，東北旻天，北方玄天，西北幽天，西方浩天，西南朱天，南方炎天，東南陽天也，其説見淮南子。一説，云東方旻天，東南陽天，南方赤天，西南朱天，西方成天，西北幽天，北方玄天，東北變天，中央鈞天也。【補注】先謙曰：官本注「浩」作「皓」。三輔故事云：「胡巫祠九天於神明臺。」

〔九〕張晏曰：以其彊死，魂魄爲厲，故祠之。成帝時，匡衡奏罷之。【補注】宋祁曰：舊本「河」作「祠」。

〔一〇〕【補注】先謙曰：封禪書「曰」作「月」。

其後二歲，或言曰周興而邑立后稷之祠，〔一〕至今血食天下。〔二〕於是高祖制詔御史：「其令天下立靈星祠，〔三〕常以歲時祠以牛。」

〔一〕師古曰：以其有播種之功，故令天下諸邑皆祠之。【補注】周壽昌曰：封禪書「邑」上有「郃」字。

〔二〕師古曰：祭有牲牢，故言血食偏天下也。

〔三〕張晏曰：龍星左角曰天田，則農祥也。晨見而祭之。【補注】先謙曰：正義引漢舊儀云：「五年，修復周家舊祠，祀后稷於東南，爲民祈農報厥功。夏則龍星見而始雩。龍星左角爲天田，右角爲天庭。天田爲司馬，教人種百穀爲稷。靈者，神也。辰之神爲靈星，以壬辰日祀靈星於東南，金勝爲土相也。」續志「言祠后稷而謂之靈星者，以后稷又配食星也。舊説，星謂天田星也。一曰，龍左角爲天田官，主穀。祀用壬辰位祠之。壬爲水，辰爲龍，就其類也」。注引三輔故事「長安城東十里有靈星祠」。官本「晨」作「辰」，是。

高祖十年春，有司請令縣常以春二月及臘祠稷〔一〕以羊彘，〔二〕民里社各自裁以祠。〔三〕制曰：「可。」

〔一〕【補注】王念孫曰：「稷」上脱「社」字，下「民里社各自裁以祠」，即其證。初學記歲時部、御覽時序部十八引並作「祠社稷」，史記同。先謙曰：封禪書「二」誤「三」，「及」下有「時」字。

〔二〕【補注】沈欽韓曰：漢舊儀「官太社及太稷，一歲各再祠。太祝令常以一太牢。使者監祠，南向立，不拜」。

〔三〕師古曰：隨其祠具之豐儉也。【補注】沈欽韓曰：祭法「大夫以下，成羣立社」。注云「大夫不得特立社，與民族居，百家以上，則共立一社，今時里社是也」。又有二十五家爲社，則書社是也。各自逐便置社耳，顏注非。

文帝即位十三年，下詔曰：「祕祝之官移過於下，朕甚弗取，其除之。」

始名山大川在諸侯，諸侯祝各自奉祠，天子官不領。及齊、淮南國廢，令太祝盡以歲時致禮如故。〔一〕

〔一〕【補注】先謙曰：正義「齊有太山，淮南有天柱山」。

明年，以歲比登，〔一〕詔有司增雍五畤路車各一乘，駕被具；〔二〕西畤、畦畤寓車各一乘，寓馬四匹，駕被具；河、湫、漢水，玉加各二；〔三〕及諸祀皆廣壇場，圭幣俎豆以差加之。

〔一〕師古曰：年穀頻孰也。

〔二〕師古曰：駕車被馬之飾皆具也。被音皮義反。下亦同。

〔三〕【補注】先謙曰：封禪書「玉加」作「加玉」，正義「祭時各加玉璧二枚」。

魯人公孫臣上書曰：「始秦得水德，及漢受之，推終始傳，〔一〕則漢當土德，土德之應黃龍見。宜改正朔，服色上黃。」時丞相張蒼好律曆，以爲漢乃水德之時，〔二〕河決金隄，其符也。年始冬十月，色外黑內赤，〔三〕與德相應。公孫臣言非是，罷之。明年，黃龍見成紀。〔四〕

文帝召公孫臣，拜爲博士，與諸生申明土德，草改曆服色事。〔五〕其夏，下詔曰：「有異物之神見於成紀，毋害於民，歲以有年。朕幾郊祀上帝諸神，〔六〕禮官議，毋諱以朕勞。」〔七〕有司皆曰：「古者天子夏親郊祀上帝於郊，故曰郊。」〔八〕於是夏四月，文帝始幸雍郊見五畤，〔九〕祠衣皆上赤。

〔一〕鄭氏曰：音亭傳。師古曰：音張戀反。謂轉次之。【補注】先謙曰：終始五德之傳也，見始皇紀。

〔二〕【補注】先謙曰：封禪書「時」作「始」。

〔三〕服虔曰：十月陰氣在外，〔故外〕黑；陽氣尚伏在地，故内赤也。或曰，十月百草外黑内赤也。

〔四〕師古曰：天水之縣也。【補注】周壽昌曰：此文帝十五年事。武帝元鼎三年置天水郡。顏於文紀注云「成紀，隴西縣」，此注云「天水縣」，一紀其時，一書其實也。

〔五〕師古曰：草謂創造之。後例皆同也。

〔六〕師古曰：幾讀曰冀。

〔七〕師古曰：無諱以朕爲勞，自言不以爲勞也。晉灼曰：諱，忌難也。【補注】先謙曰：晉注應在顏前，或「師古」二字誤也。封禪書「朕勞」作「勞朕」，文紀同。

〔八〕師古曰：邑外謂之郊。

〔九〕【補注】劉攽曰：予謂三王之郊，一用夏正。於時據十月爲歲首，故言夏郊也。

趙人新垣平以望氣見上，言「長安東北有神氣，成五采，若人冠冕焉。或曰東北神明之舍，西方神明之墓也。〔一〕天瑞下，宜立祠上帝，以合符應。」於是作渭陽五帝廟，同宇，〔二〕帝一殿，面五門，〔三〕各如其帝色。祠所用及儀亦如雍五畤。

〔一〕張晏曰：神明，日也。日出東北，舍謂陽谷。日没於西，故曰墓。墓，濛谷也。師古曰：此説非也。蓋總言凡神明以東北爲居，西方爲冢墓之所，故立廟於渭陽者也。【補注】先謙曰：官本「所」下「故」作「放」。

〔二〕師古曰：宇謂屋之覆也。言同一屋之下而别爲五廟，各立門室也。廟記云，五帝廟在長安東北也。【補注】先謙曰：據下，此祭泰一、地祇，竝祠五帝，而共一牲，以高帝配。冬至祠泰一，夏至祠地祇。

〔三〕【補注】先謙曰：封禪書「面」下有「各」字。

明年夏四月，文帝親拜霸、渭之會，〔一〕以郊見渭陽五帝。五帝廟臨渭，其北穿蒲池溝水。〔二〕權火舉而祠，若光煇然屬天焉。〔三〕於是貴平至上大夫，賜累千金。而使博士諸生刺六經中作王制，〔四〕謀議巡狩封禪事。

〔一〕如淳曰：二水之合也。

〔二〕師古曰：蒲池，爲池而種蒲。「蒲」字或作「滿」，言其水滿也。【補注】宋祁曰：姚本無下「五帝」二字。錢大昭曰：閩本不重「五帝」二字。先謙曰：正義引顔注云，「蒲」字或作「蘭」。案，括地志云「渭北咸陽縣有蘭池，始皇逢盜蘭池者也」。言穿溝引渭水入蘭池。疑「蘭」字誤作爲「蒲」，是張守節所見漢書注本作「蘭」，不作「滿」也。

〔三〕師古曰：屬，聯也，音之欲反。

〔四〕師古曰：刺，采取之也，音千賜反。【補注】王鳴盛曰：索隱引劉向七録云，文帝所造書有本制、兵制、服制篇。案即封禪書所謂王制也。非今禮記所有王制，盧植妄以當之。彼疏引鄭目録云：「名曰王制者，以其記先王班爵授禄祭祀養老之法度。此於别録屬制度。」又鄭荅臨碩云「孟子當赧王之際，王制之作，復在其後」，鄭意不以王制爲文帝作，明矣。藝文志「禮記百三十一篇，七十子後學者所記也」，大、小戴删取之，今存四十九篇，王制在此内，與文帝所作何涉？許慎説文自序云「壁中書者，魯恭王壞孔子宅，而得禮記、尚書、春秋、論語、孝經」，禮記亦孔壁中所得，其非漢儒作甚明。下文武帝得寶鼎命羣臣采封禪、尚書、周官、王制事，此王制則是文帝所作。蓋文帝原爲封禪作之，武帝亦以議封禪采之也。

文帝出長門，〔一〕若見五人於道北，遂因其直立五帝壇，〔二〕祠以五牢。

〔一〕如淳曰：亭名也。【補注】葉德輝曰：封禪書作「長安門」，集解引徐廣曰「在霸陵」，正義引括地志云：「長安門故亭在雍州萬年縣東北苑中。後館陶公主長門園，武帝以長門名宮，即此。」

〔二〕鄭氏曰：因其所立處以立祠也。師古曰：直猶當也，當其處。

其明年，平使人持玉杯，上書闕下獻之。平言上曰：「闕下有寶玉氣來者。」已視之，果有獻玉杯者，刻曰「人主延壽」。平又言「臣候日再中」。居頃之，日卻復中。於是始更以十七年爲元年，令天下大酺。平言曰：「周鼎亡在泗水中，今河決通於泗，臣望東北汾陰直有金寶氣，〔一〕意周鼎其出乎？兆見不迎則不至。」於是上使使治廟汾陰南，臨河，欲祠出周鼎。人有上書告平所言皆詐也。下吏治，誅夷平。〔二〕是後，文帝怠於改正服鬼神之事，〔三〕而渭陽、長門五帝使祠官領，以時致禮，不往焉。

〔一〕師古曰：汾陰直，謂正當汾陰也。【補注】王念孫曰：師古以「汾陰直」三字連讀，非也。當以「直有金寶氣」五字連讀。直猶特也。言東北分陰之地特有金寶氣也。「直」、「特」古字通。史記「直墮其履汜下」，義正同。

〔二〕師古曰：夷者，平也，謂盡平除其家室宗族。

〔三〕師古曰：正，正朔也。服，服色也。正音之成反。

明年，匈奴數入邊，〔一〕興兵守御。〔二〕後歲少不登。數歲而孝景即位。十六年，〔三〕祠官各以歲時祠如故，無有所興。

〔一〕師古曰：數音所角反。

〔二〕【補注】先謙曰：封禪書作「禦」，是，此誤。

〔三〕【補注】朱一新曰：言在位之年。

武帝初即位，尤敬鬼神之祀。漢興已六十餘歲矣，天下艾安，〔一〕縉紳之屬皆望天子封禪改正度也，〔二〕而上鄉儒術，〔三〕招賢良。趙綰、王臧等以文學爲公卿，欲議古立明堂城南，以朝諸侯，草巡狩封禪改曆服色事未就。〔四〕竇太后不好儒術，使人微伺趙綰等姦利事，按綰、臧，綰、臧自殺，諸所興爲皆廢。六年，竇太后崩。其明年，〔五〕徵文學之士。

〔一〕師古曰：艾讀曰乂。乂，治也。漢書皆以艾爲乂，其義類此也。

〔二〕師古曰：正亦正朔。度，度量也。服色度量，互言之耳。

〔三〕師古曰：鄉讀曰嚮。

〔四〕師古曰：就，成也。

〔五〕【補注】先謙曰：元光元年。

明年，上初至雍，郊見五時。後常三歲一郊。〔一〕是時上求神君，舍之上林中磃氏館。〔二〕神君者，長陵女子，以乳死，見神於先後宛若。〔三〕宛若祠之其室，民多往祠。平原君亦往祠，其後子孫以尊顯。〔四〕及上即位，則厚禮置祠之内中。〔五〕聞其言，不見其人云。

〔一〕【補注】先謙曰：索隱：漢舊儀「元年祭天，二年祭地，三年祭五時。三歲一徧，皇帝自行」。

〔二〕如淳曰：磃音蹏。鄭氏曰：音斯。師古曰：鄭音是也。其字從石、從虒。【補注】先謙曰：封禪書、孝武紀「館」作「觀」，古字通。「磃」竝作「蹏」字，不從石，當從如讀。

〔三〕孟康曰：産乳而死也。兄弟妻相謂先後。宛若，字也。師古曰：先音蘇見反。後音胡搆反。古謂之娣姒，今關中俗呼爲先後，吳楚俗呼之爲妯娌，音軸里。【補注】沈欽韓曰：釋名「少婦謂長婦曰姒，言其先來，己所當法似也。長婦謂少婦曰娣。娣，弟也，己後來。或曰先後」。太平廣記二百九十一引漢武故事云：「東方朔娶宛若爲小妻，生子三人，與朔俱死」。先謙曰：孝武紀「死」下有「悲哀」二字。

〔四〕應劭曰：平原君，武帝外祖母也。

〔五〕【補注】先謙曰：此磃氏館内中也。内中，説見下。

是時，李少君亦以祠竈、穀道、卻老方見上，〔一〕上尊之。少君者，故深澤侯人，主方。〔二〕匿其年及所生長。〔三〕常自謂七十，能使物，卻老。〔四〕其游以方偏諸侯。無妻子。人聞其能使物及不死，更餽遺之，〔五〕常餘金錢衣食。人皆以爲不治産業而饒給，〔六〕又不知其何所人，愈信，爭事之。少君資好方，〔七〕善爲巧發奇中。〔八〕常從武安侯宴，〔九〕坐中有年九十餘老人，少君乃言與其大父游䠶處，老人爲兒從其大父，識其處，〔一〇〕一坐盡驚。少君見上，上有故銅器，問少君。少君曰：〔一一〕「此器齊桓公十年陳於柏寢。」〔一二〕已而案其刻，果齊桓公器。〔一三〕一宮盡駭，以爲少君神，數百歲人也。少君言上：「祠竈皆可致物，〔一四〕致物而丹沙可化爲黄金，黄金成以爲飲食器則益壽，益壽而海中蓬萊僊者乃可見之，以封禪則不死，黄帝是也。臣嘗游海上，見安期生，〔一五〕安期生食臣棗，大如瓜。〔一六〕安期生僊者，通蓬萊中，合則見人，不合則隱。」〔一七〕於是天子始親祠竈，遣方士入海求蓬萊安期生之屬，而事化丹沙諸藥齊爲黄金矣。〔一八〕久之，少君病死。天子以爲化去不死也，使黄錘史寬舒受其方，〔一九〕而海上燕齊怪迂之方士多更來言神事矣。〔二〇〕

〔一〕如淳曰：祠竈可以致福。李奇曰：穀道，辟穀不食之道也。

〔二〕如淳曰：侯家人，主方藥也。【補注】齊召南曰：案「深澤侯人」，封禪書作「深澤侯舍人」。據功臣表，武帝初年，深澤侯是趙將夕孫胡也。先謙曰：胡三省云：「景帝三年，將夕孫修嗣侯。七年，有罪，耐爲司寇。少君當是爲修舍人。」案，云故深澤侯，則胡說是也。孝武紀作「故深澤侯入以主方」，「入」又「人」字之誤。集解引徐廣注「進納於天子而主方」，作「入」字解。又曰「一云侯人，主方」，與志文合。

〔三〕師古曰：生長，謂其郡縣所屬及居止處。

〔四〕如淳曰：物謂鬼物也。

〔五〕師古曰：更音工衡反。

〔六〕師古曰：給，足也。

〔七〕【補注】周壽昌曰：資，藉也。好方，好爲方也。

〔八〕如淳曰：時時發言有所中。師古曰：中音竹仲反。

〔九〕【補注】先謙曰：侯，田蚡。封禪書、孝武紀「宴」作「飲」。

〔一〇〕師古曰：識，記也，音式志反。

〔一一〕【補注】先謙曰：官本不重「少君」二字，引宋祁曰：「曰」字上，疑更有「少君」二字。

〔一二〕臣瓚曰：晏子書，柏寢，臺名也。師古曰：以柏木爲寢室於臺之上。【補注】沈欽韓曰：晏子雜篇「景公新成柏寢之臺，使師開鼓琴」。齊桓公時無柏寢。金樓子立言篇云「齊桓公臥於柏寢」。又本此而譌說。

〔一三〕師古曰：刻，謂器上所銘記。

〔一四〕師古曰：物亦謂鬼物。

〔一五〕服虔曰：古之真人也。師古曰：列仙傳云：「安期生，琅邪人，賣藥東海邊，時人皆言千歲也。」

〔一六〕師古曰：食讀曰飤。【補注】先謙曰：封禪書、孝武紀「臣」作「巨」。索隱引包愷云「巨」或作「臣」。案，「臣」是也。巨與大意複，食臣棗，文義較順。通鑑亦作「臣」。

〔一七〕師古曰：合，謂道相合。

〔一八〕師古曰：齊，藥之分齊也，音才計反。

〔一九〕孟康曰：二人皆方士也。師古曰：錘音直垂反。【補注】王鳴盛曰：封禪書徐廣注「錘縣、黃縣皆在東萊」。此說得之。黃錘之史，其名寬舒。觀下文，寬舒凡五見，而絶不見所爲黃錘者。孟說謬。周壽昌曰：王說是也。始皇紀「竝勃海以東，過黃腄」，主父偃傳「秦始皇使天下飛芻輓粟，起於黃腄、琅邪負海之郡」，皆黃腄連稱，與勃海、琅邪對舉。史臣仍之，爲黃爲腄，未能定也。「錘」，地志作「腄」。先謙曰：孝武紀、封禪書此下有「求蓬萊安期生莫能得」九字。

〔二〇〕師古曰：更音工衡反。

亳人謬忌奏祠泰一方，〔一〕曰：「天神貴者泰一，泰一佐曰五帝。〔二〕古者天子以春秋祭泰一東南郊，日一太牢，七日，〔三〕爲壇開八通之鬼道。」〔四〕於是天子令太祝立其祠長安城東南郊，常奉祠如忌方。〔五〕其後，人上書言「古者天子三年一用太牢祠三一：天一、地一、泰一。」〔六〕天子許之，令太祝領祠之於忌泰一壇上，如其方。後，人復有言「古天子常以春解祠，祠黃帝用一梟、破鏡；〔七〕冥羊用羊祠；〔八〕馬行用一青牡馬；泰一、皋山山君用牛；〔九〕武夷君用乾魚；〔一〇〕陰陽使者以一牛」。〔一一〕令祠官領之如其方，而祠泰一於忌泰一壇旁。〔一二〕

〔一〕如淳曰：亳亦薄也，下所謂薄忌也。晉灼曰：濟陰薄縣人也。【補注】朱一新曰：孝武紀作「薄誘忌」。「薄」即「亳」，「誘」則「謬」之譌也。沈欽韓曰：楚辭九歌有東皇太一。乾鑿度「太一取其數以行九宮，正四維，皆合於十五」。注云「太一者，北辰之神名也」。宋均叶徵圖注「北極神之别名。」先謙曰：封禪書「泰」作「太」，同。胡三省云：「據地理志，亳屬山陽郡。『亳』作『薄』。謬，姓也，與繆同。」

〔二〕師古曰：謂青帝靈威仰、赤帝赤熛怒，白帝白招矩，黑帝叶光紀，黃帝含樞紐也。一説蒼帝名靈府，赤帝名文祖，白帝名顯紀，黑帝名玄矩，黃帝名神斗。

〔三〕師古曰：每日以一太牢，凡七日祭也。【補注】朱一新曰：孝武紀作「用太牢具，七日」。封禪書作「用太牢，七日」，當有脱字。

〔四〕【補注】沈欽韓曰：續志注引黃圖「上帝壇圓八觚。辟神道八通，廣各三十步」。

〔五〕【補注】先謙曰：始專爲泰一祠，不竝祠五帝。

〔六〕【補注】先謙曰：天一、地一、泰一，爲神三一。郊祀歌云「天地竝況，維予有慕」也。

〔七〕張晏曰：黃帝，五帝之首也，歲之始也。梟，惡逆之鳥。方士虛誕，云以歲始祓除凶災，令神仙之帝食惡逆之物，使天下爲逆者破滅訖竟，無有遺育也。孟康曰：梟，鳥名，食母。破鏡，獸名，食父。黃帝欲絕其類，使百吏祠皆用之。破鏡如貙而虎眼。如淳曰：漢使東郡送梟，五月五日作梟羹以賜百官。以其惡鳥，故食之也。師古曰：解祠者，謂祠祭以解罪求福。【補注】沈欽韓曰：論衡解除篇「祭祀之禮，解除之法，衆多非一，且以一事效其非也。世間繕治宅舍，鑿地掘土，功成作畢，解謝土神，名曰『解土』。爲土偶人，以象鬼形，令巫祝延以解土神。已祭之後，心快意喜，謂鬼神解謝，殃禍除去」。案此，則解祠者，祓除之祭也。述異記「獍，狀如虎豹而小，始生，還食其母」。孟謂食父，非也，禽獸本無父。朱一新曰：汪本張注「歲」上有「春」字，是。先謙曰：孝武紀孟注「吏」作「物」。

〔八〕【補注】沈欽韓曰：東山經「自尸胡之山至於無皋之山，其神，狀皆人身而羊角，其祠用一牡羊」。殆所謂冥羊也。

〔九〕【補注】朱一新曰：封禪書作「泰一、澤山君地長用牛」。徐廣云「澤」，一作「皋」。索隱「澤山，本紀作『嶧山』。澤山君地長，謂祭地於嶧山。同用太牢，故云用牛」。一新案：據索隱云云，則武紀當作「嶧山」，而今史武紀仍作「皋山」，則後人以此志改史本文，非其舊也。又案，此志以泰一與皋山君爲二神，封禪書索隱亦以太一與澤山君地長爲二神，蓋謂地長即澤山君也。而武紀正義乃以太一及嶧山君與地長爲三神，亦誤。先謙曰：此又解祠之泰一也。此志無「地長」二字，下罷祠亦有皋山山君，而無地長，則索隱以爲一神是也。

〔一〇〕【補注】沈欽韓曰：寰宇記「武夷山在建州建陽縣北一百二十八里，顧野王謂之地仙之宅。傳云，昔有神人武夷君居此，故得名。又郡國志，漢武好祀天下嶽瀆，此山與祭，故曰漢祀山」。

〔一一〕孟康曰：陰陽之神也。

〔一二〕【補注】王鳴盛曰：上「泰一」兩字衍，封禪書及武紀無。上文已言祠三一於忌泰一壇上，此復有言祠黃帝等方，故又祠於壇旁也。

後二年，郊雍，獲一角獸，若麃然。〔一〕有司曰：「陛下肅祗郊祀，上帝報享，錫一角獸，蓋麟云。」於是以薦五畤，畤加一牛以燎。賜諸侯白金，以風符應合於天也。〔二〕於是濟北王以爲天子且封禪，上書獻泰山及其旁邑，天子以它縣償之。〔三〕常山王有罪，䙴，〔四〕天子封其弟真定，以續先王祀，而以常山爲郡。〔五〕然後五嶽皆在天子之郡。〔六〕

〔一〕師古曰：麃，鹿屬也，形似麞，牛尾，一角，音蒲交反。【補注】先謙曰：封禪書「麃」作「麟」。後二年者，元狩元年。據此，上文人言解祠諸祀，在元朔五年也。韋昭云「楚人謂麋爲麃」。

〔二〕晉灼曰：符，瑞也。臣瓚曰：風示諸侯以此符瑞之應也。

〔三〕【補注】先謙曰：據表，濟北成王胡。

〔四〕師古曰：䙴與遷同也。

〔五〕【補注】先謙曰：據紀、表，元鼎三年，常山憲王舜子勃有罪，徙房陵，上更封憲王子平爲真定王。

〔六〕【補注】先謙曰：封禪書「郡」作「邦」，是，此誤。華、嵩、衡，本在天子之邦，合泰山、常山爲五。

明年，齊人少翁以方見上。〔一〕上有所幸李夫人，〔二〕夫人卒，少翁以方蓋夜致夫人及竈鬼之貌云，天子自帷中望見焉。乃拜少翁爲文成將軍，賞賜甚多，以客禮禮之。文成言：「上即欲與神通，宮室被服非象神，神物不至。」乃作畫雲氣車，及各以勝日〔三〕駕車辟惡鬼。又作甘泉宮，中爲臺室，畫天地泰一諸鬼神，而置祭具以致天神。居歲餘，其方益衰，神不至。

乃爲帛書以飯牛，〔四〕陽不知，言此牛腹中有奇書。〔五〕殺視得書，書言甚怪。天子識其手，〔六〕問之，果爲書。〔七〕於是誅文成將軍，隱之。

〔一〕【補注】先謙曰：通鑑誅文成在元狩四年。下云「居歲餘」云云，是「見上」或在元狩三年。

〔二〕【補注】沈欽韓曰：封禪書、孝武紀作「王夫人」。案，李廣利以太初元年爲貳師將軍。若李夫人以元狩三年卒，距太初之元，十有五年，廣利不應至此時始進用也。又南粵滅在元鼎六年，此志有云「既滅南越，嬖臣李延年以好音見」，而李夫人之進，以延年歌「北方有佳人」得召見，又在延年後明矣，其死安得反在元狩時乎？考史記三王世家，王夫人者，與衛夫人竝幸。計其始進，當在元光時，至元狩二年卒，前後相當。然外戚傳，漢武實悼李夫人。惟少翁之誅在元狩中，李夫人卒，不得有少翁，此傳誤也。史記作「王夫人」。又一事而兩傳之誤。論衡自然篇「武帝幸王夫人。王夫人死，思見其形。道士以方術作王夫人形，形成，出入宮門。武帝大驚，立而迎之，忽不復見」。又本史記而附益之。

〔三〕服虔曰：甲乙五行相克之日。如淳曰：如火勝金，用丙丁日，不用庚辛也。【補注】先謙曰：索隱樂彥云，畫以勝日者，「謂畫青車以甲乙，畫赤車以丙丁，畫玄車以壬癸，畫白車以庚辛，畫黃車以戊己。將有水事則乘黃車，故云『駕車辟惡鬼』也」。集解引如說，作「漢書音義」。

〔四〕師古曰：謂雜草以飯牛也，音扶晚反。【補注】先謙曰：官本無「爲」字。

〔五〕【補注】宋祁曰：新本去「書」字。王念孫曰：案，少翁若言牛腹中有書，則恐人覺其僞，故但言此牛腹中有奇。及殺視之，乃得帛書，而其言甚怪，正所以惑人也。後人不達，而於「奇」下加「書」字，謬矣。景祐本無「書」字，封禪書、續孝武紀皆無。

〔六〕師古曰：手謂所書手迹。【補注】朱一新曰：史「手」下有「書」字，是也。觀顏注，則唐初本已誤。汪本注，「迹」下有「也」字。先謙曰：官本有「也」字。

〔七〕【補注】先謙曰：「爲」、「僞」古通。封禪書、孝武紀作「僞」。

其後又作柏梁、銅柱承露僊人掌之屬矣。〔一〕

〔一〕蘇林曰：仙人以手掌擎盤承甘露。師古曰：三輔故事云建章宮承露盤高二十丈，大七圍，以銅爲之，上有仙人掌承露，和玉屑飲之。蓋張衡西京賦所云「立修莖之仙掌，承雲表之清露。屑瓊蕊以朝餐，必性命之可度」也。【補注】先謙曰：據武紀、通鑑，起柏梁臺，事在元鼎二年。黄圖「柏梁臺在長安城中北闕内」。

文成死明年，〔一〕天子病鼎湖甚，〔二〕巫醫無所不致。游水發根言上郡有巫，病而鬼下之。〔三〕上召置祠之甘泉。及病，使人問神君，〔四〕神君言曰：「天子無憂病。病少瘉，强與我會甘泉。」於是上病瘉，遂起，幸甘泉，病良已。〔五〕大赦，置壽宮神君。〔六〕神君最貴者曰太一，〔七〕其佐曰太禁、司命之屬，皆從之。非可得見，聞其言，言與人音等。時去時來，來則風肅然。居室帷中，時晝言，然常以夜。天子祓，然後入。〔八〕因巫爲主人關飲食，〔九〕所欲言，行下。〔一〇〕又置壽宮北宮，張羽旗，設共具，〔一一〕以禮神君。神君所言，上使受書，其名曰「畫法」。〔一二〕其所言，世俗之所知也，無絶殊者，而天子心獨憙。其事祕，世莫知也。〔一三〕

〔一〕【補注】先謙曰：通鑑在元狩五年。

〔二〕晉灼曰：黄圖，宮名，在京兆。地理志：湖本在京兆，後分屬弘農也。【補注】顧炎武曰：宮名是。「湖」當作「胡」，見揚雄傳。湖縣絶遠，且無行宮。先謙曰：地理志下駁文當删。

〔三〕服虔曰：游水，縣名。發根，人姓名。晉灼曰：地理志：游水，水名，在臨淮淮浦也。師古曰：二說皆非也。游水，姓也。發根，名也。蓋因水爲姓也。本嘗遇病，而鬼下之，故爲巫也。【補注】先謙曰：官本「縣」下無「名」字。

〔四〕【補注】先謙曰：集解引韋昭云：「即病巫之神」。

〔五〕孟康曰：良已，善已，謂瘉也。【補注】朱一新曰：汪本注「良已」之「已」作「謂」。先謙曰：官本「已」作「謂」，是。

〔六〕孟康曰：更立此宮也。臣瓚曰：壽宮，奉神之宮也。楚辭曰「蹇將澹兮壽宮」也。【補注】先謙曰：封禪書「置」下有「酒」字。通鑑以「置酒壽宮」爲句，而刪「神君」二字。胡三省云「帝置壽宮以奉神君也」。括地志：壽宮在雍州長安縣西北三十里長安故城中。」

〔七〕【補注】先謙曰：封禪書同。孝武紀作「大夫」，蓋誤。

〔八〕孟康曰：崇絜自除祓，然後入也。師古曰：祓音發勿反。【補注】朱一新曰：言天子入常以夜。

〔九〕【補注】先謙曰：闕猶通也。所欲飲食，巫闕白之。

〔一〇〕李奇曰：神所欲言，上輒爲下之也。晉灼曰：神君所言行下於巫。師古曰：晉說是也。

〔一一〕師古曰：共讀曰供，音居用反。

〔一二〕孟康曰：策畫之法也。【補注】先謙曰：封禪書、孝武紀「畫」作「書」。集解引孟注作「或云策書之法也」，似孟所見本作「書」。正義「書音畫。案，畫一之法」。先謙案，書無音畫之理，張解未當，然可推知所見漢書本作「畫」也。

〔一三〕師古曰：憙讀曰喜。喜，好也，音許吏反。【補注】王念孫曰：景祐本「憙」作「喜」，是也。喜，樂也，音許里反。憙，好也，音許吏反。桓六年穀梁傳「陳侯憙獵」。釋文「憙，虛記反」。獨憙，獨好也。而景祐本作「喜」者，借字耳。注當作「喜讀曰憙。憙，好也，音許吏反」。今本既改正文作「憙」，又互改注內「喜」、「憙」二字，而其義遂不可通。御覽神鬼部一引漢書正作「喜」，史記同。又，賈誼傳「遇之有禮，故羣臣自喜」。賈子階級篇同。喜亦借字也，故師古曰：「喜讀曰憙，音許吏反。憙，好也，好爲志氣也。」而今本正文亦改爲「憙」，注文「喜」、「憙」二字亦互改矣。唯

「意，好也」之「意」未改。蘇輿曰：案「天子心獨憙」當句絶，與高紀「高祖乃心獨喜」同一句例。「其事祕，世莫知也」，對「世俗所知」言之，言其所言淺近，皆世所知，至其事詭祕，非世所知。蓋言所受之書不可信，頗致微詞，此史公語，而班因之。

後三年，〔一〕有司言元宜以天瑞，不宜以一二數。〔二〕一元曰「建」，〔三〕二元以長星曰「光」，〔四〕今郊得一角獸曰「狩」云。〔五〕

〔一〕【補注】先謙曰：案，承上「文成死明年」爲元狩五年言之，則後三年爲元鼎二年。而下云「今郊得一角獸曰狩」，必非元鼎年中言也。後三年，疑是後一年之誤。荀悦諸人皆知後三年之不可通，故漢紀即書於獲麟之下，云「由是改元朔爲元狩」。通鑑亦於獲麟下，書「久之，有司又言元宜以天瑞命」云云，莫能定爲何年事。封禪書、孝武紀竝作「後三年」，班氏承用之。

〔二〕蘇林曰：得諸瑞以名年。【補注】朱一新曰：汪本「年」下有「耳」字。先謙曰：官本有「耳」字。

〔三〕蘇林曰：建元元年是。

〔四〕蘇林曰：以有長星之光，故曰元光元年。【補注】朱一新曰：注，汪本「年」下有「也」字。先謙曰：官本有「也」字。

〔五〕如淳曰：改元狩元年。【補注】朱一新曰：封禪書、孝武紀「今」作「三元」二字。案，元光下尚有元朔年號，則元狩不得謂之三元。先謙曰：專舉天瑞，故略元朔不言。武帝於元狩中，追改建元、元光、元朔、元狩，於元封追改元鼎，係兩次追改。

其明年，〔一〕天子郊雍，曰：「今上帝朕親郊，而后土無祀，則禮不荅也。」〔二〕有司與太史令談、祠官寬舒議：〔三〕「天地牲，角繭栗。〔四〕今陛下親祠后土，后土宜於澤中圜丘〔五〕爲五壇，壇一黄犢牢具。已祠，盡瘞，而從祠衣上黄。」〔六〕於是天子東幸汾陰。汾陰男子公孫滂洋等見汾旁有光如絳，〔七〕上遂立后土祠於汾陰脽上，〔八〕如寬舒等議。上親望拜，如上帝禮。禮畢，天子遂至滎陽。還過雒陽，下詔封周後，令奉其祀，語在武紀。上始巡幸郡縣，寖尋於泰山矣。〔九〕

〔一〕【補注】先謙曰：據武紀，元鼎四年。

〔二〕師古曰：荅，對也。郊天而不祀地，失對偶之義。一曰，闕地祇之祀，故不爲神所荅應也。

〔三〕師古曰：談即司馬談也。

〔四〕師古曰：牛角之形，或如繭，或如栗，言其小。

〔五〕【補注】沈欽韓曰：此與前文「天好陰，於高山下畤；地貴陽，於澤中圜丘」同謬。禮器云「因天事天，因地事地。爲高必因丘陵，爲下必因川澤」。鄭以圜丘方澤解之是也。若謂好陰貴陽，何不夕日朝月？蓋當時廷臣鮮有通禮經者。

〔六〕師古曰：侍祠之人皆著黄衣也。

〔七〕師古曰：滂音普郎反。洋音羊也。

〔八〕師古曰：脽音誰，解在武紀。

〔九〕鄭玄曰：尋，用也。晉灼曰：尋，遂往之意也。師古曰：二説皆非也。寖，漸也。尋，就也。【補注】朱一新曰：孝武紀索隱「侵尋即浸淫。故晉曰，遂往之意也」。「尋」、「淫」聲近，假借用耳。

其春，樂成侯登〔一〕上書言欒大。〔二〕欒大，膠東宫人，〔三〕故嘗與文成將軍同師，已而爲膠東王尚方。〔四〕而樂成侯姊爲康王后，〔五〕無子。王死，它姬子立爲王，而康后有淫行，與王不相中，相危以法。〔六〕康后聞文成死，而欲自媚於上，乃遣欒大入，因樂成侯求見言方。〔七〕天子既誅文成，後悔其方不盡，及見欒大，大說。〔八〕大爲人長美，言〔九〕多方略，而敢爲大言，處之不疑。大言曰：「臣常往來海中，〔一〇〕見安期、羨門之屬，顧以臣爲賤，不信臣。〔一一〕又以爲康王諸侯耳，不足與方。臣數以言康王，康王又不用臣。臣之師曰：『黄金可成，而河決可塞，不死之藥可得，僊人可致也。』然臣恐效文成，則方士皆掩口，惡敢言方哉！」〔一二〕上曰：「文成食馬肝死耳。〔一三〕子誠能修其方，我何愛乎！」大曰：「臣師非有求人，人者求之。陛下必欲致之，則貴其使者，令爲親屬，以客禮待之，勿卑，使各佩其信印，乃可使通言於神人。神人尚肯邪，不邪，〔一四〕尊其使，然後可致也。」於是上使驗小方，鬭棊，〔一五〕棊自相觸擊。

〔一〕【補注】齊召南曰：通鑑考異云：「案史記漢書功臣表，當爲丁義。」胡三省云：「義，高祖功臣丁禮之曾孫也。」召南案，封禪書但云樂成侯，無「登」字。先謙曰：孝武紀亦無「登」字，蓋衍。

〔二〕【補注】何焯曰：元鼎五年，大坐誣罔腰斬，丁義亦坐言五利不道棄市，見功臣表。

〔三〕服虔曰：王家人。【補注】周壽昌曰：據此，男子亦得稱宮人。

〔四〕師古曰：主方藥。【補注】先謙曰：膠東康王寄，武帝弟。

〔五〕孟康曰：膠東王后也。【補注】先謙曰：官本注在「無子」下。康王寄，景帝子。

〔六〕師古曰：不相可也。相危以法，謂以罪法相欲傾危也。中音竹仲反。

〔七〕師古曰：言神仙之方。
〔八〕師古曰：説讀曰悦。
〔九〕師古曰：善爲甘美之言也。
〔一〇〕【補注】先謙曰：官本「常」作「嘗」。
〔一一〕師古曰：顧，念也。
〔一二〕師古曰：惡音烏，謂於何也。
〔一三〕【補注】沈欽韓曰：索隱「論衡云『氣勃而毒盛，故食走馬肝殺人』」。儒林傳「食肉無食馬肝」是也。
〔一四〕【補注】先謙曰：尚，未敢定之詞。
〔一五〕【補注】葉德輝曰：封禪書索隱引顧氏案：「萬畢術云：『取雞血雜磨針鐵擣，和磁石棊頭，置局上，自相抵擊也。』」據此，則鬭棊小方，本世所有，方士用以惑上耳。先謙曰：官本考證云：「棊」，通鑑作「旗」。考異云：「封禪書、郊祀志俱作『棊』，獨史記孝武紀作『旗』。案，漢武故事云『欒大嘗於殿前樹旍數百枚，令旍自相擊，繙繙竟庭中，去地十餘丈，觀者皆駭然』。則作『旗』字者是也。」先謙案，漢紀亦作「棊」。

是時，上方憂河決而黄金不就，〔一〕乃拜大爲五利將軍。居月餘，得四印，〔二〕得天士將軍、地士將軍、大通將軍印。〔三〕制詔御史：「昔禹疏九河，決四瀆。間者，河溢皋陸，隄繇不息。〔四〕朕臨天下二十有八年，天若遺朕士而大通焉。乾稱『飛龍』，『鴻漸于般』，〔五〕朕意庶幾與焉。〔六〕其以二千户封地士將軍大爲樂通侯。」賜列侯甲第，童千人。乘輿斥車馬帷帳器物以充其家。〔七〕又以衛長公主妻之，〔八〕齎金十萬斤，〔九〕更名其邑曰當利公主。天子親如五利之弟，〔一〇〕使者存問共給，相屬於道。〔一一〕自大主將相以下，皆置酒其家，〔一二〕獻遺之。天子又刻玉印曰「天道將軍」，使使衣羽衣，夜立白茅上，五利將軍亦衣羽衣，立白茅上受印，以視不臣也。〔一三〕而佩「天道」者，且爲天子道天神也。〔一四〕於是五利常夜祠其家，欲以下神。〔一五〕後裝治行，東入海求其師云。大見數月，佩六印，貴震天下，而海上燕齊之間，莫不搤掔〔一六〕而自言有禁方能神僊矣。

〔一〕師古曰：鑄黃金不成。

〔二〕【補注】齊召南曰：案「得」字，當依史記作「佩」。以下文「大見數月，佩六印」證之可知。

〔三〕【補注】朱一新曰：孝武紀「大通將軍」下誤衍「天道將軍」四字，後人妄加。

〔四〕師古曰：皐，水旁地。廣平曰陸。言水汎溢，自皐及陸，而築作隄防，徭役甚多，不暇休息。

〔五〕孟康曰：般，水涯堆也。漸，進也。武帝云得欒大如鴻進於般，一舉千里。得道若飛龍在天。師古曰：飛龍在天，乾卦九五爻辭也。鴻漸于般，漸卦六二爻辭也。般，山石之安者。【補注】錢大昭曰：今本周易作「磐」。案，屯初九「磐桓，利居貞」。隸釋仲秋下旬碑作「般桓」，知「磐」字古作「般」也。

〔六〕師古曰：與讀曰豫。

〔七〕師古曰：斥，不用者也。

〔八〕孟康曰：衞太子妹。如淳曰：衞太子姊也。師古曰：外戚傳云，子夫生三女，元朔三年生男據。是則太子之姊也，孟說非也。【補注】何焯曰：以衞主妻大者，令爲親屬如大所言也。周壽昌曰：索隱「衞后長女，故曰長公主，非如帝姊曰長公主之例」。案婁敬傳，長公主是魯元公主。外戚傳，館陶長公主是文帝女嫖。一當高帝時，一當文帝時，皆是也。

〔九〕【補注】先謙曰：封禪書、孝武紀無「十」字。

〔一〇〕【補注】葉德輝曰：南雍本、德藩本作「第」。先謙曰：官本作「第」。
〔一一〕師古曰：共讀曰供。屬，及也，音之欲反。
〔一二〕韋昭曰：大主，武帝姑，竇太后之女也。【補注】周壽昌曰：大主，若後世稱大長公主矣。
〔一三〕師古曰：羽衣，以鳥羽爲衣，取其神僊飛翔之意也。視讀曰示。
〔一四〕師古曰：爲音于僞反。道天神，道讀曰導。
〔一五〕【補注】先謙曰：封禪書、孝武紀下云：「神未至，而百鬼集矣，然頗能使之。」
〔一六〕師古曰：搤，捉持也。掔，古手腕之字也。搤音戹。【補注】先謙曰：官本注在「能神僊矣」下。集解引服虔云「滿手曰搤」。

其夏六月，汾陰巫錦〔一〕爲民祠魏脽后土營旁，〔二〕見地如鉤狀，掊視得鼎。〔三〕鼎大異於衆鼎，文鏤無款識，〔四〕怪之，言吏。吏告河東太守勝，勝以聞。天子使驗問巫得鼎無姦詐，乃以禮祠，迎鼎至甘泉，從上行，薦之。〔五〕至中山，晏温，〔六〕有黄雲焉。〔七〕有鹿過，〔八〕上自射之，因之以祭云。至長安，公卿大夫皆議尊寶鼎。天子曰：「間者河溢，歲數不登，故巡祭后土，祈爲百姓育穀。今年豐楙未報，鼎曷爲出哉？」〔九〕有司皆言：「聞昔泰帝興神鼎一，〔一〇〕一者一統，天地萬物所繫象也。〔一一〕黄帝作寶鼎三，象天地人。禹收九牧之金，〔一二〕鑄九鼎，象九州。皆嘗鬺亨上帝鬼神。〔一三〕其空足曰鬲，〔一四〕以象三德，〔一五〕饗承天祜。〔一六〕夏德衰，鼎遷於殷。殷德衰，鼎遷於周。周德衰，鼎遷於秦。秦德衰，宋之社亡，鼎乃淪伏而不見。周頌曰：『自堂徂基，自羊徂牛。鼐鼎及鼒。不吳不敖，胡考之休。』〔一七〕今鼎至甘泉，以光潤龍變，承休無疆。合兹中山，有黄白雲降，〔一八〕蓋若獸爲符，〔一九〕路弓乘矢，集獲壇下，〔二〇〕報祠大亨。〔二一〕唯受命而帝者心知其意而合德焉。〔二二〕鼎宜視宗禰廣，臧於帝庭，以合明應。」〔二三〕制曰：「可。」

〔一〕應劭曰：錦，巫名。

〔二〕應劭曰：魏，故魏國也。師古曰：汾脽本魏地之境，故云魏脽也。營，謂祠之兆域也。【補注】先謙曰：通鑑胡注引顔説，「境」作「壝」。

〔三〕師古曰：掊謂手杷土也，音蒲溝反。杷音蒲巴反，其字從木。

〔四〕韋昭曰：款，刻也。師古曰：識，記也，音式志反。其下美陽鼎亦同也。

〔五〕如淳曰：以鼎從行上甘泉，將薦之於天。師古曰：上音時掌反。【補注】先謙曰：封禪書、孝武紀作「行上」。案如注，似亦作「行上」。通鑑作「從上行」。

〔六〕如淳曰：三輔謂日出清濟爲晏。晏而温，乃有黄雲，故爲異也。師古曰：中讀曰仲。即今雲陽之中山也。下云「合兹中山」，亦同也。【補注】錢大昕曰：説文「晏，天清也」。濟與霽同，洪範「曰雨，曰霽」，史記作「濟」。沈欽韓曰：長安志「仲山在雲陽縣西北四十里」。雲陽宫記曰：『宫南三十里有仲山，俗傳高祖兄仲所居，今山有仲子廟。』淮南繆稱訓「暉目知晏」。注云「晏，無雲也」。周壽昌曰：封禪書作「曣嗢」。

〔七〕【補注】先謙曰：封禪書、孝武紀「雲」下有「蓋」字，是也，此脱。

〔八〕【補注】先謙曰：封禪書、孝武紀「鹿」作「麃」。

〔九〕師古曰：楙，美也，言稼穡美也。未報者，獲年豐而未報賽也。一曰，雖祈穀而未獲年豐之穀也。其下張敞引此詔文云「穀嗛未報」，嗛者，少也。【補注】朱一新曰：解當從後説。汪本注「穀也」作「報也」，是。先謙曰：官本「穀」

作「報」。考證云：「報」字，監本訛「穀」，今改正。案，封禪書、孝武紀「楙」作「廡」，廡亦借訓豐盛。

〔一〇〕師古曰：泰帝者，即泰昊伏羲氏也。【補注】先謙曰：索隱云，師古以太帝文在黃帝之前故也。案，泰昊無得鼎事，泰帝即黃帝也，顏說誤，詳下。

〔一一〕【補注】先謙曰：封禪書、孝武紀「象」作「終」。

〔一二〕師古曰：九牧，九州之牧也。

〔一三〕服虔曰：以亨祀上帝也。師古曰：「鬺」「亨」一也。鬺亨，煮而祀也。韓詩采蘋曰：「于以鬺之，唯錡及釜。」亨音普庚反。【補注】何焯曰：鬺，古烹飪字。下「亨」，乃古亨祀字也。一之者非。亨音香兩反。葉德輝曰：德藩本「亨」作「亨」。封禪書同。朱一新曰：汪本作「亨」。先謙曰：官本作「亨」。

〔一四〕蘇林曰：鬲音歷。足中空不實者，名曰鬲也。

〔一五〕如淳曰：鼎有三足故也。三德，三正之德。師古曰：如說非也。三德，一曰正直，二曰剛克，三曰柔克。事見周書洪範。

〔一六〕師古曰：祜，福也，音怙。

〔一七〕師古曰：周頌絲衣之詩也。基，門塾之基也。鼎絶大者謂之鼐，圜弇上謂之鼒。吳，讙譁也。敖，慢也。考，壽也。休，美也。言執祭事者，或升堂室，或之門塾，視羊牛之牲，及舉大小之鼎，告其致絜，神降之福，故獲壽考之美，曰何壽之美！何壽之美者，歎之之言也。鼐音乃代反。鼒音茲。敖讀曰傲。【補注】朱一新曰：史「敖」作「鰲」。武紀「吳」作「虞」。索隱「何承天謂『虞』當作『吳』」。案，此作『虞』者，與『吳』聲相近，故假借也。或者本文借此『虞』爲驩娛字」。周壽昌曰：詩載芟「胡考之寧」，傳「胡，壽也」。周書謚法「彌年壽考曰胡」。胡考之胡，不得訓何也。

〔一八〕師古曰：言鼎至甘泉之後，光潤變見，若龍之神，能幽能明，能小能大，乘此休福，無窮竟也。有黃白雲降，與初至仲山黃雲之瑞相合也。【補注】先謙曰：封禪書無「以」字，疑衍。

〔一九〕服虔曰：雲若獸在車蓋也。晉灼曰：蓋，辭也。符謂鹿也。師古曰：二說非也。蓋，發語辭也。言甘泉之雲又若獸形，以爲符瑞也。【補注】宋祁曰：「獸」字下疑有「之」字。先謙曰：蓋者，雲如車蓋。若，及也。獸，即謂鹿也。言有雲降如車蓋，及鹿爲符瑞。「蓋」當上屬爲義。上「有黃雲焉」，封禪書本作「有黃雲蓋焉」，是「蓋」訓車蓋明矣。風俗通「黃帝與蚩尤戰涿鹿，常有五色雲氣，金枝玉葉，止於帝上，因作華蓋」。與此類也。

〔二〇〕李奇曰：宜言「盧弓」。韋昭曰：路，大也。四矢曰乘。師古曰：韋說是也。又於壇下獲弓矢之應。【補注】劉奉世曰：指謂鹿也。言以大弓四矢，而後獲之於壇下也。義甚通。先謙曰：顏說無根，當如劉說，與上文相屬爲義。

〔二一〕【補注】朱一新曰：孝武紀「亨」作「饗」。封禪書作「享」。

〔二二〕服虔曰：高祖受命知之，宜見鼎於其廟也。師古曰：合德，謂與天合德。

〔二三〕師古曰：視讀曰示。宗，謂先帝有德可尊者也。禰，父廟也。帝庭，甘泉天神之庭。【補注】錢大昭曰：「廣」，南雍本、閩本作「廟」。蓋其字本作「庿」，而譌爲「廣」耳。「庿」，古「廟」字。葉德輝曰：德藩本作「廟」。

入海求蓬萊者，言蓬萊不遠，而不能至者，殆不見其氣。上乃遣望氣佐候其氣云。

其秋，上雍，且郊。〔一〕或曰：「五帝，泰一之佐也，宜立泰一而上親郊之。」上疑未定。

〔一〕師古曰：雍地形高，故云上也，音時掌反。【補注】王念孫曰：「上雍」，當從封禪書、續孝武紀作「上幸雍」。上謂武帝也。「且郊」者，上將郊也。下文云「上遂郊雍」，即其證。本書言幸雍者多矣，此文偶脫「幸」字，師古遂望文生義而爲之說。索隱本從師古作「上雍」，皆非。

齊人公孫卿曰：「今年得寶鼎，其冬辛巳朔旦冬至，與黃帝時等。」〔一〕卿有札書〔二〕曰：「黃帝得寶鼎冕候，〔三〕問於鬼臾區，〔四〕鬼臾區對曰：『黃帝得寶鼎神策，是歲己酉朔旦冬至，得天之紀，終而復始。』於是黃帝迎日推策，〔五〕後率二十歲復朔旦冬至，凡二十推，三百八十年，黃帝僊登于天。」卿因所忠欲奏之。〔六〕所忠視其書不經，〔七〕疑其妄言，謝曰：「寶鼎事已決矣。尚何以爲！」〔八〕卿因嬖人奏之。上大説，〔九〕乃召問卿。對曰：「受此書申公，〔一〇〕申公已死。」上曰：「申公何人也？」卿曰：「齊人，與安期生通，受黃帝言，無書，獨有此鼎書。曰『漢興復當黃帝之時』。曰『漢之聖者，在高祖之孫且曾孫也。寶鼎出而與神通，封禪。封禪七十二王，唯黃帝得上泰山封』。申公曰：『漢帝亦當上封禪，封禪則能僊登天矣。〔一一〕黃帝萬諸侯，而神靈之封君七千。〔一二〕天下名山八，而三在蠻夷，五在中國。〔一三〕中國華山、首山、太室山、泰山、東萊山，此五山黃帝之所常游，與神會。黃帝且戰且學僊，患百姓非其道，乃斷斬非鬼神者。〔一四〕百餘歲然後得與神通。〔一五〕黃帝郊雍上帝，宿三月。鬼臾區號大鴻，死葬雍，故鴻冢是也。〔一六〕其後黃帝接萬靈明庭。明庭者，甘泉也。所謂寒門者，谷口也。〔一七〕黃帝采首山銅，鑄鼎於荆山下。〔一八〕鼎既成，有龍垂胡頿下迎黃帝。〔一九〕黃帝上騎，羣臣後宮從上龍七十餘人，龍乃去。〔二〇〕餘小臣不得上，乃悉持龍頿，龍頿拔，墮，墮黃帝之弓。百姓印望〔二一〕黃帝既上天，乃抱其弓與龍頿號，故後世因名其處曰鼎湖，其弓曰烏號。』」〔二二〕於是天子曰：「嗟乎！誠得如黃帝，吾視去妻子如脱屣耳。」〔二三〕拜卿爲郎，使東候神於太室。

〔一〕師古曰：等，同也。
〔二〕師古曰：札，木簡之薄小者也。
〔三〕【補注】先謙曰：官本「侯」作「侯」。案：王念孫云，「冤侯」，封禪書作「宛朐」，續孝武紀作「宛侯」。案「冤侯」當爲「冤句」，音劬。濟陰之縣也。地理志、郡國志竝作「冤句」。水經濟水篇作「冤朐」。王子侯表、楚元王傳竝作「宛朐」。今作「冤侯」者，冤、冤形近而誤，句、侯聲近而通，故續孝武紀作「宛侯」也。
〔四〕師古曰：鬼臾區，黃帝臣也。藝文志云鬼容區，而此志作臾區，臾、容聲相近，蓋一也。今流俗書本「臾」字作「申」，非也。
〔五〕晉灼曰：迎，數之也。臣瓚曰：日月朔望未來而推之，故曰迎日。【補注】沈欽韓曰：素問天元紀大論「黃帝問曰：『願聞五運之主時也，何如？』鬼臾區曰：『臣積考太始天元册文曰：「太虛廖廓，肇基化元。萬物資始，五運終天。布氣真靈，緫統坤元。九星懸朗，七曜周旋。曰陰曰陽，曰柔曰剛。幽顯既位，寒暑弛張。生生化化，品物咸章。」臣斯十世，此之謂也。』又曰：『天以六爲節，地以五爲制。周天氣者，(二)〔六〕期爲一備；終地紀者，五歲爲一周。君火以明，相火以位。五六相合，而七百二十氣爲一紀，凡三十歲。千四百四十氣，凡六十歲，而爲一周。』」此所云「迎日推策」也。
〔六〕師古曰：所忠，人姓名也，解在食貨志。
〔七〕師古曰：不合經典也。
〔八〕師古曰：謂不須更言之。
〔九〕師古曰：説讀曰悦。
〔一〇〕【補注】錢大昕曰：下云「申公，齊人」，則非魯之申培公，蓋别是一人。朱一新曰：孝武紀作「功」，封禪書作「公」。

〔一一〕【補注】王念孫曰：景祐本作「漢帝亦當上封，上封則能僊登天矣」，是也。下文曰：「秦皇帝不得上封。陛下必欲上，稍上即無風雨，遂上封矣。」此涉上文兩「封禪」而誤。封禪書、續孝武紀並與景祐本同。

〔一二〕應劭曰：黄帝時，諸侯會封禪者七千人也。李奇曰：説仙道得封者七千國也。張晏曰：神靈之封，謂山川之守也。師古曰：張説是也。山川之守，謂尊山川之神，令主祭祀也，即國語所云「汪芒氏之君守封嵎之山」也。【補注】何焯曰：封君七千，當如李説，此方士自爲地也。又慮有斥其妄者，故下文又有「斷斬」之説。王念孫曰：「君」，當依封禪書作「居」。孝武紀亦作「居」。言黄帝時有萬諸侯，而神靈之封，居其七千也。今本「居」作「君」，則義不可通。蓋「居」、「君」字形相似，又涉注文「汪芒氏之君」而誤。上文「昔三代之居，皆在河洛之閒」，史記封禪書「居」譌作「君」。何謂「封君七千如李説」，案，張晏曰「神靈之封，山川之守也」，以「封」字絶句，則「封」下無「君」字明矣。李誤解「神靈之封」四字，謂諸侯萬國，而以僊道得封者，居其七千耳，非若今本作「封君七千」也。「居」誤爲「君」，而即以封君連讀，則誤之又誤矣。

〔一三〕【補注】宋祁曰：淳化本無下「中國」二字。

〔一四〕【補注】周壽昌曰：以事鬼神爲非而議之者。

〔一五〕【補注】何焯曰：恐其言不驗被誅，故遠其期於百餘歲，即後言「非少寬暇，神不來」之意。

〔一六〕蘇林曰：今雍有鴻冢。

〔一七〕服虔曰：黄帝升仙之處也。師古曰：谷口，仲山之谷口也，漢時爲縣，今呼之治谷是也。以仲山之北寒涼，故謂此谷爲寒門也。【補注】沈欽韓曰：長安志云：「雲陽宫記曰：『治谷去雲陽宫八十里，封禪書所謂谷口也。其山出鐵有治鑄之利。入谷便洪潦沸騰，飛泉激射，兩岸皆峭壁孤竪，横盤坑谷，凛然凝冱，常如八九月中。朱明盛暑，當晝暫暄，凛秋晚候，緼袍不煖，所謂寒門者也。』」朱一新曰：索隱引作「冶谷」。先謙曰：作「冶」是也，「治」字誤。谷口，馮翊縣。

〔一八〕晉灼曰：地理志：首山屬河東蒲坂，荆山在馮翊懷德縣也。

〔一九〕師古曰：胡謂頸下垂肉也。顩，其毛也，音人占反。

〔二〇〕【補注】朱一新曰：汪本作「龍乃上去」，史記同，此脱「上」字。先謙曰：官本有「上」字。

〔二一〕師古曰：卬讀曰仰。

〔二二〕師古曰：屣，小履。脱屣者，言其便易，無所顧也。屣音山爾反。

上遂郊雍，至隴西，登空桐，〔一〕幸甘泉。令祠官寬舒等具泰一祠壇，〔二〕祠壇放亳忌泰一壇，三陔。〔三〕五帝壇環居其下，各如其方。黄帝西南，除八通鬼道。〔四〕泰一所用，如雍一時物，而加醴棗脯之屬，殺一氂牛〔五〕以爲俎豆牢具。而五帝獨有俎豆醴進。〔六〕其下四方地，爲腏，食羣神從者及北斗云。〔七〕已祠，胙餘皆燎之。〔八〕其牛色白，白鹿居其中，彘在鹿中，鹿中水而酒之。〔九〕祭日以牛，祭月以羊彘特。〔一〇〕泰一祝宰則衣紫及繡。五帝各如其色，日赤，月白。

〔一〕【補注】先謙曰：武紀在元鼎五年。

〔二〕【補注】先謙曰：下卷所謂「始立泰一祠於甘泉」也。

〔三〕師古曰：陔，重也。三陔，三重壇也。音該。【補注】先謙曰：封禪書、孝武紀「陔」作「垓」。

〔四〕服虔曰：坤位在未，黄帝從土位。

〔五〕李奇曰：音貍。師古曰：西南夷長尾髦之牛也。一音茅。【補注】先謙曰：官本注在「以爲俎豆牢具」下。

〔六〕師古曰：具俎豆酒醴而進之。一曰，進謂雜物之具，所以加禮也。

〔七〕師古曰：腏字與餟同，謂聯續而祭也，音竹芮反。食讀曰飤。【補注】沈欽韓曰：春官「神仕」注云「圖天神人鬼地祇之坐者，謂布祭衆寡與其居句」，即此之「腏」也。「腏」與「綴」同。續志作「醊」，云「郊兆，八陛，陛五十八醊，合四百六十四醊。外壇五帝陛郭，帝七十二醊，合三百六十醊」是也。亦與蕝、蕞、啜義相通，用各異耳。樂記「其舞行綴遠」，注作「酇」，正義「綴謂酇也。酇聚舞人行位之處，立表酇以識之。」說文「酇，聚也」。神位亦立表酇，依四方。宋、隋志作「攢」，皇帝到郊壇，「博士、太常引入黑攢」。朱一新曰：封禪書「腏」作「醊」。孝武紀作「餟」。先謙曰：官本注「聯」作「連」，「餟」作「綴」。通鑑作「醊」，注引說文「醊，祭酎也」。顔注「食」字下屬爲句，是也。孝武紀索隱、正義讀誤。

〔八〕師古曰：胙謂祭餘酒肉也。

〔九〕服虔曰：水，玄酒。酒，真酒也。晉灼曰：此言合牲物而燎之也。師古曰：言以白鹿内牛中，以彘内鹿中，又以水及酒合内鹿中。【補注】先謙曰：封禪書、孝武紀不重「白」、「鹿中」三字。「酒」作「洎」。徐廣注「灌水於釜中曰洎」。官本注「玄酒」之「酒」作「湮」。晉灼注，當在上句下。

〔一〇〕師古曰：若牛，若羊，若彘，止一牲也。

十一月辛巳朔旦冬至，昒爽，〔一〕天子始郊拜泰一。朝朝日，夕夕月，〔二〕則揖。而見泰一如雍郊禮。〔三〕其贊饗曰：「天始以寶鼎神策授皇帝，朔而又朔，終而復始，皇帝敬拜見焉。」〔四〕而衣上黃。其祠列火滿壇，壇旁亨炊具。有司云「祠上有光」。公卿言「皇帝始郊見泰一雲陽，有司奉瑄玉〔五〕嘉牲薦饗，〔六〕是夜有美光，及晝，黃氣上屬天。」〔七〕太史令談、祠官寬舒等曰：〔八〕「神靈之休，祐福兆祥，宜因此地光域立泰畤壇以明應。〔九〕令太祝領，秋及臘間祠。二歲天子壹郊見。」〔一〇〕

〔一〕師古曰：昒爽，謂日尚冥，蓋未明之時也。昒音忽。
〔二〕師古曰：以朝旦拜日爲朝。下「朝」音丈昭反。
〔三〕【補注】劉敞曰：「則揖」當屬上句。
〔四〕師古曰：贊饗，謂祝辭。【補注】沈欽韓曰：春秋繁露郊祀篇，郊祝曰：「皇皇上帝，照臨下土。集地之靈，降甘風雨。庶物羣生，各得其所，靡今靡古。惟予一人，某敬拜皇天之祜。」亦見大戴公冠。案，此古祝辭，漢所用也，今以得寶鼎，故別爲辭。
〔五〕孟康曰：璧大六寸謂之瑄。
〔六〕師古曰：漢舊儀云，祭天養牛五歲，至三千斤也。【補注】朱一新曰：史正義引作「二千斤」。
〔七〕師古曰：屬音之欲反。
〔八〕【補注】先謙曰：談即司馬遷父。寬舒，佚其姓。
〔九〕師古曰：明著美光及黃氣之祥應。
〔一〇〕【補注】朱一新曰：汪本「二」作「三」。先謙曰：封禪書、通鑑作「三」，是，此誤。下卷作「二歲」，亦誤。又云「與雍更祠，亦以高祖配。」

其秋，爲伐南越，告禱泰一，以牡荊畫幡日月北斗登龍，以象太一三星，爲泰一鋒旗，〔一〕命曰「靈旗」。爲兵禱，則太史奉以指所伐國。而五利將軍使不敢入海，之泰山祠。上使人隨驗，實無所見。五利妄言見其師，其方盡，多不讎。〔二〕上乃誅五利。

〔一〕李奇曰：牡荊作幡柄也。如淳曰：牡荊，荊之無子者，皆絜齋之道。晉灼曰：牡，節間不相當也，月暈刻之爲券以畏病者。天文志「天極星，其一明者，太一也。旁三星，三公也」。畫一星在後，三星在前，爲泰一鋒旗也。師古曰：李、晉二説是也。以牡荆爲幡竿，而畫幡爲日月龍及星。【補注】宋祁曰：淳化本作「泰一綘旗」，注同。越本止云「泰一綘」，無「旗」字。新本云「泰一鏠」，亦無「旗」。王念孫曰：鏠旗之「旗」，後人以意加之也。景祐本無「旗」字，注同。此謂畫日月北斗登龍於幡上，又畫三星於太一之前，爲泰一鏠。鏠與鋒同。命之曰「靈旗」，不得謂之泰一鏠旗也。封禪書、續孝武紀皆無「旗」字。集解引晉灼云「畫一星在後，三星在前，爲泰一鋒」，亦無「旗」字。沈欽韓曰：抱朴子雜應篇「或問辟五兵之道。或取牡荆以作六陰神將符，符指敵人」。先謙曰：孝武紀上「太一」作「天一」。案，天一是也。太一無三星。「天」、「太」形近，又此志頻見太一，故無能正其誤者。天文志「前列直斗口三星，若見若不見，曰陰德，或曰天一」。所謂天一三星也。又在紫微垣前，故爲泰一之鋒，若言前鋒矣。三星，二在垣内，一在垣外，後世以二星爲陰德，一星爲天一，而天一遂無三星。晉灼所引象三公之三星，乃北極五星之三，與此無涉。北斗登龍，即所謂北斗七星杓攜龍角也，攜連龍角，若登之然。

〔二〕師古曰：讎，應當也。不讎，無驗也。

其冬，〔一〕公孫卿候神河南，言見僊人迹緱氏城上，〔二〕有物如雉，往來城上。天子親幸緱氏視跡，問卿：「得毋效文成、五利乎？」卿曰：「僊者非有求人主，人主者求之。其道非少寬暇，神不來。〔三〕言神事，如迂誕，〔四〕積以歲，乃可致。」於是郡國各除道，繕治宮館名山神祠所，以望幸矣。〔五〕

〔一〕【補注】先謙曰：據武紀，則元鼎六年冬也。當云「明年冬」，「其」字誤。
〔二〕【補注】先謙曰：緱氏，河南縣。
〔三〕【補注】先謙曰：封禪書「暇」作「假」，是。
〔四〕師古曰：迂，回遠也。誕，大言也。

〔五〕【補注】先謙曰：封禪書「矣」作「也」，是。

其春，既滅南越，嬖臣李延年以好音見。上善之，下公卿議，曰：「民間祠有鼓舞樂，今郊祀而無樂，豈稱乎？」公卿曰：「古者祠天地皆有樂，而神祇可得而禮。」或曰：「泰帝使素女鼓五十絃瑟，悲，帝禁不止，〔一〕故破其瑟爲二十五絃。」於是塞南越，禱祠泰一、后土，始用樂舞。〔二〕益召歌兒，〔三〕作二十五絃及空侯瑟自此起。〔四〕

〔一〕師古曰：泰帝亦謂泰昊也。不止，謂不能自止也。【補注】沈欽韓曰：韓非十過「黃帝合鬼神於泰山之上，作爲清角」。淮南覽冥訓「昔者師曠黃帝臣。奏白雪之音，而神物爲之下降」。注「白雪，太乙五十絃瑟樂名也」。抱朴子極言篇「黃帝論道養，則質玄、素二女」。既云使素女鼓之，則黃帝也。先謙曰：世本「庖羲瑟五十絃，黃帝損之爲二十五絃」。王嘉拾遺記「黃帝使素女鼓庖羲之瑟，滿席悲，不能已，後破爲七尺二寸，二十五絃」，則爲黃帝不疑，顏說誤也。

〔二〕師古曰：益，多也。

〔三〕【補注】先謙曰：胡三省云：「爲伐南越，告禱泰一，故今賽祠。」

〔四〕蘇林曰：作空侯與瑟。【補注】宋祁曰：邵本「空」作「坎」。王念孫曰：景祐本「空侯」作「坎侯」，是也。風俗通義曰：「謹案漢書，孝武皇帝命樂人侯調，依琴作坎侯之樂，言其坎坎應節奏也。侯以姓冠章耳。或說，空侯取其空中。琴瑟皆空，何獨坎侯邪？斯論是也。詩云『坎坎鼓我』，是其文也。」據此，則應所見漢書正作「坎侯」。藝文類聚樂部四引凡將篇云「鍾、磬、竽、笙、筑、坎侯。」蘇林曰「作空侯與瑟」，此是以空侯釋坎侯，非正文本作「空侯」也。今本作「空侯」者，後人誤以蘇注改之耳。文選曹植箜篌引注引漢書亦作「坎侯」。坎侯即空侯也，故封禪書作「空侯」。

其來年冬，〔一〕上議曰：「古者先振兵釋旅，然後封禪。」乃遂北巡朔方，勒兵十餘萬騎，還祭黄帝冢橋山，釋兵涼如。〔二〕上曰：「吾聞黄帝不死，有家何也？」或對曰：〔三〕「黄帝以僊上天，羣臣葬其衣冠。」〔四〕既至甘泉，爲且用事泰山，先類祠泰一。〔五〕

〔一〕【補注】先謙曰：據武紀，元封元年。

〔二〕李奇曰：地名也。【補注】先謙曰：封禪書作「須如」，集解徐廣云，「須」一作「涼」。

〔三〕【補注】先謙曰：通鑑作「公孫卿曰」。考異云，史記、漢書皆云「或對」，漢武故事云「公孫卿對」，今取之。

〔四〕【補注】先謙曰：通鑑云，上歎曰：「吾後升天，羣臣亦當葬吾衣冠於東陵乎？」

〔五〕師古曰：且，猶將也。類祠，謂以事類而祭之。【補注】周壽昌曰：類亦祭名，書「肆類於上帝」，是也。爾雅「類」作「禷」。先謙曰：官本注末「之」作「也」。

自得寶鼎，上與公卿諸生議封禪。封禪用希曠絶，莫知其儀體，〔一〕而羣儒采封禪、尚書、周官、王制之望祀射牛事。〔二〕齊人丁公年九十餘，曰：「封禪者，古不死之名也。秦皇帝不得上封。陛下必欲上，稍上〔三〕即無風雨，遂上封矣。」上於是乃令諸儒習射牛，草封禪儀。數年，至且行。天子既聞公孫卿及方士之言，黄帝以上封禪皆致怪物與神通，欲放黄帝〔四〕以接神人蓬萊，高世比德於九皇，〔五〕而頗采儒術以文之。羣儒既已不能辯明封禪事，又拘於詩書古文而不敢騁。上爲封祠器視羣儒，〔六〕羣儒或曰「不與古同」，徐偃又曰「太常諸生行禮不如魯善」，〔七〕周霸屬圖封事，〔八〕於是上黜偃、霸，而盡罷諸儒弗用。〔九〕

〔一〕【補注】先謙曰：封禪書、孝武紀「體」作「禮」。

〔二〕師古曰：天子有事宗廟，必自射牲，蓋示親殺也。事見國語也。【補注】先謙曰：官本注末無「也」字。

〔三〕師古曰：稍，漸也。

〔四〕師古曰：放，依也，音甫往反。

〔五〕張晏曰：三皇之前有人皇，九首。韋昭曰：上古有人皇者九人。師古曰：韋説是也。【補注】劉敞曰：予謂董仲舒書言「周人推神農爲九皇」。此是矣。沈欽韓曰：史記「九皇氏没，六十四民興。六十四民没，三皇興」。若春秋繁露三代篇之義，殷建白統，與夏、虞爲三代，而退唐於五帝之末，與高辛、高陽、黄帝、神農爲五帝，推庖犧爲九皇，恐非此義。先謙曰：「神人蓬萊」，封禪書、孝武紀作「神僊人蓬萊士」。高世，高出世主，下屬爲義。此删「士」字，則以「蓬萊高世」四字爲句，謂蓬萊之高世士耳。

〔六〕師古曰：視讀曰示。

〔七〕師古曰：徐偃，博士姓名。

〔八〕服虔曰：屬，會也，會諸儒圖封事也。師古曰：周霸，亦人姓名也。屬音之欲反。

〔九〕【補注】先謙曰：兒寬傳「上乃自制儀，采儒術以文焉」。

三月，〔一〕乃東幸緱氏，禮登中嶽太室。從官在山上聞若有言「萬歲」云。問上，上不言；問下，下不言。〔二〕乃令祠官加增太室祠，禁毋伐其山木，以山下户凡三百封崈高，爲之奉邑，〔三〕獨給祠，復，無有所與。〔四〕上因東上泰山，〔五〕泰山草木未生，〔六〕乃令人上石立之泰山顛。〔七〕

〔一〕【補注】宋祁曰：本紀作「正月」。

〔二〕【補注】先謙曰：山上下人皆未言，是以神之。

〔三〕師古曰：密，古崇字耳。以崇奉嵩高之山，故謂之密高奉邑。奉音扶用反。【補注】先謙曰：封禪書作「崇高」。

〔四〕師古曰：復音方目反。與讀曰豫。

〔五〕如淳曰：言易上也。泰山從南面直上，步道三十里，車道百里。【補注】先謙曰：官本「易上」之「上」作「土」。

〔六〕【補注】先謙曰：封禪書「木」下有「葉」字，是。

〔七〕師古曰：從山下轉石而上也。【補注】齊召南曰：案，後書祭祀志引此文，注：「風俗通曰：『石高二丈一尺，刻之曰「事天以禮，立身以義，事父以孝，成民以仁。四海之內，莫不爲郡縣，四夷八蠻，咸來貢職。與天無極，人民蕃息，天禄永得」。共四十五字。』此石立山巔，即馬第伯封禪儀記所云：『封所，始皇立石及闕在南方，漢武在其北二十餘步者。又山下有一石，時用五車不能上，因置山下爲屋，號五車石。』」詳後志注。先謙曰：官本注末無「也」字。

上遂東巡海上，行禮祠八神。齊人之上疏言神怪奇方者以萬數，乃益發船，令言海中神山者數千人求蓬萊神人。公孫卿持節常先行候名山，至東萊，言夜見大人，長數丈，就之則不見，見其迹甚大，類禽獸云。羣臣有言見一老父牽狗，言「吾欲見鉅公」，〔一〕已忽不見。上既見大迹，未信，及羣臣又言老父，則大以爲僊人也。宿留海上，〔二〕與方士傳車〔三〕及間使求神僊人以千數。〔四〕

〔一〕鄭氏曰：天子也。張晏曰：天子爲天下父，故曰鉅公也。師古曰：鉅，大也。

〔二〕師古曰：宿留，謂有所須待也。宿音先欲反。留音力就反。它皆類此。

〔三〕師古曰：傳音張戀反。

〔四〕師古曰：間，微也，隨間隙而行也。

四月，還至奉高。〔一〕上念諸儒及方士言封禪人殊，不經，難施行。〔二〕天子至梁父，禮祠地主。至乙卯，令侍中儒者皮弁縉紳，射牛行事。封泰山下東方，〔三〕如郊祠泰一之禮。封廣丈二尺，高九尺，其下則有玉牒書，書祕。〔四〕禮畢，天子獨與侍中奉車子侯上泰山，〔五〕亦有封。其事皆禁。明日，下陰道。丙辰，禪泰山下阯東北肅然山，〔六〕如祭后土禮。天子皆親拜見，衣上黃而盡用樂焉。〔七〕江淮間一茅三脊爲神藉。〔八〕五色土益雜封。縱遠方奇獸飛禽及白雉諸物，頗以加祠。兕牛象犀之屬不用。〔九〕皆至泰山，然後去。〔一〇〕封禪祠，其夜若有光，晝有白雲出封中。〔一一〕

〔一〕【補注】先謙曰：泰山縣。

〔二〕師古曰：人人殊異，又不合經，故難以施行。【補注】先謙曰：封禪書重「人」字。

〔三〕【補注】沈欽韓曰：夏官司射「祭祀則贊射牲」。注云：「烝嘗之禮，有射豕者。」楚語「諸侯宗廟之事，必自射其牛，刲羊，擊豕」。册府元龜封禪門「唐高宗永淳二年詔，以今年十月有事嵩嶽，議射牛事。太常博士裴守真議曰：『據周禮及國語，郊祀天地，天子自射其牲。漢武惟封太山，令侍中儒者射牛行事。至於餘事，亦無射牲之文。但親春、射牲雖是古禮，久從廢省，不可復行。據封禪記，禮，日未明十五刻，宰人以鸞刀割牲，質明而行事，比鑾駕至祠所，牢牲總畢。若令祀前一日射牲事，即傷早；祀日方始射牲事，又傷晚。若依漢武故事，即非親射之儀，事貴隨時，不可行用。』」先謙曰：通鑑考異云：「武紀『癸卯，上還，登封泰山』。蓋癸卯自海上還，乙卯至泰山行事也。」

〔四〕【補注】先謙曰：封禪故事，畧具續志。又云：「恐所施用非是，故祕其事。」舊唐志「玄宗問『玉牒之文，前代帝王何故祕之？』賀知章對曰：『玉牒本是通於神明之意，前代帝王所求各異，或禱年算，或思神仙，其事微密，是故莫知之。』」

〔五〕服虔曰：子侯，霍去病子也。【補注】沈欽韓曰：子侯亦云小侯也。御覽六百六十三劉向列仙傳曰，稷丘公者，太山下道士也。漢武帝東巡，將至太山，稷丘公乃冠章甫，衣黃，擁琴來迎上，曰：『陛下勿上也，恐傷足。』帝必欲上，及數里，果如言。但諱之，故祠而還，爲稷丘公立祠後户」。梁書許懋傳云「子侯暴卒，厥足用傷」，指此事也。周壽昌曰：去病子名嬗，字子侯，以奉車都尉從駕。志不書姓名，而官且字之，承用史記文。

〔六〕師古曰：阯者，山之基足，音止。【補注】沈欽韓曰：輿地廣記「襲慶府即兖州。萊蕪縣有肅然山。漢武帝禪肅然，即此」。酉陽雜俎「長白山，相傳古肅然山」。案，長白山在齊州章丘縣東南三十里，距泰山遠，非翌日所能至也。

〔七〕【補注】先謙曰：宋書樂志「言盡用者，爲盡用宮縣之樂也」。

〔八〕【補注】先謙曰：胡三省云：「藉，薦也。」案，以藉地也。

〔九〕【補注】朱一新曰：封禪書「祠」作「禮」。孝武紀「牛」上有「旄」字。

〔一〇〕【補注】先謙曰：諸獸本以加祠，今竝縱去之。

〔一一〕師古曰：雲出於所封之中。

天子從禪還，坐明堂，羣臣更上壽。〔一〕下詔改元爲元封。〔二〕語在武紀。又曰：「古者天子五載一巡狩，用事泰山，諸侯有朝宿地。〔三〕其令諸侯各治邸泰山下。」

〔一〕師古曰：更，互也，音工衡反。【補注】吳仁傑曰：兒寬傳：議巡守封禪之事，上以問寬，乃自制儀。既成，拜寬爲御史大夫。還登明堂，寬上壽云云。事在元封元年，與志相應。然此年祀太山用乙卯、丙辰，而寬上壽之辭乃云癸亥、甲子，則似可疑。寬言：「臣聞三代改制，屬象相因。間者聖統廢絶，陛下發憤，合指天地。」志載元封七年，議改正朔，寬與博士議云云，與寬上壽辭大畧相似。議既上，乃改元太初。然則以寬上壽爲元封之元年者，非也。臣瓚解武紀「降坐明堂」，云「泰山東北阯，古時有明堂處」。蓋元封初元猶未有明堂，故瓚以古明堂曲爲之解。寬上壽之辭，所舉當時事，月日可以考見，大抵皆在元封二年以後。如「祖立明堂辟雍，宗祀太一」，此謂作堂汶上，祠泰一、五帝於明堂也，事在元封二年。又曰「六律五聲，幽贊聖意，神樂四合，各有方象」，此謂立樂府協音律也，事在太初元年。又曰「發祉闓門，以候景至。癸亥宗祀，日宣重光」，此謂太初元年十一月甲子冬至前一夕也。又曰「上元甲子，肅邕永享」，此謂甲子朔旦祀上帝於明堂也。然則寬之上壽，不在元封元年，而在太初元年。非四月丙辰，而十一月甲子也。通鑑亦誤書於元封改元之歲。先謙曰：此初封泰山，羣臣上壽，情事所必有。瓚說此明堂爲古明堂，是也。吳據兒寬傳以爲上壽在太初元年，辨見寬傳。

〔二〕【補注】王念孫曰：景祐本作「下詔改元封元年」，是也。此後人以意改之耳。武紀詔曰「其以十月爲元封元年」，封禪書亦曰「以今年爲元封元年」。沈欽韓曰：自此以前，皆是從後追稱，至此始真改元有號也。後世因之。先謙曰：官本考證云：「宋本作『改元封元年』。」案，封禪書、孝武紀竝云「有司言寶鼎出爲元鼎，以今年爲元封元年」，在下文「五月返至甘泉」下。

〔三〕【補注】沈欽韓曰：據公羊義，天子有事於泰山，諸侯皆從，泰山之下，諸侯皆有湯沐之邑。諸侯時朝乎天子，天子之郊，諸侯皆有朝宿之邑。左傳正義「王制『方伯爲朝天子，皆有湯沐之邑於天子之縣内』」。然則朝宿之邑，亦名湯沐。但向京師，主爲朝王；從王巡狩，主爲助祭。祭必沐浴，隨事立名，朝宿、湯沐，亦互言之耳。

天子既已封泰山，無風雨，而方士更言蓬萊諸神〔一〕若將可得，於是上欣然庶幾遇之，復東至海上望焉。奉車子侯暴病，一日死。〔二〕上乃遂去，竝海上，〔三〕北至碣石，巡自遼西，歷北邊至九原。五月，乃至甘泉，周萬八千里云。

〔一〕師古曰：更音工衡反。

〔二〕【補注】沈欽韓曰：索隱「新論云：『武帝出璽印石，財有朕兆，子侯則没印，帝畏惡，故殺之。』風俗通亦云然。顧胤案：武帝集：帝與子侯家語云：『道士皆言子侯得仙，不足悲。』此説是也」。案，文心雕龍哀弔篇云「霍子侯暴亡，帝傷而作詩」，豈有殺之之理乎？

〔三〕師古曰：竝音步浪反。上音時掌反。

其秋，有星孛於東井。後十餘日，有星孛於三能。〔一〕望氣王朔言：「候獨見填星出如瓜，〔二〕食頃，復入。」有司皆曰：「陛下建漢家封禪，天其報德星云。」〔三〕

〔一〕師古曰：能讀曰台。【補注】錢大昭曰：樂記注云：「古以能爲三台字。」王莽傳云「三能文馬」。

〔二〕【補注】朱一新曰：封禪書「填」作「旗」。孝武紀「旗」誤作「其」，「瓜」作「瓠」。先謙曰：官本「候」作「後」。

〔三〕師古曰：德星，即填星也，言天以德星報於帝。【補注】張文虎曰：填星，土也。公孫臣説漢以土德王，文帝以來用之，故謂填星爲德星。史記作「旗」字，誤。索隱以爲歲星，非也。先謙曰：天文志：景星者，德星也。其狀無常，常出於有道之國。故禮樂志有景星之歌，即指此事。有司以填星爲德星之瑞，固與土德王無涉也。

其來年冬，〔一〕郊雍五帝。還，拜祝祠泰一。〔二〕贊饗曰：「德星昭衍，厥維休祥。〔三〕壽星仍出，淵燿光明。〔四〕信星昭見，皇帝敬拜泰祝之享。」〔五〕

〔一〕【補注】先謙曰：據武紀，元封二年。

〔二〕師古曰：拜而祠之，加祝辭。

〔三〕師古曰：昭，明。衍，大。休，美也。

〔四〕【補注】先謙曰：官本「燿」作「耀」。

〔五〕【補注】先謙曰：信星亦見禮樂志。

其春，公孫卿言見神人東萊山，若云「欲見天子」。天子於是幸緱氏城，拜卿爲中大夫。遂至東萊，宿，留之〔一〕數日，毋所見，見大人迹云。復遣方士求神人采藥以千數。是歲旱。天子既出亡名，乃禱萬里沙，〔二〕過祠泰山。〔三〕還至瓠子，自臨塞決河，留二日，湛祠而去。〔四〕

〔一〕【補注】先謙曰：官本重「東萊」二字，引宋祁曰：淳化本無下「東萊」二字。王念孫云，淳化本是也，「東萊」二字不當重見，景祐本及史記皆無。

〔二〕應劭曰：萬里沙，神祠也，在東萊曲城。如淳曰：故禱萬里沙以爲名也。【補注】先謙曰：據地理志，「城」當作「成」。

〔三〕鄭氏曰：泰山東自復有小泰山。臣瓚曰：即今之泰山也。師古曰：瓚説是也。

〔四〕師古曰：湛讀曰沈，謂沈祭具於水中也。爾雅曰「祭川曰浮沈」。

郊祀志第五下

是時既滅兩粵，粵人勇之乃言「粵人俗鬼，〔一〕而其祠皆見鬼，數有效。昔東甌王敬鬼，壽百六十歲。後世怠嫚，故衰秏」。〔二〕乃命粵巫立粵祝祠，〔三〕安臺無壇，亦祠天神帝百鬼，〔四〕而以雞卜。〔五〕上信之，粵祠雞卜自此始用。〔六〕

〔一〕師古曰：勇之，越人名也。俗鬼，言其土俗尚鬼神之事。【補注】葉德輝曰：說文云：「魕，鬼俗也，從鬼，幾聲。淮南傳曰『吳人鬼，越人魕』」。先謙曰：孝武紀作「俗信鬼」。

〔二〕師古曰：秏，減也，音火到反。

〔三〕【補注】先謙曰：地理志：馮翊雲陽有越巫殆鄺祠三所。

〔四〕師古曰：天帝之神及百鬼。【補注】先謙曰：封禪書、孝武紀並作「天神上帝」。

〔五〕李奇曰：持雞骨卜，如鼠卜。【補注】沈欽韓曰：論衡卜筮篇「子路問孔子曰：豬肩羊膊可以得兆，雚葦藁芼可以得數，何必以蓍龜？」初學記二十九楊方五經鉤沈云：「東夷之人以牛骨占事。」御覽七百二十六引春秋後語「蘇秦蠡卜」。隋書西域傳「女國有鳥卜」。然則夷卜用鳥獸多術矣。先謙曰：正義「雞卜法，用雞一、狗一，生，祝願訖，即殺雞狗，煑熟，又祭，獨取雞兩眼骨，上自有孔裂，似人物形則吉，不足則凶。今嶺南猶行此法」。通鑑胡注引范成大桂海虞衡志「雞卜，南人占法。以雄雞雛，執其兩足，焚香禱所占。撲雞殺之，拔兩股骨，淨洗，綫束之，以竹筳插束處，使兩骨相背於筳端，執竹再祝。左骨爲儂。儂，我也。右骨爲人。人，所占事也。視兩骨之側所有細竅，以細竹筳長寸餘偏插之，斜直偏正，各隨竅之自然，以定吉凶。其法有十八變，大抵直而正，或近骨者多，吉；曲而斜，或遠骨者多，凶。亦有用雞卵卜者，握卵以卜，書墨於殼，記其四維。煮熟，橫截，視當墨處，辨殼中白之厚薄，以定儂、人吉凶」。

〔六〕師古曰：言國家始用。

公孫卿曰：「僊人可見。上往常遽，以故不見。〔一〕今陛下可爲館如緱氏城，〔二〕置脯棗，神人宜可致。且僊人好樓居。」於是上令長安則作飛廉、桂館，〔三〕甘泉則作益壽、延壽館，〔四〕使卿持節設具而候神人。乃作通天臺，〔五〕置祠具其下，將招來神僊之屬。於是甘泉更置前殿，始廣諸宮室。夏，有芝生甘泉殿房內中。〔六〕天子爲塞河，興通天若有光云，〔七〕乃下詔赦天下。〔八〕

〔一〕師古曰：遽，速也，音其庶反。

〔二〕師古曰：依其制度也。

〔三〕師古曰：飛廉館及桂館二名也。【補注】先謙曰：武紀元封二年夏「作甘泉通天臺、長安飛廉館」，而無桂館、益延壽館。黃圖「飛廉館在上林」，又引班固漢武故事云「上於長安作飛廉館，高四十丈。於甘泉作延壽館，亦如之」。

〔四〕師古曰：益壽、延壽，亦二館名。【補注】齊召南曰：「館」，封禪書俱作「觀」。王鳴盛曰：黃長睿東觀餘論云「史記『作益延壽館』。而近歲雍、耀間，耕夫得古瓦，首作『益延壽』三字。瓦徑尺，字畫奇古，即此館當時瓦也。括地志

『延壽觀在雍州雲陽縣西北八十一里，通天臺西八十步』。正今耀州地也」。然則當以史記爲正，志誤衍一「壽」字。顏云二館，非。先謙曰：本書「館」、「觀」字同。官本注無「亦」字。

〔五〕師古曰：漢舊儀云「臺高三十丈，望見長安城」。【補注】齊召南曰：「通天臺」，封禪書作「通天莖臺」。沈欽韓曰：隋書宇文愷傳，明堂表曰「禮圖云『於內室之上，起通天之觀，八十一尺』。又云『通天臺徑九尺，法象以九覆六。高八十一尺，法黃鍾九九之數』」。案，彼所云明堂重屋，皆謂之通天臺，特漢武著名耳。黃圖「漢武故事『築通天臺於甘泉，去地百餘丈，望雲雨悉在其下，望見長安城。上有承露盤，仙人掌擎玉杯以承露。元鳳閒自毀，椽桷皆化爲龍鳳，從風雨飛去』」。此妄談也。先謙曰：索隱「漢書並無『莖』字，疑衍」。案孝武紀亦無「莖」字。

〔六〕【補注】先謙曰：武紀及封禪書、孝武紀並作「內中」。據禮樂志，則齋房也，解詳武紀。張照以「內」爲衍文，謬。

〔七〕師古曰：爲塞河，及造通天臺而有神光之應，故赦天下也。【補注】先謙曰：封禪書、孝武紀「天」下有「臺」字。

〔八〕【補注】先謙曰：官本「詔」下有「甘泉房中生芝九莖」八字，「赦天下」下有「無令復作」四字，引宋祁曰「南本『云乃下詔』字下無十二字」。考證則云：案，監本及別本「乃下詔」之下，無「甘泉房中生芝九莖」八字。「赦天下」之下，無「無令復作」四字。今從宋本補。

其明年，伐朝鮮。〔一〕夏，旱。公孫卿曰：「黃帝時封則天旱，乾封三年。」〔二〕上乃下詔：「天旱，意乾封乎？〔三〕其令天下尊祠靈星焉。」〔四〕

〔一〕【補注】先謙曰：據武紀，元封二年伐朝鮮，三年平之。此繫於平朝鮮之年。

〔二〕師古曰：三歲不雨，暴所封之土令乾也。

〔三〕鄭氏曰：言適新封則致旱，天欲乾我所封乎？【補注】沈欽韓曰：唐高宗封禪，因改元乾封。

〔四〕【補注】先謙曰：以天旱，恐妨農。靈星，解見上卷。

明年，上郊雍五畤，通回中道，遂北出蕭關，歷獨鹿、鳴澤，〔一〕自西河歸，幸河東祠后土。

〔一〕師古曰：解並在武紀。

明年冬，上巡南郡，至江陵而東。登禮灊之天柱山，號曰南嶽。〔一〕浮江，自潯陽出樅陽，〔二〕過彭蠡，禮其名山川。北至琅邪，竝海上。〔三〕四月，至奉高修封焉。

〔一〕師古曰：灊，廬江縣也，天柱山在焉。武帝以天柱山爲南嶽。灊音潛。【補注】先謙曰：官本注無「也」字。

〔二〕師古曰：樅音千庸反。

〔三〕師古曰：竝音步浪反。上音時掌反。

初，天子封泰山，泰山東北阯古時有明堂處，〔一〕處險不敞。〔二〕上欲治明堂奉高旁，未曉其制度。濟南人公玉帶上黃帝時明堂圖。〔三〕明堂中有一殿，〔四〕四面無壁，以茅蓋，通水，水圜宮垣。〔五〕爲復道，上有樓，從西南入，〔六〕名曰昆侖。〔七〕天子從之入，以拜祀上帝焉。於是上令奉高作明堂汶上，如帶圖。〔八〕及是歲修封，〔九〕則祠泰一、五帝於明堂上坐，〔一〇〕合高皇帝祠坐對之。〔一一〕祠后土於下房，以二十太牢。〔一二〕天子從昆侖道入，始拜明堂如郊禮。畢，尞堂下。而上〔一三〕又上泰山，自有祕祠其顛。而泰山下祠五帝，各如其方。黃帝并赤帝所，〔一四〕有司侍祠焉。山上舉火，下悉應之。還幸甘泉，郊泰畤。春幸汾陰，祠后土。〔一五〕

〔一〕【補注】王鳴盛曰：孟子「齊宣王問曰『人皆謂我毀明堂』」。趙岐注「泰山下明堂，周天子東巡狩朝諸侯之處，齊侵地而得有之」，是也。

〔二〕師古曰：言其阻隗不顯敞。

〔三〕師古曰：公玉，姓也。帶，名也。呂氏春秋：齊有公玉丹。此蓋其舊族。而說者讀公玉爲宿，非也。單姓玉者，後漢司徒玉況，自音宿耳。【補注】錢大昭曰：漢韓勑碑陰有公玉虎，楊震碑陰有勃海公玉子舉。沈欽韓曰：隋書，宇文愷議：「案淮南子曰，昔者神農之治天下，以時嘗穀，祀於明堂。明堂之制，有蓋而無四方，風雨不能襲，燥溼不能傷，遷延而入之。」則明堂又不始於黃帝。黃圖「明堂，黃帝曰合宮」。

〔四〕【補注】王念孫曰：明堂中有一殿，「明堂」下亦當有「圖」字。此「圖」字統下九句而言，今本脫之，則文義不明。御覽禮儀部十二引此已脫「圖」字。初學記禮部上引作「明堂圖中有一殿」。封禪書、孝武紀竝同。續漢書祭祀志注、藝文類聚禮部上、初學記居處部竝引作「圖中有一殿」，此省去「明堂」二字。水經汶水注同。

〔五〕師古曰：圜，繞也。

〔六〕師古曰：復讀曰複也。【補注】先謙曰：官本無「也」字。

〔七〕【補注】吳仁傑曰：明堂者，壇也。司儀職曰：「將會諸侯，則命爲壇三成。」鄭康成曰：「成猶重也。」三重者，自下差之，爲上等、中等、下等。爾雅「丘三成爲昆侖」。古之所謂昆侖者蓋如此，而公玉帶乃爲復道，上有樓。甚者紛爭於階闥户牖之閒，與夫依倣象數之類。不知古所謂明堂者，未始施屋室也。書曰「厥子乃弗肯堂，矧肯室」？蓋公玉帶之前，堂未爲屋室之稱，如玉堂殿，止謂以玉石爲基耳。是後乃有畫堂，至新莽遂改於未央前殿，曰王路堂，而名實自此舛矣。沈欽韓曰：唐志：貞觀五年，太子中允孔穎達以諸儒立議違古，上言曰：「臣伏尋勑，依禮部尚書劉伯莊等議，以爲從昆侖道上層祭天。又尋後勑，云爲左右閣道，登樓設祭。臣檢六藝羣書、百家諸史，皆名基上曰堂，堂上曰觀，未聞重樓之上而有堂名。孝經云宗祀文王於明堂，不云明樓明觀。案郊祀志，漢武明堂之制，四面無壁，上覆以茅，祭五帝於上坐，祀后土於下昉。臣以上座正爲基上，下昉惟是基下。既云無四壁，未審伯莊如何上層祭神，下有五室？且漢武所爲多用方士之説，違經背正，不可師祖。」

〔八〕師古曰：汶，水名也，出琅邪朱虚。作明堂於汶水之上也。帶圖，公玉帶所上明堂圖。汶音問。【補注】齊召南曰：顔注汶水非也。胡三省云「地理志：明堂在奉高縣西南四里，即禹貢『浮汶達濟』之汶，若琅邪汶水入濰而入海，非立明堂處」。

〔九〕【補注】先謙曰：封禪書「是歲」作「五年」。

〔一〇〕師古曰：坐音才臥反。

〔一一〕服虔曰：漢是時未以高祖配天，故言對。光武以來乃配之。【補注】沈欽韓曰：御覽一百九十四，漢武故事曰：「上自封禪後，夢高祖坐明堂，羣臣亦夢想，於是祀高祖於明堂以配天，還作高陵館。」先謙曰：官本注「高祖」下有「時」字，引劉敞曰「案王莽奏事，文帝祠泰一，已用高祖配矣，何謂未乎？」宋祁曰「注文高祖時配天，『時』字當删」。封禪書「合」作「令」。

〔一二〕【補注】沈欽韓曰：據其祠泰一及五帝、高帝、后土，合用八太牢，蓋其外尚有配食者，而史不詳也。

〔一三〕師古曰：尞，古燎字。【補注】劉敞曰：「而上」字屬下句。葉德輝曰：封禪書「畢」上更有「禮」字。

〔一四〕師古曰：與赤帝同處。

〔一五〕【補注】宋祁曰：姚本「春」字上有「明年」二字。先謙曰：此元封六年也。以下文與武紀校之，此「明年」二字當有，各本脱。

明年，〔一〕幸泰山，以十一月甲子朔旦冬至日祀上帝於明堂，後每修封。〔二〕其贊饗曰：「天增授皇帝泰元神策，周而復始。皇帝敬拜泰一。」〔三〕東至海上，考入海及方士求神者，莫驗，然益遣，幾遇之。〔四〕乙酉，柏梁災。〔五〕十二月甲午朔，上親禪高里，〔六〕祠后土。臨勃海，

將以望祀蓬萊之屬，幾至殊庭焉。〔七〕

〔一〕【補注】先謙曰：太初元年。

〔二〕【補注】宋祁曰：越本「每」作「毋」。新本無「後」字，但云「毋修封」。先謙曰：封禪書亦作「毋修封禪」，則「毋」字是也。集解引徐廣云「常五年一修耳，今適二年，故但祠於明堂」。孝武紀作「每修封禪」，「每」字亦誤。

〔三〕師古曰：自此以上，贊祝者辭。【補注】先謙曰：索隱「案，黄帝得寶鼎神筴，則泰元者，古昔上皇創歷之號」。案，册府元龜三十六「開元十三年，封禪禮畢，中書令張説進稱，賜皇帝太一神策，周而復始」。宋史志「真宗封禪，攝中書令王旦跪稱曰：『天賜皇帝太一神策，周而復始。』」皆依倣漢世爲之，是泰元即泰一也。

〔四〕師古曰：益，多也。幾讀曰冀。言更遣人求之，冀必遇也。【補注】葉德輝曰：封禪書「幾」正作「冀」，下同。

〔五〕【補注】沈欽韓曰：唐會要「漢柏梁殿災，後越巫言海中有魚，虬尾似鴟，激浪即降雨，遂作其象於屋，以厭火祥」。先謙曰：封禪書徐廣注「乙酉，十一月二十二日」。

〔六〕師古曰：高里，山名，解在武紀。【補注】先謙曰：官本考證云，監本脱「解在武紀」四字，從宋本添。

〔七〕師古曰：殊庭，蓬萊中仙人庭也。幾讀曰冀。【補注】先謙曰：封禪書「庭」作「廷」，下「明庭」同。孝武紀作「庭」。通鑑作「廷」。

上還，以柏梁災故，受計甘泉。〔一〕公孫卿曰：「黄帝就青靈臺，十二日燒，〔二〕黄帝乃治明庭。明庭，甘泉也。」方士多言古帝王有都甘泉者。其後天子又朝諸侯甘泉，甘泉作諸侯邸。勇之乃曰：「粵俗有火災，復起屋，必以大，用勝服之。」於是作建章宮，〔三〕度爲千門萬户。前殿度高未央。〔四〕其東則鳳闕，高二十餘丈。〔五〕其西則商中，數十里虎圈。〔六〕其北治大池，漸臺高二十餘丈，名曰泰液，〔七〕池中有蓬萊、方丈、瀛州、壺粱，象海中神山龜魚之屬。〔八〕其南有玉堂、壁門、大鳥之屬。〔九〕立神明臺、井幹樓，高五十丈，輦道相屬焉。〔一〇〕

〔一〕【補注】葉德輝曰：封禪書、孝武紀「受」上有「朝」字，是也。下云「又朝諸侯甘泉」可證。先謙曰：正義引顧胤云「柏梁被燒，故受計獻之物於甘泉也」。

〔二〕師古曰：就，成也。造臺適成，經十二日即遇火燒。

〔三〕【補注】先謙曰：武紀在二月。

〔四〕師古曰：度並音大各反。

〔五〕師古曰：三輔故事云，其闕圜上有銅鳳皇。【補注】沈欽韓曰：黃圖「鳳皇闕高七十丈五尺，水經注作七丈五尺。亦名別風闕」。又云「嶕嶢闕在圓闕門內二百步」。繁欽建章序云：「秦漢規模，廓然泯毀，惟建章鳳闕聳然獨存，雖非象魏之制，亦一代之巨觀。」古歌云，長安「城西有雙闕，上有雙銅雀，一鳴五穀成，再鳴五穀熟」。案，銅雀即銅鳳皇也。楊震關輔古語云「長安民俗謂鳳皇闕爲貞女樓」。

〔六〕如淳曰：商中，商庭也。師古曰：商，金也，於序在秋，故謂西方之庭爲商庭。言廣數十里。於菟亦西方之獸，故於此置其圈也。【補注】王念孫曰：案「商中」本作「唐中」，如注本作「唐中，唐庭」也。封禪書、孝武紀竝作「唐中」。索隱「如淳云『唐，庭也』。今本脱此三字，據後漢書注、文選注補。下文詩云「中唐有甓」云云，乃小司馬語，非如語。詩云『中唐有甓』。鄭(元)〔玄〕曰『唐，堂塗也』。爾雅以廟中路謂之唐。西京賦曰『前開唐中，彌望廣象』是也」。以上索隱。班固西都賦「前唐中而後太液」，後漢書注、文選注引漢書竝作「唐中」，又引如注云：「唐，庭也。」是二李、司馬所見本竝作「唐中」，師古所見本譌作「商中」，如注亦譌作「商庭」也，乃又誤以「商」、「庭」二字連讀，而訓爲西方之庭，其失甚矣。篆書「唐」、「商」相似，故「唐」譌作「商」。韓詩外傳淳于髡曰「昔者揖封生高商，而齊人好歌。杞梁之妻悲哭，而人稱詠」，與孟子所稱「綿駒處於高唐，而齊右善歌。華周杞梁之妻善哭其夫，而變國俗」者略相似。高商即高唐之譌。

〔七〕師古曰：漸，浸也。臺在池中，爲水所浸，故曰漸臺。一音子廉反。三輔黃圖或爲「瀸」字，瀸亦浸耳。【補注】宋祁曰：「泰液」，淳化本作「泰浸」。據昭紀「黃鵠下建章宮太液池」，無泰浸也。沈欽韓曰：今本黃圖云「高十丈」。黃圖誤也。玉海與志同。御覽一百七十八漢武帝内傳曰：「漸臺高二十丈，南有璧門三層，内殿階陛咸以玉爲之，鑄銅鳳皇高五丈，飾黃金於樓屋上。」

〔八〕師古曰：三輔故事云，池北岸有石魚，長二丈，高五尺。西岸有石鼈三枚，長六尺。【補注】朱一新曰：史集解「鼈」作「鼉」，「三」作「二」。先謙曰：官本「州」作「洲」，「石鼈」作「石鼉」。通鑑注引顏注作「石鼈」。

〔九〕師古曰：立大鳥象也。【補注】沈欽韓曰：黃圖「玉堂内殿十二門階，階皆玉爲之。鑄銅鳳高五尺，飾黃金，棲屋上，下有轉樞，向風若翔。椽首薄以璧玉，因曰璧門」。

〔一〇〕師古曰：漢宮閣疏云，神明臺高五十丈，上有九室，恆置九天道士百人。然則神明、井幹俱高五十丈也。井幹樓積木而高，爲樓若井幹之形也。井幹者，井上木欄也，其形或四角，或八角。張衡西京賦云「井幹疊而百層」，即謂此樓也。「幹」或作「韓」，其義並同。【補注】先謙曰：官本「韓」作「翰」，引宋祁曰「邵本『翰』作『韓』」。錢大昭云：「案，作『韓』者是。說文『韓，井垣也，從韋，取其帀也，倝聲』。」

夏，漢改曆，〔一〕以正月爲歲首，而色上黃，官更印章以五字，〔二〕因爲太初元年。是歲，西伐大宛，蝗大起。丁夫人、雒陽虞初等〔三〕以方祠詛匈奴、大宛焉。

〔一〕【補注】先謙曰：武紀，夏五月正曆。

〔二〕師古曰：解在武紀。

〔三〕應劭曰：丁夫人，其先丁復，本越人，封陽都侯。夫人其後，以詛軍爲功。韋昭曰：丁，姓。夫人，名也。【補注】沈欽韓曰：西京賦「小説九百，本自虞初」。薛綜注「小説醫巫厭祝之術，凡有九百四十三篇」。朱一新曰：虞初，又見藝文志。

明年，有司言雍五畤無牢孰具，芬芳不備。乃令祠官進畤犢牢具，色食所勝，〔一〕而以木寓馬代駒云。〔二〕及諸名山川用駒者，悉以木寓馬代。獨行過親祠，乃用駒，它禮如故。

〔一〕孟康曰：若火勝金，則祠赤帝以白牲也。

〔二〕【補注】宋祁曰：南本無「木」、「馬」二字。沈欽韓曰：伐宛，馬少也。先謙曰：封禪書「云」字下有「獨五月嘗駒，行親郊用駒」十字。孝武紀作「獨五帝用駒，行親郊用駒」。案，五月嘗駒，見上文，孝武紀誤也。此删「五月嘗駒」，而餘文省併於下。

明年，〔一〕東巡海上，考神僊之屬，未有驗者。方士有言黄帝時爲五城十二樓，〔二〕以候神人於執期，〔三〕名曰迎年。〔四〕上許作之如方，名曰明年。〔五〕上親禮祠，上犢黄焉。〔六〕

〔一〕【補注】先謙曰：武紀太初三年。

〔二〕應劭曰：昆侖、玄圃五城十二樓，仙人之所常居。

〔三〕鄭氏曰：地名也。

〔四〕師古曰：迎年，若云祈年。

〔五〕師古曰：言明其得延年也。【補注】先謙曰：下文兩作「延年」，似「延年」是也。然封禪書亦作「命曰明年」，命即名也。孝武紀無「命曰」二字，以「明年」二字屬下讀，當是後人妄删。下「諸明年」三字，史記竝同。顔本注又作明年解，是明年即延年，而有二名，固無疑矣。

〔六〕【補注】先謙曰：封禪書作「上親禮祠上帝焉」，無「犢黄」二字。孝武紀作「上親禮祠上帝，衣上黄焉」。

公玉帶曰：「黄帝時雖封泰山，然風后、封鉅、岐伯令黄帝封東泰山，〔一〕禪凡山，〔二〕合符，然後不死。」天子既令設祠具，至東泰山，東泰山卑小，不稱其聲，乃令祠官禮之，而不封焉。〔三〕其後令帶奉祠候神物。復還泰山，〔四〕修五年之禮如前，〔五〕而加禪祠石閭。石閭者，在泰山下阯南方，〔六〕方士言僊人閭也，故上親禪焉。

〔一〕韋昭曰：風后、封鉅、岐伯皆黄帝臣也。臣瓚曰：東泰山在琅邪朱虚界，中有小泰山是。【補注】先謙曰：封禪書「鉅」作「巨」。孝武紀與此同，集解引應劭云：「封鉅，黄帝師。」

〔二〕師古曰：凡山在朱虚縣，見地理志也。【補注】宋祁曰：「也」字當删。錢大昭曰：武帝本紀「東至於海，登丸山」。徐廣曰「丸」，一作「凡」。裴駰「案，地理志丸山在琅邪朱虚縣」。索隱作「凡，音扶嚴反」。正義「音桓。括地志，丸山即丹山，在青州臨朐縣界，朱虚故縣西北二十里」。據此，則丸、凡即是一山，其字當爲「丸」矣。

〔三〕【補注】先謙曰：地理志琅邪朱虚下云：「東泰山，汶水所出，有三山、五帝祠。」

〔四〕【補注】先謙曰：封禪書、孝武紀作「夏，遂還泰山」。

〔五〕【補注】宋祁曰：南本「修」皆作「脩」。

〔六〕師古曰：下基之南面。

其後五年，〔一〕復至泰山修封，還過祭恒山。

〔一〕【補注】先謙曰：武紀在天漢三年。太初止四年，後五年者，併太初三年計之。

自封泰山後，十三歲而周徧於五嶽、四瀆矣。〔一〕

〔一〕【補注】先謙曰：封禪書作「十二歲」。

後五年，〔一〕復至泰山修封。東幸琅邪，禮日成山，登之罘，浮大海，用事八神延年。〔二〕又祠神人於交門宮，若有鄉坐拜者云。〔三〕

〔一〕【補注】先謙曰：武紀在太始三年。天漢止四年，後五年者，亦併天漢三年計之。
〔二〕師古曰：解並在武紀。延年，即上所謂迎年者。
〔三〕師古曰：如有神人景象鄉祠坐而拜也。事具在武紀。鄉讀與嚮同。【補注】先謙曰：武紀在太始四年，「又」上有奪文。據紀太始三年無復至泰山修封事，修封乃四年，志併於一年書之。紀稱是年「幸不其」，地理志：琅邪不其「有太一、僊人祠九所及明堂，武帝所起」。

後五年，〔一〕上復修封於泰山。東游東萊，臨大海。是歲，雍縣無雲如靁者三，〔二〕或如虹氣蒼黃，若飛鳥集棫陽宮南，〔三〕聲聞四百里。隕石二，黑如黳，有司以爲美祥，以薦宗廟。而方士之候神入海求蓬萊者終無驗，公孫卿猶以大人之迹爲解。〔四〕天子猶羈縻不絕，〔五〕幾遇其真。〔六〕

〔一〕【補注】先謙曰：武紀征和四年。此「後五年」，亦併太始四年計之。
〔二〕師古曰：靁，古雷字也。空有雷聲也。【補注】錢大昭曰：「如」讀與「而」同。
〔三〕師古曰：棫音域。【補注】沈欽韓曰：黃圖「棫陽宮，秦昭王所作，今在岐州扶風縣東北」。案，岐州置在貞觀七年，非黃圖本文。

〔四〕師古曰：言見大人之迹，以自解説也。

〔五〕師古曰：羈縻，繫聯之意。馬絡頭曰羈也。牛靷曰縻。

〔六〕師古曰：幾讀曰冀。

諸所興，如薄忌泰一及三一、冥羊、馬行、赤星，五牀。寬舒之祠宫〔一〕以歲時致禮。凡六祠，皆大祝領之。至如八神，諸明年、凡山它名祠，〔二〕行過則祠，去則已。方士所興祠，各自主，其人終則已，祠官不主。它祠皆如故。甘泉泰一、汾陰后土，三年親郊祠，而泰山五年一修封。武帝凡五修封。昭帝即位，富於春秋，未嘗親巡祭云。

〔一〕李奇曰：皆祠名。【補注】先謙曰：官本考證云：「監本訛『皆同名』，今改正。」案，封禪書、孝武紀竝無「牀」字，索隱注紀云：「赤星即上靈星祠。靈星，龍左角，赤，故曰赤星。五者，泰一也，三一也，冥羊也，馬行也，赤星也。凡五，并令祠官寬舒領之。五者之外，有正泰一后土祠，故云六也。」又注封禪書云：「郊祀志云『祠官寬舒議祠后土爲五壇』，故謂之『五寬舒祠官』也。」二人之説，前後互異，當以紀注爲正。五牀「牀」字，疑後人緣下文五牀山誤加，以合下六祠之數。封禪書、孝武紀「宫」竝作「官」，是，此誤。

〔二〕【補注】先謙曰：言諸者，統各祠，封禪書同。孝武紀「諸」下有「神」字，蓋衍。

宣帝即位，由武帝正統興，故立三年，尊孝武廟爲世宗，行所巡狩郡國皆立廟。告祠世宗廟日，有白鶴集後庭。以立世宗廟告祠孝昭寢，有鴈五色集殿前。西河築世宗廟，神光興於殿旁，有鳥如白鶴，前赤後青。神光又興於房中，如燭狀。廣川國世宗廟殿上有鍾音，門戶大開，夜有光，殿上盡明。上乃下詔赦天下。

時，大將軍霍光輔政，上共己正南面，〔一〕非宗廟之祀不出。〔二〕十二年，〔三〕乃下詔曰：「蓋聞天子尊事天地，修祀山川，古今通禮也。間者，上帝之祠闕而不親十有餘年，朕甚懼焉。朕親飭躬齊戒，親奉祀，爲百姓蒙嘉氣，獲豐年焉。」

〔一〕師古曰：共讀曰恭。

〔二〕【補注】先謙曰：官本「祀」作「祠」。

〔三〕【補注】錢大昕曰：元康四年，宣帝即位之十二年也。

明年正月，上始幸甘泉，郊見泰畤，數有美祥。修武帝故事，盛車服，敬齊祠之禮，頗作詩歌。其三月，幸河東，祠后土，有神爵集，改元爲神爵。制詔太常：「夫江海，百川之大者也，今闕焉無祠。其令祠官以禮爲歲事，〔一〕以四時祠江海雒水，〔二〕祈爲天下豐年焉。」自是五嶽、四瀆皆有常禮。東嶽泰山於博，〔三〕中嶽泰室於嵩高，〔四〕南嶽灊山於灊，〔五〕西嶽華山於華陰，〔六〕北嶽常山於上曲陽，〔七〕河於臨晉，〔八〕江於江都，〔九〕淮於平氏，〔一〇〕濟於臨邑界中，〔一一〕皆使者持節侍祠。唯泰山與河歲五祠，江水四，餘皆一禱而三祠云。〔一二〕

〔一〕師古曰：言每歲常祠之。

〔二〕【補注】先謙曰：地理志東萊臨朐「有海水祠」，臨淮海陵「有江海會祠」。

〔三〕【補注】先謙曰：地理志泰山博縣「有泰山廟」。

〔四〕【補注】先謙曰：地理志作「崈高」，潁川縣。班注「武帝置，以奉太室山，是爲中嶽。有太室、少室山廟」。

〔五〕師古曰：灊與潛同也。【補注】齊召南曰：案，南嶽，衡山也。自元封五年巡南郡，至江陵，而東登禮潛之天柱山，號曰南嶽，於是南嶽之名移於灊山，而長沙湘南之衡山，自古稱南嶽者，反無祠矣。先謙曰：地理志廬江灊縣「天柱山在南，有祠」。

〔六〕【補注】先謙曰：地理志京兆華陰「太華山在南，有祠」。

〔七〕師古曰：上曲陽，常山郡之縣也。【補注】先謙曰：地理志上曲陽，班注「恒山北谷在西北，有祠」。

〔八〕師古曰：馮翊之縣也，臨河西岸。

〔九〕師古曰：廣陵之縣也。【補注】先謙曰：地理志班注「有江水祠」。

〔一〇〕師古曰：南陽之縣也。

〔一一〕師古曰：東郡之縣也。【補注】先謙曰：地理志班注「有沸廟」。

〔一二〕【補注】齊召南曰：案歐陽修集古録引漢西嶽華山碑云：「孝武皇帝修封禪之禮，巡省五嶽，立祠其下，宮曰集靈宮，殿曰存僊殿，門曰望僊門。中宗之世，使者持節，歲一禱而三祠。」可爲此文確證。但又云「所謂集靈宮者，他書皆不見，惟見此碑」，則失考耳。地理志華陰下自注「集靈宮，武帝起」。非明文乎？

時，南郡獲白虎，獻其皮牙爪，上爲立祠。又以方士言，爲隨侯、劍寶、玉寶璧、周康寶鼎立四祠於未央宮中。〔一〕又祠太室山於即墨，三户山於下密，〔二〕祠天封苑火井於鴻門。〔三〕又立歲星、辰星、太白、熒惑、南斗祠於長安城旁。〔四〕又祠參山八神於曲城，〔五〕蓬山石社石鼓於臨朐，〔六〕之罘山於腄，成山於不夜，萊山於黃。〔七〕成山祠日，萊山祠月。又祠四時於琅邪，蚩尤於壽良。〔八〕京師近縣鄠，則有勞谷、五牀山、日、月、五帝、僊人、玉女祠。〔九〕雲陽有徑路神祠，祭休屠王也。〔一〇〕又立五龍山僊人祠及黄帝、天神、帝原水凡四祠於膚施。〔一一〕

〔一〕【補注】劉敞曰：四祠：隨侯珠一也；劍寶，即斬蛇劍二也；玉寶璧，即受命寶和氏璧三也。三物皆漢天子世傳者，并周康寶鼎爲四。周康寶鼎，似汾上所獲鼎也。陳浩曰：案劉敞注，則古本「隨侯」下有「珠」字，後來本竝脱耳。齊召南曰：案劉敞解珠、劍、璧三物竝確，惟汾上鼎可疑。上文言汾陰寶鼎，明曰鼎大異於衆鼎，文鏤無款識，故但云寶鼎，不云周康寶鼎也。且四物祠未央宫中，竝是宫中寶物。若寶鼎，則已迎至甘泉祀天之處，不得於宫中立祠。又後文張敞曰「昔寶鼎出於汾脽，有司驗脽上非舊藏處」，則所謂寶鼎者，正以不知其來處爲神奇，安得指實以周康乎？敞説未確。周壽昌曰：後書禮儀志「以玉具、隨侯珠、斬蛇寶劍授太尉」，亦「隨侯」下有「珠」字之證。

〔二〕師古曰：即墨、下密，皆膠東之縣也。【補注】齊召南曰：案，太室山名同中嶽嵩高，三户山名同三户津。山川固有同名異地者，但以地理志證之，此二山名俱誤。膠東國即墨有天室山祠，非太室山也。下密有三石山祠，非三户山也。玩顔注云「即墨、下密，皆膠東之縣」，則唐初本必猶未訛。錢大昕曰：地理志三石山祠，汲古本「石」作「台」，水經注引地理志亦作「石」。沈欽韓曰：寰宇記萊州即墨縣天室山，引此作「天室」。一統志「在即墨縣西南三十里」，亦作「天室」。紀要「三固山在萊州府平度州西七十里，一名三户山。下密城在濰縣西三十里」。一統志「漢縣，在今萊州府昌邑縣東界。濰縣界有二下密，乃隋所置」。

〔三〕如淳曰：地理志西河鴻門縣「有天封苑火井祠，火從地中出」。

〔四〕【補注】宋祁曰：南本無「城」字。

〔五〕師古曰：東萊之縣也。【補注】錢大昕曰：地理志作「曲成」。參山即三山，八神之一。

〔六〕師古曰：臨朐，齊郡縣也。朐音劬。地理志「蓬山」作「達山」也。【補注】錢大昕曰：案，地理志臨朐縣有逢山祠，注誤「逢」爲「達」。沈欽韓曰：水經注云：「洋水出石膏山西北石澗口，東南逕逢山祠西。洋水又東南歷逢山下，即石膏山，山麓三成，壁立直上。山上有石鼓，鳴則年凶。郭緣生續述征記曰：『齊地將亂，石人輒打石鼓，聲聞數十里。』」

〔七〕應劭曰：腄音甀。晉灼曰：腄，不夜、黃縣，皆屬東萊。師古曰：腄音丈瑞反。【補注】先謙曰：地理志班注「黃有萊山松林萊君祠」。黃在今山東黃縣東南，與上萊山祠異處。志東萊惤縣又有百支萊王祠。

〔八〕師古曰：東郡之縣也。【補注】先謙曰：地理志班注「蚩尤祠在西北汸上」。

〔九〕【補注】沈欽韓曰：水經注渭水篇「甘水又東，得澇水口，水出南山澇谷」。上林賦作「潦」，李善注「潦水即澇水，亦作潦谷」。長安志「五牀山在鄠縣境」。真誥「明星玉女者居華山，服玉漿」。説文引甘氏星經云：「太白上公妻曰女媊，居南斗，食厲，天下祀之，曰明星。」先謙曰：地理志馮翊谷口「有五牀山、僊人、五帝祠」；扶風陳倉有明星祠，即玉女祠矣。

〔一〇〕師古曰：休屠，匈奴王號也。徑路神，本匈奴之祠也。休音許虯反。屠音除。【補注】先謙曰：地理志馮翊雲陽「有休屠、金人及徑路神祠三所」。

〔一一〕師古曰：膚施，上郡之縣也。【補注】先謙曰：地理志上郡膚施注「有五龍山、帝原水、黃帝祠四所」。

或言益州有金馬碧雞之神，〔一〕可醮祭而致，於是遣諫大夫王褒使持節而求之。

〔一〕如淳曰：金形似馬，碧形似雞。【補注】先謙曰：胡三省云：「後志：越巂郡青蛉縣禺同山，俗謂有金馬、碧雞。水經注曰『禺同山神有金馬、碧雞，光景倏忽』。」

大夫劉更生獻淮南枕中洪寶苑祕之方，〔一〕令尚方鑄作。事不驗，更生坐論。京兆尹張

敞上疏諫曰：「願明主時忘車馬之好，斥遠方士之虚語，〔二〕游心帝王之術，太平庶幾可興也。」後尚方待詔皆罷。〔三〕

〔一〕師古曰：洪，大也。苑祕者，言祕術之苑囿也。

〔二〕師古曰：遠音於萬反。

〔三〕【補注】先謙曰：胡三省云：「此尚方，非作器物之尚方。尚，主也，主方藥也。司馬相如大人賦『詔岐伯，使尚方』是也。」

是時，美陽得鼎，獻之。〔一〕下有司議，多以爲宜薦見宗廟，如元鼎時故事。張敞好古文字，桉鼎銘勒〔二〕而上議曰：「臣聞周祖始乎后稷，后稷封於斄，〔三〕公劉發迹於豳，〔四〕大王建國於郊梁，〔五〕文武興於酆鎬。〔六〕由此言之，則郊梁豐鎬之間，周舊居也，固宜有宗廟壇場祭祀之臧。〔七〕今鼎出於郊東，中有刻書曰：『王命尸臣：官此栒邑，〔八〕賜爾旂鸞黼黻琱戈。〔九〕尸臣拜手稽首曰：敢對揚天子丕顯休命。』〔一〇〕臣愚不足以迹古文，〔一一〕竊以傳記言之，此鼎殆周之所以褒賜大臣，大臣子孫刻銘其先功，臧之於宮廟也。昔寶鼎之出於汾脽也，河東太守以聞，詔曰：『朕巡祭后土，祈爲百姓蒙豐年，〔一二〕今穀嗛未報，〔一三〕鼎焉爲出哉？』博問耆老，意舊臧與？〔一四〕誠欲考得事實也。有司驗脽上非舊臧處，鼎大八尺一寸，高三尺六寸，殊異於衆鼎。今此鼎細小，又有款識，〔一五〕不宜薦見於宗廟。」制曰：「京兆尹議是。」

〔一〕師古曰：美陽，扶風之縣也。

〔二〕【補注】先謙曰：官本「桉」作「按」。
〔三〕師古曰：斄讀與邰同，今武功故城是。
〔四〕師古曰：今豳州是也。
〔五〕師古曰：梁山在岐山之東，九嵕之西，非夏陽之梁山也。𨙸，古岐字。【補注】錢大昭曰：說文「𨙸，周大王所封，在右扶風美陽中水鄉，或作岐，因岐山以名之」。
〔六〕師古曰：酆，今長安城西豐水上也。鎬在昆明池北。
〔七〕【補注】先謙曰：官本「祀」作「祠」。
〔八〕師古曰：尸臣，主事之臣也。栒邑，即豳地是也。栒音荀。
〔九〕師古曰：交龍爲旂。鸞謂有鸞之車也。黼黻，冕服也。琱戈，刻鏤之戈也。琱與凋同。
〔一〇〕師古曰：拜手，首至於手也。
〔一一〕師古曰：尋其文迹。
〔一二〕師古曰：爲音於僞反。
〔一三〕師古曰：嗛，少意也。言穀稼尚少，未獲豐年也。嗛音苦簟反。
〔一四〕服虔曰：言鼎豈舊臧於此地。師古曰：與讀曰歟。【補注】錢大昭曰：「意」讀與「抑」同。
〔一五〕師古曰：款，刻也。識，記也，音式志反。

上自幸河東之明年正月，鳳皇集祋祤，〔一〕於所集處得玉寶，〔二〕起步壽宮，〔三〕乃下詔赦天下。後間歲，鳳皇神爵甘露降集京師，〔四〕赦天下。其冬，鳳皇集上林，乃作鳳皇殿，〔五〕以答嘉瑞。〔六〕明年正月，復幸甘泉，郊泰畤，改元曰五鳳。明年，幸雍祠五畤。其明年春，幸河東，祠后土，赦天下。

後間歲，改元爲甘露。正月，上幸甘泉，郊泰畤。其夏，黃龍見新豐。建章、未央、長樂宮鍾虡銅人皆生毛，長一寸所，〔七〕時以爲美祥。後間歲正月，上郊泰畤，因朝單于於甘泉宮。後間歲，改元爲黃龍。正月，復幸甘泉，郊泰畤，又朝單于於甘泉宮。至冬而崩。鳳皇下郡國凡五十餘所。

〔一〕師古曰：祋祤，馮翊之縣也。祋音丁活反，又丁外反。祤音況矩反。【補注】宋祁曰：「況矩反」，姚本作「王矩反」。先謙曰：官本「祋祤」作「祋祤」。

〔二〕【補注】宋祁曰：姚本「所」作「是」。

〔三〕【補注】沈欽韓曰：黃圖「秦步壽宮在新豐縣步高宮西」。今案其地與秦異，秦漢各有步壽宮耳。長安志「華原縣本漢祋祤之地，漢步壽宮在縣東北三里」。

〔四〕師古曰：間歲，隔一歲也。【補注】先謙曰：神爵四年。

〔五〕【補注】沈欽韓曰：黃圖云「武帝時，後宮八區有鳳皇殿」，誤也。西都賦即無鳳皇殿。

〔六〕師古曰：荅，應也。【補注】先謙曰：官本「答」竝作「荅」。

〔七〕師古曰：虡，神獸名也，縣鍾之木刻飾爲之，因名曰虡也。【補注】錢大昭曰：所猶許也。「許」、「所」古字通。小雅「伐木許許」，說文引作「伐木所所」。沈欽韓曰：虞荔鼎録云：「宣帝甘露元年，建章宮銅人生毛，以爲美祥，作一金鼎，埋之本宮。」

元帝即位，遵舊儀，間歲正月，一幸甘泉郊泰畤，又東至河東祠后土，西至雍祠五畤。凡五奉泰畤、后土之祠。亦施恩澤，時所過毋出田租，賜百户牛酒，〔一〕或賜爵，赦罪人。

〔一〕師古曰：言有時如此，不常然也。

元帝好儒，貢禹、韋玄成、匡衡等相繼爲公卿。禹建言漢家宗廟祭祀多不應古禮，上是其言。後韋玄成爲丞相，議罷郡國廟，自太上皇、孝惠帝諸園寢廟皆罷。後元帝寢疾，夢神靈譴罷諸廟祠，上遂復焉。後或罷或復，至哀、平不定。語在韋玄成傳。

成帝初即位，丞相衡、御史大夫譚〔一〕奏言：「帝王之事莫大乎承天之序，承天之序莫重於郊祀，故聖王盡心極慮以建其制。祭天於南郊，就陽之義也；瘞地於北郊，即陰之象也。〔二〕天之於天子也，因其所都而各饗焉。往者，孝武皇帝居甘泉宮，〔三〕即於雲陽立泰畤，祭於宮南。今行常幸長安，〔四〕郊見皇天，反北之泰陰，祠后土，反東之少陽，事與古制殊。又至雲陽，行谿谷中，阸陝且百里，〔五〕汾陰則渡大川，有風波舟楫之危，〔六〕皆非聖主所宜數乘。郡縣治道共張，吏民困苦，〔七〕百官煩費。勞所保之民，行危險之地，〔八〕難以奉神靈而祈福祐，殆未合於承天子民之意。昔者周文武郊於豐鄗，〔九〕成王郊於雒邑。由此觀之，天隨王者所居而饗之，可見也。甘泉泰畤、河東后土之祠宜可徙置長安，合於古帝王。願與羣臣議定。」奏可。大司馬車騎將軍許嘉等八人以爲所從來久遠，宜如故。右將軍王商、博士師丹、議郎翟方進等五十人以爲禮記曰「燔柴於太壇，祭天也；瘞薶於大折，祭地也」。〔一〇〕兆於南郊，所以定天位也。〔一一〕祭地於大折，在北郊，就陰位也。郊處各在聖王所都之南北。

書曰「越三日丁巳，用牲於郊，牛二。」〔一二〕周公加牲，告徙新邑，定郊禮於雒。明王聖主，事天明，事地察。天地明察，神明章矣。天地以王者爲主，故聖王制祭天地之禮必於國郊。長安，聖主之居，皇天所觀視也。甘泉、河東之祠非神靈所饗，宜徙就正陽大陰之處。違俗復古，循聖制，定天位，如禮便。於是衡、譚奏議曰：「陛下聖德，悤明上通，〔一三〕承天之大，典覽羣下，〔一四〕使各悉心盡慮，議郊祀之處，天下幸甚。臣聞廣謀從衆，則合於天心，〔一五〕故洪範曰『三人占，則從二人言』，〔一六〕言少從多之義也。論當往古，宜於萬民，則依而從之；〔一七〕違道寡與，則廢而不行。今議者五十八人，其五十人言當徙之義，皆著於經傳，同於上世，便於吏民。八人不案經蓺，考古制，而以爲不宜，無法之議，難以定吉凶。太誓曰『正稽古立功立事，可以永年，丕天之大律』，〔一八〕詩曰『毋曰高高在上，陟降厥士，日監在茲』，〔一九〕言天之日監王者之處也。又曰『乃眷西顧，此維予宅』，〔二〇〕言天以文王之都爲居也。宜於長安定南北郊，爲萬世基。」天子從之。

〔一〕師古曰：衡，匡衡。譚，張譚。

〔二〕師古曰：祭地曰瘞薶，故云瘞地也。即，就也。【補注】先謙曰：漢紀兩「於」字作「之」。

〔三〕【補注】先謙曰：「皇」，官本作「黄」。

〔四〕【補注】宋祁曰：淳化本無「行」字。錢大昭曰：閩本無「行」字。

〔五〕【補注】張照曰：「阸陿」，宋本、監本竝作「阸陜」，今仍之。然「陿、陜」無通用之義，究是誤字。周壽昌曰：「陜」，應作「陿」，誤脱去兩畫也。「阸陿」兩字，本書中屢見。先謙曰：漢紀作「狹」。

〔六〕師古曰：楫音集，其字從木。【補注】宋祁曰：建本「楫音即涉反」，此云「音集」，疑非是。

〔七〕師古曰：共讀曰供，音居用反。張音竹亮反。下皆類此。

〔八〕師古曰：保，養也。

〔九〕【補注】沈欽韓曰：吳志注，江表傳曰：「嘉禾元年冬，羣臣奏議：『宜修郊祀，以承天意。』權曰：『郊祀當於土中，今非其所，於何施此？』重奏曰：『王者以天下爲家。昔周文武郊於豐鄗，非必土中。』權曰：『武王伐紂，即阼於鄗京，而郊其所也。文王未爲天子，立郊於酆，見何經典？』復奏言：『匡衡言文王郊於酆。』從御覽五百二十七引。權曰：『文王德性謙讓，處諸侯之位，明未郊也。經傳無明文，匡衡俗儒意說，非典籍正義，不可用也。』」宋志「虞喜志林云：『吳主糾駁郊祀，追貶匡衡，凡在見者，莫不概然稱善。』」

〔一〇〕韋昭曰：大折，謂爲壇於昭晰地也。師古曰：折，曲也，言方澤之形，四曲折也。【補注】先謙曰：官本「大」作「太」。

〔一一〕鄧展曰：除地爲營埒，有形兆也。

〔一二〕師古曰：周書洛誥之辭。【補注】沈欽韓曰：周公加牲，告徙新邑，顏謬引洛誥，此召誥也。僞孔傳云「以后稷配，故二牛」。正義云「禮，郊用特牲，不應用二牛。以后稷配，故二牛也」。案，作雒篇「乃設丘兆於南郊，以祀上帝，配以后稷」。郊特牲正義云「郊與配坐，皆特牲。故下文云，養牲必養二，帝牛不吉，以爲稷牛」。若孔安國之義，后稷配天，亦用太牢，故召誥注云「后稷貶於天，有羊豕」。王商等以爲告徙新邑加牲，非也。

〔一三〕師古曰：怱與聰同。

〔一四〕【補注】周壽昌曰：各家讀「德」字、「通」字、「典」字斷句。何焯讀「明」字、「典」字斷句。方扶南讀「德」字、「通」字、「大」字斷句，「典覽羣下」作一句，云「典，察也」。案，典無察訓。法言「既爲天典命矣」。注「典或訓主」。主覽猶總覽也，亦通。

〔一五〕【補注】宋祁曰：南本作「合於天下心」。

〔一六〕師古曰：洪範，周書也。【補注】蘇輿曰：史記宋世家、公羊桓二年何注引洪範，「二人」下並有「之」字。何注「占」作「議」。是今文尚書本有「之」字，此或奪文。

〔一七〕師古曰：論，議也，音來頓反。

〔一八〕師古曰：今文泰誓，周書也。稽，考也。永，長也。丕，奉也。律，法也。言正考古道而立事，則可長年享有天下，是則奉天之大法也。

〔一九〕師古曰：詩周頌敬之詩也。陟，升也。士，事也。言無謂天之高而又高，遠在上，而不加敬，天乃上下升降，日日監觀於此，視人之所爲者耳。

〔二〇〕師古曰：大雅皇矣之詩也。宅，居也。言天眷然西顧，以周國爲居也。商紂在東，故謂周爲西也。

既定，衡言：「甘泉泰畤紫壇，八觚宣通象八方。〔一〕五帝壇周環其下，又有羣神之壇。以尚書禋六宗、望山川、徧羣神之義，紫壇有文章采鏤黼黻之飾，及玉、女樂，〔二〕石壇、僊人祠，瘞鸞路、騂駒、寓龍馬，不能得其象於古。臣聞郊紫壇饗帝之義，〔三〕埽地而祭，上質也。歌大呂，舞雲門以竢天神，歌太蔟，舞咸池以竢地祇，〔四〕其牲用犢，其席槀稭，其器陶匏，〔五〕皆因天地之性，貴誠上質，不敢修其文也。以爲神祇功德至大，雖修精微而備庶物，猶不足以報功，唯至誠爲可，致上質不飾，〔六〕以章天德。紫壇僞飾、女樂、鸞路、騂駒、龍馬、石壇之屬，宜皆勿修。」

〔一〕服虔曰：八觚，如今社壇也。師古曰：觚，角也。

〔二〕師古曰：漢舊儀云，祭天用六綵綺席六重，用玉几、玉飾器凡七十。女樂，即禮樂志所云「使童男童女俱歌」也。【補注】沈欽韓曰：續志「重營皆紫，以象紫宮」。御覽五百二十七漢儀曰：「玉飾器七千三百物備具。」

〔三〕【補注】先謙曰：官本「紫」作「柴」，無「壇」字。何焯云：「監本作『紫壇』，宋本同。以文義求之，作『柴』爲是，亦不當有『壇』字。更考善本，（宋）〔亦〕有『壇』字。」周壽昌云：「各本俱作『紫壇』，文義不合，宜遵官本，如何說。」先謙案：漢紀正作「郊柴饗帝之義」。

〔四〕師古曰：此周禮也。大呂合於黃鍾。黃鍾，陽聲之首也。雲門，黃帝樂也。太蔟，陽聲次二者也。咸池，堯樂也。【補注】齊召南曰：顏注誤。禮樂志明曰「黃帝作咸池」，安得云堯樂乎？沈欽韓曰：案，此律呂相和，爲二調也。隋音樂志「牛弘曰：『奏黃鍾，歌大呂。黃鍾所以宣六氣也，耀魄天神，最爲尊極，故奏黃鍾以祀之。奏太蔟，歌應鍾。太蔟所以贊陽出滯，昆侖厚載之重，故奏太蔟以祀之。』」

〔五〕師古曰：陶，瓦器。匏，瓠也。稭音戛。【補注】先謙曰：官本「稾」作「藁」。

〔六〕【補注】朱一新曰：汪本「致」作「故」，是。先謙曰：官本作「故」。

衡又言：「王者各以其禮制事天地，非因異世所立而繼之。〔一〕今雍鄜、密、上下畤，〔二〕本秦侯各以其意所立，非禮之所載術也。漢興之初，儀制未及定，即且因秦故祠，復立北畤。今既稽古，建定天地之大禮，郊見上帝，青赤白黃黑五方之帝皆畢陳，各有位饌，祭祀備具。諸侯所妄造，王者不當長遵。〔三〕及北畤，未定時所立，〔四〕不宜復修。」天子皆從焉。及陳寶祠，由是皆罷。

〔一〕師古曰：異世，謂前代。

〔二〕晉灼曰：秦文公、宣公所立畤也。

〔三〕【補注】沈欽韓曰：周官言五帝者多矣。郊特牲正義：「周禮司服云：『王祀昊天上帝，則大裘而冕，祀五帝亦如之。』五帝若非天，何爲同服大裘？又小宗伯云『兆五帝於四郊』，禮器云『饗帝於郊，而風雨節，寒暑時』，帝若非天，焉能令風雨節，寒暑時？而賈逵、馬融、王肅等以五帝非天，惟用家語之文，謂太皞、炎帝、黃帝五人帝之屬，其義非也。」案，家語五帝篇云「孔子曰，聞諸老聃曰：『天有五行，水火金木土，分時化育，以成萬物，其神謂之五帝。古之王者，易代而改號，取法五行。五行更王，終始相生，亦象其義。故其生爲明王者，而死配五行。是以太皞配木，炎帝配火，黃帝配土，少皞配金，顓頊配水。』」如家語，則五帝自爲天之佐，非五人帝也。郂梁豐鎬之閒，周之郊兆壇在焉，雖世移禮廢，故老相傳，自可指識五帝之位，豈盡虛誣。但秦漢習其名，而失其義耳。匡衡不博究禮經，乃以爲諸侯所妄造，使王肅之徒得閒而起，憑附漸多，紛紜莫定。周禮昊天之祭，專在圜丘。五帝分祭在五郊，合享於明堂，其祀秩然分明。兩爲調停者，於郊丘並舉六天，遂令五帝終不得伸其尊，又非禮也。

〔四〕師古曰：謂高祖之初，禮儀未定。

明年，〔一〕上始祀南郊，赦奉郊之縣及中都官耐罪囚徒。〔二〕是歲，衡、譚復條奏：「長安廚官縣官給祠，郡國候神方士使者所祠，凡六百八十三所，其二百八所應禮及疑無明文，可奉祠如故。其餘四百七十五所不應禮，或復重，〔三〕請皆罷。」奏可。本雍舊祠二百三所，〔四〕唯山川諸星十五所爲應禮云。若諸布、諸嚴、諸逐，皆罷。杜主有五祠，置其一。又罷高祖所立梁、晉、秦、荆巫，九天、南山、萊中之屬。〔五〕及孝文渭陽，孝武薄忌泰一、〔六〕三一、黃帝、冥羊、馬行、泰一、皋山山君、武夷、〔七〕夏后啟母石、〔八〕萬里沙、〔九〕八神、延年之屬，及孝宣參山、蓬山、之罘、成山、萊山、四時、蚩尤、勞谷、五牀、僊人、玉女、徑路、黃帝、天神、原水之屬，皆罷。〔一〇〕候神方士使者副佐、本草待詔七十餘人皆歸家。〔一一〕

〔一〕【補注】先謙曰：成紀建始二年。

〔二〕師古曰：中都官，京師諸官府也。

〔三〕師古曰：復音扶目反。重音丈庸反。

〔四〕【補注】齊召南曰：案地理志，右扶風雍有五時、太昊、黃帝以下祠三百三所。彼作三百，此作二百，未知孰誤。

〔五〕【補注】齊召南曰：「萊中」應作「秦中」，宋本、監本竝誤也。上文高祖時「南山巫祠南山、秦中。秦中者，二世皇帝也」。注，張晏曰：「成帝時，匡衡奏罷之。」正指此文。若東萊郡黃縣之萊君祠，㡖縣之百支萊王祠，竝非高祖所立。

〔六〕【補注】先謙曰：因薄人謬忌所奏祠，故曰薄忌泰一。

〔七〕【補注】先謙曰：上卷尚有陰陽使者，疑脫。

〔八〕【補注】宋祁曰：本無「石」字。

〔九〕【補注】先謙曰：官本重「萬」字，引宋祁曰姚本無一「萬」字。

〔一〇〕【補注】宋祁曰：參山，予據孝宣祠參山八神於曲城，蓬山於臨朐，與此相應。不然太山自在五嶽，何可罷之！陳浩曰：案參山，據宋祁注，則舊本作「泰山」，而祁改爲參山者也，今從之。先謙曰：以上文及地理志證之，「原」上奪一「帝」字。

〔一一〕師古曰：本草待詔，謂以方藥本草而待詔者。【補注】周壽昌曰：樓護傳「護誦醫經、本草、方術數十萬言」。是西漢時已有方藥本草一書，然藝文志不載，非今世所傳之神農本草也。

明年，匡衡坐事免官爵。衆庶多言不當變動祭祀者。又初罷甘泉泰畤作南郊日，大風壞甘泉竹宫，〔一〕折拔畤中樹木十圍以上百餘。天子異之，以問劉向。對曰：〔二〕「家人尚不欲絶種祠，〔三〕況於國之神寶舊畤！且甘泉、汾陰及雍五畤始立，皆有神祇感應，然後營之，非苟而已也。武、宣之世，奉此三神，禮敬敕備，〔四〕神光尤著。祖宗所立神祇舊位，誠未易動。及陳寶祠，自秦文公至今七百餘歲矣。漢興世世常來，光色赤黄，長四五丈，直祠而息，音聲砰隱，野雞皆雊。〔五〕每見，雍太祝祠以太牢，遣候者乘一乘傳馳詣行在所，〔六〕以爲福祥。高祖時五來，文帝二十六來，武帝七十五來，宣帝二十五來，初元元年以來亦二十來，此陽氣舊祠也。及漢宗廟之禮，不得擅議，皆祖宗之君與賢臣所共定。古今異制，經無明文，至尊至重，難以疑説正也。前始納貢禹之議，後人相因，多所動摇。易大傳曰『誣神者殃及三世』，〔七〕恐其咎不獨止禹等。」上意恨之。〔八〕

〔一〕【補注】朱一新曰：竹宫，宫名，見禮樂志。

〔二〕【補注】宋祁曰：「向」字下，當更有「向」字。

〔三〕師古曰：家人，謂庶人之家也。種祠，繼嗣所傳祠也。

〔四〕師古曰：敕，整也。

〔五〕師古曰：直，當也。息，止也。當祠處而止也。砰音普萌反。

〔六〕師古曰：報神之來也。傳音張戀反。【補注】錢大昭曰：閩本、南雍本無「乘一」兩字。葉德輝曰：德藩本無「乘一」兩字。先謙曰：官本無「乘一」兩字。

〔七〕【補注】沈欽韓曰：大戴本命篇「誣鬼神者，罪及二世」。亦見魯語。

〔八〕師古曰：恨，悔也。

祀。

後上以無繼嗣故，令皇太后詔有司曰：〔一〕「蓋聞王者承事天地，交接泰一，尊莫著於祭祀。孝武皇帝大聖通明，始建上下之祀，〔二〕營泰畤於甘泉，定后土於汾陰，而神祇安之，饗國長久，子孫蕃滋，〔三〕累世遵業，福流於今。今皇帝寬仁孝順，奉循聖緒，靡有大愆，而久無繼嗣。思其咎職，殆在徙南北郊，〔四〕違先帝之制，改神祇舊位，失天地之心，以妨繼嗣之福。春秋六十，未見皇孫，〔五〕食不甘味，寢不安席，朕甚悼焉。春秋大復古，善順祀。〔六〕其復甘泉泰畤、汾陰后土如故，及雍五時、陳寶祠在陳倉者。」天子復親郊禮如前。又復長安、雍及郡國祠著明者且半。

〔一〕【補注】宋祁曰：「令」字下疑有「白」字。先謙曰：永始三年十月事。

〔二〕師古曰：上下，謂天地。

〔三〕師古曰：蕃音扶元反。

〔四〕師古曰：職，主也，咎過主於此也。【補注】先謙曰：官本注在「咎職」下。

〔五〕師古曰：皇太后自謂。

〔六〕師古曰：以復古爲大，以順祀爲善也。

成帝末年頗好鬼神，亦以無繼嗣故，多上書言祭祀方術者，皆得待詔，祠祭上林苑中長安城旁，費用甚多，然無大貴盛者。谷永説上曰：「臣聞明於天地之性，不可或以神怪；〔一〕知萬物之情，不可罔以非類。〔二〕諸背仁義之正道，不遵五經之法言，而盛稱奇怪鬼神，廣崇祭祀之方，求報無福之祠，〔三〕及言世有僊人，服食不終之藥，〔四〕遙興輕舉，〔五〕登遐倒景，〔六〕覽觀縣圃，浮游蓬萊，〔七〕耕耘五德，朝種暮穫，〔八〕與山石無極，〔九〕黄冶變化，〔一〇〕堅冰淖溺，〔一一〕化色五倉之術者，〔一二〕皆姦人惑衆，挾左道，懷詐僞，以欺罔世主。〔一三〕聽其言，洋洋滿耳，若將可遇。〔一四〕求之，盪盪如係風捕景，終不可得。〔一五〕是以明王距而不聽，聖人絶而不語。〔一六〕昔周史萇弘欲以鬼神之術輔尊靈王會朝諸侯，而周室愈微，諸侯愈叛。楚懷王隆祭祀，事鬼神，欲以獲福助，卻秦師，〔一七〕而兵挫地削，身辱國危。秦始皇初并天下，甘心於神僊之道，遣徐福、韓終之屬〔一八〕多齎童男童女入海求神采藥，因逃不還，天下怨恨。漢興，新垣平、齊人少翁、公孫卿、欒大等，皆以僊人黄冶祭祠事鬼使物入海求神采藥〔一九〕貴幸，賞賜累千金。大尤尊盛，至妻公主，爵位重絫，震動海内。〔二〇〕元鼎、元封之際，燕齊之間方士瞋目扼腕，言有神僊祭祀致福之術者以萬數。〔二一〕其後，平等皆以術窮詐得，誅夷伏辜。〔二二〕至初元中，有天淵玉女、鉅鹿神人、轑陽侯師張宗之姦，紛紛復起。〔二三〕夫周秦之末，三五之隆，〔二四〕已嘗專意散財，厚爵禄，竦精神，舉天下以求之矣。曠日經年，靡有毫氂之驗，〔二五〕足以揆今。經曰：『享多儀，儀不及物，惟曰不享。』〔二六〕論語説曰：『子不語怪神。』〔二七〕唯陛下距絶此類，毋令姦人有以窺朝者。」上善其言。

〔一〕【補注】錢大昭曰：或，古「惑」字。先謙曰：官本「或」作「惑」，下同。

〔二〕師古曰：罔猶蔽。【補注】宋祁曰：注末當添「也」字。先謙曰：胡三省云：「余謂罔，欺也，欺人以所無曰罔。」

〔三〕【補注】宋祁曰：「祠」當作「祀」。先謙曰：祠亦祀也。通鑑作「祠」，漢紀作「祀」。

〔四〕【補注】周壽昌曰：不終，猶言不死也。

〔五〕如淳曰：逴，遠也。興，舉也。師古曰：逴，古遥字也。興，起也。謂起而遠去也。

〔六〕如淳曰：在日月之上，反從下照，故其景倒。師古曰：遐亦遠也。【補注】宋祁曰：注文「反」字上當添「日月」二字。

〔七〕李奇曰：昆侖九成，上有縣圃，縣圃之上即閶闔天門。

〔八〕晉灼曰：翼氏風角，五德：東方甲，南方丙，西方庚，北方壬，中央戊。種五色禾於北地而耕耘也。【補注】朱一新曰：汪本「北」作「此」，是。先謙曰：官本作「此」。

〔九〕師古曰：言獲長壽，比於山石無窮也。

〔一〇〕晉灼曰：黄者，鑄黄金也。道家言冶丹沙令變化，可鑄作黄金也。【補注】先謙曰：官本「沙」作「砂」。

〔一一〕晉灼曰：方士詐以藥石若陷冰丸，投之冰上，冰即消液，因假爲神仙道使然也。或曰，謂冶金令可餌也。師古曰：或說非也。淖，濡甚也，音女教反。

〔一二〕李奇曰：思身中有五色，腹中有五倉神。五色存則不死，五倉存則不飢。

〔一三〕師古曰：左道，邪僻之道，非正義也。

〔一四〕師古曰：洋洋，美盛之貌也。洋音羊，又音祥。

〔一五〕師古曰：盪盪，空曠之貌也。盪音蕩。

〔一六〕師古曰：謂孔子不語怪神。

〔一七〕師古曰：卻，退，音丘略反。

〔一八〕【補注】沈欽韓曰：抱朴仙藥篇「韓衆服菖蒲三年，身生毛，日視書萬言，皆能誦之，冬極不寒」。「衆」、「終」同字。先謙曰：梁元帝洞林序云「韓終六壬」，是六壬出自終也。楚辭九歎「羡韓衆之得一」，注：衆與終同。

〔一九〕【補注】先謙曰：官本「神」作「僊」。

〔二〇〕師古曰：絫，古累字。

〔二一〕【補注】先謙曰：官本「祀」作「祠」。

〔二二〕師古曰：詐得，謂主上得其詐僞之情。

〔二三〕師古曰：轑陽侯，江仁也。元帝時，坐使家丞上印綬，隨宗學仙，免官。轑音遼。

〔二四〕師古曰：三謂三皇，五謂五帝也。【補注】劉奉世曰：「周秦之末，三五之隆」，語有害而理未通，疑有誤。三、五似指三世、五世而言，謂文、武之時也，尋上文可見。宋祁曰：顏注三五之隆，疑非是。余謂「五」字當作「主」，蓋指漢三主耳。新垣平事，則文帝時也。元鼎、元封，則武帝時也。初元，則元帝時也。指異代，則曰周秦之末；於今世，則曰三主之隆。文意較然明甚。師古於漢書他所是正者甚多，而不察於此，所未諭也。齊召南曰：宋説亦非也。元帝無求僊事，未若劉奉世謂三世文帝，五世武帝爲確實。

〔二五〕【補注】朱一新曰：汪本「氂」作「犛」。葉德輝曰：德藩本作「犛」。先謙曰：官本作「犛」。「犛」、「氂」字通用。

〔二六〕師古曰：周書洛誥之辭也。言祭享之道，唯以絜誠，若多其容儀，而不及禮物，則不爲神所享也。

〔二七〕師古曰：説謂論語之説也。

後成都侯王商爲大司馬衞將軍輔政，杜鄴説商曰：「『東鄰殺牛，不如西鄰之瀹祭』，〔一〕言奉天之道，貴以誠質大得民心也。行穢祀豐，猶不蒙祐；德修薦薄，吉必大來。古者壇場有常處，尞禮有常用，〔二〕贊見有常禮。犧牲玉帛雖備而財不匱，車輿臣役雖動而用不勞。是故每奉其禮，〔三〕助者歡說，〔四〕大路所歷，黎元不知。〔五〕今甘泉、河東天地郊祀，咸失方位，違陰陽之宜。及雍五畤皆曠遠，奉尊之役休而復起，繕治共張無解已時，皇天著象殆可略知。前上甘泉，先敺失道；〔六〕禮月之夕，奉引復迷。〔七〕祠后土還，臨河當渡，疾風起波，船不可御。又雍大雨，壞平陽宮垣。〔八〕乃三月甲子，震電災林光宮門。〔九〕祥瑞未著，咎徵仍臻。迹三郡所奏，皆有變故。〔一〇〕不荅不饗，何以甚此！〔一一〕詩曰『率由舊章』。〔一二〕舊章，先王法度，文王以之交神于祀，子孫千億。宜如異時公卿之議，復還長安南北郊。」

〔一〕師古曰：此易既濟九五爻辭也。東鄰，謂商紂也。西鄰，周文王也。瀹祭，謂瀹煮新菜以祭。言祭祀之道莫盛修德，故紂之牛牲，不如文王之蘋藻也。瀹音籥。【補注】先謙曰：「瀹」，官本作「禴」。

〔二〕師古曰：尞，古燎字。

〔三〕【補注】錢大昭曰：「奉」，南雍本、閩本俱作「舉」。朱一新曰：汪本作「舉」，是。葉德輝曰：德藩本作「舉」。先謙曰：官本作「舉」。

〔四〕師古曰：助謂助祭也。說讀曰悅。

〔五〕師古曰：大路，天子祭天所乘之車也。黎元不知，言無僞費，不勞於下也。【補注】朱一新曰：「僞」，汪本作「傜」，是。先謙曰：官本作「傜」。

〔六〕師古曰：敺與驅字同。

〔七〕韋昭曰：奉引，前導引車。

〔八〕【補注】沈欽韓曰：黄圖：平陽封宮「武公二年，伐彭戲氏，至於華山下，居於平陽封宮」。案，史記正義「帝王世紀：秦寧公都平陽。案，岐山縣有平陽鄉，鄉内有平陽聚。括地志云，平陽故城在岐州岐山縣西四十六里，秦寧公徙都之處」。宮在岐州平陽城内。攷水經注渭水篇「汧水東南逕郁夷縣平陽故城南」。史記「秦寧公二年徙平陽」。徐廣曰：「故郿之平陽亭也。」寰宇記：「郁夷故城在隴州汧源縣西五十里。地道記云：『郁夷省併郿。』」今以此志核之，則云在岐山縣者是也。元和志「鳳翔府岐山縣，本漢雍縣之地」。

〔九〕孟康曰：甘泉一名林光。師古曰：林光，秦離宮名也。漢又於其旁起甘泉宮，非一名也。【補注】沈欽韓曰：黄圖「林光宮，胡亥所造，從廣各五里，在雲陽縣界」。元和志「雲陽宮即秦之林光宮。漢甘泉宮在雲陽縣西北八十里」。

〔一〇〕師古曰：迹，謂觀其事迹也。

〔一一〕師古曰：不荅，不當天意。不饗，不爲天所饗也。【補注】周壽昌曰：不荅其誠，不饗其祀。

〔一二〕師古曰：大雅假樂之詩也。率，循也。由，用也。循用舊典之文章也。

後數年，成帝崩，皇太后詔有司曰：「皇帝即位，思順天心，遵經義，定郊禮，天下説憙。〔一〕懼未有皇孫，故復甘泉泰畤、汾陰后土，庶幾獲福。皇帝恨難之，卒未得其祐。其復南北郊長安如故，以順皇帝之意也。」

〔一〕師古曰：説讀曰悦。

哀帝即位，寢疾，博徵方術士，京師諸縣皆有侍祠使者，盡復前世所常興諸神祠官，〔一〕

凡七百餘所，一歲三萬七千祠云。

〔一〕【補注】錢大昭曰：閩本無「諸」字。

明年，〔一〕復令太皇太后詔有司曰：「皇帝孝順，奉承聖業，靡有解怠，〔二〕而久疾未瘳。夙夜唯思，殆繼體之君不宜改作。其復甘泉泰畤、汾陰后土祠如故。」上亦不能親至，遣有司行事而禮祠焉。後三年，哀帝崩。

〔一〕【補注】先謙曰：哀紀建平三年。

〔二〕師古曰：解讀曰懈。

平帝元始五年，大司馬王莽奏言：「王者父事天，故爵稱天子。〔一〕孔子曰：『人之行莫大於孝，孝莫大於嚴父，嚴父莫大於配天。』〔二〕王者尊其考，欲以配天，緣考之意，欲尊祖，推而上之，遂及始祖。是以周公郊祀后稷以配天，宗祀文王於明堂以配上帝。禮記天子祭天地及山川，歲徧。春秋穀梁傳以十二月下辛卜，正月上辛郊。〔三〕高皇帝受命，因雍四時起北時，而備五帝，未共天地之祀。〔四〕孝文十六年用新垣平，初起渭陽五帝廟，祭泰一、地祇，以太祖高皇帝配。日冬至祠泰一，夏至祠地祇，皆并祠五帝，而共一牲，〔五〕上親郊拜。後平伏誅，〔六〕乃不復自親，而使有司行事。孝武皇帝祠雍，曰：『今上帝朕親郊，而后土無祠，則禮不荅也。』於是元鼎四年十一月甲子始立后土祠於汾陰。或曰，五帝，泰一之佐，宜立泰一。五年十一月癸未始立泰一祠於甘泉，二歲一郊，〔七〕與雍更祠，〔八〕亦以高祖配，不歲事天，皆未應古制。建始元年，徙甘泉泰畤、河東后土於長安南北郊。永始元年三月，以未有皇孫，復甘泉、河東祠。〔九〕綏和二年，以卒不獲祐，復長安南北郊。建平三年，懼孝哀皇帝之疾未瘳，復甘泉、汾陰祠，竟復無福。臣謹與太師孔光、長樂少府平晏、大司農左咸、〔一〇〕中壘校尉劉歆、太中大夫朱陽、博士薛順、議郎國由等六十七人議，皆曰宜如建始時丞相衡等議，復長安南北郊如故。」

〔一〕【補注】沈欽韓曰：白虎通「鉤命決曰，天子，爵稱也」。書亡逸篇曰「厥兆天子爵」。

〔二〕師古曰：孝經載孔子之言。

〔三〕師古曰：豫卜郊之日。

〔四〕師古曰：共讀曰恭。

〔五〕【補注】宋祁曰：牲，景德本作「特」。

〔六〕【補注】錢大昭曰：閩本「伏」下有「詐」字。朱一新曰：汪本有「詐」字。葉德輝曰：德藩本無「詐」字。

〔七〕【補注】錢大昭曰：「二歲」，南雍本、閩本作「三歲」。朱一新曰：汪本「二」作「三」是，即前所謂甘泉泰畤、汾陰后土三年一郊祠也。葉德輝曰：德藩本作「三」。先謙曰：官本作「三」。

〔八〕師古曰：更音工衡反。

〔九〕【補注】先謙曰：「元年三月」，誤也，當作「三年十月」。

〔一〇〕【補注】洪亮吉曰：百官表：元始五年，大司農爲尹咸。若左咸爲大司農，則在哀帝時。「左」當作「尹」，傳寫誤耳。

莽又頗改其祭禮，曰：「周官天墬之祀，〔一〕樂有別有合。其合樂曰『以六律、六鐘、五聲、八音、六舞大合樂』，祀天神，祭墬祇，祀四望，祭山川，享先妣先祖。〔二〕凡六樂，奏六歌，而天墬神祇之物皆至。〔三〕四望，蓋謂日月星海也。三光高而不可得親，海廣大無限界，〔四〕故其樂同。祀天則天文從，祭墬則墬理從。三光，天文也。山川，地理也。天地合祭，先祖配天，先妣配墬，其誼一也。天墬合精，夫婦判合。祭天南郊，則以墬配，一體之誼也。天墬位皆南鄉，同席，〔五〕墬在東，共牢而食。高帝、高后配於壇上，西鄉，后在北，亦同席共牢。牲用繭栗，〔六〕玄酒陶匏。禮記曰天子籍田千晦以事天墬，〔七〕繇是言之，宜有黍稷。〔八〕天地用牲一，燔尞瘞薶用牲一，高帝、高后用牲一。天用牲左，及黍稷燔尞南郊；墬用牲右，及黍稷瘞於北郊。其旦，東鄉再拜朝日；其夕，西鄉再拜夕月。然後孝弟之道備，而神祇嘉享，萬福降輯。〔九〕此天墬合祀，以祖妣配者也。其別樂曰〔一〇〕『冬日至，於墬上之圜丘奏樂六變，則天神皆降；夏日至，於澤中之方丘奏樂八變，則墬祇皆出』。〔一一〕天墬有常位，不得常合，〔一二〕此其各特祀者也。陰陽之別於日冬夏至，其會也以孟春正月上辛若丁。天子親合祀天墬於南郊，以高帝、高后配。陰陽有離合，易曰『分陰分陽，迭用柔剛』。〔一三〕以日冬至使有司奉祠南郊，高帝配而望羣陽，日夏至使有司奉祭北郊，高后配而望羣陰，皆以助致微氣，通道幽弱。〔一四〕當此之時，后不省方，〔一五〕故天子不親而遣有司，所以正承天順地，〔一六〕復聖王之制，顯太祖之功也。渭陽祠勿復修。羣望未悉定，定復奏。」奏可。三十餘年間，天地之祠五徙焉。〔一七〕

〔一〕師古曰：墬，古地字也。下皆類此。【補注】錢大昭曰：說文籀文「地」从㒸，从土。淮南子墬形訓亦用籀文。

〔二〕師古曰：此周禮春官大司樂之職也。六律，合陽聲者。六鐘，以六律六鐘之均也。五聲，宫、商、角、徵、羽。八音，金、石、絲、竹、匏、土、革、木。六舞，雲門、咸池、大韶、大夏、大護、大武也。大合樂者，徧作之也。先妣，姜嫄也。先祖，先王先公也。【補注】朱一新曰：注「以六律六鐘之均也」，「律」下脱「立」字，當依周禮注補。先謙曰：官本注「護」作「濩」。

〔三〕師古曰：謂一變而致羽物及川澤之祇，再變而致𣎆物及山林之祇，三變而致鱗物及丘陵之祇，四變而致毛物及墳衍之祇，五變而致介物及地祇，六變而致象物及天神。【補注】朱一新曰：「𣎆」當作「臝」。先謙曰：官本作「臝」。

〔四〕【補注】錢大昭曰：閩本「廣大」下有「而」字。

〔五〕師古曰：鄉讀曰嚮。其下並同。【補注】沈欽韓曰：續志：光武建武二年「初制郊兆於雒陽城南七里。天地位其上，各用一犢」，中元元年「初營北郊」，是光武初以未暇修營，權合天地，亦不取王莽共牢之說。魏王肅僞造尚書、家語以難鄭，并丘郊爲一。唐許敬宗等從肅議，亦不敢言天地合祭。蓋禮云「因天事天，因地事地」，知合祭，禮之所必無者也。

〔六〕師古曰：謂牛角如繭及栗者，牛之小也。

〔七〕師古曰：晦，古畝字。

〔八〕師古曰：繇讀與由同。

〔九〕師古曰：輯與集同。

〔一〇〕【補注】宋祁曰：邵本無「别」字。

〔一一〕師古曰：此亦春官大司樂之職也。天神之樂：圜鍾爲宫，黄鍾爲角，太蔟爲徵，姑洗爲羽，雷鼓雷鼗，孤竹之管，雲和之琴瑟，雲門之舞。地祇之樂：函鍾爲宫，太蔟爲角，姑洗爲徵，南吕爲羽，靈鼓靈鼗，孫竹之管，空桑之琴瑟，咸池之舞。先奏是樂，以致其神，禮之以玉，然後合樂而祭。

〔一二〕【補注】沈欽韓曰：唐志：賈曾引春秋説云：「王者一歲七祭天地，合食於四孟，别於分、至。」此與王莽之説並時而作者也。

〔一三〕師古曰：易説卦之辭也。陽爲剛，陰爲柔，陰陽既分，則剛柔迭用也。迭，互也，音大結反。

〔一四〕師古曰：道讀曰導。

〔一五〕師古曰：謂冬夏日至之時。后，君也。方，常也。不視常務。【補注】蘇輿曰：易復象辭「先王以至日閉關，商旅不行，后不省方」。虞翻云：「至日，冬至之日。」姤象曰『后以施命誥四方』，今隱復下〔故〕后不省方。」宋衷亦云：「自天子至公侯，不省四方之事。」是古義竝以方爲四方之事，志此語正用易義。下云「天子不親而遣有司」，即不省四方之明驗，顔訓方爲常，失之。

〔一六〕【補注】宋祁曰：一本作「承順天地」。

〔一七〕【補注】葉德輝曰：德藩本「地」作「墬」。先謙曰：官本作「墬」，下同。

後莽又奏言：「書曰『類於上帝，禋于六宗』。〔一〕歐陽、大小夏侯三家説六宗，皆曰上不及天，下不及墬，旁不及四方，在六者之間，助陰陽變化，實一而名六，名實不相應。禮記祀典，功施於民則祀之。天文日月星辰，所昭仰也；地理山川海澤，所生殖也。易有八卦，乾坤六子，水火不相逮，靁風不相誖，山澤通氣，然後能變化，既成萬物也。〔二〕臣前奏徙甘泉泰時、汾陰后土皆復於南北郊。謹案周官「兆五帝於四郊」，山川各因其方，〔三〕今五帝兆居在雍五時，不合於古。又日月靁風山澤，易卦六子之尊氣，所謂六宗也。星辰水火溝瀆，皆六宗之屬也。今或未特祀，或無兆居。謹與太師光、大司徒宮、羲和歆等八十九人議，皆曰天子父事天，母事墬，今稱天神曰皇天上帝，泰一兆曰泰時，而稱地祇曰后土，與中央黄靈同，又兆北郊未有尊稱。宜令地祇稱皇墬后祇，兆曰廣時。易曰「方以類聚，物以羣分」。〔四〕分羣神以類相從爲五部，兆天墬之別神。中央帝黄靈后土時及日廟、北辰、北斗、填星、中宿中宮於長安城之未墬兆。東方帝太昊青靈句芒時及靁公、風伯廟、歲星、東宿東宮於東郊兆。南方炎帝赤靈祝融時及熒惑星、南宿南宮於南郊兆。西方帝少皞白靈蓐收時及太白星、西宿西宮於西郊兆。北方帝顓頊黑靈玄冥時及月廟、雨師廟、辰星、北宿北宮於北郊兆。」〔五〕奏可。於是長安旁諸廟兆時甚盛矣。

〔一〕師古曰：虞書舜典也。並已解於上。

〔二〕師古曰：乾爲父，坤爲母。震爲長男，巽爲長女，坎爲中男，離爲中女，艮爲少男，兑爲少女，故云六子也。水火，坎離也。靁風，震巽也。山澤，艮兑也。逮，及。誖，亂也。既，盡也。靁，古雷字也。誖音布内反。

〔三〕師古曰：春官小宗伯之職也。兆謂爲壇之營域也。五帝於四郊，謂青帝於東郊，赤帝及黄帝於南郊，白帝於西郊，黑帝於北郊也。各因其方，謂順其所在也。

〔四〕師古曰：易上繫之辭也。方謂所向之地。

〔五〕【補注】劉敞曰：「兆」字衍。錢大昭曰：案，周禮春官小宗伯「兆五帝於四郊」。注云：「兆爲壇之營域。」説文「垗，畔也，爲四時界，祭其中」。言月廟、雨師廟之屬皆在北郊營域之中，與上文未墜兆，東郊兆，西郊兆，南郊兆同，皆於「兆」字斷句。劉氏乃於「郊」字斷句，而謂「兆」字衍文，誤矣。

莽又言：「帝王建立社稷，百王不易。社者，土也。宗廟，王者所居。稷者，百穀之主，所以奉宗廟，共粢盛，〔一〕人所食以生活也。王者莫不尊重親祭，自爲之主，禮如宗廟。詩曰『乃立冢土』。〔二〕又曰『以御田祖，以祈甘雨』。〔三〕禮記曰『唯祭宗廟社稷，爲越紼而行事』。〔四〕聖漢興，禮儀稍定，已有官社，未立官稷。」〔五〕遂於官社後立官稷，以夏禹配食官社，后稷配食官稷。稷種穀樹。〔六〕徐州牧歲貢五色土各一斗。

〔一〕師古曰：共讀與供同。

〔二〕師古曰：大雅緜之詩也。冢，大也。土，土神，謂太社也。

〔三〕師古曰：小雅甫田之詩也。田祖，稷神也。言設樂以御祭於神，爲農求甘雨也。

〔四〕李奇曰：引棺車謂之紼。當祭天地五祀，則越紼而行事，不以私喪廢公祀。師古曰：紼，引車索也，音弗。

〔五〕臣瓚曰：高帝除秦社稷，立漢社稷，禮所謂太社也；時又立官社，配以夏禹，所謂王社也，見漢祀令。而未立官稷，至此始立之。世祖中興，不立官稷，相承至今也。【補注】沈欽韓曰：晉志「前漢但置官社，而無官稷。王莽置官稷，後復省。故漢至魏，但太社有稷，而官社無稷」。通典「社者，五土之神。稷者，於五土之中，特指原隰之祇」。

〔六〕師古曰：穀樹，楮樹也。其子類穀，故於稷種。

莽篡位二年，興神僊事，以方士蘇樂言，起八風臺於宮中。臺成萬金，〔一〕作樂其上，順風作液湯。〔二〕又種五粱禾於殿中，〔三〕各順色置其方面，先鬻鶴髊、毒冒、犀玉二十餘物漬種，〔四〕計粟斛成一金，言此黄帝穀僊之術也。〔五〕以樂爲黄門郎，令主之。莽遂崈鬼神淫祀，〔六〕至其末年，自天地六宗以下至諸小鬼神，凡千七百所，〔七〕用三牲鳥獸三千餘種。後不能備，乃以雞當鶩鴈，犬當麋鹿。數下詔自以當僊，語在其傳。〔八〕

〔一〕師古曰：費直萬金也。

〔二〕如淳曰：藝文志有液湯經，其義未聞也。【補注】惠士奇曰：案，内經「黄帝問曰：『上古聖人作湯液醪醴，爲而不用，何也？』岐伯曰：『古聖人之作湯液醪醴者，以爲備耳，故爲而弗服也。中古之世，道德稍衰，邪氣時至，服之萬全。當今之世，必齊毒藥攻其中，鑱石鍼艾治其外，形弊血虚，而功不立。』」然則古之治病，未有毒藥鍼石，先有湯液醪醴，故謂之醫。一天、二地、三人、四時、五音、六律、七星、八風、九野，身形亦應之。人出入氣應風，「順風作（湯液）〔液湯〕」者，時則訓所謂服八風水也，故王莽起八風臺作樂其上。説者謂八方之風，朝會太乙，豈其然？周壽昌曰：藝文志經方家有液湯經法三十二卷，殆服食之法。

〔三〕師古曰：玉色禾也，谷永所謂「耕耘五德」也。【補注】先謙曰：官本「玉」作「五」，是。

〔四〕師古曰：鬻，古煮字也。髊，古髓字也。謂鬻取汁以漬穀子也。毒音代。冒音莫内反。【補注】葉德輝曰：德藩本作「髊」。先謙曰：官本「髊」作「䯨」，引宋祁曰「䯨」，景本作「䯨」，别本竝從左，與此本不同。又考證云「髊」，監本訛「髊」，注同，從宋本改正。

〔五〕【補注】錢大昭曰：李少君之穀道，疑即此也。李奇以爲辟穀不食之道，非是。

〔六〕師古曰：崈，古崇字。

〔七〕【補注】錢大昭曰：案，志中所載鬼神名目，悉數之不能終。漢自孝武信方士之術，所祠神靈，鑿空無據者多。新莽末年媚神尤甚，卒以敗亡，非所謂淫祀無福者邪？今攷地理志所載，得三百八十九所。

〔八〕【補注】何焯曰：終以莽事者，懼東京之主藉口法祖宗，復爲武、宣之淫祀，俾鑒於莽也。

贊曰：漢興之初，庶事草創，唯一叔孫生略定朝廷之儀。若乃正朔服色郊望之事，數世猶未章焉。至於孝文，始以夏郊，而張倉據水德，〔一〕公孫臣、賈誼更以爲土德，卒不能明。孝武之世，文章爲盛，太初改制，而兒寬、司馬遷等猶從臣、誼之言，〔二〕服色數度，遂順黄德。彼以五德之傳從所不勝，〔三〕秦在水德，故謂漢據土而克之。劉向父子以爲帝出於震，故包羲氏始受木德，〔四〕其後以母傳子，〔五〕終而復始，自神農、黄帝下歷唐虞三代而漢得火焉。故高祖始起，神母夜號，著赤帝之符，旗章遂赤，自得天統矣。〔六〕昔共工氏以水德間於木火，〔七〕與秦同運，非其次序，故皆不永。由是言之，祖宗之制蓋有自然之應，順時宜矣。究觀方士祠官之變，谷永之言，不亦正乎！不亦正乎！〔八〕

〔一〕【補注】先謙曰：官本「倉」作「蒼」。

〔二〕李奇曰：公孫臣、賈誼。

〔三〕服虔曰：音亭傳之傳。五帝相承代，常以金木水火相勝之法，若火滅金，便以火代金。師古曰：傳音張戀反。

〔四〕師古曰：包讀曰庖。

〔五〕【補注】周壽昌曰：木生火，故云以母傳子也。

〔六〕鄧展曰：向父子雖有此議，時不施行，至光武建武二年，乃用火德，色尚赤耳。

〔七〕師古曰：共讀曰龔。閒音工莧反。

〔八〕【補注】宋祁曰：南本無下一句。

天文志第六〔一〕

〔一〕【補注】齊召南曰：後志「明帝使班固敘漢書，而馬續述天文志」。此志，續所撰也，故晉志引「凡天文」以下五句，直曰「馬續云」。

凡天文在圖籍〔一〕昭昭可知者，經星常宿中外官凡百一十八名，積數七百八十三星，〔二〕皆有州國官宮物類之象。〔三〕其伏見蚤晚，邪正存亡，虛實闊陿，〔四〕及五星所行，合散犯守，陵歷鬭食，〔五〕彗孛飛流，日月薄食，〔六〕暈適背穴，抱珥虹蜺，〔七〕迅雷風袄，怪雲變氣。〔八〕此皆陰陽之精，其本在地，而上發于天者也。政失於此，則變見於彼，猶景之象形，鄉之應聲。〔九〕是以明君覩之而寤，飭身正事，思其咎謝，則禍除而福至，自然之符也。

〔一〕【補注】先謙曰：續志「星官之書，自黃帝始」。

〔二〕【補注】先謙曰：開元占經引有石氏中官、石氏外官、甘氏中官、甘氏外官、巫咸中外官。志中官外，以東西南北四官爲外官也。晉志「中外之官，常明者百二十有四，可名者三百二十，爲星二千五百，微星之數萬一千五百二十。張衡靈晉武帝時，太史令陳卓總甘、石、巫咸三家所著星圖，大凡二百八十三官，一千四百六十四星，以爲定紀」。

憲星數同。隋志一千五百六十五星。明志一千七百二十五星。國朝乾隆閒欽定儀象攷成後編測定恆星大小分爲七等：計一等十七星，如五帝座、織女類。二等六十九星，如帝星、開陽類。三等(三)〔二〕百十二星，如太子、少衞類。四等四百七十五星，如上將、柱史類。五等七百三十四星，如上相、虎賁類。六等一千五百六十三星，如天皇大帝、后宮類。(氣)〔七〕等十三星，共三千八十三星。道光甲辰，重修續編，測定一等十七星，二等六十二星，三等二百二星，四等四百八十九星，五等八百十四星，六等一千六百四十六星，(氣)〔七〕等九星，共三千二百三十九星。較乾隆時增一百六十三星，少七星。蓋恆星高卑上下與七政同，自本天下行則自無之有，自小而大；上行則自有之無，自大而小，隨時測量，數各不同，視自來天官家推算爲精，洵萬世準則矣。

〔三〕【補注】先謙曰：州國，謂星所分主十二州諸國。官如三公、藩臣。宮如紫宮、閣道。物類如槍、棓、矛、盾、黽、魚、雞、狗之屬皆是。

〔四〕孟康曰：伏見蚤晚，謂五星也。日、月、五星下道爲邪。存謂列宿不虧也，亡謂恆星不見。虛實，若天牢星實則囚多，虛則開出之屬也。闊陿，若三台星相去遠近也。

〔五〕孟康曰：合，同舍也。散，五星有變，則其精散爲祅星也。犯，七寸以內光芒相及也。陵，相冒過也。食，星月相陵不見者，則所蝕也。韋昭曰：自下往觸之曰犯，居其宿曰守，經之爲歷，突掩爲陵，星相擊爲鬭也。【補注】先謙曰：占經引荆州占云「相去一尺內爲合」。郗萌云「二十日以上爲守」。石氏云「五星入度，經過宿星，光耀犯之爲犯；在上犯下爲陵」。本志「散者，不相從也」。

〔六〕張晏曰：彗所以除舊布新也。孛氣似彗。飛流謂飛星流星也。孟康曰：飛，絕迹而去也。流，光迹相連也。日月無光曰薄。京房易傳曰「日月赤黃爲薄」。或曰「不交而食曰薄」。韋昭曰：氣往迫之爲薄，虧毀曰食也。【補注】先謙曰：占經引齊穎云「孛芒短，其光四出，蓬蓬孛孛也。彗見，其光芒長寒如埽彗」。又引董仲舒云「孛星者，彗星之屬也，芒偏指曰彗，芒氣四出曰孛」。一說云「孛即彗也，彗星所散爲孛。春秋言星孛者，皆星散也」。晉志「自上而降曰流，自下而升曰飛」。薄食者，薄而食之。占經引京房易傳云「日蝕皆於晦朔，有不於晦朔者，名曰薄」。又引韋昭云「月氣往迫之爲薄」。此注引，脱「月」字。

〔七〕孟康曰：皆，日旁氣也。適，日之將食，先有黑之變也。背，形如背字也。穴，多作鐍，其形如玉鐍也。抱，氣向日也。珥，形點黑也。如淳曰：暈讀曰運。虹或作虹。蜺讀曰齧。螮蝀謂之虹，表云雄爲虹，雌爲蜺。凡氣食日上爲冠爲戴，在旁直對爲珥，在旁如半環，向日爲抱，向外爲背。有氣刺日爲鐍，鐍，抉傷也。【補注】錢大昭曰：注「皆」，閩本作「暈」。「凡氣食日上」，南雍本、閩本「食」作「在」。王念孫曰：孟注當作「背，形如『北』字」也。各本「北」作「背」，涉上文而誤。韋注吴語曰「北，古之背字」。説文「北，乖也，從二人相背」。然則日兩旁氣外向者爲背，形與北字相似，故云「背，形如北字」也。抱珥，皆内向之名；背鐍，皆外向之名。背字或作「倍」，鐍字或作「譎」，又作「僪」。吕氏春秋明理篇「日有倍僪，有暈珥」，高注「皆日旁之危氣也。在兩旁反出爲倍，在上反出爲僪，在上内向爲冠，兩旁内向爲珥」。淮南覽冥篇「君臣乖心，則背譎見於天」。然則背、鐍同義，特有在旁、在上之分耳。莊子天下篇「墨者俱誦墨經，而倍譎不同」。謂其各守所見，分離乖異也。如説「以氣刺日爲鐍」，失之。朱一新曰：汪本「皆」作「暈」。「先有黑之變也」，史記集解引「黑」下有「氣」字。「凡氣食日上」，汪本「食」作「在」，是。先謙曰：官本注「皆」作「暈」。「食」作「在」。考證云「暈」，監本訛「皆」，從宋本改。占經引石氏云：「日旁有氣，員而周帀，内赤外青，名爲暈。」吕覽明理篇高注：「暈讀爲君國子民之君，氣圍日周帀，有似軍營相守，故曰暈。」左昭三十一年傳「日始有謫」，注「謫，變氣也」。周禮占夢注引作「日始有適」。是適即謫也。人事不修，天降責怒，兆見於日，故曰適。晉志「青赤氣如月初生，背日者爲背。日旁如半環，向日爲抱。青赤氣員而小，在日左右爲珥。璚者如帶，璚在日四方。虹蜺，日旁氣也」。占經虹蜺占云「色著爲虹，色微爲蜺」。如注云「氣刺日」。乃周禮眡祲之鐫，非鐍也。

〔八〕【補注】先謙曰：占經有雲氣占、雜氣雲占，它志亦雲氣、雜氣分列，明氣與雲爲二。

〔九〕師古曰：鄉讀曰響。

中宮天極星，〔一〕其一明者，泰一之常居也，〔二〕旁三星三公，或曰子屬。〔三〕後句四星，末大星正妃，餘三星後宮之屬也。〔四〕環之匡衛十二星，藩臣。皆曰紫宮。〔五〕

〔一〕【補注】王念孫曰：「宮」當爲「官」，下文東宮、南宮、西宮、北宮竝同。史記亦誤作「宮」。先謙曰：錢氏大昕史記攷異云「下文云『紫宮、房心、權衡、咸池、虛危，此天之五官坐位也』，可證史公本文皆作『官』。索隱於中宮下，引春秋元命包『官之爲言宣也』，古文取音義相協，展轉互訓，以宣訓官，音相近也。俗本亦訛作『宮』，由於不知古音。下文紫宮下，乃引元命包『宮之言中也』，又可證小司馬元本『中宮』作『中官』矣。小司馬解天官云『天文有五官。官者，星官也。星座有尊卑，若人之官曹列位，故曰天官』」。愚案：天極星，北極五星之一。宋志「北極五星，在紫微宮中，北辰最尊者也，其紐星爲天樞」。即天極矣。官本「中」下提行，考證云「監本接連前文『自然之符也』，非是。今另提行」。

〔二〕【補注】先謙曰：天官書索隱引合誠圖云「紫微，大帝室，太一之精也」。正義云「泰一，天帝之別名也」。

〔三〕【補注】先謙曰：三星合極星，明星爲五。晉志「三光迭耀，而極星不移。第一星主月，太子也。第二星主日，帝王也，亦太乙之坐，謂最赤明者也。第三星主五星，庶子也」。彼云太乙，即此泰一。宋志即作「太一」。云太乙之坐最赤明者，即上云「其一明者，泰一之常居也」。隋志「北極大星，太一之座也。第一星主月，太子也。第二星主日，帝王也。第三星主五星，庶子也。所謂第二星者，最赤明者也」。以太一之座屬極星，誤。惟五星闕數其一。唐王希明步天歌紫微垣下云：「中垣北極紫微宮，北極五星在其中。大帝之座第二珠，第三之星庶子居。今儀象攷成增三星。第一號曰爲太子，四爲后宮五天樞。」它史以北斗杓南三星及魁第一星、西三星爲三公，與志異。子屬即後世太子、庶子之說所由眆也。志以後句四星爲後宫，故此不云后宫。

〔四〕【補注】朱一新曰：汪本「官」作「宫」，是。先謙曰：官本「官」作「宫」，天官書亦作「宫」。索隱「句，曲也」。援神契云「辰極横，后妃四星從，大星光明」。星經以後句四星，名爲四輔。愚案：晉、隋志並言抱北極四星曰四輔，宋志自注「後四星句曲以抱之者，帝星也」。説雖不同，而釋後句之義更顯，參證索隱，後世所稱四輔，即志之正妃、後宫，而異其説也。禮檀弓鄭注「帝嚳立四妃，象后妃四星，其一明者，爲正妃，餘三小者，爲次妃」。與援神契合，其説古而可據。或以此四星爲句陳，誤矣。句陳六星，既與四數不符，且象與極星相背，其日中一星曰天皇大帝，天文家云「主天子六軍」，最爲得之，不當混指爲後句四星也。步天歌紫微垣下云：「左右四星爲四輔，今增一。天乙、太乙當門路。」天乙、太乙，即天一、太一也。天一見下。太一，志不載，晉、隋、宋志有。孫星衍天官書補目云：「史公稱巫咸、甘、石，續志劉昭注引黄帝占，今其文及三家星占具見開元占經中。所載恆星名數，多出天官書、天文志之外，而其書皆在先秦，不知遷固何以不載。」劉逢禄甘石星經正誣謂東漢人取無名小星增入，强以人事定之，致多野鄙之名。因據史記明文正僞經之失。至如天廁諸名，則以爲史公删之未盡。不知天象不言，由人指目，豈必古者爲是，而後者盡非。宋蘇軾所謂「南箕與北斗，本是家人器，天亦豈有之，無乃遂自謂」是也。若以晚出概從棄削，不免拘滯難通。今於志所有諸星，旁采它書，證明其義；志所無者，括以唐王希明步天歌，而引儀象攷成新增之數注明其下，晉、隋、宋志有無亦坿注焉。新法三垣、二十八舍所統諸座，與步天歌不同，新增之星亦中法所無，因坿欽定古今圖書集成所載西步天歌於後，並注儀象攷成增減星數，以備參考。庶古今星象可攬其全，班馬無疏畧之嫌，而諸志獲貫通之用矣。

〔五〕【補注】齊召南曰：天官書同。但紫宫匡衛十五星，西藩七，東藩八，與太微垣十二星不同，晉志可證。此與史記並曰十二星何也？先謙曰：「二」當爲「五」，「藩」亦作「蕃」。匡，正其内；衛，扞其外也。宋志「紫微垣，東蕃八星，西蕃七星，在北斗北，左右環列，翊衛之象也。東蕃近閶闔門第一星爲左樞，第二星爲上宰，三星曰少宰，四星曰上弼，一曰上輔，五星曰少弼，一曰少輔，六星爲上衛，七星爲少衛，八星爲少丞，或曰上丞。其西蕃近閶闔門第一星爲右樞，第二星爲少尉，第三星爲上輔，第四星爲少輔，第五星爲上衛，第六星爲少衛，第七星爲上丞」。步天歌紫微垣下云：「左樞右樞夾南門，左八右七十有五。上少宰兮上少弼，上少衛兮少丞數。今上衛增三、少衛增八、少丞增一。前連左樞共八星。後邊門東大贊府，少尉、上輔、少輔繼，今少尉、上輔各增二，少輔增一。上衛、少衛、上丞比，今上衛增三，少衛增一，上丞增三。以及右樞共七星，兩藩營衛於茲至。」索隱引元命包云「紫之言此也。宫之言中也。言天神運動，陰陽開閉，皆在此中」。宋均又以爲十二宫，中外位各定，總謂之紫宫。愚案：非也。所環之内統曰紫宫，因中有紫微大帝之坐，見晉、隋志，即謂天子之常居。故名。晉、隋志「紫宫垣十五星」，明垣内是紫宫，不兼外爲説矣。唐李淳風觀象玩占云：「紫微宫垣十五星，一曰長垣，一曰天營，一曰旗星。南兩蕃兩星之閒如開閉之象者，謂之閶闔門。」

前列直斗口三星，隨北耑鋭，若見若不見，曰陰德，或曰天一。〔一〕紫宫左三星曰天槍，右四星曰天棓。〔二〕後十七星絶漢抵營室，曰閣道。〔三〕

〔一〕【補注】先謙曰：天官書「隨北耑鋭」作「隋北端兑」，「不」下無「見」字。索隱「直，當也。隋音他果反。『北』，一作『比』。漢志『北』作『比』。鋭謂星形尖邪也」。案，今漢書作「北」，明小司馬所見本異。隋、隨，耑、端，兑、鋭，字通。詩破斧釋文「隋，形狹而長也」，正義引星經云「陰德二星在紫微宫内尚書西」。晉志「天一星在紫微宫右星南，天帝之神也」。案，陰德二星在垣内，天一一星在垣外，志併三星數之，故謂「陰德或曰天一」也。步天歌紫微垣下云：「陰德門裏兩黄聚，今增一。尚書以次其位五。女史、柱史各一星，御女四星天柱五。大理兩黄陰德邊，句陳尾指北極顛，句陳六星六甲前。天皇獨在句陳裏，五帝内座後門是。華蓋並杠十六星，杠作柄象華蓋形。蓋上連連九个星，名曰傳舍如連丁。」案，尚書五星，今增二。女史一星，增一。柱史一星，增二。御女四星，天柱五星，增六。大理二星，增一。鉤陳六星，增十。天皇大帝一星，六甲六星，增一。五帝内座五星，增三。華蓋七星，杠九星，舊七星，今增一。晉、隋志言華蓋、杠各九。宋志及它天文家言華蓋七、杠九。據攷成，參以星圖，乃華蓋九、杠七也。傳舍九星。增四。志不載，晉、隋、宋志有。

〔一〕蘇林曰：音棓打之棓。師古曰：棓音白講反。【補注】先謙曰：天官書「四」作「三」。索隱「棓音皮」。韋昭音剖。詩緯云「天槍三星，天棓五星」。石氏星讚云「天棓、天槍八星，備非常之變也」。晉志「天槍三星，北斗杓東，一曰天鉞，天之武備也。故在紫宫之左右，所以禦難也。隋志無「右」字，是。天棓五星在女牀北，天子先驅也。一星不具，國兵起」。據此，天棓五星，云三、四，皆誤也。步天歌紫微垣下云：「垣外左右各六珠，右是内階左天廚。階前八星名八穀，廚下五箇天棓宿。今增十。天牀六星兩樞外，内廚兩星左樞對。」案，内階六星，增十。天廚六星，增二。八穀八星，增三十四。天牀六星，增二。内廚二星。增二。志不載，晉、隋、宋志有。

〔二〕【補注】齊召南曰：此志於經星俱直用天官書。閣道星數，天官書云「六星」，是也。何以言十七星乎？晉志亦作六星，疑「十七」二字，係傳寫之訛。沈欽韓曰：晉志以下，不著閣道於中宫，以去極較遠也。先謙曰：劉逢禄天官書經星補攷云：「漢書作十七星」六字，蓋唐人朱墨校本，故占經又誤作「六十七」也。正義「漢，天河也。直渡曰絶。抵，至也。營室七星，天子之宫」。占經引黄帝占云「閣道，天子御道也。絶漢直紫宫後，名曰閣道」。隋志「閣道六星，在王良前，飛道也，從紫宫至河，神所乘也。一曰閣道主道里，天子遊别宫之道也；一曰王良旗；一曰紫宫旗」。步天歌奎宿下云：「河中六箇閣道形，今增五。附路一星道旁明。」附路，一作傅路。志不載，晉、隋、宋志有。營室見下。

北斗七星，〔一〕所謂「旋、璣、玉衡以齊七政」。〔二〕杓攜龍角，〔三〕衡殷南斗，魁枕參首。〔四〕用昏建者杓；杓，自華以西南。〔五〕夜半建者衡；衡，殷中州河、濟之間。〔六〕平旦建者魁；魁，海岱以東北也。〔七〕斗爲帝車，運于中央，臨制四海。〔八〕分陰陽，建四時，均五行，移節度，定諸

紀，皆繫於斗。〔九〕

〔一〕【補注】沈欽韓曰：楚辭九歎「訊九魁與六神」，注「九魁，謂北斗九星」。天官書索隱引徐整長曆「北斗七星，星間相去九千里，其二陰星不見者，相去八千里也」。

〔二〕【補注】王先慎曰：索隱：尚書「旋」作「璿」。馬融注：「璿，美玉也。璣，渾天儀，可轉旋，故曰旋璣。衡，其中横筩。以璿爲璣，以玉爲衡，蓋貴天象也。七政者，北斗七星，各有所主：第一曰主日法天；第二曰主月法地；第三曰命火，謂熒惑也；第四曰熬土，謂填星也；第五曰伐水，謂辰星也；第六曰危木，謂歲星也；第七曰罰金，謂太白也。日、月、五星各異，故名曰七政。」案：馬説非也。此以琁、璣、玉衡釋北斗七星，非以七政釋北斗七星也。文耀鉤云「斗者天之喉舌，玉衡屬杓，魁爲琁璣」。蕭吉五行大義引尚書説云「琁、璣，斗魁四星；玉衡，杓横三星；合七」。是琁、璣、玉衡即謂北斗七星。七政者，五行大義引尚書考靈耀七政篇曰「日月者，時之主；五星者，時之紀也」。是七政爲日、月、五星，視斗所建，以定四時。而日、月、五星之行，不失其躔度，故曰「以齊七政」。本書律曆志云「衡，平也。其在天也，佐助旋璣，斟酌建指，以齊七政」。顔注「七政，日、月、五星也」。與此正合。

〔三〕孟康曰：杓，斗柄也。龍角，東方宿也。攜，連也。

〔四〕晉灼曰：衡，斗之中央。殷，中也。【補注】先謙曰：此言七星定位。北斗之杓，連於東方龍角之宿，衡直當南斗，魁枕於參宿之首也。分之七星各有名，春秋運斗樞云「第一天樞，第二旋，第三璣，第四權，第五衡，第六開陽，星經作「闓陽」。第七摇光」。淮南本經訓作瑶光。步天歌紫微垣下云：「北斗之宿七星明，第一主帝爲樞精。今增三。第二第三璇璣是，天璇增八。第四名權第五衡，天權增三。開陽、摇光六七名。」開陽增二。摇光左三號天槍，天槍見上，今增四。天樞即魁，宋志「魁第一星曰天樞，正星，主天」。衡即此志之衡，天官書集解引徐廣曰「衡第五星」。摇光即杓，本經訓高注「瑶光，北斗杓第七星也，居中而運，歷指十二辰」。合之則衡亦在杓中。運斗樞云「第一至第四爲魁，第五至第七爲杓，合而爲斗。居陰布陽，故稱北斗」。龍角、南斗、參，並見下。

〔五〕孟康曰：傳曰「斗第七星法太白，主杓，斗之尾也」。尾爲陰，又其用昏，昏陰，位在西方，故主西南。【補注】朱一新曰：以下文「魁第一星法爲日，主齊」例之，此「主」下當有奪字，史集解引皆脱。先謙曰：正義「華，華山也。言北斗昏建用斗杓，星指寅」。

〔六〕孟康曰：假令杓昏建寅，衡夜半亦建寅也。【補注】先謙曰：正義「言北斗夜半建用斗衡指寅。殷，當也。斗衡，黄河、濟水之閒地也」。

〔七〕孟康曰：傳曰「斗魁第一星法爲日，主齊」。魁，斗之首；首，陽也，又其用在明陽與明德，在東方，故主東北方。【補注】先謙曰：正義「言北斗旦建用斗魁指寅。隨三時所指，有三建也」。自「杓攜龍角」以下，占經引春秋緯同。

〔八〕【補注】朱一新曰：天官書「海」作「鄉」。

〔九〕【補注】先謙曰：淮南天文訓「日冬至，則斗北中繩；日夏至，則斗南中繩。帝張四維，運之以斗，月徙一辰，復反其所。正月指寅，十二月指丑，周而復始」。

斗魁戴筐六星，曰文昌宫：〔一〕一曰上將，二曰次將，三曰貴相，四曰司命，五曰司禄，六曰司災。〔二〕在魁中，貴人之牢。〔三〕魁下六星兩兩而比者，曰三能。〔四〕三能色亝，君臣和；不亝，爲乖戾。〔五〕柄輔星，〔六〕明近，輔臣親彊；斥小，疏弱。〔七〕

〔一〕晉灼曰：似筐，故曰戴筐。【補注】先謙曰：天官書「筐」作「匡」，字同。索隱引孝經援神契云「文者精所聚，昌者揚天紀，輔拂並居，以成天象，故曰文昌宫」。晉志「文昌六星，在北斗魁前，天之六府也」。步天歌紫微垣下云：「文昌斗上半月形，依稀分明六箇星。今增八。文昌之下曰三師，太尊只向中台明。」案，三師三星，晉亦作「三公」，今增一。太尊一星。志不載，晉、隋、宋志有。

〔二〕【補注】先謙曰：天官書「司祿」作「司中」，「司災」作「司祿」。索隱引元命包云「上將建威武，次將正左右，貴相理文緒，司祿賞功進士，司命主災咎，司中主佐理」。晉志「一曰上將，大將軍建威武；二曰次將，尚書正左右；三曰貴相，太常理文緒；四曰司祿、司中，司隸賞功進德；五曰司命、司怪，太史主滅咎；六曰司寇，大理佐理寶。所謂一者，起斗魁前，近内階者也」。案：大宗伯「祀司中、司命」，賈疏引武陵太守星傳與天官書同。先鄭以司中是三台、司命是文昌；後鄭以三台、文昌皆有司中、司命。是文昌應有司中一星。元命包言「司命主災咎」，則司災統於司命也。晉志又合司中於司祿，而增出司寇，蓋與司災同意。

〔三〕孟康曰：傳曰「天理四星在斗魁中」。貴人牢名曰天理也。【補注】先謙曰：晉志「魁中四星爲貴人之牢，曰天理」。又有「天牢六星在北斗魁下，貴人之牢」。見隋、宋志。步天歌紫微垣下云：「天牢六星太尊邊，太陽之守四勢前。一箇宰相太陽側，更有三公柄西偏。杓下玄戈一星圓，今增二。天理四星斗裏暗，增一。輔星近著太陽淡。」增三。案，天牢六星，今增二。太陽守一星，增一。勢四星，共增十九。相一星，增三。三公三星。志不載，晉、隋、宋志有。玄戈、輔，見下。

〔四〕蘇林曰：能音台。

〔五〕【補注】先謙曰：三台六星詳東方朔傳「泰階六符」注。大宗伯賈疏引武陵太守星傳云「三台名天柱，上台司命爲太尉，中台司中爲司徒，下台司祿爲司空」。晉志「西近文昌二星曰上台，爲司命，主壽；次二星曰中台，爲司中，主宗室；東二星曰下台，爲司祿，主兵」。步天歌太微垣下云：「北門西外接三台，與垣相對無兵災。」今上台增七，中台共增四，下台增二。

〔六〕孟康曰：在北斗第六星旁。【補注】先謙曰：天官書無「柄」字。上下魁杓皆承北斗言，「柄」字當有。晉志「輔星溥乎開陽，所以佐斗成功，丞相之象也」。宋志「北斗第九星曰輔星，在第六星左，常見」。

〔七〕蘇林曰：斥，遠也。【補注】先謙曰：言輔星明而近斗，則輔臣親彊；輔星小而遠斗，則輔臣疏弱也。輔星附北斗柄第六星，近密大臣之象。隋志「輔星明而斗不明，臣彊主弱；斗明輔不明，主彊臣弱也」。

杓端有兩星：一内爲矛，招摇；〔一〕一外爲盾，天鏠。〔二〕有句圜十五星，屬杓，曰賤人之牢。牢中星實則囚多，虚則開出。〔三〕

〔一〕孟康曰：近北斗者招摇，招摇爲天矛。晉灼曰：梗河三星，天矛、鋒、招摇，一星耳。【補注】先謙曰：晉以天矛、天鋒、招摇一星，史記引晉注「鋒」上有「天」字。非也。晉志「帝席北三星曰梗河，天矛也，一曰天鋒。其北一星曰招摇，一曰矛楯。其北一星曰玄戈。皆主胡兵。招摇與北斗杓閒曰天庫」。案，梗河、招摇、天鋒名稱互混，當以此爲正。觀象玩占云「招摇一星在梗河北，次北斗杓端，一曰天矛、一曰天庫」。步天歌氐宿下云：「一箇招摇梗河上，梗河横列三星狀。帝席三黑河之西，亢池六星近攝提。」梗河三星，今增五。帝席三星，增一。亢池六星，今四星。志不載，隋、宋志有。晉無亢池。

〔二〕晉灼曰：外，遠北斗也。在招摇南，一名天鏠。【補注】朱一新曰：天官書集解引作「一名玄戈」。先謙曰：「鏠」同「鋒」，天鋒亦名盾也。宋志「天戈一星又名玄戈，在招摇北，主北方」。

〔三〕【補注】先謙曰：句圜，曲而圜也。索隱「其形如連環，即貫索星」。晉志「貫索九星，在七公前，賤人之牢也。一曰連索，一曰連營，一曰天牢，主法律，禁暴强也。牢口一星爲門，欲其開也」。漢志云十五。步天歌天市垣下云：「垣北九箇貫索星，今增十三。索如横著七公成。天紀恰是七公形，數著分明多兩星。共增十五。紀北三星名女牀，此座還依織女旁。」案，七公七星，增十六。女牀三星，志不載，晉、隋、宋志有，天紀見下。

天一、槍、棓、矛、盾動摇，角大，兵起。〔一〕

〔一〕李奇曰：角，芒角。【補注】先謙曰：此數星或動摇，或有芒角及大，皆兵起之象。占經引黄帝占云「天一星，地道也。欲其小有光，則陰陽和，萬物成；天一星大而盛，水旱不調，五穀不成，天下大擾，人民流亡，去其鄉」。

東宮蒼龍，〔一〕房、心。心爲明堂，大星天王，前後星子屬。不欲直；直，王失計。〔二〕房爲天府，曰天駟。〔三〕其陰，右驂。〔四〕旁有兩星曰衿。〔五〕衿北一星曰舝。〔六〕東北曲十二星曰旗。〔七〕旗中四星曰天市。〔八〕天市中星衆者實，其中虛則耗。〔九〕房南衆星曰騎官。〔一〇〕

〔一〕【補注】沈欽韓曰：宋中興志石氏云「東宮青帝，其精蒼龍，爲七宿。其象有角，有亢，有氐，有房，有心，有尾，有箕。氐，胸；房，腹；箕，所糞也」。

〔二〕【補注】先謙曰：晉志「心三星，天王正位也。中星曰明堂，天子位，爲大辰，主天下之賞罰；前星爲太子，後星爲庶子。心星直，則王失勢」。占經引石氏云「星常曲，天下安；直則天子失計」。觀象玩占引星贊云「心爲天王，故置積卒以爲衞」。步天歌心宿下云：「心，三星中央色最深。今共增九。下有積卒共十二，三三相聚心下是。」案，積卒十二星，今共四星。志不載，晉、隋、宋志有。

〔三〕【補注】先謙曰：天官書「府」上奪「天」字。占經引石氏云「房爲天府，一曰天馬，或曰天駟」。爾雅釋天「天駟，房也」，郭注「龍爲天馬，故房四星爲天駟」。

〔四〕【補注】先謙曰：南曰陽，北曰陰。宋志「南二星爲陽環，亦曰陽閒，其南爲太陽道；北二星爲陰閒，亦曰陰環，其北曰太陰道。南爲左驂，次上爲左服；北二星爲右驂，次下爲右服」。劉逢祿經星補攷云：石氏云「兩服之閒是中道」。今中道在右驂服之閒。

〔五〕【補注】先謙曰：天官書亦作「衿」。索隱「衿音其炎反」。「衿」、「鈐」通借字，或徑改爲「鈐」，非。晉志「房北二小星曰鉤鈐，房之鈐鍵，天之管籥」。占經引二十八宿山經云「鉤鈐，天子御也」。

〔六〕晉灼曰：「牽，古轄字。」【補注】先謙曰：正義引説文云「牽，車軸端鍵也」。又星經云「鍵閉一星，在房東北，掌管籥也」。是牽即鍵閉矣。步天歌房宿下云：「房，四星直上主明堂。今增六。鍵閉一星斜向上，鉤鈐兩箇近其旁。罰有三星直鍵上，兩咸夾罰似房狀。房下一星號爲日，從官兩星日下出。」案，罰三星，增三。東咸四星，共增二。西咸四星，增二。日一星，增一。從官二星。增一。志不載，晉、隋、宋志有。晉無罰、日。

〔七〕【補注】沈欽韓曰：正義云「左右旗各九星，在河鼓左右」者，非也。河鼓在北宮，不得涉此。晉志「天市垣二十二星在房、心東北，主權衡，一曰天旗庭」。先謙曰：正義天市下注云「天市垣二十二星，在房、心東北，主國市聚交易之所，一曰天旗」。是張氏亦知旗星之名，而於此失之。所謂二十二星者，宋志「東蕃十一星：南一曰宋，二曰南海，三曰燕，四曰東海，五曰徐，六曰吳越，七曰齊，八曰中山，九曰九河，十曰趙，十一曰魏。西蕃十一星：南一曰韓，二曰楚，三曰梁，四曰巴，五曰蜀，六曰秦，七曰周，八曰鄭，九曰晉，十曰河閒，十一曰河中」。一曰「在房、心東北，主權衡，主聚衆」。又曰「天旗庭主斬戮事」。參證之，此二十二星即旗也。志文「十二」上疑脱「二」字。步天歌天市垣下云：「魏今增八。趙增三。九河增一。中山增七。繼，齊共增十二。吳越增七。兮徐增四。宿當。東海增四。與燕及南海，宋國增二。分明在左裝。河中河閒增一。晉共增五。鄭周，共增十六。秦增二。蜀共增二。巴共增五。兮梁楚求。韓地右當垣十一，天市宮中子細歌。」

〔八〕【補注】先謙曰：天官書此下有「中六星曰市樓」六字，志不應獨删之，蓋傳寫奪文。天市四星當即列肆、車肆各二星，古今異名耳。詳見下。

〔九〕【補注】先謙曰：正義「耗，貧無也。市中星聚則歲實，稀則歲虚」。步天歌天市垣下云：「下元一宮名天市，兩面牆垣二十二。當門六箇是市樓，今增一。門右兩星是車肆。增二。兩箇宗正四宗人，宗星一雙亦依次。帛度兩星屠肆前，候星偏在帝座邊。帝座一星常光明，四箇微茫宦者星。以次兩星名列肆，增四。斗、斛、帝座依其次，斗是五星斛是四。」案，天市垣中，宗正二星，增三。宗人四星，增四。宗二星，帛度二星，增三。屠肆二星，增三。候一星，共增六。帝座一星，宦者四星，增五。斗五星，增十一。斛四星。共增七。志不載，蓋統於此文，晉、隋、宋志有。晉無車肆、帛度、屠肆、斗、斛。

〔一〇〕【補注】沈欽韓曰：星經「騎官二十七星，在氐南，主天子騎、虎賁、貴族子弟宿衛之象。星衆天下安，星少兵起」。先謙曰：步天歌氐宿下云：「氐下衆星騎官出，騎官之衆二十七，今十星。三三相連十欠一。陣車氐下旗官次，騎官之下三車騎。天輻兩星立陣旁，將軍陣裏鎮威霜。」案，陣車三星，增二。車騎三星，天輻二星，增一。騎陣將軍一星。志不載，晉、隋、宋志有。晉無天輻。

左角，理；〔一〕右角，將。〔二〕大角者，天王帝坐廷。〔三〕其兩旁各有三星，鼎足句之，曰攝提。〔四〕攝提者，直斗杓所指，以建時節，故曰「攝提格」。〔五〕亢爲宗廟，〔六〕主疾。〔七〕其南北兩大星，曰南門。〔八〕氐爲天根，主疫。〔九〕尾爲九子，曰君臣；斥絶，不和。〔一〇〕箕爲敖客，后妃之府，曰口舌。〔一一〕火犯守角，則有戟。〔一二〕房、心，王者惡之。〔一三〕

〔一〕【補注】周壽昌曰：天官書「理」作「李」。理，法官也。姓譜以李爲皋陶理官之後。李、理，古今字。

〔二〕【補注】先謙曰：晉志「角二星爲天關，其閒天門也，其內天庭也。故黄道經其中，七曜之所行。左角爲天田、天田別二星，志溷入左角，非也。爲理，主刑；其南爲太陽道。右角爲將，主兵；其北爲太陰道」。星經「南左角名天津，蒼色，爲列宿之長；北右角爲天門，黄色，中閒名天關」。步天歌角宿下云：「角，兩星南北正直著。共增十六。中有平道上天田，總是黑星兩相連。前有一烏名進賢，平道右畔獨淵然。」案，平道二星，天田二星，共增七。進賢一星，增九。志不載，晉、隋、宋志有。

〔三〕【補注】先謙曰：天官書奪「坐」字。天王，即帝也，無坐字則文不成義。索隱援神契云「大角爲坐候」，廣雅「大角謂之棟星」。通考引張衡云：「帝座有五：一在紫微，一在大角，一在心中，一在天市垣，一在太極宮，咸云帝座」。

〔四〕晉灼曰：如鼎足之句曲也。【補注】先謙曰：正義「大角一星，在兩攝提閒，人君之象也。攝提六星，夾大角，大臣之象也」。步天歌亢宿下云：「亢，四星恰似彎弓狀。見下，今增十二。大角一星直向上，共增二。折威七子亢下橫。大角左右攝提星，三三相連鼎足形。左共增四，右共增六。折威下左頓頑星，兩箇斜安黃色精。頑下二星號陽門，色若頓頑直下存。」案，折威七星，共增七。頓頑二星，增一。陽門二星。志不載，晉、隋、宋志有。

〔五〕【補注】先謙曰：索隱元命包云「攝提之爲言提攜也，言能提斗攜角以接於下也」。晉志「攝提星直斗杓之南，主建時節，伺機祥」。案，釋天「太歲在寅曰攝提格」，以取此星爲名也。(律)〔天官〕書索隱「萬物承陽起，故曰攝提格。格，起也」。

〔六〕【補注】王念孫曰：宗廟本作疏廟。天官書「亢爲疏廟」。篇内凡兩見。索隱「文耀鉤云亢『爲疏廟』，宋均以爲疏，外也」。晉志「亢四星，天子之内朝也，一曰疏廟」。隋志同。皆作疏廟，無作宗廟者。後人不曉疏字之義，而以意改之耳。爾雅釋天疏引此已誤。

〔七〕【補注】先謙曰：晉志「主疾疫」。

〔八〕【補注】先謙曰：夏小正「四月：初昏，南門正。南門者，星也。歲再見，壹正」。晉志「南門二星在庫樓南，天子外門也」。步天歌角宿下云：「南門樓外兩星橫」。今增二。

〔九〕【補注】先謙曰：釋天「天根，氐也」。孫炎云：「角亢下繫於氐，若木之有根。」步天歌氐宿下云：「氐，四星似斗側量米。今共增三十。天乳氐上黑一星，世人不識稱無名。」案，天乳一星。共增四。志不載，隋、宋志有。

〔一〇〕【補注】先謙曰：索隱宋均云「屬後宮場，故得兼子。子必九者，取尾有九星也」。元命包云「尾九星，箕四星，爲後宮之場也」。案：爲、曰同義。「尾爲九子曰君臣」，與「房爲天府曰天駟」、「箕爲敖客曰口舌」據天官書。同一句例，猶言爲九子，又爲君臣也。對天子言，故爲君臣，皇子衆多，亦自有君臣之象。或疑君臣爲羣姬之誤，非也。「斥絶，不和」與上「斥小，疏弱」同義。斥，遠也。星象相去遠絶，則君臣不和。步天歌尾宿下云：「尾，九星如鉤蒼龍尾。今共增四。下頭五點號龜星，尾上天江四横是。增十一。尾東一箇名傳説，傳説東畔一魚子。尾西一星是神宫，所以列在后妃中。」案，傳説、一作傅説。天魚、神宫各一星。志不載，晉、隋、宋志有。龜、天江見下。

〔一一〕【補注】先謙曰：天官書無「后妃之府」四字。索隱宋均云：「敖，調弄也。箕以簸揚，調弄爲象。箕又受物，有去去來來，客之象也。」劉逢禄經星補攷云，占經引石氏云「一曰天司空，爲寓客」。蓋「敖」讀如遨遊之遨，此石氏本義也。詩緯云「箕爲天口，主出氣」，詩大東「維南有箕，載翕其舌」，是也。晉志「箕四星亦後宫后妃之府」。步天歌箕宿下云：「箕，四星形狀似簸箕。箕下三星名木杵，箕前一粒是糠皮。」案，杵三星、增一。糠一星，增一。志不載，晉、隋、宋志有。

〔一二〕【補注】錢大昭曰：「戟」，閩本作「戰」。火，熒惑也。朱一新曰：汪本作「戰」，天官書亦作「戰」。先謙曰：官本作「戰」，是。占經引石氏云「熒惑犯左右角，大人憂，一曰有兵」。黄帝占云「熒惑貫，若守左右角，大戰」。

〔一三〕【補注】先謙曰：占經引洛書云「熒惑犯房，國君出亡」。黄帝占云「熒惑守房，三日五日，天子車駕有驚」。演孔圖云「熒惑在心，則縞素麻衣」。春秋緯云「熒惑守心海内哭」。

南宫朱鳥，〔一〕權、衡。〔二〕衡，太微，三光之廷。〔三〕筐衞十二星，藩臣：西，將；東，相；南四星，執法；〔四〕中，端門；左右，掖門。〔五〕掖門内六星，諸侯。〔六〕其内五星，五帝坐。〔七〕後聚十五星，曰哀烏郎位；〔八〕旁一大星，將位也。〔九〕月、五星順入，軌道，〔一〇〕司其出，〔一一〕所守，天子所誅也。〔一二〕其逆入，若不軌道，以所犯名之；〔一三〕中坐，成形，〔一四〕皆羣下不從謀也。〔一五〕金、火尤甚。〔一六〕廷藩西有隨星四，名曰少微，士大夫。〔一七〕權，軒轅，〔一八〕黄龍

體。〔一九〕前大星，女主象；旁小星，御者後宮屬。〔二〇〕月、五星守犯者，如衡占。〔二一〕

〔一〕【補注】沈欽韓曰：宋中興志石氏云：「南宮赤帝，其精朱鳥，爲七宿。井首，鬼目，柳喙，星頸，張嗉，翼翮，軫尾。」

〔二〕孟康曰：軒轅爲權，太微爲衡也。【補注】先謙曰：正義「權四星在軒轅尾西，主烽火，備警急」。案：張說非也，此乃爟星。晉志「軒轅西四星曰爟。爟者，烽火之爟也，邊亭之警候」。宋志同。雖在軒轅西，不足以當黃龍體之軒轅。志分列權、衡星甚明，不得以爟、權形近致誤，遂以主烽火之爟星爲權衡之權星也。隋志「軒轅西四星曰權，權者，烽火之權也」。承譌説而不顧其安，又謬之甚者矣。

〔三〕【補注】先謙曰：索隱宋均云「太微，天帝南宮也」。晉志「太微爲衡，衡主平也，又爲天庭」。劉逢祿經星補攷云「衡無星，以權得名，太微爲朝，故衡爲廷。三光，日、月、五星也。法皆由朝，不得入廷也」。

〔四〕【補注】先謙曰：天官書「筐」作「匡」，此誤加「竹」。索隱合誠圖云「太微主法式，陳星十二，以備武患也」。宋志引作「環衞」，誤。晉志「東蕃四星：南第一星曰上相，其北東太陽門也；第二星曰次相，其北中華東門也；第三星曰次將，其北東太陰門也；第四星曰上將，所謂四輔也。西蕃四星：南第一星曰上將，其北西太陽門也；第二星曰次將，其北中華西門也；第三星曰次相，其北西太陰門也；第四星曰上相，（次）亦曰四輔也。南蕃中二星閒曰端門。東曰左執法，廷尉之象也；西曰右執法，御史大夫之象也。執法所以舉刺凶姦者也」。步天歌太微垣下云：「兩面宮垣十星布，左右執法是其數。左右執法各一星，合將相爲十此與。」晉志以下，方位數目不同。今左執法、次相各增一，上將共增四，次將增三、右次相增三、上相增二。

〔五〕【補注】先謙曰：天官書「左右」上更有「門」字。晉志「左執法之東，左掖門也；右執法之西，右掖門也」。步天歌太微垣下云：「上元天庭太微宮，昭昭列象布蒼穹。端門只是門之中，左右執法門西東。」

〔六〕【補注】先謙曰：晉志「左執法東〔北〕一星曰謁者，主贊賓客也。謁者東北三星曰三公內坐，朝會之所居也。三公北三星曰九卿內坐，主治萬事。九卿西五星曰內五諸侯，內侍天子，不之國也」。隋、宋志同，與志六星異。步天歌太微垣下云：「門左皁衣一謁者，今增二。以次即是烏三公。三黑九卿公背旁，增九。五黑諸侯卿後行。」增七。謁者、三公、九卿，志不載。

〔七〕【補注】先謙曰：晉志「黄帝坐在太微中，含樞紐之神也。四帝星夾黄帝坐：東方蒼帝靈威仰之神，南方赤帝赤熛怒之神，西方白帝白招矩之神，北方黑帝叶光紀之神」。步天歌太微垣下云：「四箇門西主軒屏，五帝内座於中正。今共增四。幸臣、太子並内官，烏列帝後從東定。」案，内屏四星，增六。幸臣、太子、從官各一星。志不載，晉、隋、宋志有。

〔八〕【補注】王念孫曰：「曰」字本在「哀烏」下，史記作「後聚一十五星，蔚然曰郎位」。徐廣云「蔚然一云哀烏」，索隱云「漢書作『哀烏』」，則『哀烏』、『蔚然』皆星之貌，狀其星昭然，所以象郎位也」。以上索隱。是郎位爲星名，而哀烏乃衆星相聚之貌，故曰「後聚十五星，哀烏，句。曰郎位」。今本作「曰哀烏郎位」，則哀烏亦似星名矣。晉志「郎位十五星，在帝坐東北，亦曰依烏郎府也」。尤非。依烏即哀烏。王引之曰：「烏」疑當作「焉」字，相似而誤。哀焉，猶依然也。依然，猶蔚然也。蔚與依皆衆盛之貌。小雅出車篇「楊柳依依」，薛君韓詩章句曰「依依，盛貌」。見文選潘岳金谷集詩注。車舝篇「依彼平林」，毛傳曰「依，茂木貌」，是也。「哀」、「依」古同聲，哀即依也。焉者狀事之詞，與然同義，若小弁「惄焉如擣」，秦誓「其心休休焉」之類是也。衆星相聚，依然甚多，故曰「後聚十五星哀焉」。先謙曰：晉志「周官之元士，漢官之光禄、中散、諫議、議郎、三署郎中，是其職也。郎主守衛」。

〔九〕【補注】先謙曰：索隱宋均云「爲羣郎之將帥」。正義「郎將一星，在郎位東北，所以爲武備，今之左右中郎將」。步天歌太微垣下云：「郎將、今增二。虎賁居左右，常陳、郎位居其後。常陳七星不相誤，郎位陳東十有五。」增三。案，虎賁一星，常陳七星。共增七。志不載，晉、隋、宋志有。

〔一〇〕【補注】先謙曰：此總太微庭言之。軌道，循常行之道。索隱韋昭云「順入，從西入也」。

〔一一〕【補注】先謙曰：錢氏史記攷異云「司即伺字」。

〔一二〕【補注】先謙曰：誅，責也。索隱宋均云：「司察日、月、五星所守列宿，若請官屬不去十日者，於是天子命使誅之。」

〔一三〕【補注】先謙曰：若，及也。天官書「名」作「命」，名、命字通。

〔一四〕晉灼曰：中坐，犯帝坐也。成形，禍福之形見。【補注】先謙曰：中音竹仲反。

〔一五〕【補注】朱一新曰：天官書無「不」字。正義「皆是羣下相從而謀上也」，則無「不」字是。

〔一六〕【補注】先謙曰：正義「若金、火逆入，不軌道，犯帝坐，尤甚於月及水、土、木也」。

〔一七〕【補注】齊召南曰：天官書作「隋星」，注「隋音他果反」。此志宋本、監本並作「隨星」，蓋誤。王念孫曰：隨字古音在歌部，讀與隋相近，說見唐韻正。故字亦相通，「隨」非誤字也。上文「前列直斗口三星，隨北耑銳」，索隱亦云「隨音他果反」。淮南齊俗篇「闚面於盤水則員，於杯則隨」。「隨」與「橢」同，橢亦音他果反。先謙曰：廷藩西，太微廷藩衞之外。天官書「四」作「五」。索隱宋均云「南北爲隋，隋謂垂下也」。晉志「少微四星，在太微西，士大夫之位也。南第一星處士，第二星議士，第三星博士，第四星大夫」。步天歌太微垣下云：「宮外明堂布政宮，三箇靈臺候雲雨。少微四星西南隅，今共增九。長垣雙雙微西居。」案，明堂三星，共增七。靈臺三星，增八。長垣四星。增九。志不載，晉、隋、宋志有。

〔一八〕【補注】朱一新曰：「權」字以下，監本、汪本提行。先謙曰：官本上不空，是。

〔一九〕孟康曰：形如騰龍。【補注】先謙曰：正義「軒轅十七星，在七星北，黃龍之體，主雷雨之神」。

〔二〇〕【補注】先謙曰：晉志「南大星，女主也。次北一星，夫人也。次北一星，妃也。其餘諸星，皆次妃之屬也。女主南小星，女御也。左一星少民，后宗也。右一星大民，太后宗也」。案，軒轅二角爲司民，故周禮天府、小司寇並祀之。步天歌星宿下云：「星，七星如鉤柳下生。今增十五。星上十七軒轅形，共增五十九。上頭四箇名內平。平下三星名天相，星下天稷橫五靈。」案，內平四星，增十一。天相三星，舊增十二，續少增七。稷五星。今無。志不載，晉、隋、宋志有。星見下。

〔一二〕【補注】先謙曰：逆入，不軌道。權、衡，占同也。

東井爲水事。〔一〕火入之，一星居其左右，天子且以火爲敗。〔二〕東井西曲星曰戉；〔三〕北，北河；南，南河；〔四〕兩河、天闕間爲關梁。〔五〕輿鬼，鬼祠事；中白者爲質。〔六〕火守南北河，兵起，穀不登。故德成衡，觀成潢，〔七〕傷成戉，〔八〕禍成井，〔九〕誅成質。〔一〇〕

〔一〕【補注】沈欽韓曰：晉志「東井八星，天之南門，黄道所經，主水衡事，法令所取平也」。先謙曰：廣雅「東井謂之鶉首，南方朱鳥七宿，以井爲首也」。步天歌井宿下云：「井，八星橫列河中淨。」今共增十九。

〔二〕【補注】沈欽韓曰：此三句史記所無，蓋本下文晉灼解「禍成井」語而錯入之。

〔三〕【補注】先謙曰：官本作「戌」。齊召南云：「戉」之訛也，「戉」即古「鉞」字。天官書曰「其西曲星曰鉞」。又曰「鉞北，北河；南，南河」。又曰「傷成鉞」。其文甚明。晉志「鉞一星，附井之前，主伺淫奢而斬之」。即解字義。此志宋本、別本並作「戉」字，非也。先謙案：隋、宋志並作「鉞」。

〔四〕【補注】先謙曰：天官書「北」上有「鉞」字。步天歌井宿下云：「一星名鉞井邊安，今增一。兩河各三南北正。北河增四，南河共增十一。天罇三星井上頭，罇上橫列五諸侯。侯上北河西積水，欲覓積薪東畔是。增三。鉞下四星名水府，水位東邊四星序。四瀆橫列南河裏，南河下頭是軍市。軍市團圓十三星，中有一箇野雞精。孫、子、丈人市下列，各立兩星從東說。」案，天罇三星，今增九。五諸侯五星，舊增五、續增一、少前增四五。水府四星，增八。水位四星，共增十二。四瀆四星，共增八。軍市十三星，舊六，增七。野雞一星，子二星，增一。孫二星，增四。丈人二星。志不載，晉、隋、宋志有。積水、積薪見下。

〔五〕【補注】先謙曰：晉志「南河、北河各三星夾東井。一曰天高，天之闕門也，主關梁，日、月、五星之常道也」。天闕者，晉志「南河南二星曰闕丘，主宮門外象魏也」，正義以爲即天闕，互見下。

〔六〕晉灼曰：輿鬼五星，其中白者爲質。【補注】先謙曰：劉逢禄經星補攷云「鬼祠事」，當爲「主祠事」。愚按，以上「東井爲水事」例之，下「鬼」字是「爲」字之誤。「質」同「鑕」。晉志「輿鬼五星，天目也。中央星爲積尸，主死喪祠祀事。一曰鈇鑕，主誅斬」。觀象玩占云「如雲非雲，如星非星，見氣而已」。步天歌鬼宿下云：「鬼，四星四方似朱櫃。今共增十九。中央白者積尸氣，增三。鬼上四星是爟位。天狗七星鬼下是，外廚六星柳星次。天社六星弧東倚，社東一星是天紀。」案，爟四星，增十一。天狗七星，今少一。外廚六星，增十七。天社六星，增五。天紀一星。「紀」一作「記」，增二。志不載，晉、隋、宋志有。

〔七〕晉灼曰：日、月、五星不軌道也。衡，太微廷也。觀，占也。潢，五潢，五帝車舍也。【補注】先謙曰：天潢見下。索隱云「德成衡，衡則能平物，故有德公平者，先成形於衡。觀成潢，爲帝車舍，言王者遊觀，亦成形於潢也」。

〔八〕晉灼曰：賊傷之占，先成形於戉。【補注】先謙曰：索隱「傷成鉞者，傷敗也，言王者敗德，亦先成形於鉞，以言有敗亂，則有鉞誅之形。案文耀鉤云『德成潢，敗成鉞』，其意異也」。

〔九〕晉灼曰：東井主水事。火入，一星居其旁，天子且以火敗，故曰禍也。

〔一〇〕晉灼曰：熒惑入輿鬼、天質，占曰大臣有誅。

柳爲鳥喙，主木草。〔一〕七星，頸，爲員宮，主急事。〔二〕張，嗉，爲廚，主觴客。〔三〕翼爲羽翮，主遠客。〔四〕

〔一〕【補注】王念孫曰：「喙」當爲「啄」，音晝。字之誤也。淮南氾論篇「顏啄聚」今本譌作「顏喙聚」。凡隸書從豕、從彖之字多相亂。字本作「味」，或作「噣」，通作「啄」，又通作「注」。説文「味，鳥口也。噣，啄也」。玉篇引曹風候人篇「不濡其噣」，今詩作「味」，毛傳「味，啄也」。考工記「梓人以注鳴者」，釋文「注，陟又反」。韓詩外傳引傳曰「鳥之美羽句啄者，鳥畏之」。東方朔傳「尻益高者，鶴俛啄也」。師古曰「啄，鳥觜也，音竹救反」。咮、噣、注、啄，古同聲而通用，喙則聲遠而不可通。天官書作「柳爲鳥注」，「注」、「啄」，古字通。則此「喙」字明是「啄」字之譌，而師古無音，則所見本已作「喙」矣。喙字不須作音，若啄字則當音竹救反。五行志引劉歆説「於天文，南方，喙爲鳥星」，「喙」亦「啄」之譌。爾雅「咮謂之柳。柳，鶉火也」。襄九年左傳「咮爲鶉火，心爲大火」。是柳星謂之咮，不謂之喙，不得言喙鳥星。爾雅釋文「咮，豬究反，本或作『喙』，許穢反」。則亦未知「喙」爲「啄」之譌也。先謙曰：據索隱案，漢志「注」作「咮」，是小司馬所見漢書本不誤，其作「喙」者，傳寫譌之也。爾雅孫炎注「咮，朱鳥之口。柳，其星聚也」。以注爲柳星，故主草木。晉志「柳八星，天之廚宰也，主尚食和滋味，又主雷雨」。步天歌柳宿下云：「柳，八星曲頭垂似柳。今共增十三。近上三星號爲酒，享宴大酺五星守。」案，酒旗三星，增五。志不載，晉、隋、宋志有。

〔二〕【補注】先謙曰：天官書「宮」作「官」。又辰星下云「七星爲員官」。則作「官」者是。索隱宋均云「頸，朱鳥頸也。員官，嚨喉也。物在嚨喉，終不久留，故主急事」。晉志「七星一名天都，主衣裳文繡，又主急兵盜賊」。餘詳上軒轅注。

〔三〕【補注】先謙曰：釋天「鳥張，嗉」，郭注「鳥受食之處也」。晉志「張六星，主珍寶宗廟所用及衣服，又主天廚、飲食、賞賚之事」。步天歌張宿下云：「張，六星似軫在星旁。今共增五。張下只有天廟光，十四之星册四方。長垣少微雖向上，數星倚在太微旁，太尊一星直上黄。」案，天廟十四星，今無。太尊一星。志不載，晉、隋、宋志有。

〔四〕【補注】先謙曰：晉志「翼二十二星，天之樂府，主俳倡戲樂，又主外夷遠客、負海之賓」。步天歌翼宿下云：「翼，二十二星大難識。上五下五横著行，中心六箇恰似張。更有六星在何處，三三相連張畔附。今增七。五箇黑星翼下遊，欲知名字是東甌」。案，東甌五星，今無。志不載，晉、隋、宋志有。

軫爲車，主風。〔一〕其旁有一小星，曰長沙，星星不欲明，明與四星等。〔二〕若五星入軫中，

兵大起。〔三〕軫南衆星曰天庫，庫有五車。〔四〕車星角，若益衆，及不具，亡處車馬。〔五〕

〔二〕【補注】先謙曰：索隱宋均云「軫四星居中，又有二星爲左右轄，車之象也。軫與巽同位，爲風，車動行疾似之也」。晉志「軫主車騎，主載任，有軍出入，皆占於軫。又主風，主死喪」。廣雅「軫謂之鳥孥」。

〔三〕【補注】朱一新曰：星星，微明也。先謙曰：朱説是也。正義亦從「長沙」斷句，志序次諸星名，下不著星字，則星星當屬下連讀明矣。星星者，白微有光，以狀不欲明之象。因在軫四星內，特言此別之。西步天歌所謂「長沙一黑中間藏」也。若明則與軫四星不異，故曰「明與四星等」。天官書同。其下又云「歲陰在辰，星居亥。以三月（居）與營室、東壁晨出，曰青章。青青甚章」。宋史謝靈運傳「青青不解久，星星行復出」。青青、星星四字，即本史文。晉志「長沙一星在軫中，主壽命。明則主壽長，子孫昌」。步天歌軫宿下云：「軫，四星恰與翼相近，今增五。中間一箇長沙子。左轄右轄附兩星，軍門兩黃近翼是。門西四箇土司空，門東七烏青丘子。青丘之下名器府，器府之星三十二。以上便是太微宮，黃道向上看取是。」案，左轄右轄各一星，軍門二星，今無。土司空四星，今無。青丘七星，增三。器府三十二星。今無。志不載，晉、隋、宋志有。

〔三〕【補注】先謙曰：五星謂水、火、木、金、土星。

〔四〕【補注】先謙曰：天官書「天庫」下有「樓」字，此脱。晉志「庫樓十星，其六大星爲庫，南四星爲樓，一曰天庫，兵甲之府也。旁十五星三三而聚者，柱也。中央四小星衡也，主陳兵」。步天歌角宿下云：「最上三星周鼎形，角下天門左平星。雙雙横於庫樓上，庫樓十星屈曲明。今增一。樓中柱有十五星，三三相聚如鼎形，今十一星。其中四星別名衡。」案，周鼎三星，天門二星，增十一。平二星。共增四。志不載，晉、隋、宋志有。諸志不言五車，蓋即衡柱諸星後世異名耳。

〔五〕【補注】朱一新曰：言五車星或生芒角，或益衆，或不具，則其占當無以處車馬也。

西宮咸池，〔一〕曰天五潢。五潢，五帝車舍。火入，旱；金，兵；水，水。〔二〕中有三柱；柱不具，兵起。〔三〕

〔一〕【補注】吳仁傑曰：蒼龍，總東方七宿言之；朱鳥、玄武，亦各總其方七宿而言之。至咸池則別一星名，自在二十八舍之外。晉志所謂「天潢南三星曰咸池魚囿」者，豈所以總西方七宿。今以咸池與蒼龍、朱鳥、玄武並稱，又別參、白虎於昴、畢後，何類例之駁也？隸釋華山碑用其説云「歲在戊午，名曰咸池」。洪公援志文證其爲胃、昴、畢三宿，謂歲星以五月與胃、昴、畢晨出東方，而以午年舍其分，故以咸池爲名。案，古者謂朞爲歲，取歲星行一舍，十二年周而復始也。以史記歲星次舍推之，則歲陰在午，歲星居酉，正當胃、昴、畢之分。然歲星又自有超舍之説，案左傳襄公十八年丙午，是年歲在豕韋，則歲星自居亥，而當室、壁之分。此碑所用歲名，以史記歲星次舍言之則可爾。沈欽韓曰：淮南天文訓「咸池者，水魚之囿也」。高注「咸池，星名。水魚，天神」。晉志「天潢南三星曰咸池，魚囿也」。先謙曰：錢氏史記拾遺云：「天文訓『斗杓爲小歲，正月建寅，月從左行十二辰，咸池爲(火)〔太〕歲。二月建卯，月從右行四仲，終而復始』。蓋斗爲帝車，有運轉之象，咸池以五車爲匡衞，亦有運行之象，故古人指其所建以定四時。古書言咸池者，皆兼五潢、五車、三柱言之，故史公以咸池爲五帝車舍。」春秋元命包云「咸池主五穀，其星五者，各有所職」。然則五車即咸池也。後人析爲數名，僅以三小星當咸池，而淮南、太史公書遂不能通矣。史公以紫宫、房心、權衡、咸池、虚危，爲天之五官坐位，豈專指三小星而言哉？洪景伯謂「咸池每歲自卯逆行四仲，經星隨璇璣之運，不可離其次，周流四仲，當是其神爾」。洪亦未解五車隨天轉運，昏旦易方，各有所指故也。參爲白虎，在西南未申之隅，不當西方正位，故史漢不以表西方諸宿。或疑西官當有白虎字，非也。漢儒説易，以兑爲虎，虞仲翔斥爲俗儒，獨以坤爲虎，蓋依天象而言。

〔二〕【補注】先謙曰：索隱謂火、金、水入五潢，則各致此災。宋均云：「不言木、土者，木土德星，於此不爲害也。」

〔三〕【補注】先謙曰：晉志「五車五星，三柱九星，在畢北。五車者，五帝車舍也，五帝坐也，主天子五兵，一曰主五穀豐耗。三柱一曰三泉。天子得靈臺之禮，則五車、三柱均明有常。其中五星曰天潢。月、五星入天潢，兵起，道不通，天下亂」。步天歌畢宿下云：「畢口斜對五車口，今五車共增十九。車有三柱任縱橫。車中五箇天潢精，增二。潢畔咸池三黑星。」

奎曰封豨，〔一〕爲溝瀆。〔二〕婁爲聚衆。〔三〕胃爲天倉。其南衆星曰廥積。〔四〕

〔一〕【補注】先謙曰：天官書「豨」作「豕」。正義「西南大星，所謂天豕目」。曰猶爲也。

〔二〕【補注】先謙曰：釋天「降婁，奎婁也」。孫炎注「降，下也。奎爲溝瀆，故稱降」。觀象玩占云「奎主溝瀆，故將有陂池江河之事，皆占於奎」。步天歌奎宿下云：「奎，腰細頭尖似破鞋，一十六星繞鞋生。今共增二十三。外屏七烏奎下橫，屏下七星天溷明。司空右畔土之精，奎上一宿軍南門。」案，外屏七星，今增十五。天溷七星，舊四星，今增六。土司空、軍南門各一星。志不載，晉、隋、宋志有。晉無外屏、天溷、土司空。

〔三〕【補注】先謙曰：隋志「婁三星爲天獄，主苑牧犧牲，供給郊祀，亦爲興兵聚衆」。觀象玩占云「婁，聚也。故又主興兵聚衆之事」。星經「婁者，天獨禄車，萬物之所藏收也」。步天歌婁宿下云：「婁，三星不匀在一頭。今增十五。左更右更烏夾婁，天倉六箇婁下頭。天庾四星倉東腳，婁上十一將軍侯。」案，左更五星，共增八。右更五星，增五。天倉六星，共增二十一。天庾三星，增三。天大將軍十一星，共增十七。志不載，晉、隋、宋志有。晉無左更、右更。

〔四〕如淳曰：芻稾積爲廥也。【補注】先謙曰：晉志「胃三星，天之廚藏，主倉廩，五穀府也」。隋志「天苑西六星曰芻稾，以供牛馬之食」。即此廥積也。步天歌胃宿下云：「胃，三星鼎足河之次。今增五。天廩胃下斜四星，增三。天囷十三如乙形。共增二十一。河中八星名大陵，陵北九箇天船名。陵中積尸一箇星，積水船中一黑精。」案，大陵八星，共增二十一。積尸一星，天船九星，增十。積水一星。增一。志不載，晉、隋、宋志有。晉志又云「天廩四星在昴南，一曰天廥，主蓄黍稷以供饗祀」。隋志「天囷十三星在胃南，倉廩之屬也，主給御糧」。以方位合之，似亦在衆星之内也。

昴曰旄頭，胡星也，爲白衣會。〔一〕畢曰罕車，〔二〕爲邊兵，主弋獵。〔三〕其大星旁小星爲附耳。附耳搖動，有讒亂臣在側。〔四〕昴、畢間爲天街。其陰，陰國；陽，陽國。〔五〕

〔一〕【補注】先謙曰：天官書「旄」作「髦」，同。晉志「昴七星，主獄事，又爲旄頭，胡星也。昴、畢間爲天街，天子出，旄頭罕畢以前驅，此其義也。黃道之所經也。昴明，則天下牢獄平。昴六星皆明，與大星等，大水。七星黃，兵大起。一星亡，爲兵喪。搖動，有大臣下獄，及白衣之會。大而數盡，動若跳躍者，胡兵大起」。觀象玩占云「昴爲天耳目，又爲白衣聚，主兵喪」。步天歌昴宿下云：「昴，七星一聚實不少。今共增十三。阿西月東各一星，阿下五黃天陰名。」案，天阿一作「河」。一星，月一星，增一。天陰五星。共增六。志不載，晉、隋、宋志有。晉無月、天陰。

〔二〕【補注】先謙曰：説文「畢，罔也」。索隱：爾雅「濁謂之畢」。孫炎謂「掩兔之畢或呼爲濁，因以名星也」。特牲饋食禮「宗人執畢」。鄭注「畢狀如叉，蓋爲其似畢星取名焉」。步天歌畢宿下云：「畢，恰似丫叉八星出。」今共增十八。文選羽獵賦「罕車飛揚」。注「罕，畢罕也」。東京賦「雲罕九斿」。薛注「雲罕，旌旗之别名也」。蓋象畢星爲旗，樹於車上，故曰罕車。

〔三〕【補注】錢大昭曰：後書蘇竟傳云「畢爲天綱，主網羅無道之君。故武王將伐紂，上祭於畢，求助天也」。先謙曰：晉志「畢八星，主邊兵，主弋獵。其大星曰天高，一曰邊將，主四夷之尉也。星明大，則遠夷來貢，天下安；失色，則邊兵亂」。

〔四〕【補注】先謙曰：晉志「附耳一星，在畢下，主聽得失，伺愆邪，察不祥。移動，佞讒行」。

〔五〕孟康曰：陰，西南，象坤維，河、山已北國也；陽，河、山已南國也。【補注】先謙曰：正義「天街二星在昴、畢間，主國界也。街南爲華夏之國，街北爲夷狄之國」。索隱：孫炎云「畢、昴之閒，日、月、五星出入要道，若津梁」。觀象玩占云「畢，主河山以南中國也。中國於四海内在東南，爲陽。昴、畢之閒，陰陽兩界之所分，畢爲陽國，昴爲陰國」。似較孟説爲允。步天歌畢宿下云：「附耳畢股一星光，今共增四。天街二星畢背傍。增四。天節耳下八烏幢，畢上橫列六諸王。王下四皁天高星，節下團圓九州城。」案，天節八星，諸王六星，增四。天高四星，增四。九州殊口九星。舊六星，共增十一。志不載，晉、隋、宋志有。

參爲白虎。〔一〕三星直者，是爲衡石。〔二〕下有三星，鋭，曰罰，〔三〕爲斬艾事。〔四〕其外四星，左右肩股也。〔五〕小三星隅置，曰觜觿，爲虎首，主葆旅事。〔六〕其南有四星，曰天廁。天廁下一星，曰天矢。矢黄則吉；青、白、黑，凶。〔七〕其西有句曲九星，三處羅列：一曰天旗，二曰天苑，三曰九斿。〔八〕其東有大星曰狼，狼角變色，多盜賊。〔九〕下有四星曰弧，直狼。〔一〇〕比地有大星，曰南極老人。〔一一〕老人見，治安；不見，兵起。常以秋分時候之南郊。〔一二〕

〔一〕【補注】沈欽韓曰：晉志「參十星」。陳氏啟源稽古編云：「古以爲三星，攷工記數伐而爲六星，丹元子不數伐而數左右肩股爲七星。天官家各有師承，古今多不相同。」先謙曰：觀象玩占云「參七星，伐三星。七星爲虎身，伐爲虎尾，觜爲虎首，共爲白虎，主西方」。

〔二〕孟康曰：參三星者，白虎宿中，東西直，似稱衡也。【補注】先謙曰：天官書集解引孟注無「東」字。晉志「參主權衡，所以平理也」。又以爲橫列三將。

〔三〕孟康曰：在參閒，上小下大故曰鋭。晉灼曰：三星小邪列，無鋭形也。【補注】先謙曰：集解引「小邪」作「少斜」。正義「罰，亦作伐」。

〔四〕【補注】先謙曰：正義引春秋運斗樞云「參伐，事主斬艾也」。

〔五〕【補注】先謙曰：晉志「其中三星横列，三將也。東北曰左肩，主左將；西北曰右肩，主右將；東南曰左足，主後將軍；西南曰右足，主偏將軍。故黄帝占參應七將。中央三小星曰伐，天之都尉也」。步天歌參宿下云：「參，總有七星觜相侵。兩肩雙足三爲心，伐有三星足裏深。」今共增三十九。

〔六〕如淳曰：關中俗謂桑榆蘖生爲葆。晉灼曰：禾野生曰旅，今之飢民采旅也。宋均曰：「葆，守也。旅，軍旅也。言佐參伐，斬艾除凶也。」【補注】先謙曰：晉志「觜觿三星爲三軍之候，行軍之藏府，葆旅，收斂萬物。明則軍儲盈，將得勢」。隋志「動而明，盜賊羣行，葆旅起；動移，將有逐者」。宋志「動則盜賊行，葆旅起；暗則不可用兵」。案，旅有陳義，釋詁「旅，陳也」。又有寄義，後書光武紀注「旅，寄也」。儲偫隨軍而行，陳列寄頓，故謂之旅葆者，保守之也。故軍行則葆旅起。如、晉、宋説皆失之。步天歌觜宿下云：「觜，三星相近作參蘂。觜上座旗直指天，尊卑之位九相連。司怪曲立座旗邊，四烏大近井鉞前。」案，座旗九星，今增十一。司怪四星。增六。志不載，晉、隋、宋志有。

〔七〕【補注】先謙曰：隋志「天廁四星，在屏東，溷也。天矢一星，在廁南」。宋志作「天屎」。步天歌參宿下云：「玉井四星右足陰，屏星兩扇井南襟，軍井四星屏上吟。左足四星天廁名，今共增八。廁下一星天屎沈。」案，玉井四星，增三。軍井四星，增二。屏二星。志不載，晉、隋、宋志有。晉無屏。

〔八〕【補注】先謙曰：天官書無「列」字。晉志「參旗九星，在參西，一曰天旗，西南九星曰九游，天子之旗也。天苑十六星，昴、畢南，天子之苑囿，養獸之所也」。步天歌畢宿下云：「天關一星車腳邊，參旗九箇參車閒。共增十二。旗下直建九斿連，增七。斿下十三烏天園，九斿天園參腳邊。」又昴宿下云：「陰下六烏芻藁營，芻藁見上。今增五。營南十六天苑形。共增十八。河裏六星名卷舌，舌中黑點天讒星，礪石舌旁斜四丁。」案，天關一星，增六。天園十三星，增六。卷舌六星，共增七。天讒一星，礪石四星。志不載，晉、隋、宋志有。晉無礪石。

〔九〕【補注】先謙曰：晉志「狼一星在東井東南。狼爲野將，主侵掠。色有常，不欲動也」。

〔一〇〕【補注】先謙曰：晉志「弧九星，在狼東南，天弓也。主備盜賊，常向於狼」。步天歌井宿下云：「闕丘兩箇南河東，詳上天闕下。今增七。丘下一狼光蒙茸。共增六。左邊九箇彎弧弓，共增三十二。一矢擬射頑狼胸。」

〔一一〕晉灼曰：比地，近地也。【補注】先謙曰：天官書「比」上有「狼」字。

〔一二〕【補注】先謙曰：晉志「老人一星，在弧南，一曰南極。常以秋分之旦，見於景；唐諱丙。春分之夕，没於丁。見則治平，主壽昌」。步天歌井宿下云：「有箇老人南極中，春秋出入壽無窮。」今增四。此下天官書有「附耳入畢中兵起」七字，班氏删之。

北宮玄武，〔一〕虛、危。危爲蓋屋；〔二〕虛爲哭泣之事。〔三〕其南有衆星，曰羽林天軍。〔四〕軍西爲壘，〔五〕或曰戉。〔六〕旁一大星，北落。〔七〕北落若微亡，軍星動角益稀，及五星犯北落，入軍，軍起。火、金、水尤甚。〔八〕火入，軍憂；水，水患；木、土，軍吉。〔九〕危東六星，兩兩而比，曰司寇。〔一〇〕

〔一〕【補注】沈欽韓曰：宋中興志石氏云：「北方黑帝，其精玄武，爲七宿。」

〔二〕宋均曰：危上一星高，旁兩星下，似蓋屋也。【補注】先謙曰：正義云「蓋屋二星在危南，主天子所居宫室之官也。危爲架屋，蓋屋自有星，恐文誤也」。案星經「蓋屋二星在危宿之南，主宫室之事」。晉志「危三星主天府、天市、架屋」。隋志同。宋志云「主天府、天市、架屋、受藏之事」。但蓋屋二星距危三星切近，志中諸星渾同，而它書别異者多矣，何獨蓋屋一星？星官家師承各殊，後世尤加繁密，不得據以糾志也。步天歌危宿下云：「危，三星不直舊先知。」今共增十四。

〔三〕宋均曰：蓋屋之下中無人，但空虛，似乎殯宮，故主哭泣也。【補注】先謙曰：釋天「玄枵，虛也」；顓頊之虛，虛也；北陸，虛也」。郭注「虛在正北，北方黑色。枵之言耗，亦虛意。顓頊水德，位在北方。虛星之名凡四」。星經「虛二星，主廟堂哭泣」。步天歌虛宿下云：「虛，上下各一如連珠。今增八。命、祿、危、非虛上呈，辨見下司寇下。司祿二，舊增二，續少二。司非二，今共增三。虛、危之下哭泣星。哭泣雙雙下壘城，天壘團圓十三星。敗臼四星城下横，臼西三箇離瑜明。」案，哭二星，增四。泣二星，增二。天壘城十三星，增二。敗臼四星，增一。離瑜三星。增三。志不載，晉、隋、宋志有。晉無敗臼、離瑜。

〔四〕宋均曰：虛、危、營室，陰陽終始之處，際會之間，恆多姦邪，故設羽林爲軍衞。【補注】先謙曰：宋志「羽林軍四十五星，三三而聚散，出壘壁之南」。

〔五〕【補注】先謙曰：宋志「壘壁陣一作壁壘。十二星，在羽林北，羽林之垣壘，主天軍」。

〔六〕【補注】先謙曰：隋志「八魁西北三星曰鈇質，一曰鈇鉞」。案，鈇鉞星正承壘壁之下，故或以壘爲鉞。

〔七〕【補注】先謙曰：晉志「北落師門一星，在羽林西南。北者，宿在北方也；落，天之藩落也；師，衆也。師門，猶軍門也。長安城北門曰北落門，以象此也。主非常以候兵」。步天歌室宿下云：「壘壁陣次十二星，十二兩頭大似升。共增八。陣下分布羽林軍，四十五卒三爲羣。軍西四星多難論，子細歷歷看區分。三粒黄金名鈇鉞，共增三。一顆真珠北落門。門東八魁九箇子，門西一宿天綱是。雷旁兩星土功吏，室上騰蛇二十二。」案，八魁九星，今六星。天綱一星，土功一作公。吏二星，騰蛇二十二星。共增十九。志不載，晉、隋、宋志有。晉無土功吏。

〔八〕【補注】先謙曰：天官書「稀」作「希」。星動角益稀，謂動摇生芒角或益稀少也。上文「車星角若益衆」，同一句例。

〔九〕孟康曰：木星、土星入北落，軍則吉也。【補注】張文虎曰：上言「入軍」，此「入」字贅，當即「金」字之誤。

〔一〇〕【補注】先謙曰：天官書作「司空」。正義「危東兩兩相比者，是司命等星也。司空惟一星耳，又不在危東，恐『命』字誤爲『空』也。司命二星在虛北，主喪送；司祿二星在司命北，主官司；危二星在司祿北，主危亡；司非二星在危北，主僁過。皆冥司之職」。隋、宋志、觀象玩占略同。視此云六星爲多，亦無作司寇者。

營室爲清廟，〔一〕曰離宮、閣道。〔二〕漢中四星，曰天駟。旁一星，曰王梁。〔三〕王梁策馬，車騎滿野。〔四〕旁有八星，絶漢，曰天橫。〔五〕天橫旁，江星。江星動，以人涉水。〔六〕

〔一〕【補注】先謙曰：國語「日月底於天廟」，韋注「天廟，營室也」。天官書「營室爲清廟」。歲星廟也。

〔二〕【補注】先謙曰：晉志「營室二星，天子之宮也」。宋志「營室一星爲天子宮，一星爲太廟，故置羽林以衛；又爲離宮閣道，故有離宮六星在其側」。案，此閣道與抵營室之閣道相距遥遠，晉志閣道六星下云「天子遊別宮之道」，此足當之。步天歌室宿下云：「室，兩星上有離宮出。今室增七。繞室三雙有六星，離宮增八。下頭六箇雷電形。」案，雷電六星，增八。志不載，隋、宋志有。

〔三〕【補注】先謙曰：官本攷證云，天官書作「王良」，晉志亦作「王良」。案，晉志「王良五星在奎北，居河中，天子奉車御官也。其四星曰天駟，旁一星曰王良」。春秋合誠圖云「王良，主天馬也」。隋、宋志及它書並作「良」，下同。

〔四〕【補注】先謙曰：正義「策一星，在王良前，主天子僕也。占以動摇移易在王良前，或居馬後，則爲策馬，策馬而兵動也」。步天歌奎宿下云：「五箇吐花王良星，今增十四。良星近上一策名。」

〔五〕【補注】先謙曰：官本攷證云「橫」，天官書作「潢」。案索隱宋均云「天潢，天津也」。晉志「天津九星，橫河中，主四瀆津梁，所以度神通四方也」。步天歌女宿下云：「天津九箇彈弓形，今共增四十。兩星入斗河中橫。四箇奚仲天津上，七箇仲側扶筐星。」案，奚仲四星，增七。扶筐七星。增四。志不載，晉、隋、宋志有。晉無奚仲。

〔六〕【補注】先謙曰：晉志「天江四星，在尾北，主太陰。江星不具，天下津河關道不通。明若動摇，大水出」。天官書「人」上無「以」字，此衍。

杵、臼四星，在危南。〔一〕瓠瓜，有青黑星守之，魚鹽貴。〔二〕

〔一〕【補注】先謙曰：宋志「杵三星在人星東，臼四星在杵下」。步天歌危宿下云：「危上五黑號人星，人畔三四杵臼形。今杵增二，臼共增八。人上七烏號車府，府上天鉤九黄晶。共增十八。鉤下五鵶字造父，危下四星號墳墓。墓下四星斜虚梁，十箇天錢梁下黄。墓旁兩星名蓋屋，身著烏衣危下宿。」案，人五星，增四。車府七星，共增二十。造父五星，增五。墳墓四星，增四。虚梁四星，天錢十星。舊五增四，續少增二。志不載，晉、隋、宋志有。晉無車府。蓋屋互見上，鉤星互見下。

〔二〕【補注】先謙曰：「匏」一作「瓠」。青黑星，客星也。索隱：荆州占云：「匏瓜，一名天雞，在河鼓東。」正義「匏瓜五星在離珠北，天子果園」。步天歌女宿下云：「五箇離珠女星上，敗瓜之上匏瓜生，兩箇各五匏瓜明。」今共增九。案，離珠五星，增一。敗瓜五星。增三。志不載，晉、隋、宋志有。晉無敗瓜。

南斗〔一〕爲廟，〔二〕其北建星。建星者，旗也。〔三〕牽牛爲犧牲，〔四〕其北河鼓。〔五〕河鼓大星，上將；左，左將；右，右將。〔六〕婺女，〔七〕其北織女。織女，天女孫也。〔八〕

〔一〕【補注】先謙曰：言南以別於北斗也。詩大東「維北有斗」。箕、斗並見南方時，箕在南，斗在北，故云。

〔二〕【補注】先謙曰：晉志「北方，南斗六星，天廟也。南二星魁，天梁也；中央二星，天相也；北二星，天府庭也，亦爲壽命之期也」。宋志「南星者，魁星也；北星，杓也」。

〔三〕【補注】先謙曰：晉志「建星六星，在南斗北，亦曰天旗，天之都闕也。南二星，天庫也；中央二星，市也，鈇鑕也；上二星，旗跗也。斗建閒，三光道」。步天歌斗宿下云：「斗，六星其狀如北斗。今共增五。魁上天建六相守，增十。天弁河中建上九。斗下圓安十四星，雖然名鼈貫索形。今十一。天雞建背雙黑星，天籥柄前八黄精，狗國四方雞下生。天淵十星鼈東邊，舊三星，今增三。更有兩狗斗魁前。農家丈人斗下眠，天淵色黄狗色玄。」案，天弁九星，共增六。天雞二星，增三。天籥八星，增四。狗國四星，增三。狗二星，共增七。農丈人一星。志不載，晉、隋、宋志有。鼈、天淵見下。

〔四〕【補注】先謙曰：晉志，「牽牛六星，天之關梁，主犧牲事。」

〔五〕【補注】先謙曰：晉志「河鼓三星，在牽牛北，天鼓也。主軍鼓，主鈇鉞」。釋天「何鼓謂之牽牛」。渾同言之，「河」又作「何」。郭注「今荆楚人呼牽牛星爲擔鼓。擔者，荷也」。

〔六〕【補注】先謙曰：官本左下「將」作「星」，引劉敞曰「星」蓋「將」字。晉志「河鼓一曰三武，主天子三將軍。中央大星爲大將軍，左星爲左將軍，右星爲右將軍。左星，南星也，所以備關梁而距難也」。步天歌牛宿下云：「牛，六星近在河岸頭。頭上雖然有兩角，腹下從來欠一脚。今共增十四。牛下九黑是天田，田下三三九坎連。牛上直建三河鼓，增九。鼓上三星號織女。增四。左旗右旗各九星，河鼓兩畔右邊明。更有四黄名天桴，河鼓直下如連珠。羅堰三烏牛東居，四箇輦道四漸臺。輦道漸臺在何許？欲得見時近織女。」案，天田九星，今四。九坎九星，今四。左旗九星，共增三十。右旗九星，增十二。天桴四星，增二。羅堰三星，增一。輦道五星，增九。漸臺四星。共增七。志不載，晉、隋、宋志有。

〔七〕【補注】先謙曰：索隱(爾)〔廣〕雅「須女謂之務女」。或作「婺」字。晉志「須女四星，天少府也。須，賤妾之稱，婦職之卑者也。主布帛裁制嫁娶」。步天歌女宿下云：「女，四星如箕主嫁娶。今增五。十二諸國在下陳，先從越國向東論。東西兩周次二秦，雍州南下雙鴈門。代國向西一晉申，韓、魏各一晉北輪。楚之一國魏西屯，楚城南畔獨燕軍。燕西一郡是齊鄰，齊北兩邑平原君。欲知鄭在越下存，十六黄星細區分。」案，十二國十六星在九坎東，牛、女南，齊、鄭、越、晉、韓、魏、楚、燕各一星，趙、周、秦、代各二星。今代增二。志不載，隋、宋志有。

〔八〕【補注】先謙曰：索隱：徐廣曰「孫」一作「名」。宋志「織女三星，在天市垣東北。一曰在天紀東，天女也。主瓜果、絲帛、珍寶」。又志缺東壁一宿。晉志「東壁二星，主文章，天下圖書之祕府也」。步天歌壁宿下云：「壁，兩星下頭是霹靂，壁今增二十二。霹靂五星横著行。雲雨次之口四方，壁上天廄十圓黄。鐵鑕五星羽林旁，土公兩星壁下藏。」案，霹靂五星，共增九。雲雨四星，共增十。天廄十星，舊三星，今增一。鐵鑕五星，惟見宋志，占與鈇鑕畧同。俗「鐵」作「鈇」，與鈇形似，疑緣鈇鑕譌變此名。土公二星。增十一。志不載，晉、隋、宋志有。晉無霹靂、雲雨、土公。

歲星〔一〕曰東方春木，〔二〕於人五常仁也，五事貌也。仁虧貌失，逆春令，傷木氣，罰見歲星。〔三〕歲星所在，國不可伐，可以伐人。〔四〕超舍而前爲贏，退舍爲縮。贏，其國有兵不復；縮，其國有憂，其將死，國傾敗。〔五〕所去，失地；所之，得地。一曰，當居不居，國亡；所之，國昌；已居之，又東西去之，國凶，不可舉事用兵。〔六〕安靜中度，吉。出入不當其次，必有天祅見其舍也。〔七〕

〔一〕晉灼曰：太歲在四仲，則歲行三宿；太歲在四孟、四季，則歲行二宿。二八十六，三四十二，而行二十八宿，十二歲而周天。【補注】吴仁傑曰：淮南書論太陰在四仲、四鉤，與晉説同。則太陰即太歲矣。天官書「攝提之歲，歲陰左行在寅」。則歲陰亦太歲也。淮南書又謂太陰或曰青龍，或曰天一。則青龍、天一亦太歲也。凡天官書所謂歲陰，淮南書所謂太陰、青龍、天一，皆太歲之異名，而天一又謂之陰德，其名之不一如此。又案淮南書「太陰元始建於甲寅」，又曰「天一元始正月建寅」，則淮南書所謂太陰、天一，其説蓋本於志所載陰德、天一之星也。然淮南不名天一爲太歲，又自以咸池名之。其行度與天一正爾相違，天一左行十二次，每歲一移，終而復始。寅年在析木，卯年在大火；咸池右行十二次，凡一歲閒三歷四仲之月，寅月在酉，卯月在子，丑月在午，子月在卯，此其所以異也。洪丞相隸釋云「咸池、經星不可離次，周流四仲，當是其神爾」。仁傑於天一亦云。又案淮南書云，天一可嚮而不可背，故謂鵲巢知所嚮。博物志作於後，則鵲知太歲義，出於此矣。以嚮爲背，傳寫失之。而埤雅乃以天一、太歲爲二，殆兼采淮南、博物志之説，而(朱)〔失〕之抉擇邪？王充書載移徙法云「抵太歲凶，負太歲亦凶」。則嚮與背皆不可矣。大抵陰陽家者流，使人拘而多忌，而其説又自不一，此類是也。淩稚隆曰：自此以下，與史記有異同。先謙曰：天官書「水、火、金、木、填星，此五星者，天之五佐，爲(經)緯」。索隱引物理論云「歲行一次謂之歲星，則十二歲而星一周天也」。宋志「歲星十二年一周天，乃約數耳」。晉説亦非，二十八宿，度有廣狹，而歲星之行，自有盈縮，豈得十二年一周無差忒乎？唐一行始言歲星自商、周迄春秋季年，率百二十餘年而超一次。春秋亂世則其行速，時平則其行遲，其説尤迂。繼乃爲後率前率之術以求之，則其説自悖矣。今紹興曆法，歲星每年行一百四十五分，是每年行一次之外有餘一分，積一百四十四年賸一次矣。然則先儒之説，安可信乎？餘四星之行，固無逆順，中間亦豈無差忒？一行不復詳言，蓋亦知之矣。

〔二〕【補注】先謙曰：淮南天文訓：「東方木也。其帝太皞，其佐句芒，執規而治春，其神爲歲星，其獸爲青龍，其音角，其日甲乙。」

〔三〕【補注】先謙曰：占經引洪範五行傳曰：「歲星者，於五常爲仁，恩德孝慈；於五事爲貌，威儀舉動。仁虧貌失，逆春令，則歲星爲災。」

〔四〕【補注】先謙曰：占經引石氏同。又引荆州占云「歲星居次順常，其國不可以加兵，可以伐無道之國，伐之必克」。

〔五〕【補注】先謙曰：天官書「超」作「趨」。索隱「趨音聚，謂促也」。正義「舍，所止宿也。將，音子匠反」。案，「有兵不復」，與下「有軍不復」義同，謂敗散不還也。占經引七曜云「超舍而前，過其所當舍之宿以上，一舍、二舍、三舍謂之贏；退舍以下，一舍、二舍、三舍謂之縮」。史志皆作「超舍」，無作「趨舍」者。索隱望文生義，非也。

〔六〕【補注】先謙曰：天文訓「歲星之所居，五穀豐昌；其對爲衝，歲乃有殃」。隋志「所居久，其國有德厚」。占經引荆州占云「歲星所居之宿，其國樂；所去宿，其國饑」。石氏云「若居之又東西南北翔之，摇動不留，名曰六排。皆陰驚其陽，臣下勝其主人，主有大憂」。

〔七〕【補注】先謙曰：晉志「歲星安靜中度，吉。盈縮失次，其國有憂，不可舉事用兵」。又曰「進退如度，姦邪息；變色亂行，主無福」。

歲星贏而東南，〔一〕石氏「見彗星」，甘氏「不出三月乃生彗，本類星，末類彗，長二丈」。〔二〕贏東北，石氏「見覺星」，甘氏「不出三月乃生天棓，本類星，末鋭，長四尺」。〔三〕縮西南，〔四〕石氏「見欃雲，如牛」，〔五〕甘氏「不出三月乃生天槍，左右鋭，長數丈」。縮西北，石氏「見槍雲，如馬」，甘氏「不出三月乃生天欃，本類星，末鋭，長數丈」。〔六〕石氏「槍、欃、棓、彗異狀，其殃一也，必有破國亂君，伏死其辜，〔七〕餘殃不盡，爲旱、凶、飢、暴疾」。〔八〕至日行一尺，出二十餘日乃入，甘氏「其國凶，不可舉事用兵」。出而易，「所當之國，是受其殃」。〔九〕又曰「祅星，不出三年，其下有軍，及失地，若國君喪」。〔一〇〕

〔一〕孟康曰：五星東行，天西轉。歲星晨見東方，行疾則不見，不見則變爲祅星。

〔二〕【補注】先謙曰：天官書「進而東南，三月生彗星，長二丈，類彗」。甘、石並見天官書。宋志作石申、甘德，律曆志及後書作石申夫，天官書同。正義誤斷「夫」字連下文讀，疑宋志誤同也。

〔三〕【補注】先謙曰：覺星即天棓也。隋志「歲星之精，流爲天棓，一名覺星，或曰天格。本類星，末鋭，長四丈」。晉志「天棓一名覺星」。是天棓、覺星異名同實。天官書「其失次舍以下，進而東北，三月生天棓，長四尺，末兑」。與此同。隋志作「四丈」，誤也。

〔四〕孟康曰：歲星當伏西方，行遲早没，變爲祅星也。

〔五〕韋昭曰：欃音參差之參。【補注】先謙曰：天官書、隋志「欃」並作「攙」，字通用。

〔六〕【補注】先謙曰：天官書「退而西北，三月生天攙，長四丈，末兑。退而西南，三月生天槍，長數丈，兩頭兑」。隋志「天槍主捕制。或曰，攙雲如牛，槍雲如馬。或曰，如槍，左右鋭，長數丈。天攙，本類星，末鋭，長丈」。案「長」下當脱「數」字或「四」字。

〔七〕【補注】朱一新曰：汪本「亂」作「危」。先謙曰：汪本誤也。晉志及占經引石氏並作「必有破國亂君」。占經「必有」上多「其出不過三月」六字，文義較顯。

〔八〕【補注】先謙曰：「必有」下數語，晉志專屬天槍言之，無「凶」字。旱、飢、暴疾皆凶也，多「凶」字不詞，志蓋緣下「凶」字而誤衍。暴疾，謂疫也。占經引石氏云「餘殃不盡，當有旱、飢、暴疾疫矣」。多「疫矣」二字，而亦無「凶」字。

〔九〕【補注】先謙曰：日行一尺，言其遲。出二十餘日乃入，則見日久，其國有凶。易，疾過也。與「日行一尺」相對爲文，若疾過而别指，所當之國，實受其殃。

〔一〇〕【補注】宋祁曰：「三年」當作「五年」。錢大昭曰：「祆」俗作「妖」。「三」，閩本作「五」。朱一新曰：汪本作「五」。先謙曰：槍、欃、棓、彗總名爲祆星。晉志以下，皆列妖星。占經妖星占引甘氏云「凡妖星出見，長大，災深，期遠；短小，災淺，期近。三尺至五尺，期百日；五尺至一丈，期一年；一丈至三丈，期三年；三丈至五丈，期五年；五丈至十丈，期七年；十丈以上，期九年。審以察之，其災必應」。黄帝占云「凡妖星所出，形狀不同，爲殃如一。其出不過一年，若三年，必有破國屠城，其君死亡」。並與志文證合。

熒惑〔一〕曰南方夏火，〔二〕禮也，視也。禮虧視失，逆夏令，傷火氣，罰見熒惑。〔三〕逆行一舍二舍爲不祥，〔四〕居之三月國有殃，五月受兵，七月國半亡地，九月地太半亡。因與俱出入，國絶祀。〔五〕熒惑爲亂爲成，爲疾爲喪，爲飢爲兵，〔六〕所居之宿國受殃。殃還至者，雖大當小；〔七〕居之久殃乃至者，當小反大。〔八〕已去復還居之，若居之而角者，若動者，繞環之，及乍前乍後，乍左乍右，殃愈甚。〔九〕一曰，熒惑出則有大兵，入則兵散。〔一〇〕周還止息，乃爲其死喪。〔一一〕寇亂在其野者亡地，以戰不勝。〔一二〕東行疾則兵聚于東方，西行疾則兵聚于西方；其南爲丈夫喪，北爲女子喪。〔一三〕熒惑天子理也，〔一四〕故曰雖有明天子，必視熒惑所在。〔一五〕

〔一〕晉灼曰：常以十月入太微，受制而出，行列宿，司無道，出入無常也。

〔二〕【補注】先謙曰：天文訓：「南方火也。其帝祝融，其佐朱明，執衡而治夏，其神爲熒惑，其獸爲朱雀，其音徵，其日丙丁。」

〔三〕【補注】先謙曰：占經引五行傳曰：「熒惑於五常爲禮，辨上下之節；於五事爲視，明察善惡之事也。禮虧視失，逆夏令，則熒惑爲旱災，爲火、爲疾、爲亂、爲死喪、爲賊、爲祆，言天怪也。」

〔四〕【補注】先謙曰：言逆行一舍、二舍，皆爲不祥。漢初測候，知五星皆有逆行，然班氏以爲非正，下明言之。或以爲至二舍乃不祥，非班意也。

〔五〕【補注】宋祁曰：「亡因」擬作「亡國」。先謙曰：宋説非也。天官書作「七月半亡地，九月太半亡地。因與俱出入，國絶祀」。因與俱出入者，至九月後，因止不去，與俱出入也。占經引春秋緯云「反道若二舍以上，居之三月有淫佚，五月受夷狄之兵，七月半亡地，九月大半亡地，因與宿俱入俱出，國絶祀」。彼文亦作「因」，尤其確證。志作「地太半亡」，特依史文倒之。宋見「因」在「亡」下，欲改「亡因」爲「亡國」，屬上爲句，而不顧文義之不安，斯爲謬矣。

〔六〕【補注】錢大昭曰：「成」，南雍本、閩本及天官書並作「賊」。朱一新曰：汪本「成」作「賊」是。先謙曰：官本作「賊」。占經引巫咸曰「留一月以上，爲憂、爲喪，爲饑、爲兵」。晉、隋志「以舍命國，爲亂、爲賊，爲疾、爲喪，爲饑、爲兵」。

〔七〕【補注】先謙曰：還至，謂速。索隱「還音旋。旋，疾也」。

〔八〕【補注】先謙曰：謂居之去久，殃乃至者，當小反大，言徵驗利速見也。索隱「久謂行遲」，與上文義不合，非。

〔九〕【補注】先謙曰：角與動及繞環爲三。天官書作「若角動繞環之，及乍前乍後，左右，殃益大」。晉、隋志「環繞鉤己，芒角動摇，變色，乍前乍後，乍左乍右，其爲殃愈甚」。占經引荆州占曰「熒惑成句己環繞，有芒角如鋒刃，令無出宫，下殿有伏兵」。又云「熒惑角，則主怒」。

〔一〇〕【補注】先謙曰：占經引吴龔天文書作「入則兵敗」，疑誤。晉、隋、宋志亦作「兵散」。

〔一一〕【補注】先謙曰：晉、隋志，吴龔書並作「周旋止息，乃爲死喪」，「其」字衍。

〔一二〕【補注】先謙曰：晉、隋志「寇亂其野，亡地。其失行而速，兵聚其下，順之戰勝」。

〔一三〕【補注】先謙曰：占經引石氏云「熒惑之東行也，急則一日一夜行七寸半。其以益此，則行疾，疾則兵聚於東方。西行疾，則兵聚於西方。其南、其北，爲有死喪：其南丈夫之喪，其北女子之喪」。

〔一四〕【補注】先謙曰：晉志「熒惑又爲理，外則理兵，内則理政，爲天子理也」。案，廣雅「熒惑謂之罰星，或曰執法」。占經引荆州占云「其行無常，司無道之國，此星執法以罰無道，故曰天子理官」。

〔一五〕【補注】先謙曰：明天子察天道以知人事，然後伐人之國，取亂侮亡之義也。索隱「此本春秋文耀鉤語」。

太白〔一〕曰西方秋金，〔二〕義也，言也。義虧言失，逆秋令，傷金氣，罰見太白。〔三〕日方南太白居其南，日方北太白居其北，爲贏，侯王不寧，用兵進吉退凶。日方南太白居其北，日方北太白居其南，爲縮，侯王有憂，用兵退吉進凶。〔四〕當出不出，當入不入，爲失舍，不有破軍，必有死王之墓，有亡國。〔五〕一曰，天下匽兵，壄有兵者，所當之國大凶。〔六〕當出不出，未當入而入，天下匽兵，兵在外，入。〔七〕未當出而出，當入而不入，天下起兵，有至破國。〔八〕未當出而出，未當入而入，天下舉兵，所當之國亡。〔九〕當期而出，其國昌。〔一〇〕出東爲東方，入爲北方；出西爲西方，入爲南方。〔一一〕所居久，其國利；易，其鄉凶。〔一二〕入七日復出，將軍戰死。入十日復出，相死之。入又復出，人君惡之。〔一三〕已出三日而復微入，三日乃復盛出，是爲耎而伏，〔一四〕其下國有軍，其衆敗將北。〔一五〕已入三日，又復微出，三日乃復盛入，其下國有憂，帥師雖衆，敵食其糧，用其兵，虜其帥。〔一六〕出西方，失其行，夷狄敗；出東方，失其行，中國敗。〔一七〕一曰，出蚤爲月食，晚爲天祆及彗星，將發於亡道之國。〔一八〕

〔一〕晉灼曰：常以正月甲寅與熒惑晨出東方，二百四十日而入。入四十日又出西方，二百四十日而入。入三十五日而復出東方。出以寅戌，入以丑未也。【補注】先謙曰：官本攷證云「寅戌」當作「辰戌」。

〔二〕【補注】先謙曰：天文訓：「西方金也。其帝少昊，其佐蓐收，執矩而治秋，其神爲太白，其獸白虎，其音商，其日庚辛。」

〔三〕【補注】先謙曰：占經引五行傳曰：「太白於五常爲義，舉動得宜；於五事爲言，號令民從。義虧言失，逆秋令，則太白爲變動，爲兵，爲殺。」

〔四〕【補注】先謙曰：日方南，夏至後；日方北，冬至後也。正義引鄭玄云「方猶向也」。

〔五〕【補注】先謙曰：天官書「其出行十八舍二百四十日而入。入東方，伏行十一舍百三十日；其入西方，伏行三舍十六日而出。當出不出，當入不入，是謂失舍，不有破軍，必有國君之簒」。與此作「墓」異。占經引石氏作「必有死王亡國」，無「之墓有」三字。

〔六〕【補注】先謙曰：雖值天下偃兵，時其野有兵者，所當之國大凶也。占經引甘氏云「以時出而不出，時未入而入，天下偃兵。野有兵者，所當之國大凶」。與此義同，惟「時未入而入」與「當入不入」異。

〔七〕【補注】先謙曰：天官書同。「當出」上有「出以辰戌入以丑未」八字。占經引石氏云「太白當出而不出，當入而不入，天下偃兵，兵在外而入」。惟「當入而不入」與「未當入而入」異。

〔八〕【補注】先謙曰：天官書無「天」字、「至」字。占經引石氏同，無「至」字。

〔九〕【補注】先謙曰：占經引甘氏云：「太白未及其時而出，不及其時而入，天下舉兵，所當國亡」。

〔一〇〕【補注】先謙曰：占經引石氏同。又荆州占云「太白出入如度，天下昌」。

〔一一〕【補注】先謙曰：占經引石氏同。天官書作「其出東爲東，入東爲北方，出西爲西，入西爲南方」。

〔一二〕蘇林曰：疾過也。一説，易鄉而出入也。晉灼曰：上言「出而易」，言疾過是也。【補注】先謙曰：鄉讀曰嚮，「國」當爲「鄉」字之誤。天官書「國」作「鄉」、「易」作「疾」、「其鄉利」、「其鄉凶」相對爲文。占經引石氏云「太白所居久，其鄉利；所居易，其鄉凶」。引荆州占云「居宿如度，其鄉利；易，其鄉凶」。並作「其鄉」，尤明證矣。此「國」字緣上文「其國」而誤。

〔一三〕【補注】先謙曰：占經引石氏云：「太白入七日復出，相死；入十日復出，將戰死；入又復出，人君死。」惟將、相倒置爲異。荆州占云「今日入，明日出，其君死之」。

〔一四〕晉灼曰：耎，退也。不進而伏，伏不見也。【補注】先謙曰：索隱「耎音奴亂反」。案即「愞」字。占經引石氏作「懦」，荆州占作「是謂逆伏」。

〔一五〕【補注】先謙曰：衆敗則將北不待言，於文爲複。占經引石氏作「其將死」，荆州占亦云「其下之國，有敗軍死將，不出其軍」。疑「北」乃「死」之誤。

〔一六〕【補注】先謙曰：天官書及占經引石氏略同。

〔一七〕【補注】先謙曰：天官書、晉、隋志同。占經引石氏云「太白出西方，失行，負海之國敗」。又云「陽爲中國，陰爲負海國」。荆州占云「太白出東方，失行而北，中國敗；失行而南，負海國敗」。微異。

〔一八〕【補注】先謙曰：天官書「色白五芒，出早爲月蝕，晚爲天矢及彗星，將發其國」。其上文云「太白司兵，月行及天矢」。「矢」皆「夭」之誤，說詳王氏史記雜志。「祅」、「夭」字同。占經引甘氏云「太白色白五芒，出早爲月食，晚爲天妖及彗星，將發於無道之國」。

太白出而留桑榆間，病其下國。〔一〕上而疾，未盡期日過參天，病其對國。〔二〕太白經天，天下革，民更王，〔三〕是爲亂紀，人民流亡。晝見與日爭明，彊國弱，小國彊，女主昌。〔四〕

〔一〕晉灼曰：行遲而下也。正出，舉目平正。出桑榆上，餘二千里也。【補注】先謙曰：天官書「病」作「疾」，下同。御覽天部引淮南天文訓云「日西垂，景在樹端謂之桑」，虞注云「言其光在桑榆樹上」。今淮南子無之。

〔二〕晉灼曰：三分天過其一，此戌酉之間也。【補注】先謙曰：天官書「期」作「其」，晉、隋志、占經引此志仍作「期」。太白上疾，不能未盡一日即過而參天，明「其」爲誤字。

〔三〕孟康曰：謂出東入西，出西入東也。太白，陰星，出東當伏東，出西當伏西，過午爲經天。晉灼曰：日，陽也。日出則星亡，晝見午上爲經天。【補注】先謙曰：占經引石氏作「天下革政，民更王」。天官書作「天下革政」，無「民更王」三字。

〔四〕【補注】先謙曰：天官書同。晉、隋、宋志自「太白經天」至此，文並與志同。

太白，兵象也。出而高，用兵深吉淺凶；埤，淺吉深凶。〔一〕行疾，用兵疾吉遲凶；行遲，用兵遲吉疾凶。〔二〕角，敢戰吉，不敢戰凶；擊角所指吉，逆之凶。〔三〕進退左右，用兵進退左右吉，靜凶。圜以靜，用兵靜吉趮凶。〔四〕出則兵出，入則兵入。象太白吉，反之凶。〔五〕赤角，戰。〔六〕

〔一〕【補注】先謙曰：天官書及占經引石氏同。

〔二〕【補注】先謙曰：占經引石氏同。石氏又云：「太白行疾，前用兵者善；行遲，後用兵者善」。天官書「太白行疾，疾行；遲，遲行」。

〔三〕【補注】先謙曰：占經引石氏云「太白赤角，用兵敢戰吉，不敢戰凶。順角所指擊之吉，逆之凶」。

〔四〕【補注】先謙曰：占經引荊州占云「凡我軍在外，必視太白。太白西，與之西；東，與之東；短，與之短；長，與之長；陰，與之陰；陽，與之陽；翕，與之翕；張，與之張。善馴其道以戰，大勝；當前戰者，軍破將死」。與志文證合。趮，即當前戰也。趮與躁同，猶言急也。天官書「角，敢戰，動搖躁，躁。國以靜，靜。順角所指吉；反之，皆凶」。「國」乃「圜」之誤字。圜與角對，靜與動搖躁對。謂角，則敢戰吉；動搖急，則急吉；圜以靜，則靜吉。反之皆凶也。占經引石氏云「太白動搖，進退左右，用兵躁，吉；靜，凶。太白圓以靜，用兵靜，吉；躁，凶」。

〔五〕【補注】先謙曰：天官書作「出則出兵，入則入兵」無下七字。

〔六〕【補注】先謙曰：天官書作「赤角有戰」，下有「白角有喪」數語，志專最兵事爲文，故刪之。

太白者，猶軍也，而熒惑，憂也。〔一〕故熒惑從太白，軍憂；離之，軍舒。〔二〕出太白之陰，有分軍；〔三〕出其陽，有偏將之戰。〔四〕當其行，太白還之，破軍殺將。〔五〕

〔一〕【補注】先謙曰：占經熒惑占引巫咸云「熒惑主憂患，過惡、禍福所由生也」。

〔二〕【補注】先謙曰：相隨曰從。占經五星占引郗萌云「太白乘熒惑，軍敗；隨熒惑，軍憂」。又引文耀鉤作「離之軍郤」，天官書及正義、晉、隋、宋志引亦作「郤」，此作「舒」，蓋誤。

〔三〕【補注】先謙曰：占經引黃帝兵法云「熒惑出太白之陰，若不有分軍，必有他急」。分，大軍也。

〔四〕【補注】先謙曰：占經引荆州占云「出太白之左，小戰；出太白之左，去之三尺，軍小敗」。

〔五〕【補注】王念孫曰：「還」當爲「遝」字之誤也。遝之誤爲還，猶鰥之誤爲鱞。律曆志「癸巳，武王始發，丙午遝師，戊午，度于孟津」。遝與逮同。今本誤作「還」，漢書攷異已辨之。墨子非攻篇「遝至乎夏王桀」，今本亦誤作「還」。遝與逮同。中庸「所以逮賤也」，釋文「逮」作「遝」。哀十四年公羊傳「祖之所逮聞也」，漢石經「逮」作「遝」。漢太尉陳球後碑「遝完祖齊，實爲陳氏」，太尉劉寬碑「未遝誅討，亂作不旋」，吉成侯州輔碑「遝事和熹后、孝安帝、安思皇后」，並以「遝」爲「逮」。又墨子見上。逮，及也。言熒惑行而太白及之，則主破軍殺將也。天官書及占經五星占引春秋文耀鉤並作「太白逮之」。又天官書曰「熒惑與他星鬬，光相逮，爲害；不相逮，不害」。皆其明證也。先謙曰：自「熒惑從太白」下，占經引文耀鉤同。後引又作「環」，則傳寫所改。又荆州占云「太白居熒惑之後而相及，破軍殺將」，即「逮之」之義也。

辰星，殺伐之氣，戰鬬之象也。〔一〕與太白俱出東方，皆赤而角，夷狄敗，中國勝；與太白俱出西方，皆赤而角，中國敗，夷狄勝。〔二〕

〔一〕【補注】先謙曰：晉、隋志亦爲「殺伐之氣，戰鬬之象。無軍爲刑事」。

〔二〕【補注】先謙曰：占經引石氏「夷狄作倍海國」，義同。倍猶負也。

五星分天之中，積于東方，中國大利；積于西方，夷狄用兵者利。〔一〕

〔一〕【補注】先謙曰：占經引石氏作「負海之國，用兵者利」。

辰星不出，太白爲客；辰星出，太白爲主人。辰星與太白不相從，雖有軍不戰。〔一〕辰星出東方，太白出西方。若辰星出西方，太白出東方，爲格，野雖有兵，不戰。〔二〕辰星入太白中，五日乃出，及入而上出，破軍殺將，客勝；下出，客亡地。辰星來抵，太白不去，將死。正其上出，破軍殺將，客勝；下出，客亡地。視其所指，以名破軍。〔三〕辰星繞環太白，若鬭，大戰，客勝，主人吏死。〔四〕辰星過太白，間可椷劍，小戰，客勝；〔五〕居太白前旬三日，軍罷；〔六〕出太白左，小戰；歷太白右，數萬人戰，主人吏死；〔七〕出太白右，去三尺，軍急約戰。〔八〕

〔一〕【補注】先謙曰：天官書「雖」上有「野」字，與下對文。占經辰星占引荊州占云「太白、辰星更迭出入，以爲主客。太白出而辰星不出，太白爲客；辰星出而太白不出，辰星爲客。熒惑出而金、水俱不出，熒惑爲客。無主人，有兵，雖盛不合戰」。又石氏云「辰星出而與太白不相從，雖有軍不戰」。

〔二〕【補注】先謙曰：自「與太白俱出東方」下，天官書略同。索隱「辰星出西方。辰，水也。太白出東方。太白，金也。水生〔於〕金，母子不相從，故野有軍不戰。今母子各出一方，故爲格。格謂不和同，故野雖有兵，不戰也」。

〔三〕【補注】先謙曰：天官書無「入太白中，五日乃出」一條。「來抵太白」下，更有「太白」二字。「正其上出」、「視其所指」二「其」字，並作「旗」。索隱「旗，蓋太白芒角，似旌旗」。正義「旗，星名，有九星」。案：天市垣之天旗，及河鼓旁左右旗星與此無涉，小司馬以爲太白芒角似旗，近之。占經引石氏兩「旗」字作「旂」，「旂」、「旗」通用字。又引石氏云「浼星即辰星。入太白中，五日而出，及入西而出，破軍殺將」。

〔四〕【補注】先謙曰：占經引荆州占云「太白與辰星合，太白爲主人，辰星爲客，則有兵戰，客勝；若辰星環繞太白，主人偏將死」。據此，「吏」即「將」也。

〔五〕蘇林曰：槭音函。函，容也，其間可容一劍也。【補注】先謙曰：天官書及注「槭」作「摵」，占經引春秋緯云「過太白，間可容劍，不戰」。是「摵」即「容」也。

〔六〕【補注】先謙曰：天官書無「旬三日」三字。占經引石氏與此同，有「出太白後兵起」六字。

〔七〕【補注】王念孫曰：說文「歷，過也」。言過太白右，則與下文「出太白右」無異。「歷」當爲「摩」字之誤也。摩謂相切摩而過也。繫辭傳「剛柔相摩」，王注云「相切摩也」。釋文京云「相磑切也」，馬云「摩，切也」。蓋寬饒傳云「摩切左右」。天官書正作「摩太白右」，占經五星占引石氏同。又引春秋文耀鉤云「辰星摩太白，入相傾」。此三字有誤。又引荆州占云「辰星從太白，光芒相及，若摩之，其下有數萬人戰」。

〔八〕【補注】先謙曰：占經引春秋緯作「出太白右，軍急」。

凡太白所出所直之辰，其國爲得位，得位者戰勝。所直之辰順其色而角者勝，其色害者敗。〔一〕太白白比狼，赤比心，黄比參右肩，青比參左肩，黑比奎大星。〔二〕色勝位，〔三〕行勝色，〔四〕行得盡勝之。〔五〕

〔一〕晉灼曰：鄭色黄，而赤倉，小敗；宋色黄，而赤黑，小敗；楚色赤，黑小敗；燕色黑，黄小敗。皆大角勝也。【補注】先謙曰：晉志「凡五星所出、所行、所直之辰，其國爲得位。得位者，歲星以德，熒惑有禮，填星有福，太白兵强，辰星陰陽和。所行所直之辰，順其色而有角者勝，其色害者敗」。故下云「色勝位」也。晉注，官本「倉」作「蒼」。

〔二〕【補注】先謙曰：晉志「凡五星有色，大小不同，各依其行而順時應節。色變有類，凡青皆比參左肩，赤比心大星，黄比參右肩，白比狼，黑比奎大星。不失本色而應其四時者，吉；色害其行，凶」。故下云「行勝色」也。五星色比同，不獨太白。

〔三〕晉灼曰：有色勝得位也。

〔四〕晉灼曰：太白行得度，勝有色也。

〔五〕晉灼曰：行應天度，雖有色得位，行盡勝之，行重而色位輕。星經傳「得」字作「德」。【補注】先謙曰：「行得」上，天官書有「有位勝無位，有色勝無色」二句。集解引晉注「雖」誤「唯」。

辰星〔一〕曰北方冬水，〔二〕知也，聽也。知虧聽失，逆冬令，傷水氣，罰見辰星。〔三〕出蚤爲月食，晚爲彗星及天祅。〔四〕一時不出，其時不和；四時不出，天下大饑。〔五〕失其時而出，爲當寒反温，當温反寒。〔六〕當出不出，是謂擊卒，兵大起。〔七〕與它星遇而鬭，天下大亂。〔八〕出於房、心間，地動。〔九〕

〔一〕晉灼曰：常以二月春分見奎、婁，五月夏至見東井，八月秋分見角、亢，十一月冬至見牽牛。出以辰戌，入以丑未，二旬而入。晨候之東方，夕候之西方也。

〔二〕【補注】先謙曰：天文訓：「北方水也。其帝顓頊，其佐玄冥執權而治冬，其神爲辰星，其獸玄武，其音羽，其日壬癸。」

〔三〕【補注】先謙曰：占經辰星占引五行傳曰：「辰星於五常爲知，亂權貪道；有誤。於五事爲聽，不惑是非。知虧聽失，逆冬令，則辰星爲變怪，爲水災，爲四時不和。」

〔四〕【補注】先謙曰：天官書「其出入常以辰、戌、丑、未。其蚤爲月蝕，晚爲彗星及天矢」。「矢」亦「祅」之譌。

〔五〕【補注】先謙曰：占經引荆州占云「辰星不以時效者，用刑罰不中。一時不效，其時不和；二時不效，風雨不適；三時不效，水旱不調；四時不效，王者憂綱紀，天下饑荒，人民流亡，去其鄉」。

〔六〕【補注】先謙曰：占經引元命包云「辰星不以時出，當寒反温，四時錯政」。

〔七〕【補注】先謙曰：占經引石氏云「辰星當出而不出，謂之擊卒，伏而待，兵大起，豪傑發」。

〔八〕晉灼曰：祅星，彗孛之屬也，一曰五星。【補注】先謙曰：占經引巫咸云「五星鬬，天下大亂」。

〔九〕【補注】先謙曰：天官書、晉、隋、宋志及占經引巫咸同。

填星〔一〕曰中央季夏土，〔二〕信也，思心也。仁義禮智以信爲主，貌言視聽以心爲正，故四星皆失，填星乃爲之動。〔三〕填星所居，國吉。未當居而居之，若已去而復還居之，國得土，〔四〕不乃得女子。當居不居，既已居之，又東西去之，國失土，不乃失女，不，有土事若女之憂。〔五〕居宿久，國福厚；易，福薄。〔六〕當居不居，爲失填，其下國可伐；得者，不可伐。〔七〕其贏，爲王不寧；縮，有軍不復。〔八〕一曰，既已居之，又東西去之，其國凶，不可舉事用兵。〔九〕失次而上一舍三舍，有王命不成，不乃大水；失次而下二舍，有后慼，其歲不復，不乃天裂若地動。〔一〇〕

〔一〕晉灼曰：常以甲辰元始建斗之歲，填行一宿，二十八歲而周天也。【補注】張文虎曰：注「甲辰元」，淮南子天文訓作「甲寅元」。古曆皆託始甲寅，「辰」疑「寅」字之誤。先謙曰：「填」與「鎮」字同，説詳律曆志。

〔二〕【補注】先謙曰：天文訓：「中央土也。其帝黄帝，其佐后土，執繩而治四方，其神爲鎮星，其獸黄龍，其音宫，其日戊己。」

〔三〕【補注】先謙曰：占經引五行傳云：「填星於五常爲信，言行不二；於五事爲思心，寬容受諫。若五常五事皆失，填星爲變動，爲土工，爲女主，爲山崩，爲地動。」

〔四〕【補注】先謙曰：天文訓「未當居而居之，其國增地，歲熟」。

〔五〕【補注】先謙曰：「不」即「否」字。「不乃得女子」，不得土，必得女子也。反是，不失土，必失女。又不然，則有土事及女之憂。天官書無「不，有土事若女之憂」句。占經引石氏云「必有土事若女子之憂」。

〔六〕【補注】先謙曰：集解引徐廣云「易猶輕速也」。占經引石氏云「居之久，福祿厚；居之易，福祿薄」。

〔七〕【補注】先謙曰：占經引石氏云「是謂黃帝之子，主德，女主之象。宜受而不受者爲失填，其下國可伐也，德者不可伐也」。「德」乃「得」之誤。

〔八〕【補注】先謙曰：占經引洛書云「填星贏縮，九州騷動，四方相賊」。漢含孳云「動而盈，王者以貪擾，不寧不復」。解具上。

〔九〕【補注】先謙曰：天官書及占經引石氏略同。

〔一〇〕【補注】葉德輝曰：易復卦「先王以至日閉關」。王弼注「冬至陰之復，夏至陽之復，其歲不復，即陰陽失和之謂」。先謙曰：不成，下不奉命也。天官書「上一舍三舍」作「上二三宿」，「下二舍」作「下二三宿」。占經引荆州占云「填星失次，上及二舍，大水出；三舍則天裂地陷」。又云「失次逆一舍至二舍，其國饑荒，人民流亡，去其鄉」。又云「離宿一丈之陽，女主不用事；去宿一丈之陰，女主死」。又引黃帝云「西行一舍以上，吏棄法令，民棄其君」。與志微異，義可互證。

凡五星，〔一〕歲與填合則爲内亂，與辰合則爲變謀而更事，與熒惑合則爲飢，爲旱，與太白合則爲白衣之會，爲水。〔二〕太白在南，歲在北，名曰牡牡，〔三〕年穀大孰。太白在北，歲在南，年或有或亡。〔四〕熒惑與太白合則爲喪，不可舉事用兵；與填合則爲憂，主孽卿；與辰合則爲北軍，〔五〕用兵舉事大敗。填與辰合則將有覆軍下師；〔六〕與太白合則爲疾，爲内兵。〔七〕辰與太白合則爲變謀，爲兵憂。凡歲、熒惑、填、太白四星與辰鬬，皆爲戰，兵不在外，皆爲内亂。〔八〕一曰，火與水合爲淬，〔九〕與金合爲鑠，不可舉事用兵。〔一〇〕土與金合國亡地，與木合則國饑，與水合爲雍沮，〔一一〕不可舉事用兵。〔一二〕木與金合鬬，國有内亂。〔一三〕同舍爲合，相陵爲鬬。〔一四〕二星相近者其殃大，二星相遠者殃無傷也，〔一五〕從七寸以内必之。〔一六〕

〔一〕【補注】先謙曰：官本「凡」下提行。

〔二〕【補注】先謙曰：天官書作「若水」。占經引巫咸云「太白與木星合，有白衣之會，爲水」。

〔三〕晉灼曰：歲，陽也。太白，陰也。故曰牡牡。【補注】朱一新曰：牡牡，汪本作「牝牡」是，注同。先謙曰：官本並作「牝牡」。天官書「金在南曰牝牡」。索隱引晉注亦作「牝牡」。

〔四〕【補注】沈欽韓曰：太玄戾上九「倉靈之雌，不同宿而離失，則歲之功乖」。注「蒼靈，歲星也，其雌謂太白也」。先謙曰：天官書「金在北，歲偏無」。

〔五〕【補注】先謙曰：軍敗爲北。

〔六〕【補注】先謙曰：「下師」無義。天官書作「有覆軍」，無「下師」二字。五行傳亦但云「將有覆軍」，則「下師」當衍。

〔七〕【補注】先謙曰：自「熒惑與太白合」以下，天官書略同。

〔八〕【補注】先謙曰：自「辰與太白合」以下，占經引甘氏略同。
〔九〕晉灼曰：火入水，故曰淬也。【補注】先謙曰：占經引石氏云「浼星與熒惑會，冬爲刑，他時爲淬」。
〔一〇〕【補注】沈欽韓曰：魏收天象志「熒惑犯太白，占曰是謂相鑠，不可舉事用兵，成師以出，而喪其雄之象」。先謙曰：占經引荆州占云「太白熒惑合，去之一尺曰鑠」。
〔一一〕晉灼曰：沮音沮溼之沮。水性雍而潛土，故曰雍沮。一曰，雍，填也。【補注】先謙曰：天官書作「穰而擁閼」。五行傳云「占曰，爲壅沮」。
〔一二〕【補注】先謙曰：自「一曰」以下，天官書略同，惟不言「與木合則國饑」，以彼上文云「木星與土合，爲内亂饑也」。志上文删「饑」字，故入於此。史漢並雜引天官家言，而鎔裁不同。
〔一三〕【補注】先謙曰：合鬭者，合而至於鬭也。故别爲一條。占經引石氏云「太白與歲星鬭，所在之國有内亂」。晉、隋、宋志「合鬭，國有内亂，野有破軍，爲水」。皆以此併入「爲水」上，非也。爲水者，乃木與金合，非鬭也。
〔一四〕【補注】先謙曰：天官書「陵」作「凌」，集解韋昭云「突掩爲凌」。
〔一五〕【補注】先謙曰：占經引海中占作「其殃小無傷」。
〔一六〕韋昭曰：必有禍也。【補注】先謙曰：天官書同。

凡月食五星，其國必亡：〔一〕歲以飢，〔二〕熒惑以亂，〔三〕填以殺，〔四〕太白彊國以戰，〔五〕辰以女亂。〔六〕月食大角，王者惡之。〔七〕

〔一〕李奇曰：謂其分野之國。【補注】朱一新曰：汪本「必」作「皆」。先謙曰：官本作「皆」，晉志同。正義孟康云「凡星入月，見月中，爲星蝕月；月掩星，星滅，爲月蝕星也」。案，此總挈，下乃析言之。
〔二〕【補注】先謙曰：占經月占引荆州占云「月蝕歲星，邦主無人，人相食」。又云「月呑歲星，其國十二歲而敗」。天官書「月蝕歲星，其宿地饑若亡」。義微異。

〔三〕【補注】先謙曰：占經引荊州占云「月蝕火星，天下滅亡，期九年」。

〔四〕【補注】先謙曰：占經引河圖帝覽嬉云「月蝕填星，其國以伐亡，若以殺亡」。

〔五〕【補注】先謙曰：占經引甘氏云「月行宿太白而蝕，彊國戰，不勝，亡城，大將有兩心，不出三年」。

〔六〕【補注】先謙曰：占經引甘氏云「月行宿辰星而蝕，其國有女亂而亡國，期三年若五年」。

〔七〕【補注】先謙曰：天官書作「主命者惡之」。占經引陳卓云「月蝕大角，天子死，期十三年中」。

凡五星所聚宿，其國王天下：從歲以義，從熒惑以禮，〔一〕從填以重，〔二〕從太白以兵，從辰以法。以法者，以法致天下也。〔三〕三星若合，是謂驚立絶行，〔四〕其國外内有兵與喪，民人乏飢，改立王公。四星若合，是謂大湯，〔五〕其國兵喪並起，君子憂，小人流。五星若合，是謂易行：有德受慶，改立王者，掩有四方，子孫蕃昌；亡德受罰，離其國家，滅其宗廟，〔六〕百姓離去，被滿四方。五星皆大，其事亦大；皆小，其事亦小也。〔七〕

〔一〕【補注】先謙曰：占經引運斗樞云「歲星帥五精聚於東方七宿，蒼帝以仁良温讓起。熒惑帥五精聚於南方七宿，赤帝以寬明多智略起」。天官書「義失者，罰出歲星；禮失，罰出熒惑」。禍福之兆，皆以其類相應。

〔二〕韋昭曰：謂以威重得。【補注】先謙曰：天官書「其所居，五星皆從而聚於一舍，其下之國可重致天下」。「可」下奪「以」字。正義言「其下之國倚重而致天下」。王氏念孫史記雜志云：「韋、張皆未曉『重』字之義。重，猶厚也。厚、重二字同義。填星爲土，土德厚重，虞翻注復卦云『坤爲厚』，又注繫辭傳云『坤爲重』。故五星從填星，則其下之國可以厚重之德致天下也。」占經引運斗樞云「填星帥五精聚于中央，黄帝以重厚賢聖起」。又引石氏云「填星所在，五星皆從而聚于一舍，其下之國可以重德致天下」。皆其明證矣。

〔三〕【補注】先謙曰：占經引運斗樞云「太白帥五精聚于西方七宿，白帝以勇武誠信多節義起。辰星帥五精聚于北方七宿，黑帝以清平靜潔通明起」。天官書「殺失者，罰出太白；刑失者，罰出辰星」。亦以類相應也。

〔四〕晉灼曰：有兵喪，故驚。改王，故曰絕也。【補注】錢大昕曰：「立」，古「位」字。下文作「驚位」可證。周壽昌曰：小宗伯「掌建國之神位」。「位」作「立」。注「古者立、位同字」。古文春秋經「公即位」爲「公即立」。

〔五〕晉灼曰：湯猶盪滌也。【補注】先謙曰：占經引志文同。又引晉注云「湯與盪同，滌也」。微異。晉、隋志俱作「太陽」，蓋誤。宋志仍作「大湯」。

〔六〕晉灼曰：宗祖廟也。

〔七〕【補注】先謙曰：自「三星若合」以下，天官書及占經引海中占略同。惟四星條無海中占。晉、隋、宋志同。

凡五星色：皆圜，〔一〕白爲喪爲旱，赤中不平爲兵，青爲憂爲水，黑爲疾爲多死，黃吉；皆角，赤犯我城，黃地之爭，白哭泣之聲，青有兵憂，黑水。五星同色，天下偃兵，百姓安寧，歌舞以行，不見災疾，五穀蕃昌。〔二〕

〔一〕【補注】先謙曰：「皆圜」統下。下「皆角」同。

〔二〕【補注】先謙曰：「凡五星」下，天官書、晉、隋志同。隋志爲「憂」在「青」上，蓋誤倒。

凡五星，歲，緩則不行，急則過分，逆則占。〔一〕熒惑，緩則不出，急則不入，違道則占。填，緩則不建，急則過舍，逆則占。〔二〕太白，緩則不出，急則不入，逆則占。辰，緩則不出，急則不入，非時則占。五星不失行，則年穀豐昌。〔三〕

〔一〕【補注】先謙曰：緩急以政治言。占經引荆州占云「君治急，歲星行疾；緩者行遲」。即其義也。此及下五條，説本甘氏，引見占經各門。歲星門，甘氏誤班固。五「緩」字上皆有「政」字，惟填星條無，蓋脱。晉志並有「政」字，隋志有「爲政」二字。逆則占者，五星逆行，乃用占也。

〔二〕【補注】先謙曰：晉、隋志並作「緩則不還」，汲古本晉書「還」下注云，一作「行」，占經作「建」。「還」、「建」字形近而誤，「建」字無義，疑「還」是也。

〔三〕【補注】先謙曰：占經引石氏同。自「凡五星」至此，官本連文。

凡以宿星通下之變者，維星散，句星信，則地動。〔一〕有星守三淵，天下大水，地動，海魚出。〔二〕紀星散者山崩，不即有喪。〔三〕龜、鼈星不居漢中，川有易者。〔四〕辰星入五車，大水。〔五〕熒惑入積水，水，兵起；入積薪，旱，兵起；守之亦然。〔六〕極後有四星，名曰句星。斗杓後有三星，名曰維星。散者，不相從也。〔七〕三淵，蓋五車之三柱也。〔八〕天紀屬貫索。〔九〕積薪在北戍西北。積水在北戍東北。〔一〇〕

〔一〕孟康曰：散在尾北。韋昭曰：信音申。【補注】沈欽韓曰：晏子雜篇「晏子語柏常騫曰：『吾見維星絶，樞星散，地其動乎？』」案：志以斗杓後三星爲維星，則晏子所云樞星者，當即北辰樞星。晉、隋志云「房北二小星曰鉤鈐，鉤鈐有星及疏坼則地動」。又「造父星西，河中九星如鉤狀，曰鉤星，直隋志作「伸」。則地動」。據此又不獨極後句星爲然矣。

〔二〕【補注】先謙曰：廣雅「天淵謂之三淵」。宋志「天淵十星，一曰天海，在鼈星東」。占經引郗萌云「歲星守天淵，天下有大水，海水出，江河決溢，若海魚出」。荆州占云「熒惑入天淵，大旱，山焦枯；若守之，海水出，江河決溢，若海魚出」。又云「填星守天淵，海水出，江決溢，若海魚出」。太白、辰星説同，故志云「有星」，不言主名。

〔三〕【補注】先謙曰：占經引荆州占云「紀星散絶，不山崩，則主死」。紀星，天紀也。

〔四〕【補注】先謙曰：占經引石氏云「龜五星在尾南，鼈十四星在南斗」。又云「龜星常居漢中，則陰陽和，雨澤時；若不居漢中，有大水」。黄帝占云「鼈星常居漢中，微而不明，則天下和，雨澤時；若不居漢中，則陰陽不和，天下旱」。易者，水道改移，或溢，或竭。

〔五〕【補注】先謙曰：占經引元命包云「辰星入五車，則水開」。

〔六〕【補注】先謙曰：占經引甘氏云「熒惑守積水，兵起，國有水災」。郗萌云「熒惑守積薪，多火災，若火事，旱，兵起」。

〔七〕孟康曰：散，不復行列而聚也。【補注】先謙曰：句星即紫宮中之後句四星。越絶書「天維三星在尾北，斗杓後，詳其方位積數，惟杓後之三公星當之」。占經引甘氏云「三公三星，在北斗柄南」。石氏云「三公星，天子輔臣也」。黄帝占云「三公一星去，天下危；二星去，天下亂；三公去，天下不治」。案，去即不相從之謂，蓋隱而不見也。官本注「散」作「謂」。

〔八〕晉灼曰：杜音注解之注。【補注】先謙曰：蓋者，疑詞。占經石氏中官占引此文作「三淵者，五車柱也」。上文「西宫咸池曰天五潢。五潢，五帝車舍也。中有三柱」。案，五車五星，三柱九星，在畢宿中。此三淵在斗宿中，遠不相涉，諸書亦無以三淵爲即五車三柱者。蓋三淵一名天淵，見上。三柱一曰天淵，見宋志。名稱易溷。或有以星守爲災之三淵，即五車旁之三淵者，班氏旁采異説，以存疑耳。

〔九〕【補注】先謙曰：占經引石氏云「天紀九星，在貫索東」。晉志云「九卿也。主萬事之紀，理怨訟也」。

〔一〇〕【補注】錢大昕曰：「戍」當作「戉」。先謙曰：此下亦有「南戍」、「北戍」之文，作「戍」是，錢説非也，辯詳下。占經引石氏云「積薪在積水東南，當作「北」。積水在北河西北」。

角、亢、氐，沇州。〔一〕房、心，豫州。〔二〕尾、箕，幽州。〔三〕斗，江湖。〔四〕牽牛、婺女，揚州。〔五〕

虛、危，青州。〔六〕營室、東壁，并州。〔七〕奎、婁、胃，徐州。〔八〕昴、畢，冀州。〔九〕觜觿、參，益州。〔一〇〕東井、輿鬼，雍州。〔一一〕柳、七星、張，三河。〔一二〕翼、軫，荊州。〔一三〕

〔一〕【補注】先謙曰：晉志「十二次，班固取三統曆十二次配十二野，其言最詳。又有費直説周易、蔡邕月令章句，所言頗有先後。魏太史令陳卓更言郡國所入宿度」。列卓所次云「范蠡、鬼谷先生、張良、諸葛亮、譙周、京房、張衡並云，角、亢、氐，鄭，兗州：東郡入角一度，東平、任城、山陰入角六度，泰山入角十二度，濟北、陳留入亢五度，濟陰入氐二度，東平入氐七度」。案，分野之説，至爲雜糅，惟卓所次是漢郡縣，故備引之。

〔二〕【補注】先謙曰：晉志「房、心，宋，豫州：潁川入房一度，汝南入房二度，沛郡入房四度，梁國入房五度，淮陽入心一度，魯國入心三度，楚國入房四度」。

〔三〕【補注】先謙曰：晉志「尾、箕，燕，幽州：涼州入箕中十度，上谷入尾一度，漁陽入尾三度，右北平入尾七度，西河、上郡、北地、遼西、東入尾十度，涿郡入尾十六度，渤海入箕一度，樂浪入箕三度，玄菟入箕六度，廣陽入箕九度」。

〔四〕【補注】先謙曰：九江、廬江、豫章、丹楊諸地，皆襟帶江湖，故云。天官書同。

〔五〕【補注】王念孫曰：案地理志「揚州藪」、「揚州川」、「揚州山」，又鼂錯傳「南攻揚粵」，景祐本「揚」字並作「楊」。案景祐本是也。凡「楊州」字，古皆從木，不從手。偏檢汪本，如何武傳之「遷楊州太守」，儒林傳之「楊州牧」，南粵傳之「略定楊粵」，王莽傳之「荆、楊之民」、「大將軍楊州牧」，其字皆作「楊」，與景祐本同。若他篇則景祐本亦有作「揚」者，至明監本則全書皆作「揚」矣。藝文類聚州部、初學記州郡部、御覽州郡部三，引尚書、周官、爾雅，「楊州」字皆從木，宋本爾雅「江南曰楊州」字亦從木。宋本史記天官書「牽牛、婺女，楊州」，及夏本紀「淮、海維楊州」、楚世家「伐庸、楊粵」，三王世家「楊州保疆」，蔡澤傳「南收楊越」，南越傳「略定楊越」，其字亦從木。佩觿云「楊，柳也，亦州名」。又云「案禹貢『淮、海惟楊州』。正義云『江南，其氣燥勁，厥性輕揚』，則非，當從木」。據此，則郭氏所見本尚從木也。唐許嵩建康實録引春秋元命包云「地多赤楊，因取名焉」。其説雖不足爲據，然亦可見楊州字之本從木矣。夢溪筆談雜誌篇亦云「楊州宜楊，荆州宜荆」。自張參五經文字以從木者爲非，而唐石經遂定從手旁。廣韻「揚，舉也，又州名」。亦踵張氏之誤。禹貢正義引李巡爾雅注云「兩河間，其氣清，厥性相近，故曰冀。冀，近也。濟河間，其氣專質，厥性信謹，故曰兗。兗，信也。淮海間，其氣寬舒，厥性安徐，故曰徐。徐，舒也。江南，其氣燥勁，厥性輕揚，故曰楊。楊，揚也。今本作「揚，輕也」乃後人所改，辯見下。荆州，其氣燥剛，厥性彊梁，故曰荆。荆，彊也。河南，其氣著密，厥性安舒，故曰豫。豫，舒也。河西，其氣蔽壅，厥性急凶，故曰雍。雍，壅也」。案：冀、近，兗、信，徐、舒，楊、揚，荆、彊，豫、舒，雍、壅，皆同聲而異字，後人徒以「厥性輕揚」之語，遂謂「楊州」字當從手旁，不知以揚釋楊，猶以壅釋雍也。若改楊州爲「揚州」，則亦將改雍州爲「壅州」乎？「楊州」字既改爲「揚」，則「楊，揚也」之文不可通，故又改爲「揚，輕也」，以彌縫其闕。不知李釋九州皆取同聲之字爲訓，輕與揚不同聲也。又公羊莊十年疏及爾雅釋文、廣韻所引李注，皆無「楊、揚也」三字，蓋後人改「楊」爲「揚」，遂删此三字耳。據尚書正義所引有「揚，輕也」三字，亦足證後人之妄删矣。公羊疏所引有「冀，近也。豫，舒也。雍，壅也。荆，彊也。兗，信也。徐，舒也。幽，要也。營，均也」。而無「楊、揚也」。爾雅釋文於荆、徐、營三州，未引李注，所引六州，有「冀，近也。豫，舒也。雍，壅也。兗，信也。幽，要也」。而亦無「楊，揚也」。較尚書正義所引獨少一句，明是後人所删。今書傳中「楊州」字改從手旁，唯漢、魏碑從木，人不能改，故至今尚存。酸棗令劉熊碑「出省楊土」，郃陽令曹全碑「兗豫荆楊」，魏公卿上尊號奏「領楊州刺史」，其字皆從木。隸釋所載冀州刺史王純碑「出使楊州」，荆州刺史度尚碑「楊賊畔於□□」，車騎將軍馮緄碑「督使徐楊二州」，此碑今本譌作「揚」，依萬曆本改。太尉陳球碑「陸梁荆楊」，陳球後碑「剝落荆楊」，無極山碑「楊越之椃□條蕩」，巴郡太守張納碑「楊州寇賊」，其字亦皆從木。王獻之進書訣帖「乞食楊州市上」，其字亦從木，足證唐以後歷代相沿之誤。先謙曰：晉志「斗、牽牛、須女，吴、越、揚州：九江入斗一度，廬江入斗六度，豫章入斗十度，丹楊入斗十六度，會稽入牛一度，臨淮入牛四度，廣陵入牛八度，泗水入女一度，六安入女六度」。

〔六〕【補注】先謙曰：晉志「虛、危，齊、青州：齊國入虛六度，北海入虛九度，濟南入危九度，樂安入危四度，東萊入危九度，平原入危十一度，菑川入危十四度」。

〔七〕【補注】先謙曰：晉志「營室、東壁，衞、并州：安定入營室一度，天水入營室八度，隴西入營室四度，酒泉入營室十一度，張掖入營室十二度，武都入東壁一度，金城入東壁四度，武威入東壁六度，敦煌入東壁八度」。

〔八〕【補注】先謙曰：晉志「奎婁、胃，魯、徐州：東海入奎一度，瑯琊入奎六度，高密入婁一度，城陽入婁九度，膠東入婁十度」。

〔九〕【補注】先謙曰：晉志「昴、畢，趙、冀州：魏郡入昴一度，鉅鹿入昴三度，常山入昴五度，廣平入昴七度，中山入昴一度，清河入昴九度，信都入昴三度，趙郡入畢八度，安平入畢四度，河閒入畢十度，真定入畢十三度」。

〔一〇〕【補注】先謙曰：晉志「觜、參，魏、益州：廣漢入觜一度，越巂入觜三度，蜀郡入參一度，犍爲入參三度，牂牁入參五度，巴郡入參八度，漢中入參九度，益州入參七度」。

〔一一〕【補注】先謙曰：晉志「東井、輿鬼，秦、雍州：雲中入東井一度，定襄入東井八度，鴈門入東井十六度，代郡入東井二十八度，太原入東井二十九度，上黨入輿鬼二度」。

〔一二〕【補注】先謙曰：晉志「柳、七星、張，周、三輔：弘農入柳一度，河南入七星三度，河東入張一度，河内入張九度。」案，「輔」乃「河」之誤。

〔一三〕【補注】先謙曰：晉志「翼、軫，楚、荆州：南陽入翼六度，南郡入翼十度，江夏入翼十二度，零陵入軫十一度，桂陽入軫六度，武陵入軫十度，長沙入軫十六度」。

甲乙，海外，日月不占。〔一〕丙丁，江、淮、海、岱。戊己，中州河、濟。〔二〕庚辛，華山以西。

壬癸，常山以北。〔三〕一曰，甲齊，乙東夷，丙楚，丁南夷，戊魏，己韓，庚秦，辛西夷，壬燕、趙，癸北夷。〔四〕子周，丑翟，寅趙，〔五〕卯鄭，辰邯鄲，〔六〕巳衛，午秦，未中山〔七〕申齊，〔八〕酉魯，戌吳、越，亥燕、代。〔九〕

〔一〕晉灼曰：海外遠，甲乙日時，不以占之。

〔二〕【補注】先謙曰：官本攷證云，「戊」訛「戌」，今改正。

〔三〕【補注】先謙曰：以上天官書同。

〔四〕【補注】沈欽韓曰：淮南天文訓作「壬衛，癸越」。先謙曰：「一曰」下，占經引石氏同，「東夷」作「東海」，「南夷」作「南蠻」，「燕」下無「趙」字。注云「一云戊爲韓，己爲魏」。

〔五〕【補注】王念孫曰：邯鄲即趙也。辰爲邯鄲，則寅非趙矣。隋蕭吉五行大義引此作「寅楚」，是也。天文訓及廣雅並作「寅楚」。先謙曰：占經作「寅爲趙」，注云「一云，丑魏，翟、梁」。荆州占「寅爲楚」。

〔六〕【補注】先謙曰：天文訓作「辰晉」。占經引石氏亦作「辰爲晉」。注「班固、劉表、韓楊並以辰爲邯鄲。一云，辰爲趙也」。

〔七〕【補注】沈欽韓曰：天文訓作「未宋」。

〔八〕【補注】先謙曰：占經注「一云，申爲晉，爲魏」。荆州占「申爲晉」。

〔九〕【補注】沈欽韓曰：天文訓「戌趙，亥燕」。

秦之疆，候太白，占狼、弧。〔一〕吳、楚之疆，候熒惑，占鳥衡。〔二〕燕、齊之疆，候辰星，占虛、危。〔三〕宋、鄭之疆，候歲星，占房、心。〔四〕晉之疆，亦候辰星，占參、罰。〔五〕及秦并吞三晉、燕、代，自河、山以南者中國。〔六〕中國於四海内則在東南，爲陽，陽則日、歲星、熒惑、填星，〔七〕占於街南，畢主之。〔八〕其西北則胡、貉、月氏旃裘引弓之民，爲陰，〔九〕陰則月、太白、辰星，〔一〇〕占於街北，昴主之。〔一一〕故中國山川東北流，其維，首在隴、蜀，尾没於勃海、碣石。〔一二〕是以秦、晉好用兵，〔一三〕復占太白，太白主中國。而胡、貉數侵掠，獨占辰星，辰星出入趮疾，常主夷狄。其大經也。

〔一〕【補注】先謙曰：正義「太白、狼、弧皆西方之星，故秦占候也」。

〔二〕【補注】先謙曰：正義「熒惑、鳥衡，皆南方之星，故吴、楚占候。鳥衡，柳星也」。

〔三〕【補注】先謙曰：正義「辰星、虚、危，皆北方之星，故燕、齊占候」。

〔四〕【補注】先謙曰：正義「歲星、房、心，皆東方之星，故宋、鄭占候」。

〔五〕【補注】先謙曰：正義「辰星、參、罰，皆北方、西方之星，故晉占候也」。

〔六〕【補注】先謙曰：正義「河，黄河也。山，華山也」。

〔七〕【補注】先謙曰：正義「日，陽也。歲星屬東方，熒惑屬南方，填星屬中央，皆在南及東，爲陽」。

〔八〕【補注】先謙曰：正義「天街二星畢、昴，主國界。街南爲華夏之國，則畢星主之，陽也」。

〔九〕【補注】先謙曰：正義「從河、山西北及秦晉爲陰也」。

〔一〇〕【補注】先謙曰：正義「月，陰也。太白屬西方，辰星屬北方，皆在北及西，爲陰」。

〔一一〕【補注】先謙曰：正義「天街星北爲夷狄之國，則昴星主之，陰也」。

〔一二〕【補注】先謙曰：正義「言中國山及川東北流行，若南山首在崑崙蔥嶺，東北行，連隴山至南山、華山，渡河東北盡碣石山。黄河首起崑崙山，渭水、岷江發源出隴山，皆東北，東入渤海也」。

〔一三〕孟康曰：秦、晉西南維之北爲陰，與胡、貉引弓之民同，故好用兵。【補注】朱一新曰：注「孟康」集解引作「韋昭」。

凡五星，早出爲贏，贏爲客；晚出爲縮，縮爲主人。〔一〕五星贏縮，必有天應見杓。〔二〕

〔一〕【補注】沈欽韓曰：隋志張子信云：「五星行四方列宿，各有所好惡，所居遇其好者，則留多、行遲、見早。遇其惡者，則留少、行速、見遲。與常數並差，少者差至五度，多者差至三十許度。」

〔二〕【補注】先謙曰：斗杓居中而運，歷指十二辰。五星失行，則天應隨之而見。詳下。

太歲在寅曰攝提格。〔一〕歲星正月晨出東方，石氏曰名監德，在斗、牽牛。〔二〕失次，杓，早水，晚旱。〔三〕甘氏在建星、婺女。〔四〕太初曆在營室、東壁。

〔一〕【補注】先謙曰：攝提格解見上。寅者，太歲所在之辰。攝提格者，太歲在寅之號。錢氏謂志誤以歲陰爲太歲，王氏辨之詳矣。說具律曆志。

〔二〕【補注】先謙曰：天官書「以攝提格歲，歲陰左行在寅，歲星右轉居丑。正月與斗、牽牛晨出東方，名曰監德，色蒼蒼有光」。天文訓「太陰在寅，歲名曰攝提格，其雄爲歲星，舍斗、牽牛，以十一月此太初以前，故云。與之晨出東方，東井、輿鬼爲對」。占經引許慎注「東井、輿鬼在未，斗、牽牛在丑，故爲對」。

〔三〕【補注】朱一新曰：失次則應見於杓，早則水，晚則旱也。下皆同。天官書「其失次，有應見柳」。

〔四〕【補注】先謙曰：占經引甘氏云「攝提格之歲，攝提格在寅，歲星在丑。以正月與建、斗、牽牛、婺女晨出於東方，其失次，將有天應見於輿鬼」。

在卯曰單閼。〔一〕二月出，石氏曰名降入，〔二〕在婺女、虛、危。甘氏在虛、危。失次，杓，有水災。〔三〕太初在奎、婁。

〔一〕【補注】沈欽韓曰：淮南高誘注「單，盡。閼，止也。陽氣推萬物而起，陰氣盡止也」。

〔二〕【補注】先謙曰：天官書「單閼歲，歲陰在卯，星居子。以二月與婺女、虛、危晨出，曰降入，大有光」。索隱「降入即歲星二月晨見東方之名。其餘準此」。天文訓「柳、七星、張爲對」。

〔三〕【補注】先謙曰：六字當在「甘氏在虛、危」上，與班氏文例合。占經引甘氏云「其失次，見於張」，與班異。天官書亦云「其失次，有應見張」。

在辰曰執徐。〔一〕三月出，石氏曰名青章，在營室、東壁。〔二〕失次，杓，早旱，晚水。甘氏同。〔三〕太初在胃、昴。

〔一〕【補注】沈欽韓曰：高注「執，蟄。徐，舒也。伏蟄之物，皆散舒而出也」。

〔二〕【補注】先謙曰：天官書「青章」下有「青青甚章」四字，正釋青章之義。天文訓「翼、軫爲對」。

〔三〕【補注】先謙曰：占經引甘氏云「其失次，有應見軫」。與天官書同。

在巳曰大荒落。〔一〕四月出，石氏曰名路踵，〔二〕在奎、婁。甘氏同。〔三〕太初在參、罰。

〔一〕【補注】沈欽韓曰：高注「荒，大也。方萬物熾盛而大出，霍然落落，大布散」。律書、天官書「落」並爲「駱」。

〔二〕【補注】王念孫曰：「踵」本作「歱」，説文「歱，跟也。踵，追也」。義各不同。今經傳中「足歱」字皆作「踵」，而「歱」字遂廢。天官書「路踵」作「跰踵」，索隱曰「天文志作『路歱』」，引字詁云「『歱』今作『踵』」。是小司馬所見漢志本作

「歱」，與史記不同，而今本亦作「踵」，則後人依史記改之也。漢冀州從事張表碑「繼歱相承」，其字正作「歱」。先謙曰：南監本史記索隱「歱」又誤爲「⿰山重」。

〔三〕【補注】先謙曰：天官書「與奎、婁晨出」。天文訓「舍奎、婁，角、亢爲對」。占經引甘氏云「其失次，見於亢」。與天官書同。

在午曰敦牂。〔一〕五月出，石氏曰名啟明，〔二〕在胃、昴、畢。失次，杓，早旱，晚水。甘氏同。〔三〕太初在東井、輿鬼。

〔一〕【補注】沈欽韓曰：高注「敦，盛。牂，壯也。言萬物皆盛壯」。

〔二〕【補注】先謙曰：天官書作「開明」，索隱云「漢志作『啟明』」。

〔三〕【補注】先謙曰：天文訓「氐、房、心爲對」。占經引甘氏云「其失次，見於房」。與天官書同。

在未曰協洽。〔一〕六月出，石氏曰名長烈，〔二〕在觜觿、參。甘氏在參、罰。〔三〕太初在注、張、七星。

〔一〕【補注】沈欽韓曰：高注「協，和。洽，合也。言陰欲化萬物和合」。

〔二〕【補注】先謙曰：天官書及占經引甘氏作「長列」。

〔三〕【補注】先謙曰：天文訓「尾、箕爲對」。甘氏「其失次見於箕」。與天官書同。

在申曰涒灘。〔一〕七月出，石氏曰名天晉，〔二〕在東井、輿鬼。甘氏在弧。〔三〕太初在翼、軫。

〔一〕【補注】沈欽韓曰：高注「涒，大。灘，修也。言萬物皆修其精氣」。正義引李巡云「萬物吐秀傾垂之貌」。

〔一〕【補注】先謙曰：天官書作「大音」，汲古、南監二本。或作「天音」。官本。占經引甘氏作「大晉」。

〔三〕【補注】先謙曰：天文訓「斗、牽牛爲對」。甘氏「其失次，見於牽牛」。同天官書。

在酉曰作詻。〔一〕八月出，石氏曰名長壬，〔二〕在柳、七星、張。失次，杓，有女喪、民疾。〔三〕甘氏在注、張，失次，杓，有火。太初在角、亢。

〔一〕爾雅作「作噩」。【補注】沈欽韓曰：高注「零落也」。〔正義〕〔索隱〕李巡云「萬物皆落枝起之貌」。先謙曰：天官書作「作鄂」，索隱「漢志『作詻』，音而恪反」。「爾雅」五字，漢書無此例，非班自注，蓋校書者誤加之。

〔二〕【補注】先謙曰：天官書、占經作「長王」。

〔三〕【補注】先謙曰：天文訓「須女、虛、危爲對」。天官書「失次，有應見危」。

在戌曰掩茂。〔一〕九月出，石氏曰名天睢。在翼、軫。失次，杓，水。甘氏在七星、翼。〔二〕太初在氐、房、心。

〔一〕【補注】沈欽韓曰：高注「掩，蔽。茂，冒也。言萬物蔽冒」。

〔二〕【補注】先謙曰：天文訓「營室、東壁爲對」。甘氏「其失次，見於東壁」。同天官書。

在亥曰大淵獻。〔一〕十月出，石氏曰名天皇，〔二〕在角、亢始。甘氏在軫、角、亢。〔三〕太初在尾、箕。

〔一〕【補注】沈欽韓曰：高注「淵，藏。獻，迎也。言萬物終於亥，大小深藏窟伏以迎陽」。

〔二〕【補注】沈欽韓曰：史記作「大章」。徐廣曰「一曰大星」，索隱云「漢志亦作『大星』」。此又誤爲「天皇」。先謙曰：

沈據監本史記耳，「大星」可決爲誤字。占經引甘氏作「大皇」，近是。

〔三〕【補注】先謙曰：天文訓「奎、婁爲對」。甘氏「其失次，見於婁」。同天官書。

在子曰困敦。〔一〕十一月出，石氏曰名天宗，在氐、房始。甘氏同。〔二〕太初在建星、牽牛。

〔一〕【補注】沈欽韓曰：高注「困，混。敦，沌也。言陽氣皆混沌，萬物牙蘖也」。

〔二〕【補注】先謙曰：天官書「與氐、房、心晨出，曰天泉」。與此異。天文訓「胃、昴、畢爲對」。甘氏「其失次，見於昴」。同天官書。

在丑曰赤奮若。〔一〕十二月出，石氏曰名天昊，在尾、箕。甘氏在心、尾。〔二〕太初在婺女、虛、危。

〔一〕【補注】沈欽韓曰：高注「奮，起也。若，順也。言陽奮萬物而起之，無不順其性也。赤，陽色」。又地形訓注「赤奮若，天神也」。

〔二〕【補注】先謙曰：天官書「名天皓」。天文訓「觜觿爲對」。甘氏「其失次，見於參」。同天官書。

甘氏、太初曆所以不同者，以星贏縮在前，各録後所見也。其四星亦略如此。〔一〕

〔一〕【補注】先謙曰：四星，火、土、金、水。

古曆五星之推，亡逆行者，至甘氏、石氏經，以熒惑、太白爲有逆行。〔一〕夫曆者，正行也。古人有言曰：「天下太平，五星循度，亡有逆行。日不食朔，月不食望。」夏氏日月傳曰：〔二〕

「日月食盡，主位也；不盡，臣位也。」星傳曰：〔三〕「日者德也，月者刑也，故曰日食修德，月食修刑」。〔四〕然而曆紀推月食，與二星之逆亡異。熒惑主內亂，太白主兵，月主刑。自周室衰，亂臣賊子師旅數起，刑罰失中，雖其亡亂臣賊子師旅之變，內臣猶不治，四夷猶不服，兵革猶不寢，刑罰猶不錯，故二星與月爲之失度，三變常見；及有亂臣賊子伏尸流血之兵，大變乃出。甘、石氏見其常然，因以爲紀，皆非正行也。〔五〕詩云：「彼月而食，則惟其常；此日而食，于何不臧？」詩傳曰：「月食非常也，比之日食猶常也。日食則不臧矣。」〔六〕謂之小變，可也；謂之正行，非也。故熒惑必行十六舍，去日遠而顓恣。太白出西方，進在日前，氣盛乃逆行。及月必食於望，亦誅盛也。

〔一〕【補注】沈欽韓曰：隋志「秦曆始有金、火之逆。又甘石並時，自有差異，漢初測候，乃知五星皆有逆行」。

〔二〕【補注】先謙曰：占經日占引夏氏，日暈圖及月占並引夏氏說，即其人也。星占亦閒引之，不著其名。

〔三〕【補注】王鳴盛曰：星傳不云某氏，賈、孔經疏中每引武陵太守星傳，疑即其說。五行志引星傳，又引「劉向所引星傳」，然則星傳漢初已有。

〔四〕【補注】葉德輝曰：李淳風乙巳占引「故曰日變修德，禮重責躬；月變省刑，恩從肆赦」。蓋天文家古訓相傳之說。

〔五〕【補注】先謙曰：五星皆有逆行，三統術詳之，班氏采入曆志，此以甘、石經言逆行爲非，是其疏也。

〔六〕【補注】葉德輝曰：毛傳無此文。陳喬樅齊詩遺說攷云：「此齊詩傳也。馬續述天文志，續父嚴，爲援兄子，伏波父子，並習齊詩，季則當亦傳其家學也。」

國皇星，大而赤，狀類南極。所出，其下起兵。兵彊，其衝不利。〔一〕

〔一〕孟康曰：歲星之精散所爲也。五星之精散爲六十四變，志記不盡也。【補注】朱一新曰：當其衝則不利也。汪本不重「兵」字。先謙曰：天官書、占經引巫咸重「兵」字。又河圖云「歲星之精，流爲國皇」，孟說所本。下言「五星精」並同。

昭明星，大而白，無角，乍上乍下。所出國，起兵多變。〔一〕

〔一〕孟康曰：形如三足几，几上有九彗上向，熒惑之精也。【補注】先謙曰：占經引巫咸云「西方有星，大而白，有角，自下視，名曰昭明」。隋志亦作「有角」。據孟注「有角」是也。「無」字蓋誤。天官書亦誤作「無角」。

五殘星，出正東，東方之星。其狀類辰，去地可六丈，大而黃。〔一〕

〔一〕孟康曰：星表「有青氣如暈，有毛，填星之精」。【補注】先謙曰：占經引巫咸云「可去地六七丈，大而白」。黃帝占云「去地可六丈，大而赤，察之中青」。隋志同，無言黃者。天官書無「而黃」二字。

六賊星，出正南，南方之星。去地可六丈，大而赤，數動，有光。〔一〕

〔一〕孟康曰：形如彗，芒九角，太白之精。【補注】先謙曰：天官書但云「賊星」。正義「（天）〔大〕賊星者，一名六賊」。是「六賊」即「賊星」異名也。

司詭星，出正西，西方之星。去地可六丈，大而白，類太白。〔一〕

〔一〕孟康曰：星大而有尾，兩角，熒惑之精也。【補注】先謙曰：天官書及諸書「詭」作「危」。

咸漢星，出正北，北方之星。去地可六丈，大而赤，數動，察之中青。〔一〕

〔一〕孟康曰：一名獄漢星，青中赤表，下有(三)〔二〕彗從横，亦填星之精也。【補注】先謙曰：占經引黄帝占及隋志，並云「類辰星」。

此四星所出非其方，其下有兵，衝不利。

四填星，出四隅，去地可四丈。〔一〕地維臧光，亦出四隅，去地可二丈，若月始出。所見下，有亂者亡，有德者昌。〔二〕

〔一〕【補注】先謙曰：占經引巫咸云「去地六丈餘」。荆州占云「去地二丈」，又云「四填星，見四隅，皆爲兵起其下」。官本、天官書「填」作「鎮」，正義亦作「鎮」。

〔二〕【補注】先謙曰：占經引荆州占云「有星出，大而赤，出地二三丈，如月始出，是謂地維藏光」。黄帝占云「出東北隅，天下大水；出東南隅，天下大旱；出西南隅，則有兵起；出西北隅，則天下亂，兵大起」。天官書「臧」作「咸」。

燭星，狀如太白，其出也不行，見則滅。所燭，城邑亂。〔一〕

〔一〕孟康曰：星上有三彗上出，亦填星之精也。【補注】先謙曰：「見則滅」，隋志及占經引石氏並作「見則不久而滅」。諸書皆不言是填星之精。

如星非星，〔一〕如雲非雲，名曰歸邪。〔二〕歸邪出，必有歸國者。〔三〕

〔一〕【補注】先謙曰：官本提行。張永祚云：監本連上文，非也，今另提行。又星者，金之散氣，旬始出于北方。「天晅而見景星」、「日有中道」，皆自爲一段。監本並連接寫，今俱提行。

〔二〕李奇曰：邪音虵。孟康曰：星有兩赤彗上向，上有蓋狀氣，下連星。

〔三〕【補注】先謙曰：「如星非星」下，占經引作巫咸。「歸邪出」下，引作天官書。此星晉志以爲瑞氣，隋志列之雜妖。

星者，金之散氣，〔一〕其本曰人。〔二〕星衆，國吉，少則凶。漢者，亦金散氣，其本曰水。星多，多水，少則旱。〔三〕其大經也。

〔一〕【補注】先謙曰：官本「星者」下提行。

〔二〕孟康曰：星，石也。金石相生，人與星氣相應也。【補注】沈欽韓曰：史記「人」作「火」。天文訓「天道曰圜，地道曰方。方者主幽，圜者主明。明者，吐氣者也，是故火曰外景；幽者，含氣者也，是故水曰内景」。蓋星爲陽精，爲外景。史記作「火」，是。

〔三〕孟康曰：漢，河漢也。水生於金。多少，謂漢中星也。【補注】沈欽韓曰：晉志「天漢起東方，經尾、箕之間，謂之漢津。乃分爲二道：其南經傳説、魚、天籥、天弁、河鼓；其北經龜、貫、箕下，次絡南斗、魁、左旗，至天津下而合南道，乃西南行，又分夾匏瓜、絡人、星、杵、造父、騰蛇、王良、傅路、閣道北端，太陵、天船、卷舌而南行，絡五車，經北河之南，入東井、水位而東南行，絡南河、闕丘、天狗、天紀、天稷，在七星南而没」。

天鼓，有音如雷非雷，音在地而下及地。其所往者，兵發其下。〔一〕

〔一〕【補注】先謙曰：它書有天鳴，無天鼓。天官書「住」作「往」。

天狗，狀如大流星，〔一〕有聲，共下止地，類狗。〔二〕所墜及，〔三〕望之如火光炎炎中天。〔四〕其下圜如數頃田處，上鋭見則有黃色，〔五〕千里破軍殺將。

〔一〕孟康曰：星有尾，旁有彗，下有如狗形者，亦太白之精。【補注】朱一新曰：集解引孟說，彗上有「短」字。先謙曰：隋志及占經引，並有「短」字。

〔二〕【補注】錢大昭曰：「共」，南雍本、閩本作「其」。先謙曰：官本作「其」，是。

〔三〕【補注】先謙曰：天官書作「所墮及，炎火」。索隱「炎音豔」。

〔四〕【補注】朱一新曰：天官書「中」作「衝」。案，此「中」當讀爲沖。

〔五〕【補注】先謙曰：「見」天官書作「者」。

格澤者，如炎火之狀，〔一〕黃白，起地而上，〔二〕下大上鋭。其見也，不種而穫。不有土功，必有大客。〔三〕

〔一〕【補注】錢大昭曰：閩本無「如」字。

〔二〕【補注】先謙曰：隋志及占經引黃帝占作「上黃下白，從地而上」。

〔三〕【補注】先謙曰：天官書作「大害」，隋志、占經並作「大客」，黃帝占云「必有客自鄰國來者，期一年、遠二年」，明「大害」誤也。

蚩尤之旗，類彗而後曲，象旗。〔一〕見則王者征伐四方。

〔一〕孟康曰：熒惑之精也。晉灼曰：呂氏春秋云「其色黄上白下也」。【補注】先謙曰：官本注末無「也」字。占經引黄帝占云「本類星，而後委曲，象旗幡，長可二三丈」。隋志「或曰四望無雲，獨見赤雲，蚩尤旗也」。

旬始，出於北斗旁，狀如雄雞。其怒，青黑色，象伏鼈。〔一〕

〔一〕李奇曰：怒當首帑。晉灼曰：帑，雌也。或曰怒則色青。宋均曰：怒謂芒角刺出。【補注】錢大昭曰：「首」，南雍本、閩本並作「言」。沈欽韓曰：御覽三百二十引玄女兵法云「北斗之中，禽有旬始，狀象雄雞，制百兵之母。能得其術，何神不使？九地九天，各有表裏，三奇六合，主威軍士」。李讀「怒」爲「帑」，是也。「帑」同鳥帑之帑。杜預云「鳥尾曰帑」。先謙曰：官本「首」作「言」，南監本天官書作「怒，當音帑」。汲古本作「怒，當作帑」。義並通。占經引河圖云「鎮星之精，散爲旬始」。

枉矢，狀類大流星，虵行而倉黑，望如有毛目然。〔一〕

〔一〕【補注】沈欽韓曰：呂覽明理篇有「游蛇西東」，案即枉矢。高誘解爲蛇妖，非。先謙曰：隋志「辰星之精，散爲枉矢」，攷工記注「妖星有枉矢者，蛇行有毛目」，天官書誤「毛羽」。

長庚，廣如一匹布著天。此星見，起兵。〔一〕

〔一〕【補注】沈欽韓曰：隋志列雜妖中，廣雅「太白謂之長庚」。此亦太白所變。

星磤至地，則石也。〔一〕

〔一〕如淳曰：磤，亦墜也。【補注】先謙曰：官本「星磤」下提行。天官書下云「河、濟之閒，時有墜星」。

天暒而見景星。〔一〕景星者，德星也。〔二〕其狀無常，〔三〕常出於有道之國。

〔一〕孟康曰：暒，精明也。有赤方氣與青方氣相連，赤方中有兩黃星，青方中有一黃星，凡三星合爲景星也。【補注】何焯曰：「天暒而見景星」當屬下。朱一新曰：説文夕部有「姓」字，云「雨夜而除星見也，從夕、生聲」。徐鉉云，今俗別作「晴」，非是。段氏玉裁云：詩「星言夙駕」，韓詩云「星者，精也」。案「精」今「晴」字。孟康曰「暒，精明也」，韋昭曰「精，清朗也」，郭璞曰「暒，雨止無雲也」，古「暒」、「姓」、「精」，皆今之「晴」字，而詩作「星」。韓非子云「荆伐秦，吴救之，軍閒三十里，雨十日，夜星」。夜星，即夜姓也，雨夜止，星見，謂之姓。姓、星疊韻，引申爲晝晴之稱，故其字又作「暒」。漢書當亦作「精」，故孟康曰「精，暒明也」。今本正文及注文皆後人所改。史漢之天精，即晶之叚借。一新案，玉篇日部收暒字，又收晴字，云「雨止也，精明也，無雲也」。先謙曰：官本「天暒」提行，連下文。朱引段説是也。但天官書作「精」，索隱引韋昭云，漢書作「暒」亦作「晆」。「晆」正「姓」字傳寫之誤。是志不作「精」。占經引志作「晆」，注云「六十占曰，晴，精明也」。則唐以前本亦或作「晴」，而皆無作「精」者，尤其明證矣。

〔二〕【補注】先謙曰：占經引含文嘉「王者有道，則德星應之」。

〔三〕【補注】先謙曰：占經引宋均云「景星大而中空」。瑞應圖云「狀如半月，生於晦朔，助月爲明」。與上文孟説皆不同，是狀無常之證。

日有中道，〔一〕月有九行。

〔一〕【補注】朱一新曰：汪本「日」下提行。先謙曰：官本提行。

中道者，黃道，一曰光道。〔一〕光道北至東井，去北極近；南至牽牛，去北極遠；東至角，西至婁，去極中。夏至至於東井，北近極，故晷短；立八尺之表，而晷景長尺五寸八分。冬至至於牽牛，遠極，故晷長；立八尺之表，而晷景長丈三尺一寸四分。春秋分日至婁、角，去極中，而晷中；〔二〕立八尺之表，而晷景長七尺三寸六分。〔三〕此日去極遠近之差，晷景長短之制也。〔四〕去極遠近難知，要以晷景。晷景者，所以知日之南北也。日，陽也。陽用事則日進而北，晝進而長，陽勝，故爲溫暑；陰用事則日退而南，晝退而短，陰勝，故爲涼寒也。故日進爲暑，退爲寒。若日之南北失節，晷過而長爲常寒，〔五〕退而短爲常燠。此寒燠之表也，故曰爲寒暑。〔六〕一曰，晷長爲潦，〔七〕短爲旱，〔八〕奢爲扶。〔九〕扶者，邪臣進而正臣疏，君子不足，姦人有餘。

〔一〕【補注】先謙曰：「黃」、「光」古字通。左襄二十年傳「陳侯之弟黃」，公、穀作「光」，光、黃通，故从黃聲。如「橫」、「廣」等字，皆與「光」通。釋名「光，晃也，晃晃然也。黃，晃也，猶晃晃象日光色也」。可釋光道、黃道之義。

〔二〕【補注】先謙曰：「中」下「而」字亦當作「故」，此緣上下文「而晷」而誤。

〔三〕【補注】先謙曰：隋志引劉向鴻範傳「二至二分景長短」，與此同。

〔四〕【補注】沈欽韓曰：案此以渾天言之也。但渾天之體，雖繞於地，地則中央正平，天則北高南下。北極高於地三十六度，南極下於地三十六度。北極之下，常見不没；南極之上，常没不見。南極去北極一百二十一度餘，若逐曲計之，則一百八十一度餘。若以南北中半言之，謂之赤道，去南極九十一度餘，去北極亦九十一度餘，此是春秋分之日道也。赤道之北二十四度，爲夏至之日道，去北極六十七度也；赤道之南二十四度，爲冬至之日道，去南極亦六十七度。地與星辰俱有四遊升降：自立春地與星辰西遊，春分西遊之極，地雖西極，升降正中，從此漸漸而東，至春末復正。自立夏之後北遊，夏至北遊之極，地則升降極下，至夏至復正。立秋之後東遊，秋分東遊之極，地則升降正中，至秋季復正。立冬之後南遊，冬至南遊之極，地則升降極上，冬至後復正。是地及星辰四遊之義也。星辰亦隨地升降，故鄭注考靈曜云「夏至日道上與四表平，下去東井十二度，爲三萬里。日有九道。九道，見本志下文，彼云月行道異。日，春，東從青道；夏，南從赤道；秋，西從白道；冬，北從黑道。立春，星辰西遊，日則東遊；春分，星辰西遊之極，日東遊之極，日與星辰相去三萬里。以此推之，秋冬倣此可知。計夏至之日，在井星，正當嵩高之上，以其南遊之極，故在嵩高之南萬五千里，所以夏至有尺五寸之景也。於時日又上極，星辰下極，故日下去東井三萬里也」。然鄭四遊之極，元出周髀之文，但日與星辰四遊相反，春分日在婁，則婁星極西，日體在婁星之東，去婁三萬里，以度言之，十二度也。則日没之時，去昏中之星近校十度；旦時日極於東，去旦中之星遠校十度。若秋分日在角，則角星極東，日體在角星之西，去角三萬里。則日没之時，去昏中之星遠校十度；旦時日極於西，去旦中之星近校十度。此皆曆乖違，於數不合。鄭無指解，其事有疑。案志言晷景長短，隋志以爲用劉向鴻範傳所説也。二分之景，直以率推，非因表候定其長短。舊唐志「開元十二年，太史監南宮説擇河南平地，以水準繩，樹八尺之表而以引度之，陽城北至之晷，一尺四寸八分弱；冬至之晷，一丈二尺七寸一分半；春秋分，其長五尺四寸三分。大率五百二十六里二百七十步，影差二寸有餘，北極差一度半」。而先儒以爲日景於地千里，而差一寸，又乖舛而不同矣。

〔五〕【補注】錢大昭曰：「過」荀紀作「進」。

〔六〕【補注】葉德輝曰：此即土圭測景之灋也。説文「晷，日景也」。釋名釋天「晷，規也，猶規畫也」。周禮地官司徒「以土圭之灋，測土深，正日景以求地中。日南，則景短，多暑；日北，則景長，多寒；日東，則景夕，多風；日西，則景朝，多陰」。鄭注：「土圭所以致四時日月之景也。云測，猶度也，不知廣深，故曰測。鄭司農云『測土深，謂南北東西之深也。日南，謂立表處大南近日也；日北，謂立表處大北遠日也；景夕，謂日跌景乃中，立表之處，大東近日也；景朝，謂日未中而景中，立表之處，大西遠日也』。玄謂晝漏半而置土圭，表陰陽，審其南北。景短于土圭謂之日南，是地于日爲近南也；景長于土圭謂之日北，是地于日爲近北也；東于土圭謂之日東，是地于日爲近東也；西于土圭謂之日西，是地于日爲近西也。如是則寒暑陰風，偏而不和，是未得其所求。凡日景于地，千里而差一寸。」案，兩鄭意，是據四游之義以釋經，本志則但就日晷以測南北極去地之遠近，日進而北，則地升而近日，故晝長爲温暑；日進而南，則地偏而遠日，故晝短爲涼寒。春温、夏暑，秋涼、冬寒，四時之氣，皆以日與地之遠近爲測驗也。鄭注「寒暑陰風」，亦是此理。先謙曰：下文「一曰日爲寒温」，蓋天官家有此語，加「故曰」以釋之。

〔七〕【補注】葉德輝曰：説文「潦，雨水大皃」，此即晷過長，常寒之理。

〔八〕【補注】葉德輝曰：説文「旱，不雨也」，論衡明雩篇「久暘爲旱」。此亦晷退短，常燠之理。

〔九〕鄭氏曰：扶當爲蟠，齊、魯之間聲如酺。酺扶聲近。蟠，止不行也。蘇林曰：景形奢大也。晉灼曰：扶，附也，小臣佞媚附近君子之側也。【補注】沈欽韓曰：通卦驗云「晷進爲贏，退爲縮，稽爲扶。贏者賞無功，富民重有餘；縮者罰無罪，貧民重不足；扶者，諛臣進，忠臣退」。鄭康成注云「扶」亦作此「㚘」字。下有脱誤。説文「㚘，竝行也，輦字從此，讀若伴侣之伴」。集韻：古「扶」字作「㚘」。然則此「扶」字義當如許説，與贏縮之文相配，與蟠聲亦近。

月有九行者，黑道二，出黄道北；赤道二，出黄道南；白道二，出黄道西；青道二，出黄道東。〔一〕立春、春分，月東從青道；立秋、秋分，西從白道；立冬、冬至，北從黑道；立夏、夏至，南從赤道。〔二〕然用之，一決房中道。〔三〕青赤出陽道，白黑出陰道。若月失節度而妄行，出陽道則旱風，出陰道則陰雨。

〔一〕【補注】沈欽韓曰：續曆志「熹平中，治曆郎梁國宗整上九道術」。隋志：京房别對云：「循黄道東行，一日一夜行一度，三百六十五日有奇而周天。又日去赤道，表裏二十四度，遠寒近暑而中和；二分之日，去天頂三十六度。日去地中，四時同度，而有寒暑者，地氣上騰，天氣下降，故遠日下而寒，近日下而暑，非有遠近也。猶火居上，雖遠而炎；在傍，雖近而（澈）〔微〕。」通攷引「王奕案：渾天説黄道九道，其初本無，是因日行而强名之。日行曰黄道。黄，色之中也，黄道即中道。日道居中，月、五星循左右而行，故日道獨黄。月行青、朱、白、黑道，各兼黄道而言，故又謂之九道也。是故月道出入於黄道，其最遠者去黄道六度。月行黄道之内曰陰曆，行黄道之外曰陽曆。北爲内，南爲外。然漢志謂『黄道北至井，去極近；南至牽牛，去極遠；東至角，西至婁，去極中』。晉葛洪則謂『黄道與赤道東交於角，西交於奎，南至斗，北至井』。唐志又云『黄道春分與赤道交於奎，秋分交於軫，南至斗，北至井』。與漢志殊，何也？蓋赤道分天之半，今古不易，黄道本無定體，因日行而爲之名。日之行也，每歲有差，漢志主太初而言，此古今所以不同也」。

〔二〕【補注】錢大昭曰：尚書攷靈曜云「萬世不失九道謀」。鄭注引河圖帝覽嬉與天文志正合。廣雅云：「立春、春分，東從青道，二出黄道東，交於房二度中；立夏、夏至，南從赤道，二出黄道南，交於七星四度中；立秋、秋分，西從白道，二出黄道西，交於胃十二度中；立冬、冬至，北從黑道，二出黄道北，交於虚二度中。四季之月，還從黄道。」

〔三〕【補注】宋祁曰：朱子文云「房」字當作「於」字，蓋言月之行，其道雖多，然皆決於日之中道也。故其後云「至月行則以晦朔決之」，又曰「日之所行爲中道，月五星皆隨之也」。如此，則「一決於中道」爲允。朱一新曰：房中道謂房星之中道也。史記「東宫蒼龍，房、心」。索隱引尚書運（授期）〔期授〕曰「所謂房、四表之道」。宋均云「四星閒有三道，日、月、五星所從出入也」。先謙曰：下文云「月出房北，出房南」。占經引京房别對災異云「行房乘三道」。蓋日行常道，出房星左右股閒，故曰房中道。宋引朱説非也。

凡君行急則日行疾，君行緩則日行遲。日行不可指而知也，故以二至二分之星爲候。日東行，星西轉。冬至昏，奎八度中；夏至，氐十三度中；春分，柳一度中；秋分，牽牛三度七分中。此其正行也。日行疾，則星西轉疾，事執然也。故過中則疾，君行急之感也；不及中則遲，君行緩之象也。

至月行，則以晦朔決之。〔一〕日冬則南，夏則北；冬至於牽牛，夏至於東井。日之所行爲中道，月、五星皆隨之也。

〔一〕【補注】沈欽韓曰：隋志「其行有遲疾，極遲，則日行十二度强；極疾，則日行十四度半强。遲則漸疾，疾則漸遲，二十七日半强，而遲疾一終矣。又月行之道，斜帶黄道。十三日有奇，在黄道表；又十三日有奇，在黄道裏。表裏極遠者，去黄道六度。二十七日有奇，陰陽一終」。月令疏「曆象之説，月一日至四日行最疾，日行十四度餘；自五日至八日行次疾，日行十三度餘；自九日至十九日行則遲，日行十二度餘；自二十日至二十三日又小疾，日行十三度；自二十四日至於晦，行又最疾，日行一十四度餘。此是月行之大率也。二十七日月行一周天，至二十九日强半，月及於日，與日相會，乃爲一月」。考靈曜云「九百四十分爲一日，二十九日與四百九十九分爲月。是一月二十九日之外，至第三十日，分至四百九十九分，月及於日。計九百四十分，則四百七十爲半。今四百九十九分，是過半二十九分也」。

箕星爲風，東北之星也。東北地事，天位也，〔一〕故易曰「東北喪朋」。及巽在東南，爲風；風陽中之陰，大臣之象也，其星，軫也。月去中道，〔二〕移而東北入箕，若東南入軫，則多風。西方爲雨；雨，少陰之位也。月失中道，移而西入畢，則多雨。故詩云「月離于畢，俾滂沱矣」，言多雨也。星傳曰「月入畢則將相有以家犯罪者」，〔三〕言陰盛也。書曰「星有好風，星有好雨，月之從星，則以風雨」，言失中道而東西也。故星傳曰「月南入牽牛南戒，民間疾疫；〔四〕月北入太微，出坐北，若犯坐，則下人謀上。」〔五〕

〔一〕孟康曰：東北陽，日、月五星起於牽牛，故爲天位。坤在西南，紐於陽，爲地統，故爲地事也。

〔二〕【補注】先謙曰：當言「失」，「去」字誤也。上文「月失節度」，下云「月失中道」，可證。

〔三〕【補注】先謙曰：占經引劉向洪範傳云「月入畢中，將若相有以家事坐罪者，近期百二十日，遠期十月」。或洪範傳言星者，即稱星傳邪？

〔四〕【補注】錢大昕曰：「南戒」當作「南斗」。先謙曰：占經引洪範傳云「月入南河戍門，民疾疫」。南河戍門，即南戍也，此南戒當爲南戍。錢氏以牛斗連文，故爲之説，疑非。荊州占云「月行犯牽牛，天下牛馬多疾死」。傳「民間」，渾言之。

〔五〕【補注】先謙曰：坐，五帝坐也。月出其坐北，及犯坐，象爲下謀上。占經引石氏云「月入太微中，乘東西門若左右掖門，而南出端門者，皆爲必有反臣」。

一曰月爲風雨，日爲寒温。冬至日南極，晷長，南不極則温爲害；夏至日北極，晷短，北不極則寒爲害。故書曰「日月之行，則有冬有夏」也。政治變於下，日月運於上矣。日出房北，〔一〕爲雨爲陰，爲亂爲兵；出房南，爲旱爲夭喪。水旱至衡而應，〔二〕及五星之變，必然之効也。

〔一〕【補注】先謙曰：官本「日」作「月」，是。

〔二〕【補注】沈欽韓曰：通卦驗「卦氣不至，其災各以其衝應之」。

兩軍相當，〔一〕日暈等，力均；〔二〕厚長大，有勝；薄短小，亡勝。〔三〕重抱大破亡。〔四〕抱爲和，背爲不和，爲分離相去。〔五〕直爲自立，立兵破軍，若曰殺將。〔六〕抱且戴，有喜。〔七〕圍在中，中勝；在外，外勝。〔八〕青外赤中，以和相去；赤外青中，以惡相去。〔九〕氣暈先至而後去，居軍勝。先至先去，前有利，後有病；後至後去，前病後利；後至先去，前後皆病，居軍不勝。〔一〇〕見而去，其後發疾，雖勝亡功。〔一一〕見半日以上，功太。〔一二〕白虹屈短，上下銳，〔一三〕有者下大流血。〔一四〕日暈制勝，近期三十日，遠期六十日。

〔一〕【補注】先謙曰：官本「兩」下提行。

〔二〕【補注】先謙曰：天官書「日」誤「曰」。晉、隋志並云「日旁有氣，員而周市，內赤外青，名爲暈。日暈者，軍營之象。周環市日，無厚薄，敵與軍勢齊等」。即志所云「暈等，力均」也。又云「凡占，兩軍相當，必謹審日月暈氣，知其所起、留止、遠近、應與不應，相應等者勢等」。

〔三〕【補注】先謙曰：晉、隋志「大勝小，厚勝薄，長勝短」。

〔四〕【補注】先謙曰：抱、背義，俱見上。天官書「亡」作「無」，字同。晉、隋志「抱勝背，多勝少，有勝無」。又云「日一抱一背爲破走，重背大破」。故重抱大破無抱者。

〔五〕【補注】先謙曰：晉、隋志「重抱爲和親，抱多，親者益多；背爲天下不和，分離相去。背於內者離於內，背於外者離於外」。

〔六〕【補注】先謙曰：隋志「青赤氣長而立日旁爲直，日旁有一直，敵在一旁欲自立，從直所擊者勝；日旁有二直三抱，欲自立者不成，順抱擊者勝，殺將」。案天官書云「直爲自立，立侯王；指暈若曰殺將」。占經引夏氏日暈圖云「日旁有一直，色黄白潤澤，有立侯王」。又云「日暈有直珥，爲破軍；貫日中，爲殺將」。案，貫日與指暈，意同，志因立侯王不涉軍事，删之，並删指暈者，義統於直也。若訓及，曰訓爲。「若曰殺將」者，立兵破軍，及爲殺將也。天官書「若」字當在「指暈」上，否則義不可通。

〔七〕【補注】先謙曰：晉志「日戴者，形如直狀，其上微起，在日上爲戴。戴者，德也，國有喜也」。一云「立日上爲戴，青赤氣抱在日上，小者爲冠，國有喜事」。

〔八〕【補注】先謙曰：占經引夏氏云「日暈而珥，外有一抱。所謂圍城者，外人勝」。又引孝經内記云「日暈，暈中有珥一抱。所謂圍城者，在中，中人勝」。

〔九〕【補注】先謙曰：隋志「凡占分離相去，赤内青外，以和相去；青内赤外，以惡相去」。

〔一〇〕【補注】先謙曰：言後至先去，雖居軍不勝。居軍謂主人。占經雜氣雲占云「凡日月暈與氣，以先有當作「至」。者爲。脱「勝」字。先去者爲敗」。與此文相發。

〔一一〕【補注】先謙曰：官本「疾」作「病」。王念孫云：天官書作「其發疾」。疾，速也，言氣暈既見而速去也。今本「疾」或作「病」，涉上文而誤。「後」字亦涉上文而衍。景祐本「疾」字不誤。

〔一二〕【補注】沈欽韓曰：「大」誤爲「太」。隋志「有軍，日暈不帀。半暈在東，東軍勝；在西，西軍勝；南北亦如之」。朱一新曰：「太」，汪本作「大」。先謙曰：官本作「大」。

〔一三〕李奇曰：「屈」或爲「尾」。韋昭曰：短而直者也。或曰短屈之虹。

〔一四〕【補注】先謙曰：晉志「虹頭尾至地，流血之象」。占經引抱朴子云「屈虹見城上，其下必大戰流血」。

其食，食所不利；復生，生所利；〔一〕不然，食盡爲主位。以其直及日所躔加日時，用名

其國。〔二〕

〔一〕【補注】先謙曰：占經引王朔云「日蝕，兩敵相當，即從食所擊之，大勝，殺將」。洛書云「日蝕復生者，日光復故也。從日蝕生地擊敵，破之」。

〔二〕【補注】先謙曰：占經引河圖云「月蝕盡者，主位也；不盡者，大臣位也。近期三月，遠期三年」。天官書作「而食益盡爲主位」。王氏雜志云：「而」讀曰「如」。「益」即「盡」字之誤而衍。漢志「盡」上無「益」字，是也。「不然」二字亦有誤。

凡望雲氣，〔一〕仰而望之，三四百里；平望，在桑榆上，千餘里，二千里；登高而望之，下屬地者居三千里。〔二〕雲氣有戰居上者，勝。〔三〕

〔一〕【補注】先謙曰：官本提行。張永祚云「凡望雲氣」、「凡候歲美惡」皆自爲一段，不相連接，監本誤也。今於每段俱另提行。

〔二〕【補注】先謙曰：天官書「千餘里，二千里」作「餘二千里」，無「居」字。晉、隋志「凡候氣之法，氣初出時，若雲非雲，若霧非霧，髣髴若可見，初出森森然。若桑榆上，高五六尺者，是千五百里外，平視則千里，舉目望即五百里，仰瞩中天即百里內。平望桑榆閒，二千里，登高而望下屬地者三千里」。

〔三〕【補注】王念孫曰：「戰」，當依天官書作「獸」，字之誤也。占經雜雲氣占曰「雲氣如伏虎，居上者不可攻」，是其證。沈欽韓曰：隋志「敵上氣如乳虎豹伏者難攻；軍上雲如馬，頭低尾仰，勿與戰；軍上雲如狗形，勿與戰」。先謙曰：官本「戰」作「獸」。

自華以南，氣下黑上赤。嵩高三河之郊，氣正赤。常山以北，氣下黑上青。勃、碣、海、岱之間，氣皆黑。江、淮之間，氣皆白。〔一〕

〔一〕【補注】先謙曰：晉、隋志「氣下黑上青」作「氣青」，「氣皆黑」作「氣皆正黑」。

徒氣白。土功氣黃。車氣乍高乍下，往往而聚。騎氣卑而布。卒氣摶。〔一〕前卑而後高者，疾；前方而後高者，鋭；後鋭而卑者，卻。〔二〕其氣平者其行徐。前高後卑者，不止而反。氣相遇者，卑勝高，鋭勝方。〔三〕氣來卑而循車道者，不過三四日，去之五六里見。氣來高七八尺者，不過五六日，去之十餘二十里見。氣來高丈餘二丈者，不過三四十日，去之〔四〕五六十里見。

〔一〕如淳曰：摶，專也，摶音徒端反。【補注】先謙曰：晉、隋志作「土功氣黃白」。集解引如説作「摶，專也」。或曰「摶音徒端反」。前説讀摶爲專，後説訓摶爲聚，此引併爲一，非。

〔二〕【補注】先謙曰：天官書作「前方而後高，兑；〔後兑〕而卑者，卻」。王氏雜志云：下文云「氣相遇者，卑勝高，兑勝方」。當依晉志作「前方而高，後鋭而卑者，卻」。史記「高後」二字互易，官本不誤。漢志則「高」上衍「後」字，高下衍「者鋭」二字。愚案，隋志與晉同。

〔三〕【補注】王念孫曰：「遇」本作「禺」，禺讀爲偶，謂兩氣相敵偶也。偶、禺古字通，管子海王篇「禺策之」，尹知章曰「禺讀爲偶，偶，對也」。史記封禪書「木禺龍欒車一駟，木禺車馬二匹」，索隱曰「禺一音偶，謂偶其形於木也」。又下文「以木禺馬代駒」。孝武紀「禺」作「耦」。史記作「遇」，索隱曰「遇音偶。漢書作『禺』」。據此，則小司馬所見本正作「禺」，今作「遇」者，後人以史記改之耳。或曰若本作「禺」而讀爲「偶」，則師古何以無音？不知師古此篇之注甚少，而音亦甚略，後人正以師古無音，故徑改之耳。

〔四〕【補注】先謙曰：天官書「道」作「通」，蓋形近而誤。裴駰以爲避漢武諱，以「轍」爲「通」。

捎雲精白者，其將悍，〔一〕其士怯。其大根而前絶遠者，戰。精白，其芒低者，戰勝；其前赤而卬者，戰不勝。〔二〕陣雲如立垣。〔三〕杼雲類杼。柚雲摶而耑鋭。〔四〕杓雲如繩者，居前竟天，其半半天。〔五〕蜺雲者，類鬭旗故。〔六〕鋭鉤雲句曲。〔七〕諸此雲見，以五色占。〔八〕而澤摶密，其見動人，乃有占；〔九〕兵必起，占鬭其直。〔一〇〕

〔一〕晉灼曰：捎音霄。韋昭曰：音髾。【補注】先謙曰：官本無注。「精」與「青」同。下「精白」，天官書作「青白」，是其證。

〔二〕【補注】先謙曰：天官書「芒」作「前」。

〔三〕【補注】先謙曰：占經雜雲氣占云「有雲如敵人列陣，天下兵起」。

〔四〕【補注】先謙曰：天官書「柚」作「軸」，「而」作「兩」，是。索隱兵書云「營上雲氣如織，勿與戰也」。案，雲摶結而兩耑鋭，形似杼柚也。

〔五〕【補注】先謙曰：索隱，劉氏「杓音時酌反」。説文「音丁了反」。許慎注淮南云「杓，引也」。晉、隋志「杼軸，雲類軸摶，兩端鋭。⿰忄勺雲如繩，居前亘天，其半，半天」。「⿰忄勺」蓋「杓」之誤。唐邵諤望氣經「杼雲類軸，杓雲如繩」。並以杼雲、杓雲爲兩事。

〔六〕【補注】先謙曰：天官書「其蜺者類闕旗故」，索隱「蜺音五結反，亦作『蜺』，音同」。官本斷句如此。南監〔本〕「故」字下屬，不如官本義長。言謂之蜺雲者，以類鬭旗故也。晉、隋志、望氣經並作「闕旗」，鬭與闕形近致誤。

〔七〕【補注】先謙曰：「鋭」字衍，天官書、晉、隋志皆無。正義「句音古侯反」。

〔八〕【補注】先謙曰：各以其色驗之。天官書「占」上有「合」字，義亦通。

〔九〕【補注】沈欽韓曰：通典雜占云「凡氣不積不結，散漫一方，不能爲災。必須和雜殺氣，森森然疾起，乃可論占」。先謙曰：澤謂雲氣潤澤，京房易飛候「青雲潤澤蔽日，在西北，爲舉賢良」。亦其義也。天官書「密」作「宓」，字通。

〔一〇〕【補注】先謙曰：天官書「占」作「合」，是。言如此必兵起，合鬭其所也。晉、隋志作「而澤摶密，其見動人，(及)〔乃〕有兵，合鬭其直」。

王朔所候，決於日旁。〔一〕日旁雲氣，人主象。皆如其形以占。〔二〕

〔一〕【補注】朱一新曰：天官書「漢之爲天數者，氣則王朔」。王朔，人姓名。先謙曰：亦見李廣傳。藝文志有漢日旁氣行事占驗，殆朔撰邪？占經日占中多引朔説。

〔二〕【補注】沈欽韓曰：隋志「天子氣，内赤外黄，正四方，所發之處，當有王者。若天子欲有遊往其地，亦先發此氣。或如城門，隱隱在氣霧中，恆帶殺氣。敵上氣如龍馬，或雜色鬱鬱衝天，此帝王之氣，不可擊」。

故北夷之氣如羣畜穹閭，南夷之氣類舟船幡旗。〔一〕大水處，敗軍場，破國之虛，下有積泉，〔二〕金寶上，皆有氣，不可不察。〔三〕海旁蜃氣象樓臺，廣壄氣成宮闕然。〔四〕雲氣各象其山川人民所聚積。〔五〕故候息秏者，〔六〕入國邑，視封畺田疇之整治，〔七〕城郭室屋門户之潤澤，次至車服畜産精華。實息者吉，虛秏者凶。〔八〕

〔一〕【補注】王念孫曰：天官書文與此同。索隱鄒氏云「一作『弓閭』。天文志作『弓』字，音穹」。據此，則漢志本作「弓」而讀爲「穹」，與史記作「穹」者異文。而今本亦作「穹」，則後人以史記改之也。案，車蓋弓，説文謂之穹隆。説文「淮陽名車穹隆轒」。攷工記謂之弓。釋名云「弓，穹也，張之穹隆然也」。「穹」、「弓」聲近而義同，故字亦相通。先謙曰：晉志「閭」作「廬」，望氣經亦作「廬」。晉、隋志「東夷氣如樹，西夷氣如室屋，南夷氣如闍臺，或類舟船」。

〔二〕【補注】先謙曰：天官書作「錢」。集解徐廣云，古作「泉」字。

〔三〕【補注】先謙曰：望氣經「如藤蔓挂樹者，寶氣也；紫氛如樓者，玉氣也；赩氣有銅；紅氣有瓊」。

〔四〕【補注】先謙曰：望氣經「海旁蜃氣如樓閣，廣野之氣成宮闕」。

〔五〕【補注】先謙曰：上文「自華以南」云云，即其義。史志諸書多以國域山川言之，不復具引。正義引淮南「山氣多勇，澤氣多瘖」等語，是地氣，非雲氣也。

〔六〕【補注】先謙曰：息秏即盈虛、消息之謂。息，生長也。秏，虛損也。董仲舒傳「察天下之息秏」。後漢竇后紀「家既廢壞，數呼相工問息秏」。是其義也。

〔七〕如淳曰：蔡邕云「麻田曰疇」。

〔八〕【補注】先謙曰：淮南墜形訓「息土人美，秏土人醜」。

若煙非煙，若雲非雲，郁郁紛紛，蕭索輪囷，是謂慶雲。慶雲見，喜氣也。〔一〕若霧非霧，衣冠不濡，見則其城被甲而趨。〔二〕

〔一〕【補注】先謙曰：晉志亦曰「景雲，太平之應」。

〔二〕【補注】先謙曰：天官書「城」作「域」，晉志同。隋志作「衣冠不雨而濡」，誤。此雲氣，沈氏以爲霾，非也。

夫雷電、赮虹、〔一〕辟歷、夜明者，〔二〕陽氣之動者也，春夏則發，秋冬則藏，故候書者亡不司。〔三〕

〔一〕【補注】朱一新曰：「赮」字，說文新附有之。玉篇「東方赤色也」。廣韻「日朝赤色也」。郭景純江賦「壁立赮駮」，李注「赮，古『霞』字，又通作『瑕』」。楊雄傳「噏清雲之流瑕」，師古注「瑕謂日旁赤氣也」。史記作「蝦」，蓋古借用字。先謙曰：天官書「夫」作「天」。

〔二〕【補注】先謙曰：春秋繁露云「王言下不從〔則金不從〕革，則秋多霹靂」，說文「震，霹靂振物也」。占經引孝經內記圖曰「日夜出，明，臣賊其主，奪其家。一曰兵起，天下飢」。

〔三〕【補注】先謙曰：候書者，候而書之。左氏傳「書其雲物是也」。「司」讀曰「伺」。

天開縣物，〔一〕地動坼絕。〔二〕山崩及陁，〔三〕川塞谿坺；〔四〕水澹地長，澤竭見象。〔五〕城郭門閭，潤息槀枯；〔六〕宮廟廊第，人民所次。謠俗車服，觀民飲食。五穀草木，觀其所屬。倉府廄庫，四通之路。六畜禽獸，所產去就；魚鼈鳥鼠，觀其所處。鬼哭若謼，與人逢遌。〔七〕訛言，誠然。〔八〕

〔一〕孟康曰：謂天裂而見物象也，天開示縣象。【補注】先謙曰：占經引天鏡云「天裂見牛馬」。又引洪範傳云「天裂見人，鳴有聲，至尊憂且驚」。

〔二〕【補注】先謙曰：占經引考異郵云「臣恣，地裂坼」。

〔三〕【補注】先謙曰：天官書「陁」作「徙」。案，崩者，陷而下也。「陁」，俗「陀」字，一作「阤」，邪貌，徙則移動。占經引地鏡云「山無故自徙，天下兵，社稷亡」。

〔四〕孟康曰：坺音羅菔，謂谿坺崩也。蘇林曰：坺音伏。伏，流也。如淳曰：坺，填塞不通也。【補注】先謙曰：集解引徐廣云「土雍曰坺，音服」。孟康云「谿，谷也。坺，崩也」。與此引微異。官本無孟注。

〔五〕【補注】朱一新曰：天官書「地長」誤在「澤竭」下，此文用韻，若竭與象，則失韻矣。先謙曰：說文「澹，水搖也」。占經引崔鴻北燕國録云「龍城東溝，竭涸積年，夏四月溝中墳起有聲，俄而泉涌出。閔尚曰『溝中墳起，所謂深谷爲陵；泉涌出，所謂百川沸騰，陰旺之所致也」。案，此水澹地長也」。又云「水忽自竭，邑虛不吉，此澤竭見象也」。

〔六〕【補注】先謙曰：官本作「枯稾」。王念孫云：「枯稾」，當依景祐本作「稾枯」。枯與閭爲韻，上下文亦皆用韻也。天官書亦誤作「枯稾」，史記攷異已辨之。先謙又案，孟子「是其日夜之所息，雨露之所潤」。「潤」、「息」二字連文見義。天官書「潤息」作「閏臬」，並形近致誤。

〔七〕【補注】先謙曰：天官書作「其人逢俉」。集解「俉，迎也」。索隱「逢俉，謂相逢而驚也。俉亦作迕」。玉篇「遌」亦作「迕」，遇也。

〔八〕【補注】朱一新曰：天官書「訛」作「化」。索隱以「化」爲「訛」字之誤。案訛本訓化，見釋言。此借字，非誤字。言與然韻，謂訛言之興，其後必誠有此事，明訛言非徒興也。

凡候歲美惡，謹候歲始。〔一〕歲始或冬至日，產氣始萌。〔二〕臘明日，人衆卒歲，壹會飲食，發陽氣，〔三〕故曰初歲。正月旦，王者歲首；立春，四時之始也。四始者，候之日。〔四〕

〔一〕【補注】先謙曰：官本「凡」下提行。

〔二〕【補注】先謙曰：產氣，生氣也。大宗伯注「生其種曰產」。

〔三〕【補注】沈欽韓曰：荆楚歲時記「十二月八日爲臘日，諺曰臘鼓鳴，春草生」。四民月令云「過臘一日謂之小歲，拜賀君親，進椒酒」。

〔四〕【補注】先謙曰：歲首、正月、旦日及立春，共爲四始，乃候歲吉凶之日也。

而漢魏鮮集臘明正月旦決八風。〔一〕風從南，大旱；西南，小旱；西方，有兵；西北，戎叔爲，〔二〕小雨，趣兵；〔三〕北方，爲中歲；〔四〕東北，爲上歲；〔五〕東方，大水；東南，民有疾疫，歲惡。故八風各與其衝對，課多者爲勝。多勝少，久勝亟，疾勝徐。〔六〕旦至食，爲麥；食至日昳，爲稷；〔七〕昳至餔，爲黍；餔至下餔，爲叔；下餔至日入，爲麻。〔八〕欲終日有雲，有風，有日，當其時，深而多實；〔九〕亡雲，有風日，當其時，淺而少實；有雲風，亡日，當其時，深而少實；有日，亡雲，不風，當其時者稼有敗。如食頃，小敗；孰五斗米頃，大敗。風復起，有雲，其稼復起。各以其時用雲色占種所宜。雨雪，寒，歲惡。

〔一〕孟康曰：魏鮮，人姓名，作占候者也。【補注】朱一新曰：臘明，謂臘明日也。天官書「占歲則魏鮮」。先謙曰：官本注末無「也」字。占經候星善惡占引漢魏鮮「正月朔旦八風占」。「集」與「輯」同，謂綴合成書。

〔二〕孟康曰：戎叔，胡豆也。爲，成也。【補注】吳仁傑曰：春秋「齊侯來獻戎捷」，穀梁曰「戎叔也」。疏謂管子以戎爲豆。然戎叔自后稷時有之，非始於齊侯。詩曰「蓺之荏菽」，爾雅曰「戎菽謂之荏菽」。郭璞、樊光、舍人、李巡皆云「胡豆」。孫炎云大豆也。詩正義謂璞等以戎是夷名，故以爲胡豆。即如郭言，齊威始布其種，則后稷所種者，何時絶乎？禮有戎車，不可謂之胡車，然則戎叔當謂大豆。孟説非也。沈欽韓曰：通卦驗「清明，風當至不至，菽豆不爲」。與此「爲」字義同。天文訓「禾不爲」。董子五行順逆篇「魚大爲」。並同也。

〔三〕【補注】先謙曰：索隱「趣音促。風從西北來，則戎叔成，而又有小雨，則其國趣兵起也」。集解引徐廣云，一無「小雨」兩字。案，八風占云「西北來，有邊兵，野豆成」。野豆成，即戎叔爲也。有邊兵，即趣兵也。似無「小雨」二字是。

〔四〕【補注】先謙曰：八風占云「北來爲中歲，有水」。

〔五〕韋昭曰：上歲，大穰。【補注】先謙曰：官本無注。

〔六〕【補注】先謙曰：廣雅釋言「課，第也」。以八方相衝之風對，次第其多少、久亟、疾徐，以定勝負。

〔七〕【補注】錢大昭曰：南雍本「跌」作「昳」，「疾」作「稷」。朱一新曰：天官書「跌」作「昳」。說文無「昳」字，新附有之，云「日昃也」。大司徒先鄭注「景夕謂日跌景」。釋文「跌，徒結反」。左昭五年傳正義「日跌，謂蹉跌而下也」。玉篇「晛訓日跌」。博雅「昊，跌也」。並作「跌」。「疾」汪本作「稷」，是。先謙曰：官本「疾」作「稷」，天官書亦作「稷」。

〔八〕【補注】先謙曰：占風者，以其時知五穀之美惡。

〔九〕【補注】先謙曰：言欲正月旦終一日有雲、風、日，則一歲中五穀熟，無災害。天官書「終日」下有「有雨」二字。既欲終日有日，何又欲終日有雨？明二字衍。

是日光明，聽都邑人民之聲。聲宮，則歲美，吉；〔一〕商，有兵；徵，旱；羽，水；角，歲惡。

〔一〕【補注】先謙曰：天官書「美」作「善」。

或從正月旦比數雨。〔一〕率日食一升，至七升而極；〔二〕過之，不占。數至十二日，直其月，占水旱。〔三〕爲其環域千里内占，即爲天下候，竟正月。〔四〕月所離列宿，日、風、雲，占其國。然必察太歲所在。〔五〕金，穰；水，毁；木，飢；火，旱。此其大經也。

〔一〕【補注】先謙曰：從旦日比而數之，以雨卜歲之法也。

〔二〕孟康曰：正月一日雨，民有一升之食，二日雨，民有二升之食，如此至七日已來驗也。【補注】沈欽韓曰：齊民要術淮南術曰「從冬至日數至來年正月朔日，五十日者民食足；不滿五十日者，日減一斗；有餘日，日益一斗」。亦其類也。

〔三〕孟康曰：一日雨，正月水也。【補注】先謙曰：天官書「直」上更有「日」字，文義較明。

〔四〕孟康曰：月三十日周天，歷二十八宿，然後可占天下。【補注】先謙曰：言爲其國占，如上所云；若爲天下占候，當竟正月也。天官書「即爲天下」作「則其爲天下」。「即」與「則」，古通用。則其爲天下者，若其爲天下也。「則」與「若」同義。上文「風復起有雲」，天官書作「則風復起有雲」，「則」亦訓「若」。王氏史記雜志言之甚詳，而於此獨遺之。

〔五〕【補注】先謙曰：索隱韋昭云「離，歷也」。天官書「在」下更有「在」字。

正月上甲，風從東方來，宜蠶；從西方來，若旦有黃雲，惡。〔一〕冬至短極，縣土炭，〔二〕炭動，麋鹿解角，〔三〕蘭根出，泉水踊，略以知日至，要決晷景。〔四〕

〔一〕【補注】先謙曰：謂歲惡也。

〔二〕孟康曰：先冬至三日，縣土炭於衡兩端，輕重適均，冬至而陽氣至則炭重，夏至陰氣至則土重。晉灼曰：蔡邕曆律記「候鍾律權土炭，冬至陽氣應黃鍾通，土炭輕而衡仰；夏至陽氣應蕤賓通，土炭重而衡低。進退先後，五日之中」。【補注】先謙曰：官本注「曆律」作「律曆」。夏至陽氣應，「陽」作「陰」，是。天官書引同。「冬至」下「而」字作「日」。

〔三〕【補注】先謙曰：說文「麋，鹿屬」。中山經注「麋似鹿而大，故麋亦謂之麋鹿」。冬至麋解角也，若鹿則以夏至角解。天官書奪「麋」字，則義舛矣。

〔四〕【補注】先謙曰：以晷景知日至，上文云「日之遠近難知，要以晷景」是也。而縣炭四事，亦略可爲要決之助。

夫天運〔一〕三十歲一小變，百年中變，五百年大變，三大變一紀，三紀而大備，此其大數也。春秋二百四十二年間，日食三十六，彗星三見，夜常星不見，〔二〕夜中星隕如雨者各一。當是時，禍亂輒應，周室微弱，上下交怨，殺君三十六，〔三〕亡國五十二，諸侯奔走，不得保其社稷者，不可勝數。自是之後，衆暴寡，大并小。秦、楚、吳、粵，夷狄也，爲彊伯。田氏篡叁，〔四〕三家分晉，並爲戰國，爭於攻取，兵革遞起，城邑數屠，因以飢饉疾疫愁苦，臣主共憂患，其察禨祥候星氣尤急。〔五〕近世十二諸侯七國相王，〔六〕言從横者繼踵，而占天文者因時務論書傳，〔七〕故其占驗鱗雜米鹽，亡可録者。〔八〕

〔一〕【補注】先謙曰：官本「夫」下提行。

〔二〕【補注】先謙曰：「恒」作「常」，避文帝諱。

〔三〕【補注】朱一新曰：殺同弑。古書「弑」、「殺」多通用。

〔四〕【補注】先謙曰：官本「叁」作「齊」，下並同。

〔五〕如淳曰：呂氏春秋「荆人鬼，越人禨」，今之巫祝禱祠淫祀之比也。晉灼曰：禨音珠璣之璣。【補注】先謙曰：官本無「晉」下九字。

〔六〕【補注】先謙曰：十二者，史記所表十二諸侯。七國，謂七雄也。證以天官書甚明。正義以爲漢世吳楚七國，謬矣。

〔七〕【補注】朱一新曰：占天文者，天官書作「臯、唐、甘、石」，謂趙尹臯、楚唐眛、齊甘德、魏石申夫。

〔八〕【補注】先謙曰：天官書「鱗」作「凌」。正義「凌雜，交亂也。米鹽，細碎也」。

周卒爲秦所滅。始皇之時，十五年間彗星四見，久者八十日，長或竟天。後秦遂以兵内兼六國，外攘四夷，死人如亂麻。又熒惑守心，及天市芒角，色赤如雞血。始皇既死，適庶相殺，二世即位，殘骨肉，戮將相。太白再經天。因以張楚並興，〔一〕兵相跆籍，〔二〕秦遂以亡。

〔一〕【補注】周壽昌曰：張楚，陳涉號。並興，兼項羽之楚而言。

〔二〕蘇林曰：跆音臺，登躡也。或作蹈。【補注】先謙曰：官本〔注〕無登至蹈六字。天官書作「駘藉」。集解引蘇注亦作「駘」。「駘」、「籍」並通假字。

項羽救鉅鹿，枉矢西流。枉矢所觸，天下之所伐射，滅亡象也。物莫直於矢，今蛇行不能直而枉者，執矢者亦不正，以象項羽執政亂也。羽遂合從，阬秦人，屠咸陽。凡枉矢之流，以亂伐亂也。

漢元年十月，五星聚於東井，〔一〕以曆推之，從歲星也。〔二〕此高皇帝受命之符也。故客謂張耳曰：「東井秦地，〔三〕漢王入秦，五星從歲星聚，當以義取天下。」〔四〕秦王子嬰降於枳道，漢王以屬吏，寶器婦女亡所取，閉宮封門，還軍次于霸上，以候諸侯。與秦民約法三章，民亡不歸心者，可謂能行義矣，天之所予也。五年遂定天下，即帝位。此明歲星之崇義，東井爲秦之地明効也。〔五〕

〔一〕【補注】先謙曰：高紀同。

〔二〕李奇曰：歲星得其正度，其四星隨比常正行，故曰從也。孟康曰：歲星先至，先至爲主也。【補注】劉敞曰：案，曆，太白辰星去日，率不能一兩次耳，今十月而從歲星於東井，非理。然則五星以秦之十月聚東井耳。秦之十月，今七月，日當在鶉尾，故太白辰星得從歲星也。王引之曰：此用崔浩前三月聚東井之説，見魏書高允傳。其實非也。下文「客謂張耳曰『東井秦地，漢王入秦，五星從歲星聚，當以義取天下』」。是五星聚東井在入秦之月。高紀曰「秦三年九月，趙高立二世兄子子嬰爲秦王」，下遂云「元年冬十月，五星聚于東井。沛公至霸上，秦王子嬰封皇帝璽符節，降枳道旁」。是入秦在十月，上與九月相接，非建亥之月而何？若七月，則沛公猶未入秦，不足爲受命之符矣。史記張蒼傳「蒼爲計相時，緒正律曆，以高祖十月始至霸上」，因故秦時以十月爲歲首，弗革，若以十月爲今七月，則非秦之歲首矣。據秦楚之際月表，歲首建十月，而終于九月，其弟四月避諱，改正月爲端月。漢高、惠、文、景紀及武紀元封六年以前，正月皆在弟四月，無以十月爲正月者，亦無以七月爲十月者。蓋秦用顓頊曆，自正月建寅，至十二月建丑，未嘗易其次也，豈得謂秦之十月今七月乎？辨見高紀「春正月」下。十月五星聚東井，乃事之必無者。高允以爲「史官欲神其事，不復推之於理」，見高允傳。是也。必欲强爲之説，以遷就之，則謬矣。

〔三〕【補注】錢大昭曰：「并」，南雍本、閩本作「井」。先謙曰：官本作「井」，是。

〔四〕【補注】先謙曰：上文云「從歲以義」。

〔五〕【補注】先謙曰：官本「効」作「效」。

三年秋，太白出西方，有光幾中，〔一〕乍北乍南，過期乃入。辰星出四孟。〔二〕是時，項羽爲楚王，而漢已定三秦，與相距滎陽。太白出西方，有光幾中，是秦地戰將勝，而漢國將興也。〔三〕辰星出四孟，易王之表也。〔四〕後二年，漢滅楚。

〔一〕晉灼曰：幾中，近踰身。【補注】先謙曰：官本注末有「也」字。

〔二〕韋昭曰：法當出四仲，出四孟爲易主之象也。【補注】沈欽韓曰：天文訓「辰星正四時，常以二月春分効奎、婁，効，見也。以五月夏至効東井、輿鬼，以八月秋分効角、亢，以十一月冬至効斗、牽牛」。先謙曰：紀不載。又是年星孛大角，入五行志。

〔三〕【補注】朱一新曰：汪本無「國」字。

〔四〕【補注】朱一新曰：汪本「王」作「主」。先謙曰：官本作「主」。「也」下誤重「也」字。

七年，月暈，圍參、畢七重。占曰：「畢、昴間，天街也；街北，胡也；街南，中國也。昴爲匈奴，參爲趙，畢爲邊兵。」是歲高皇帝自將兵擊匈奴，至平城，爲冒頓單于所圍，七日乃解。〔一〕

〔一〕【補注】先謙曰：天官書索隱「七重者，主七日也」。

十二年春，熒惑守心。〔一〕四月，宮車晏駕。〔二〕

〔一〕李奇曰：心爲天王也。

〔二〕應劭曰：天子當晨起早作，而方崩殞，故稱晏駕云。韋昭曰：凡初崩爲晏駕者，臣子之心猶爲宮車當駕而出耳。

【補注】朱一新曰：汪本注「猶」下「爲」作「謂」。先謙曰：官本作「謂」，爲、謂字通。

孝惠二年，天開東北，廣十餘丈，長二十餘丈。地動，陰有餘；天裂，陽不足：皆下盛彊將害上之變也。其後有呂氏之亂。〔一〕

〔一〕【補注】先謙曰：以上不入紀。

孝文後二年正月壬寅，天欃夕出西南。〔一〕占曰：「爲兵喪亂。」其六年十一月，匈奴入上郡、雲中，漢起三軍以衛京師。其四月乙巳，水、木、火三合於東井。占曰：「外内有兵與喪，改立王公。東井，秦也。」八月，天狗下梁壄。是歲誅反者周殷長安市，其七年六月，文帝崩。其十一月戊戌，土水合於危。占曰：「爲雍沮，〔二〕所當之國不可舉事用兵，必受其殃。一曰將覆軍。危，亝也。」其七月，火東行，行畢陽，〔三〕環畢東北，出而西，逆行至昴，即南乃東行。占曰：「爲喪死寇亂。畢、昴，趙也。」〔四〕

〔一〕孟康曰：歲星之精。
〔二〕【補注】朱一新曰：水與土合，爲雍沮，見上。
〔三〕【補注】沈欽韓曰：陽，天街之南也。天象志「月蝕在畢，直微垣之陽」。又云「月再犯畢陽」。皆謂街南。
〔四〕【補注】先謙曰：以上不入紀。是年，星孛西方，入五行志。

孝景元年正月癸酉，金、水合於婺女。占曰：「爲變謀，爲兵憂。婺女，粵也，又爲齊。」其七月乙丑，金、木、水三合於張。占曰：「外內有兵與喪，改立王公。張，周地，今之河南也，又爲楚。」其二年七月丙子，〔一〕火與水晨出東方，因守斗。占曰：「其國絶祀。」至其十二月，水、火合於斗。占曰：「爲淬，〔二〕不可舉事用兵，必受其殃。」一曰：「爲北軍，〔三〕用兵舉事大敗。斗，吳也，又爲粵。」是歲彗星出西南。其三月，立六皇子爲王，〔四〕淮陽、汝南、河間、臨江、長沙、廣川。其三年，吳、楚、膠西、膠東、淄川、濟南、趙七國反。吳、楚兵先至攻梁，膠西、膠東、淄川三國攻圍齊。漢遣大將軍周亞夫等戍止河南，以候吳、楚之敝，遂敗之。吳王亡走粵，粵攻而殺之。平陽侯敗三國之師于亝，咸伏其辜，〔五〕亝王自殺。漢兵以水攻趙城，城壞，王自殺。六月，立皇子二人、楚元王子一人爲王，王膠西、中山、楚。徙濟北爲淄川王，淮陽爲魯王，汝南爲江都王。七月，兵罷。天狗下，占爲：「破軍殺將，狗又守禦類也，天狗所降，以戒守禦。」吴、楚攻梁，梁堅城守，遂伏尸流血其下。〔六〕

〔一〕【補注】先謙曰：下云「十二月」、「三月」，此「七月」是「十月」之譌。是時尚以十月爲歲首，不當先七月也。

〔二〕【補注】朱一新曰：火與水合爲淬，見上。

〔三〕【補注】先謙曰：兵敗北也。見上。

〔四〕【補注】朱一新曰：「王」下空格，蓋脱文，汪本重「王」字，是。先謙曰：官本重「王」字。

〔五〕【補注】錢大昕曰：是時擊齊者爲將軍欒布，平陽侯則布之副也。見齊悼惠王傳。師古以爲平陽侯曹襄，小司馬則以爲曹奇，當從小司馬。

〔六〕【補注】先謙曰：景紀「二年，星孛西南」，餘不載。史記景紀「八月，彗星出西北，熒惑逆行守北辰，月出北辰閒，歲星逆行天庭中」。

三年，填星在婁，幾入，還居奎。奎，魯也。占曰：「其國得地爲得填。」是歲魯爲國。

四年七月癸未，火入東井，行陰，〔一〕又以九月己未入輿鬼，戊寅出。占曰：「爲誅罰，又爲火災。」後二年，有栗氏事，其後未央東闕災。

〔一〕【補注】沈欽韓曰：謂黄道之北。晉志「井，天之南門，黄道所經」。

中元年，填星當在觜觿、參，去居東井。占曰：「亡地，不乃有女憂。」其三年〔一〕正月丁亥，金、木合於觜觿，爲白衣之會。三月丁酉，彗星夜見西北，色白，長丈，在觜觿，且去益小，〔二〕十五日不見。占曰：「必有破國亂君，伏死其辜。觜觿，梁也。」其五月甲午，金、木俱在東井。戊，金去木留，守之〔三〕二十日。占曰：「傷成於戉。木爲諸侯，誅將行於諸侯也。」〔四〕其六月壬戌，蓬星見西南，〔五〕在房南，去房可二丈，大如二斗器，色白；癸亥在心東北，可長丈所；甲子在尾北，可六丈；丁卯在箕北，近漢，稍小，且去時，大如桃。〔六〕壬申去，凡十日。占曰：「蓬星出，必有亂臣。房、心間，天子宮也。」是時梁王欲爲漢嗣，使人殺漢爭臣袁盎。漢桉誅梁大臣，〔七〕斧戉用。梁王恐懼，布車入關，伏斧戉謝罪，然後得免。〔八〕

〔一〕【補注】王念孫曰：「中三年」在下文，則此「三年」當作「二年」也。占經彗星占中引此正作「中二年」。

〔二〕【補注】錢大昭曰：「且」，南雍本、閩本作「旦」。先謙曰：官本作「旦」。王念孫云，案「旦」當爲「且」，且，將也。言始出長丈，將去則益小，至十五日則不見也。下文云「流星始出小，且入大」，即其證。占經引此正作「且去」。

〔三〕【補注】朱一新曰：「戊」，汪本作「戊戌」，是。甲午至戊戌，凡五日。先謙曰：官本作「戊戌」。

〔四〕【補注】先謙曰：官本「戉」作「戊」。王念孫云，案「戊」當依景祐本作「戉」。「戉」，古「鉞」字，故曰「誅將行於諸侯」。上文「傷成戉」，今本「戉」譌作「戊」，齊氏已辯之。天官書作「鉞」，是其證。上文兩斧「戉」字，亦譌作「戊」，皆當依景祐本改。

〔五〕【補注】先謙曰：占經引荆州占云「蓬星一名王星，狀如夜火之光，多即至四五，少即一二」。一曰「蓬星，在西南，修數丈，左右兑出而易處」。志與後説合。

〔六〕【補注】錢大昭曰：「且」，閩本作「旦」。先謙曰：官本作「旦」。王念孫云，案「旦」亦當爲「且」。占經妖星占中引此亦作「且去」。御覽咎徵部二同。

〔七〕【補注】先謙曰：「桉」，官本作「按」。

〔八〕【補注】先謙曰：以上不入紀。

中三年十一月庚午夕，金、火合於虚，相去一寸。占曰：「爲鑠爲喪。〔一〕虚，齊也。」

〔一〕【補注】朱一新曰：火與金合爲鑠，見上。先謙曰：紀不載，惟書「九月，星孛西北」。

四年四月丙申，金、木合於東井。占曰：「爲白衣之會，非秦也。」〔一〕其五年四月乙巳，水、火合於參。占曰：「國不吉。參，梁也。」其六年四月，梁孝王死。五月，城陽王、濟陰王死。六月，成陽公主死。出入三月，天子四衣白，臨邸第。

〔一〕【補注】錢大昭曰：「非」，南雍本、閩本作「并」。朱一新曰：汪本作「井」，是也。先謙曰：官本作「井」。紀不載。

後元年五月壬午，火、金合於輿鬼之東北，不至柳，出輿鬼北可五寸。占曰：「爲鑠有喪。輿鬼，秦也。」丙戌地大動，鈴鈴然，民大疫死，棺貴，至秋止。〔一〕

〔一〕【補注】先謙曰：紀書「地震」。廣雅釋訓「鈴鈴，聲也」。詩「盧令令」，傳「令令，纓環聲」，疏作「鈴鈴」。文選游天台山賦「振金策之鈴鈴」，注「鈴鈴，策聲」。蓋策上綴金，其聲令丁，故亦以鈴鈴爲況。此則以鈴鈴狀地動聲也。

孝武建元三年三月，有星孛於注、張，歷太微，干紫宫，至於天漢。〔一〕春秋「星孛於北斗，齊、魯、晉之君皆將死亂」。〔二〕今星孛歷五宿，其後濟東、膠西、江都王皆坐法削黜自殺，淮陽、衡山謀反而誅。

〔一〕【補注】錢大昭曰：注，即柳也。釋天「咮謂之柳」。律書「注者，言萬物之始衰，陽氣下注，故曰注」。索隱「注，咮也」。天官書「柳爲鳥注」。先謙曰：紀不載。

〔二〕【補注】王先慎曰：文十四年秋七月，有星孛入于北斗。左傳周内史叔服曰：「不出七年，宋、齊、晉之君皆將死亂。」杜注：「後三年，宋弒昭公；五年，齊弒懿公；七年，晉弒靈公。」是「魯」爲「宋」字之誤。

三年四月，有星孛於天紀，至織女。占曰：「織女有女變，天紀爲地震。」至四年十月而地動，其後陳皇后廢。〔一〕

〔一〕【補注】先謙曰：紀不載，惟書「七月，星孛西北」。

六年，熒惑守輿鬼。占曰：「爲火變，有喪。」是歲高園有火災，竇太后崩。〔一〕

〔一〕【補注】先謙曰：官本「六年」提行。紀不載，書「八月，星孛東方」。五行志書「星孛東北」。

元光元年六月，客星見于房。占曰：「爲兵起。」其二年十一月，單于將十萬騎入武州，漢遣兵三十餘萬以待之。

元光中，天星盡搖，上以問候星者。對曰：「星搖者，民勞也。」後伐四夷，百姓勞于兵革。〔一〕

〔一〕【補注】先謙曰：官本「元光中」提行。紀並不載。

元鼎五年，太白入於天苑。占曰：「將以馬起兵也。」一曰：「馬將以軍而死秏。」其後以天馬故誅大宛，馬大死于軍。〔一〕

〔一〕【補注】先謙曰：紀不載，書元狩三、四年，星變。四年入五行志。

元鼎中，熒惑守南斗。占曰：「熒惑所守，爲亂賊喪兵；守之久，其國絶祀。南斗，越分也。」其後越相呂嘉殺其王及太后，漢兵誅之，滅其國。〔一〕

〔一〕【補注】先謙曰：紀不載。

元封中，星孛于河戍。占曰：「南戍爲越門，北戍爲胡門。」其後漢兵擊拔朝鮮，以爲樂浪、玄菟郡。朝鮮在海中，越之象也；居北方，胡之域也。〔一〕

〔一〕【補注】錢大昕曰：南戍、北戍，皆「戉」字之譌。東井西曲星曰戉，戉北三星爲北河，南三星爲南河，所謂南戉、北戉也。天官書「朝鮮之拔，星茀於河戒」。蓋亦「戉」字。俗儒不通六書，譌寫爲「戒」，僧一行因有兩戒之説，謂「天下山河之象，存乎兩戒」。且引星傳「北戒爲胡門，南戒爲越門」之文，不知爲「戉」之譌也。先謙曰：王氏引之史記雜志云，單行索隱本及宋本、游本並作「河戒」。王本「河」下缺一字，載索隱云，天文志「武帝元封之中，星孛于河戍。束遇反。今本漢志誤作戌亥之戌。占云『南戍爲越門，北戍爲胡門』」。又曰「其河戍即南河、北河也」。字並作「戍」。朱本、越本正文作「戒」，所載索隱皆作「戍」，與王本同。若各本及毛刻單行索隱本，則皆改爲「戒」矣。引之案，作「戍」者是也。説文「戍，守邊也」。戍訓守邊，故「南戍爲越門，北戍爲胡門」。晉、隋志並云「南河曰南戍，北河曰北戍」。占經「南北河戍」字，前後百餘見，皆作「戍」，不作「戒」。其歲星、熒惑、太白、辰星四占，並引石氏曰「守南河戍，蠻夷兵起，邊戍有憂」。太白占引甘氏曰「太白守北河戍，邊戍有謀」。流星占引巫咸曰「流星犯南河，蠻夷兵起，防戍有憂」。彗星占引海中占曰「彗星犯南河，蠻越將起，邊戍有憂」。然則河戍之「戍」，本作邊戍字，明甚。上文「鉞北北河，南南河」，正義云「南河三星，北河三星，分夾東井南北，置而爲戍。今本正義「戍」作「戒」，後人所改，戍可言置，戒不可言置也。南河南戍，一曰陽門，一曰越門；北河北戍，一曰陰門，一曰胡門」。置而爲戍者，謂置守邊之亭障也。故占經石氏中官引黄帝占曰「南北河戍，一名天高，一名天亭」。義取戍邊之人登高亭以候望也。唐志略云「一行以爲天下山河之象，存於兩戍，北戍所以限戎狄，南戍所以限蠻夷，故星傳『北戍爲胡門，南戍爲越門』」。案，一行所論，正取邊戍之義，且一行開元中受詔治新曆，與司馬貞、張守節及作占經之瞿曇悉達皆同時人，斷無諸家「河戍」字不誤，而一行獨誤作「戒」之理。自傳寫誤「戒」，文義遂不可通，淺人反以作「戒」者爲正文，而改史記之河戍以從之，則惑矣。惟漢、晉、隋志未改。且「戒」、「界」二字，古不同聲，唐以前書，無以此二字通用者。後人不知「戒」爲「戍」之譌，而以兩戒爲兩界，則誤之又誤也。戒於古音屬志部，界從介聲，屬祭部。自韻書以戒、界爲一音，而宋人遂以兩戒爲兩界矣。志、祭二部，古不相通，説見經義述聞終不可用也下。錢氏史記攷異誤從作「戒」之本，至作養新録，又謂「戒當爲戉，戉古鉞字」。並欲改漢志河戍爲「戉」。案北河在鉞北，南河在鉞南，則鉞非南北河，不得謂南北河爲河鉞也。占經石氏中官占引郗萌曰：「兩河戍與戉俱爲帝闕。」上爲邊戍之戍，下爲斧戉之戉，較然甚明。若改作兩河戉，則不須更言與戉矣。且戉止一星，何得稱兩河戉乎？錢説非也。先謙案：王説甚晰，當從之。惟志中河戍、南戍、北戍之戍，南監、毛本、官本並無誤作戌亥之戌者，或所據乃坊行本漢書耳，不可不辨。星變，武紀不載。

太初中，星孛于招搖。傳曰：「客星守招搖，蠻夷有亂，民死君。」其後漢兵擊大宛，斬其王。招搖，遠夷之分也。〔一〕

〔一〕【補注】錢大昭曰：「傳」上南雍本、閩本有「星」字。朱一新曰：汪本有「星」字，此脱。先謙曰：官本有「星」字。紀不載。

孝昭始元中，漢宦者梁成恢及燕王候星者吳莫如見蓬星出西方天市東門，行過河鼓，入營室中。恢曰：「蓬星出六十日，不出三年，下有亂臣戮死於市。」後太白出西方，下行一舍，復上行二舍而下去。太白主兵，上復下，將有戮死者。後太白出東方，入咸池，東下入東井。人臣不忠，有謀上者。後太白入太微西藩第一星，北出東藩第一星，北東下去。太微者，天廷也，〔一〕太白行其中，宮門當閉，大將被甲兵，邪臣伏誅。熒惑在婁，逆行至奎，法曰「當有兵」。後太白入昴。莫如曰：「蓬星出西方，當有大臣戮死者。太白星入東井、太微廷，出東門，漢有死將。」後熒惑出東方，守太白。兵當起，主人不勝。後流星下燕萬載宮極，東去，〔二〕法曰「國恐，有誅」。〔三〕其後左將軍桀、票騎將軍安與長公主、燕剌王謀作亂，咸伏其辜。兵誅烏桓。

〔一〕【補注】先謙曰：官本「廷」作「庭」，下同。

〔二〕李奇曰：極，屋梁也，三輔間名爲極。或曰：極，棟也，三輔間名棟爲極，尋棟東去也。廷篤謂之堂前闌楯也。【補注】朱一新曰：注「廷」，汪本作「延」，是。延篤，後書有傳。先謙曰：官本作「延」。

〔三〕【補注】先謙曰：莫如爲燕臣，故稱漢稱國。星變，紀不載，書「後元二年，星孛東方」。

元鳳四年九月，客星在紫宮中斗樞極間。〔一〕占曰：「爲兵。」其五年六月，發三輔、郡國少年詣北軍。五年四月，燭星見奎、婁間。占曰：「有土功，胡人死，邊城和。」其六年正月，築遼東、玄菟城。二月，度遼將軍范明友擊烏桓還。

〔一〕【補注】王念孫曰：「樞」上本無「斗」字。樞，左右樞也。極，北極也。北極五星在紫宮中，而左樞、右樞爲紫宮前門，故曰在紫宮中樞極閒。後人以樞爲北斗第一星，故加「斗」字，不知北斗在紫宮外，不得言紫宮中斗樞極閒也。占經客星占七引此無「斗」字。

元平元年正月庚子，日出時有黑雲，狀如猋風亂鬊，〔一〕轉出西北，東南行，轉而西，有頃亡。占曰：「有雲如衆風，是謂風師，法有大兵。」其後兵起烏孫，五將征匈奴。〔二〕

〔一〕音舜。【補注】葉德輝曰：士喪禮釋文音舜，又引劉，音旬。疑此「音」上奪「師古曰」三字。先謙曰：官本「猋」作「炎」。案「猋」當從三犬，亦不從火。「猋」「飆」之通借字，猋風即飆風也。釋天郭注「猋，暴風，從下上」。士喪禮「巾柶鬊蚤」。釋文「鬊，亂髮也」。

〔二〕【補注】先謙曰：以上不入紀。

二月甲申，晨有大星如月，有衆星隨而西行。乙酉，牂雲如狗，〔一〕赤色，長尾三枚，夾漢西行。大星如月，大臣之象，衆星隨之，衆皆隨從也。天文以東行爲順，西行爲逆，此大臣欲行權以安社稷。占曰：「太白散爲天狗，爲卒起。〔二〕卒起見，禍無時，臣運柄。牂雲爲亂君。」到其四月，〔三〕昌邑王賀行淫辟，立二十七日，大將軍霍光白皇太后廢賀。〔四〕

〔一〕【補注】沈欽韓曰：晉志妖氣二曰「牂雲如狗，爲亂君，爲兵喪」。

〔二〕【補注】朱一新曰：卒起，星名。太白之星精，散而爲天狗及卒起。見史正義。

〔三〕【補注】朱一新曰：到，猶至也，與下文「到其四年正月、二月、三月」同例。

〔四〕【補注】先謙曰：紀書「大星西行」。天狗及下流星不載。

三月丙戌，流星出翼、軫東北，于太微入紫宮。〔一〕始出小，且入大，有光。〔二〕入有頃，聲如雷，三鳴止。占曰：「流星入紫宮，天下大凶。」其四月癸未，宮車晏駕。

〔一〕【補注】朱一新曰：汪本「于」作「干」，是。先謙曰：官本作「干」。

〔二〕【補注】先謙曰：官本「且」作「旦」，說見上。

孝宣本始元年四月壬戌甲夜，辰星與參出西方。其二年七月辛亥夕，辰星與翼出，皆爲蚤。占曰：「大臣誅。」其後熒惑守房之鉤鈐。鉤鈐，天子之御也。〔一〕占曰：「不太僕，則奉車，〔二〕不黜即死也。房、心，天子宮也。房爲將相，心爲子屬也。其地宋，今楚彭城也。」四年七月甲辰，辰星在翼，月犯之。〔三〕占曰：「兵起，上卿死，將相也。」是日熒惑入輿鬼、天質。占曰：「大臣有誅者，名曰天賊，在大人之側。」〔四〕

〔一〕晉灼曰：上言「房爲天駟，其陰右驂，旁有二星曰鈐」，故曰天子御也。

〔二〕【補注】周壽昌曰：不，猶非也。言非太僕即奉車當之。

〔三〕【補注】宋祁曰：「翼」下當添「軫」字。先謙曰：翼、軫各爲宿，宋說謬甚。又此占以辰星爲主，占經引帝覽嬉云「月犯辰星，兵大起，上卿死」。與此正同也。

〔四〕【補注】先謙曰：以上不入紀。

地節元年正月戊午乙夜，月食熒惑，〔一〕熒惑在角、亢。占曰：「憂在宮中，非賊而盜也。有內亂，讒臣在旁。」其辛酉，熒惑入氐中。氐，天子之宮，熒惑入之，有賊臣。其六月戊戌甲夜，客星又居左右角間，東南指，長可二尺，色白。占曰：「有姦人在宮廷間。」其丙寅，又有客星見貫索東北，南行，至七月癸酉夜，入天市，芒炎東南指，其色白。占曰：「有戮卿。」一曰：「有戮王，期皆一年，遠二年。」是時，楚王延壽謀逆，自殺。〔二〕四年故大將軍霍光夫人顯、將軍霍禹、范明友、奉車霍山及諸昆弟賓婚爲侍中、諸曹、九卿、郡守皆謀反，咸伏其辜。〔三〕

〔一〕孟康曰：凡星入月，見月中，爲星食月；月奄星，星滅，爲月食星。【補注】朱一新曰：此注當在上文「月食五星」下，今上文無注，是小顏之疏也。

〔二〕【補注】先謙曰：官本連下文，是。

〔三〕【補注】先謙曰：紀不載，書「正月，星孛西方」及「神爵元年，星孛東方」。是歲星孛，入五行志。

黃龍元年三月，客星居王梁東北，可九尺，長丈餘，西指出閣道，間至紫宮。其十二月，宮車晏駕。〔一〕

〔一〕【補注】先謙曰：王梁即王良。宣紀同。

元帝初元元年四月，客星大如瓜，色青白，在南斗第二星東可四尺，占曰：「爲水飢。」其五月，勃海水大溢。六月，關東大飢，民多餓死，琅邪郡人相食。

二年五月，客星見昴分，居卷舌東，可五尺，青白色，炎長三寸。占曰：「天下有妄言者。」其十二月，鉅鹿都尉謝君男詐爲神人，論死，父免官。〔一〕

〔一〕孟康曰：姓謝，名君。男者，兒也，不記其名，直言男耳。【補注】先謙曰：以上不入紀。

五年四月，彗星出西北，赤黄色，長八尺所，後數日，長丈餘，東北指，在參分。後二歲餘，西羌反。〔一〕

〔一〕【補注】王念孫曰：上文言七國反，則并及漢滅七國事；言南越（及）〔反〕，則并及滅南越事。下文言夜郎王歆大逆不道，則并及捕殺歆事。此不當但言西羌反，而不及平羌事也。占經彗星占中引此文云「西羌反，右將軍奉世擊平之」。今本脱八字，當補入。先謙曰：紀書「有星孛於參」。

孝成建始元年九月戊子，有流星出文昌，色白，光燭地，長可四丈，大一圍，動摇如龍蛇形。有頃，長可五六丈，大四圍所，詘折委曲，貫紫宫西，在斗西北子亥間。後詘如環，北方不合，留一合所。〔一〕占曰：「文昌爲上將貴相。」是時帝舅王鳳爲大將軍，其後宣帝舅子王商爲丞相，皆貴重任政。鳳妬商，譖而罷之。商自殺，親屬皆廢黜。〔二〕

〔一〕【補注】朱一新曰：汪本「一合」作「一刻」，是。先謙曰：官本作「刻」。

〔二〕【補注】先謙曰：紀書此及星孛營室。星孛，入五行志。

四年七月，熒惑隃歲星，居其東北半寸所如連李。〔一〕時歲星在關星西四尺所，〔二〕熒惑初從畢口大星東東北往，數日至，往疾去遲。〔三〕占曰：「熒惑與歲星鬭，有病君飢歲。」至河平元年三月，旱，傷麥，民食榆皮。二年十二月壬申，太皇太后避時昆明東觀。〔四〕

〔一〕【補注】周壽昌曰：連李，即連理也。

〔二〕【補注】沈欽韓曰：天關一星在五車東南，畢西北，天門也。

〔三〕【補注】錢大昭曰：上「往」閩本作「注」。先謙曰：官本上「往」作「住」。

〔四〕如淳曰：食貨志：武帝修昆明池，列觀環之。或曰「即病謝君男，故避其時」。【補注】劉奉世曰：謝君男死在初元二年，太后避時乃河平二年，云病何也？或說未曉。沈欽韓曰：史記呂不韋傳「太后詐卜當避時，徙宮居雍」。論衡辨祟篇「占射事者曰，宅有盛衰，若歲破直符，不知避也。夫如是宅盛即留，衰則避之，及歲破直符，輒舉家移」。此避時者，謂所居衝對，於己有刑也。後書魯丕傳「趙王商嘗欲避疾便時，移住學宫，丕止不聽，奏曰『禮，諸侯薨於路寢』。死生有命，未有逃避之典也」。潛夫論浮侈篇「巫祝熒惑百姓，至使奔走便時，去離正宅，崎嶇路側，風寒所傷，姦人所利」。晉書庾翼傳「自武昌移鎮襄陽，議者謂其避衰」。避衰，即避時也。周壽昌曰：太皇太后，邛成王太后也。避時，避與熒惑觸犯之時，因其占有病君也。安帝時，皇太子驚病不安，避幸乳母野王君王聖舍，太子廚監邴吉以爲聖舍新繕修，犯土禁，不可久御。見後書來歷傳。此足與避時之說相證。

十一月乙卯，月食填星，星不見，時在輿鬼西北八九尺所。占曰：「月食填星，流民千里。」〔一〕河平元年三月，流民入函谷關。

〔一〕【補注】先謙曰：官本連下文，是。「十一月」上有「四年」二字。

河平二年〔一〕十月下旬，填星在東井、軒轅南耑大星尺餘，歲星在其西北尺所，熒惑在其西北二尺所，皆從西方來。填星貫輿鬼，先到歲星次，熒惑亦貫輿鬼。十一月上旬，歲星、熒惑西去，填星皆西北逆行。占曰：「三星若合，是謂驚位，是謂絶行，外内有兵與喪，改立王公。」其十一月丁巳，夜郎王歆大逆不道，牂柯太守立捕殺歆。〔二〕三年九月甲戌，東郡莊平男子侯母辟兄弟五人羣黨爲盜，〔三〕攻燔官寺，縛縣長吏，盜取印綬，自稱將軍。三月辛卯，左將軍千秋卒，〔四〕右將軍史丹爲左將軍。四年四月戊申，梁王賀薨。

〔一〕【補注】錢大昭曰：前已云河平元年矣，此「河平」二字疑衍。
〔二〕【補注】先謙曰：官本連下文，是。
〔三〕【補注】劉敞曰：「莊」乃「茌」。朱一新曰：「母」，汪本作「毋」。
〔四〕【補注】朱一新曰：弋陽侯任千秋，見百官表。

陽朔元年七月壬子，月犯心星。占曰：「其國有憂，若有大喪。房、心爲宋，今楚地。」十一月辛未，楚王友薨。

四年閏月庚午，飛星大如缶，出西南，入斗下。占曰：「漢使匈奴。」明年鴻嘉元年正月，匈奴單于雕陶莫皋死。五月甲午，遣中郎將楊興使弔。

永始二年二月癸未夜，東方有赤色，大三四圍，長二三丈，索索如樹，南方有大四五圍，〔一〕下行十餘丈，皆不至地滅。占曰：「東方客之變氣，狀如樹木，以此知四方欲動者。」

明年十二月己卯，尉氏男子樊並等謀反，賊殺陳留太守嚴普及吏民，出囚徒，取庫兵，劫略令丞，自稱將軍，皆誅死。庚子，山陽鐵官亡徒蘇令等殺傷吏民，篡出囚徒，取庫兵，聚黨數百人，爲大賊，踰年經歷郡國四十餘。一日有兩氣同時起，並見，而並、令等同月俱發也。〔一〕

〔一〕【補注】劉奉世曰：「有」字下當有「氣」字或「色」字，脱也。錢大昭曰：閩本「赤」下有「白」字。王念孫曰：「東方有赤白色」下，亦當有「氣」字，而今本脱之。下文「東方客之變氣，狀如樹木」，正承此「氣」字而言。御覽咎徵部四氣下引此，作「東方有赤白色氣」，是其證。又下文「一日有兩氣同時起」。「兩氣」二字，兼上文東南兩方而言，則南方「有」下所脱亦是「氣」字，非「色」字。朱一新曰：汪本「赤」下有「白」字。先謙曰：索索，猶瑟瑟也。「索」、「瑟」一聲之轉，故「蕭索」或爲「蕭瑟」，「索居」或爲「瑟居」，其義同也。詩旱麓「瑟彼柞棫」，傳「瑟，衆貌」。釋名釋樂器「瑟，施弦張之，瑟瑟然也」。此云「索索如樹」，蓋不獨以狀言，且兼聲言矣。

〔二〕【補注】先謙曰：以上不入紀。惟是年星隕，見紀及五行志。

元延元年四月丁酉日餔時，天暒晏，殷殷如雷聲，有流星，頭大如缶，長十餘丈，皎然赤白色，從日下東南去。四面或大如盂，或如雞子，燿燿如雨下，至昏止。郡國皆言星隕。春秋星隕如雨，爲王者失埶諸侯起伯之異也。其後王莽遂顓國柄。王氏之興萌於成帝，〔一〕是以有星隕之變。後莽遂篡國。〔二〕

〔一〕【補注】錢大昭曰：南監本、閩本「帝」下有「時」字。朱一新曰：汪本有「時」字。先謙曰：官本有「時」字。

〔二〕【補注】先謙曰：星隕不入紀，惟星孛見紀及五行志。

綏和元年正月辛未，有流星從東南入北斗，長數十丈，二刻所息。占曰：「大臣有繫者。」其年十一月庚子，定陵侯淳于長坐執左道下獄死。

二年春，熒惑守心。二月乙丑，丞相翟方進欲塞災異，自殺。二月丙戌，宮車晏駕。〔一〕

〔一〕【補注】朱一新曰：「乙丑」，成紀、百官表俱作「壬子」。「二月丙戌」，汪本作「三月」，是。成紀亦作「三月」。先謙曰：官本作「三月」。以上不入紀。

哀帝建平元年正月丁未日出時，有著天白氣，廣如一匹布，長十餘丈，西南行，讙如雷，西南行一刻而止，〔一〕名曰天狗。傳曰：「言之不從，則有犬禍詩妖。」到其四年正月、二月、三月，民相驚動，讙譁奔走，傳行詔籌祠西王母，又曰「從目人當來」。〔二〕十二月，白氣出西南，〔三〕從地上至天，出參下，貫天廁，廣如一匹布，長十餘丈，十餘日去。占曰：「天子有陰病。」其三年十一月壬子，太皇太后詔曰：「皇帝寬仁孝順，奉承聖緒，靡有解怠，而久病未瘳。夙夜惟思，殆繼體之君不宜改作。春秋大復古，其復甘泉泰畤、汾陰后土如故。」

〔一〕【補注】王念孫曰：下「西南行」三字，涉上文而衍。御覽咎徵部二引無此三字。「一刻而止」，本作「一刻所止」，此後人不知所字之義而妄改之也。一刻所，猶言一刻許。許與所聲近而義同。小雅伐木篇「伐木許許」，說文引作「伐木所所」。漢書疏廣傳「數問其家金餘尚有幾所」，師古曰「幾所，猶言幾許也」。言讙聲如雷者一刻許而止也。上文云「有流星在斗西北子亥閒留一刻所」，又曰「有流星從東南入北斗，二刻所息」。皆其證也。檀弓注「封高尺所」，正義曰「所是不定之辭」。游俠傳曰「原涉居谷口半歲所」，史記倉公傳曰「受讀解驗之，可一年所」。並與此所字同義。占經妖星占中引此正作「一刻所止」。

〔二〕【補注】葉德輝曰：「從」，讀如從横之從。人爲横目之類，從目則爲妖。先謙曰：官本連下文。

〔三〕【補注】先謙曰：官本攷證云，監本「十」上衍「建平元年」四字，從宋本删去。

二年二月，彗星出牽牛七十餘日。傳曰：「彗所以除舊布新也。牽牛、日、月、五星所從起，曆數之元，三正之始。彗而出之，改更之象也。其出久者，爲其事大也。」其六月甲子，夏賀良等建言當改元易號，增漏刻。詔書改建平二年爲太初元將元年，〔一〕號曰陳聖劉太平皇帝，刻漏以百二十爲度。八月丁巳，悉復蠲除之，賀良及黨與皆伏誅流放。其後，卒有王莽篡國之禍。

〔一〕【補注】先謙曰：官本脱「元將」二字。

元壽元年十一月，歲星入太微，逆行干右執法。占曰：「大臣有憂，執法者誅，若有罪。」二年十月戊寅，高安侯董賢免大司馬位，歸第自殺。〔一〕

〔一〕【補注】先謙曰：以上不入紀，惟建平三年書「星孛」。

西步天歌先謙曰：丹元子步天歌，宋志采之，新法三垣二十八宿所統諸座與丹元不同，新增諸星，中法所無，恒星有無增減，亦與舊歌時有不合。此歌垣宿諸座，一依新法，星名詳備，故坿載備攷。惟積數間有不明，因取儀象攷成後編恒星之數加案於下，庶幾適用。明史天文志所采徐光啓崇禎曆書星數，與此歌亦未盡合，較其同異，咸坿注焉。

紫微垣歌垣高先論極出地，北向須尋不動處。欲知真極本無星，列宿皆旋斯獨異。近極小星强名極，后宮庶子遥相類。帝星最明太子次，連極五星作斜勢。案今庶子增三，共八。帝下陰德横兩烏，案今三。極下四輔承四細。案今五。句陳七星中甚明，案今十六。離極三度認最易。句陳柄曲句更曲，句内微星天皇帝。案今一。太子上有無名星，下方左樞少宰備。案今左樞、少宰各一。上宰少弼與上弼，案今上宰、少弼、上弼各一。少衛上衛連少丞。案今少衛九、上衛四、少丞二。其中五位皆朗朗，上下衛丞弼次明。右邊右樞與左對，案今一。太乙、天乙顯微精。案今太乙、天乙各一。少尉、上輔次少輔，案今少尉、上輔各三，少輔二。上衛少衛共上丞。案今上衛四，少衛二，上丞四。左弼之内五尚書，案今七。一微一顯三潛行。尚書之後小明二，左柱右女皆史稱。案今柱史三，女史二。上少丞閒曰華蓋，四黑兩兩遮北門。案今華蓋九，杠七。明志「華蓋十六星，今止有四」，與歌合。弼外六星名天棓，案今十五。其曲似斗雜氣星。扶筐四星三略暗，原屬女。案今十一，明志「扶匡七星，今四」，與歌合。天廚五星長方形。案今八。明志「天廚六星，今五」，與歌合。二巨三小近少弼，後有一顆無能名。六星仰承名天鉤，原屬危。案今二十七，明志「天鉤九星，今六」，與歌合。迤北第三光獨熒。河中六星名造父，案今十。三暗三微錯雜陳。三隅纍纍曰王良，原屬奎，案今十九。尖角一珠微遜明。良旁一顆名爲策，原屬奎。案今一。策後八星閣道稱。原屬奎。案今十一。三暗下連奎宿角，二巨三細與策親。附路一顆王良下，原屬奎。案今一。適當壁宿上端停。王良策星並閣道，内有五箇光耀均。五顆四在河虚處，一條閣道穿河身。閣道盡處名傳舍，六星隱現斜直形。案今十三。明志「傳舍九星，今五」。右下七星名北斗，案今天樞四，天璇九，天權四，開陽三，天璣、玉衡、摇光各一。天槍三星斗柄親。案今七。三公三點與槍類，案今三。斗柄之旁隱輔星。案今四。天理四星斗内隱，案今五，明志天理無。三師小星少輔鄰。案今四。文昌六星如半月，案今十四。東角下星光更清。師昌之閒名内階，六星微茫兩簇分。案今十六。八穀九星一最著，案今四十二。已盡紫微垣内星。案較續編少御女四、天柱十一、大理三、六甲七、五帝内座八、天牀八、内廚四、勢二十三星。明志「六甲六星，今止有一」。又四勢、五帝内座、天柱、天牀、大贊府、大理、女御、内廚皆無，與歌合。大贊府止丹元歌一見，諸史皆無。

太微垣歌北斗四星南向軫，翼軫之北太微垣。垣中最巨五帝座，案今九。帝旁小星四點攢。座前四黑内屏繞，案今十。座後三小横斜安。正中稍明爲太子，案今一。右後幸臣左從官。案今各一。謁者一黑在屏左，案今三。九卿三點案今十二。三公三。案今三。座隅數點名郎位，案今十八。明志「郎位十五星，今十」。一簇聯輝珠入綿。郎將微星位之左，案今三。更與周鼎三小連。原屬角。案今三。位上常陳三可見，案今十四。明志「常陳七星，今三」，與歌合。二微在上一巨懸。三公三小與下應，案此謂紫微垣之三公，與下常陳相應，非太微垣之三公也。相亦同之斗柄前。原屬紫微垣。案今四。座北一點太陽守，原屬紫微垣。案今二。太尊天牢守右邊。原屬紫微垣。案此以太尊、天牢證明守之位次，其星數見張宿。下注五字當衍。左垣執法上次相，案今左執法、次相各二，上相一。次上將星五位聯。案今上將五，次將四。右垣執法上次將，案今各一。次上相星亦復然。案今右次相四，上相三。虎賁一星左垣末，案今一。少微曲四虎西肩。案今十三。長垣亦四曲且暗，案今十三。明志「長垣四星，今二」。上與少微相後先。三點靈臺一稍白，案今十一。正當右將長垣閒。右前三小稱明堂，案今十。左外一小名進賢。原屬角。案今十。靈明之際一珠曉，微茫可見難名言。案較續編少五諸侯十二星。明志「五諸侯五星無」，與歌合。

天市垣歌房心尾箕宿之北，天市名垣列兩行。中有明星稱帝座，案今一。候星一位在其旁。案今七。階下四微名宦者，案今九。宗正雙星俱並光。案今五。一顆無名宗之類，宗人四小入天潢。案今八。前左一細名車肆，案今四。市樓二小偪河上。案今七，明志「市樓六星，今二」，與歌合。後左連二名帛度，案今五。屠肆連珠共帛長。案今五。宗星二小在帛左，案今二。下與東齊相頡頏。列肆二星右垣內，案今六。斗五案今十六。斛四案今十一。皆微茫。左垣之星首稱宋，案今三。南海與燕爲鴈行。案今南海、燕各一。東海案今五。徐州案今五。吴越案今八。齊，案今十三。中山案今八。九河案今二。趙案今四。魏案今九。疆。右垣之星首稱韓，案今一。楚案今一。梁案今一。巴案今六。蜀案今三。秦案今三。周案今十七。鄉。鄭案今一。晉案今六。河閒案今二。與河中，案今一。星體微異光皆揚。右上圜八名貫索，案今二十二。索上七公首射芒。案今二十三。左北曲九稱天紀，案今二十四。紀上三星號女牀。案今三。中山之顛名織女，原屬牛。一巨二細三隅張。案今七。其左四黑是輦道，原屬牛。案今十四。道前四顆漸臺方。原屬牛。案今十一。

角宿歌角宿兩星南最巨，案今十八。中閒平道黑星二。案今二。左右九點無名星，天田二小角上對。案今九。其頂正向摇光星，角下天門兩黑是。案今十三。平星兩白不甚平，案今六。庫樓七星展屏似。案今十一。明志「庫樓十星，今八」。屏内五小名曰衡，案今四。屏閒六小作三柱。案今十一。樓下馬腹三星明，古無。案今有三，見明志。南門小星當腹處。案今四。

亢宿歌　亢宿四星兩端黑，案今十六。左邊無名附兩粒。亢上大角懸明珠，案今三。角上玄戈與斗直。原屬紫微垣。案今玄戈三。玄戈斜帶梗河三，原屬氐。案今梗河八。惟有南星光欲滴。角東四星左攝提，案今七。垂下一星芒熠熠。角西四星右攝提，案今九。迤北第三獨異色。角下四小曰亢池，原屬氐。案今四。形如方勝欹斜立。亢下遥遥此頓頑，四星微遜陽門白。案今頓頑三，陽門二。庫樓東角右來侵，南門最明近南極。案較續編少折威十四星。明志「折威七星無」，與歌合。

氐宿歌　氐宿四明側斗形，案今三十四。無名五點雜來侵。上與七公明耀對，見天市垣。類公北有招摇星。案今一。兩星上與玄戈友，見紫微垣。下左復與貫索親。見天市垣。索外無名多纍纍，直下正當天市秦。氐下二小陣車是，案今五。天輻亦與車同輪。案今三。平二平一皆車騎，案今三。一明二暗騎將軍。案今一，較續編少天乳五、帝席四、騎官十星。明志「帝席三星，今無」，與歌合。

房宿歌　諺傳夏夜有星象，儼如巨人冠進賢。口鼻四星朗房宿，案今十。二三頗明下闇然。當頭一點鉤鈐是，案今二。鈐畔二微鍵閉言。案今一。頭上雙星近者日，案今二。冠前曲四是西咸。案今六。沖冠三暗稱爲罰，案今六。冠後四黑名東咸。案今六。當腹兩點積卒是，原屬心。案今四。稍前相似名從官。案今三。

心宿歌　更有心三最明顯，案今十二。中巨旁微當背肩。

尾宿歌　接心是尾九點曲，案今十三。卓如衣角飄風前。神宫一星尾内坐，案今一。傅説獨立尾之尖。案今一。天江六點當河隙，案今十五。魚星一黑浮江邊。案今一。龜星有五三略見，案今五，明志「天龜五星，今四」。西去三星河外緣。巨人側身向西北，其上正當天市垣。

箕宿歌　箕星有四明相等，案今四。大口如箕正向西。當前一點糠星黑，案今二。何年簸向河之湄。案較續編少杵四星。

斗宿歌箕北六星名斗宿，案今十一。北斗相方柄不如。斗下曲圜十三點，形肖其名鼈似黿。案今十一，明志「鼈十四星，今十三」，與歌合。天淵四微鼈所向，案今六。狗國小方淵上圜。案今七。國外雙烏名曰狗，案今九。其旁相似立天雞。案今五。斗背六星稱作建，案今十六。下五微星若仰盂。河中九點天弁斜，案今十五。兩簷中高若髻堆。案較續編少天籥十二、農丈人一星。明志「天籥、農丈人俱無」，與歌合。

牛宿歌牛宿六星大小半，案今二十。一巨居中上下齊。牛上三星是河鼓，案今十二。中閒一巨三之魁。鼓下四星天桴臥，表無。案此謂新法恆星表，今有六。鼓旁各豎左右旗。左旗曲七星皆小，案今三十九。右旗亦七三揚輝。案今二十一。牛前二小名羅堰，案今四。明志「羅堰三星，今二」，與歌合。堰上瓠瓜四粒珠。原屬女。案瓠一作匏，今十四。瓠下五星名敗瓜，原屬女。案今八。一粒等瓠餘並微。天津如弓跨河七，案今四十九。當有「原屬女」三字。二明四小一更欹。天津之下十三小，總屬無名不必疑。案較續編少天田四星。明志「天田九星無」，與歌合。

女宿歌女宿三微一稍白，案今九。非方非斜形不侔。右方數起趙與越，案今趙二、越一。明志「趙一」。周、楚、鄭、齊、燕一流。案今周二，楚、鄭、齊、燕各一。明志「周一」。並楚爲秦並周代，案今秦二、代四。明志「秦、代今各一」。鄭星方在魏之頭。魏、韓相並望齊、楚，案今魏、韓各一。十星皆晦此舒眸。下爲九坎四可見，原屬牛。案今四。平衡三白微難求。離瑜三點均且直，原屬虛。案今六。明志「離瑜三星，今二」。坎下四微散不收。案較續編少離珠五、奚仲十一星。明志「離珠五星無」，與歌合。

虛宿歌虛宿兩星南最明，案今十。南下圜三天壘城。案今十五。明志「天壘十三星，今五」。城下四星壁壘陣，原屬室。案今二十。五顆獨有四顆親。壁陣東行十三點，彼端亦作小方形。陣頭之下天錢繞，原屬危。稀微四點圓難成。案今八。明志「天鈔十星，今四」，即天錢，與歌合。錢下二箇名敗臼，案今五。明志「敗臼四星，今二」，與歌合。臼下雙珠莫可名。虛東一小名司命，案今二。司危司非虛上承。案歌無司祿。今司祿二，司非五，司危二。明志「司危、司祿各二星，今各一」。人星只有三星確，原屬危。案今九。明志「人五星，今三」，與歌合。六星車府射天津。原屬危。案今二十七。明志「車府七星，今五」。府上騰蛇六圍一，原屬室。兩尾八星遥對分。案今四十一。明志「螣蛇二十二星，今十五」，與歌合。

危宿歌危宿三星若磬折，案今十七。中間一點光微奪。危上微光蓋屋名，案今二。明志「蓋屋二星，今一」。屋西三星墳墓接。案今八。三箇晦明各自異，四小虚梁墓左貼。案今四。墓下雙烏哭泣臨，原屬虚。案今哭六、泣四。一同土公墳後歇。原屬壁。案此土公吏也，今二。壁宿别「有土公」三字，當衍。十二横遮壘壁南，羽林軍士縱横列。原屬室。案今四十五。明志「羽林軍四十五星，今二十六」。軍前統御有天綱，原屬室。案今一。北落師門光更烈。案今一。危端臼杵四星懸，案今杵五、臼十二。明志「杵三星，今一；臼四星，今三」。其南敗臼半邊缺。

室宿歌室宿兩箇光耀同，案今九。無名一箇頂中衡。室旁雙星共三座，或小或大皆離宫。案今十四。雷電六星惟右大，案今十四。霹靂曲五半朦朧。原屬壁。案今十四。雲雨平方四點小，原屬壁。案今十四。鈇、鉞三小羽林中。案今六。上頭直與螣蛇接，其下復與火烏逢。案較續編少八魁六星。明志「八魁(六)〔九〕星無」，與歌合。

壁宿歌壁宿二明與室似，案今二十五。其上三星圍天廄。案今四。明志「天廄十星，今三」，與歌合。此下原有「廄上一顆附路稱原屬奎其中正與王良對原屬奎」二十字，案附路、王良已見紫微垣，複出，今删。陣上雙烏有土公，案今十三。火烏十星兩翼細。古無。案今有十一。

奎宿歌奎宿十六連勝形，案今三十九。東北一星芒獨異。奎尖上與閣道通，奎下七星外屏樹。案今二十二。屏閒五點不甚明，兩箇揚輝屏盡處。六箇天倉繞曲屏，原屬婁。案今二十七。天溷二黑倉右附。案今十。明志「天溷七星，今四」。溷下一明土司空，案今一。鐵鑕五小倉前地。原屬壁。案今五。水委三星南極横，古無。案今有三，見明志。其左一星最明巨。

婁宿歌婁三不均光甚均，案今十八。上疏下密雜星臨。右更左更各五點，案今左更十三，右更十。並若懸弧兩翼分。當頭數點懸弧似，其名總曰大將軍。案今二十八。弧中一派光殊顯，弧背一黑軍南門。原屬奎。案今一。天庾三點天倉下，案今六。芻藁六星左獨明。原屬昴。案今十一。

胃宿歌胃宿三星聚一隅，案今八。無名兩點胃之餘。胃下左更五點小，案左更見上，此舉以明天廩位次。更西天廩四星除。案今七。天囷十三園一狀，案今三十四。右下三星光頗殊。曲環十六當天苑，原屬昴。案今三十四。北顯南微正背西。更有天園十三點，原屬畢。案今十九。東征五小勢尤奇。大陵繞入中更朗，案今二十九。當陵之中名積尸。案今一。天船雜七與陵背，案今十九。船中積水看欲無。案今二。

昴宿歌昴宿七星天讒下，亂落圓珠一簇奇。案今二十，明志又言昴宿有三十六星，皆得之於窺遠鏡者。其上六箇名卷舌，案今十三。天讒一點舌尖居。案今一。天阿點附天陰上，案今天阿一。天陰五星皆隱微。案今十一。昴東孤月光如晦，案今月二。礪石四小拱舌疲。案今四。廩囷積米堪飽胃，讒阿西去致橫屍。

畢宿歌畢宿八星如小網，案今二十六。左角一珠光獨朗。珠邊一顆名附耳，案今五。天節九小畢居上。案今八。明志「天節八星，今七」。九州殊域畢之南，團圓七點依稀像。案今十七。畢上天街三箇斜，案今六。「街」一作「階」。街上五車截河往。五車皆明左右巨，案今二十四。天潢五星小中放。案今七。潢旁三柱柱各三，案今九。河中細密如指掌。車中橫六名諸王，案今十。天高四小斜方狀。案今八。下垂九點曰參旗，案今二十一。旗中九斿與旗倣。案今十六。較續編少咸池三星。明志「咸池三星無」，與歌合。

觜宿歌觜宿三小當參上，案今三。觜上天關一顆招。原屬畢。案今七。司怪四星明晦半，案今十。水府相同莫混瞧。原屬井。案今十二。

參宿歌參宿七星明燭宵，兩肩兩足三爲腰。參伐下垂三四點，案今共四十六。玉井四星右足交。案今七。玉井下方曰軍井，案今六。明志「軍井十三，今五」。屏星二點井南標。案今二。四顆廁星屏左立，案今十二。屎星一點廁下拋。案今一。丈人子孫各連二，原俱屬井。案今丈人二，子三，孫六。老人最巨南望遥。

井宿歌井宿八星形似井，案今二十七。座旗六黑垂其頂。原屬觜。案今二十。明志「座旗九星，今五」。旗東五小皆無名，貼旗斜下四星整。左斜五點五諸侯，案今七。其上北河兩明並。案今七。河上一顆名積水，表無。案今一。河左斜方爟星命。原屬鬼。案今十五。河下一微名積薪，案今四。南河似與北河證。案今十四。水位四小若仰盂，案今十六。上下數顆難攷訂。井下四星名四瀆，案今十二。闕丘之上與河映。案今九。天狼最巨當其南，案今七。一矢加弧一矢贕。野雞一白軍市旁，案今野雞一，軍市十三。老人獨向天南炳。案今五。弧矢十星儼張弧，案今四十一。內外無名難究竟。案較續編少天罇十二、鉞二星。

鬼宿歌鬼宿四星方似櫃，案今二十三。中閒一白積尸氣。案今四。其下五小爲外廚，案今二十三。明志「外廚六星，今五」，與歌合。五隅五小居其內。

柳宿歌柳宿曲八名垂柳，案今二十一。其上無名三點繫。酒旗斜三宿上飄，案今八。其上郤與文昌對。天狗盤七當其南，原屬鬼。案今六。天社七横星頗巨。原屬鬼。案今十一。

星宿歌星宿七星大小異，案今二十二。中閒一巨首尾細。垂頭曲尾如蛔形，其上一白名天紀。原屬鬼。案「紀」一作「記」。今三。紀下天稷五箇星，表無。案今無。南隅一顆與紀類。

張宿歌張宿六星芒甚小，案今十一。中如方勝兩角弔。軒轅大星當其顛，原屬星。一十五星龍夭矯。案今七十六。小方內屏轅上居，原屬星。案今十五。轅下御女一星杳。案晉志「女主南小星，女御也」。原在軒轅十七星內。宿端天相有三星，原屬星。案今十四。向右一顆光頗皎。三台三座上尤明，原屬太微垣。案今上台九，中台六，下台四。相與雁行行大道。台北二小名天牢，見紫微垣。案今八。明志「天牢六星，今二」，與歌合。一點太尊牢左照。見紫微垣。案今一。續編無天廟十四星。明志「天廟十四星無」，與此歌及續編合。

翼宿歌翼宿微星二十二，案今二十九。上横五星下無異。東甌五小在其南，表無。案今無。明志「東甌五星無」，與表及續編合。青丘三箇翼下寄。案當有「原屬軫」三字。今十。明志「青丘七星，今三」，與歌合。丘南馬尾横三星，中無。案今有三，見明志。上端一箇尤明巨。

軫宿歌軫宿四珠不等方，案今九。長沙一黑中閒藏。案今一。左右二轄肩之附，案今左轄、右轄各一。一顆無名南向光。案續編無軍門二、土司空四、器府三十二星。明志「軍門、土司空、器府俱無」，與此歌及續編合。

南極諸宿據曆書及儀象志。

鳥喙西七星。古無。案今八。附白西一星，外增一星。古無。案今二。海石西五星。古無。案今八。孔雀西十八星。古無。案今十五。飛魚西七星。案今六。夾白西三星。案今二。三角形西三星，外增一星。案今七。蛇腹西四星。鶴西十二星。案今十四。金魚西五星。案今六。十字架西四星。異雀西十二星。案今九。蛇首西四星。案今二。南船西五星。案今六。蜜蜂西四星。海山西六星。小斗西九星。案今十。蛇尾西七星。古無。案今四。

補南極諸宿歌南極諸星中未志，壁奎之下鳥喙是。鳥喙朗朗七星明，其上即是鶴十二。表屬室。喙東十八孔雀星，異雀十二近南極。孔雀之上即波斯，見牛宿，案今十一。三角形上房心次。蜜蜂四星三角東，軫翼盡頭架十字。小斗九星南船南，南船五星海州識。南船左右十一星，海石五星海山六。附白夾白黄極邊，夾白三星附白一。金魚五尾七飛魚，蛇首蛇腹星各四。欲知蛇尾又七星，上邊即是婁奎壁。此星原非見界星，利氏西來始能述。經天該中亦未言，今據曆書爲補足。案明志云「古無今有者，策星旁有客星，萬曆元年新出，先大今小。南極諸星，古所未有，近年浮海之人至赤道以南，往往見之，因測其經緯度。其餘增入之星甚多，並詳恆星表」。今案見志者，鶴、蛇首、鳥喙、三角形、十字架、南船、蜜蜂、海山、海石諸星。

五行志第七上

漢書二十七上

易曰：「天垂象，見吉凶，聖人象之；河出圖，雒出書，聖人則之。」〔一〕劉歆以爲虙羲氏繼天而王，〔二〕受河圖，則而畫之，八卦是也；〔三〕禹治洪水，賜雒書，法而陳之，洪範是也。〔四〕聖人行其道而寶其真。降及于殷，箕子在父師位而典之。〔五〕周既克殷，以箕子歸，武王親虛己而問焉。故經曰：「惟十有三祀，王訪于箕子，〔六〕王乃言曰：『烏嘑，箕子！惟天陰騭下民，相協厥居，我不知其彝倫逌敘。』〔七〕箕子乃言曰：『我聞在昔，鯀陻洪水，汩陳其五行，〔八〕帝乃震怒，弗畀洪範九疇，彝倫逌斁。〔九〕鯀則殛死，禹乃嗣興，〔一〇〕天乃錫禹洪範九疇，彝倫逌敘。』」〔一一〕此武王問雒書於箕子，箕子對禹得雒書之意也。

〔一〕師古曰：上繫之辭也。則，效也。

〔二〕師古曰：虙讀與伏同。

〔三〕師古曰：放效河圖而畫八卦也。

〔四〕師古曰：取法雒書而陳洪範也。【補注】齊召南曰：案易大傳曰「河出圖，洛出書，聖人則之」。是言圖、書二者皆出於伏羲之世，故則之，以畫八卦，即尚書本文祇云「天乃錫禹洪範九疇」，不云錫禹以洛書，亦不云禹因洛書陳洪範也。以洛書爲洪範，始於劉歆父子，後儒遂信之。

〔五〕師古曰：父師，即太師，殷之三公也。箕子，紂之諸父而爲太師，故曰父師。【補注】先謙曰：晉志作「典斯大範」。

〔六〕師古曰：祀，年也。商曰祀。自此以下皆周書洪範之文。

〔七〕服虔曰：騭音陟也。應劭曰：陰，覆也。陟，升也。相，助也。協，和也。倫，理也。攸，所也。言天覆下民，王者當助天居，我不知居天常理所次序也。師古曰：騭音質。騭，定也。協，和也。天不言而默定下人，助合其居。【補注】朱一新曰：下文「天乃錫禹大法九章常事所次」，即釋天乃錫禹洪範九疇，彝倫攸敘也。「倫」，當訓事。先謙曰：官本應注「陟」作「騭」，服注末無「也」字，顏注末有「也」字。

〔八〕應劭曰：陻，塞也。汩，亂也。水性流行，而鯀障塞之，失其本性，其餘所陳列皆亂，故曰亂陳五行也。師古曰：汩音骨。【補注】何焯曰：天一生水，水失其性，則五行由此皆亂其序列也。

〔九〕師古曰：帝謂上帝，即天也。震，動也。畀，與也。疇，類也。九類即九章也。斁，敗也，音丁故反。

〔一〇〕師古曰：殛，誅也，見桀而死。殛音居力反。【補注】朱一新曰：汪本「桀」作「誅」，是。先謙曰：官本作「誅」。

〔一一〕師古曰：自此以上，洪範之文。【補注】先謙曰：官本無此注。

「初一曰五行；〔一〕次二曰羞用五事；〔二〕次三曰農用八政；〔三〕次四曰叶用五紀；〔四〕次五曰建用皇極；〔五〕次六曰艾用三德；〔六〕次七曰明用稽疑；〔七〕次八曰念用庶徵；〔八〕次九曰嚮用五福，畏用六極。」〔九〕凡此六十五字，皆雒書本文，所謂天乃錫禹大法九章常事所次者也。以爲河圖、雒書相爲經緯，八卦、九章相爲表裏。昔殷道弛，文王演周易；〔一〇〕周道敝，孔子述春秋。則乾坤之陰陽，效洪範之咎徵，天人之道粲然著矣。

〔一〕師古曰：謂之行者，言順天行氣。

〔二〕師古曰：羞，進也。【補注】錢大昕曰：案古文「敬」作「苟」，與「羞」相似，「羞」疑「敬」之譌也。又考藝文志引書云「初一曰五行，次二曰羞用五事」，言進用五事以順五行也。五行、藝文二志皆取劉歆之説，則歆所傳尚書本是「羞」字，孔光對日蝕事，亦引書「羞用五事」。

〔三〕張晏曰：農，食之本，食爲八政首，故以農爲名也。師古曰：此説非也。農，厚也。羞用義例皆同，非田農之義也。【補注】朱一新曰：顔用尚書注，農訓厚，蓋孔義也。書正義曰：鄭玄云「農讀曰醲」。是農即醲意，故爲厚也。張晏、王肅皆言「農，食之本也」。釋文引馬融云「農爲八政之首，故以農名之」。

〔四〕應劭曰：旪，合也，合成五行，爲之條紀也。師古曰：旪讀曰叶，和也。【補注】周壽昌曰：韻會「旪，古文協字」。

〔五〕應劭曰：皇，大。極，中也。

〔六〕應劭曰：艾，治也。治大中之道用三德也。師古曰：艾讀曰乂。先謙曰：官本注「爲」作「謂」。

〔七〕應劭曰：疑事明考之於蓍龜。

〔八〕師古曰：念，思也。庶，衆也。徵，應也。

〔九〕應劭曰：天所以嚮樂人，用五福；所以畏懼人，用六極。

〔一〇〕師古曰：演，廣也，更廣其文也。演音弋善反。

漢興，承秦滅學之後，景、武之世，董仲舒治公羊春秋，始推陰陽，爲儒者宗。〔一〕宣、元之後，劉向治穀梁春秋，數其旤福，傳以洪範，〔二〕與仲舒錯。〔三〕至向子歆治左氏傳，其春秋意亦已乖矣；言五行傳，又頗不同。〔四〕是以攬仲舒，別向、歆，〔五〕傳載眭孟、夏侯勝、京房、谷永、李尋之徒所陳行事，〔六〕訖於王莽，舉十二世，以傳春秋，著於篇。〔七〕

〔一〕【補注】葉德輝曰：春秋繁露有陰陽位、陰陽終始、陰陽義、陰陽出入諸篇名，蓋即志文所本。

〔二〕師古曰：旤，古文禍字。以洪範義傳而說之。傳字或作傅，讀曰附，謂附著。【補注】錢大昕曰：或說是也。

〔三〕師古曰：錯，互不同也。

〔四〕【補注】先謙曰：說文「乖，戾也」。晉志作「其書春秋及五行，又甚乖異」。

〔五〕師古曰：攬字與擥同，謂引取之。攬音來敢反。

〔六〕師古曰：眭音息規反。說在眭孟傳。【補注】錢大昕曰：「傳」亦當爲「傅」，讀曰附，言以仲舒、向、歆爲主，而附載眭孟諸人說也。先謙曰：官本無顏注。

〔七〕師古曰：傳讀曰附，謂比附其事。【補注】先謙曰：晉志云「博通祥變，以傳傅誤。春秋，綜而爲言，凡有三術：其一曰，君治以道，臣輔克忠，萬物咸遂其性，則和氣應，休徵效，國以安。二曰，君違其道，小人在位，衆庶失常，則乖氣應，咎徵效，國以亡。三曰，人君大臣見災異，退而自省，責躬修德，共禦補過，則禍消而福至。此其大畧也」。沈約宋志云「班固遠采春秋，舉遠明近之例也」。

經曰：〔一〕「初一曰五行。五行：一曰水，二曰火，三曰木，四曰金，五曰土。水曰潤下，火曰炎上，〔二〕木曰曲直，〔三〕金曰從革，〔四〕土爰稼穡。」〔五〕

〔一〕【補注】王鳴盛曰：志先引經，是尚書洪範文，次引傳，是伏生洪範五行傳文，又次引說，是歐陽、大、小夏侯等說，當時列於學官，博士所習者。以下歷引春秋及漢事證之，所采皆仲舒、向、歆說也，而歆說與傳說或不同，志亦或舍傳說，而從歆。又采京房易傳甚多，今所傳京氏傳中無之，蓋非足本。閒采眭、谷、李尋說，眭、谷語略見傳中，尋說無之。先謙曰：尋說見聽傳下。

〔二〕師古曰：皆水火自然之性也。

〔三〕師古曰：言可揉而曲，可矯而直。

〔四〕張晏曰：革，更也，可更銷鑄也。

〔五〕師古曰：爰亦曰也。一說爰，於也，可於其上稼穡也。種之曰稼。收聚曰穡。

傳曰：「田獵不宿，〔一〕飲食不享，〔二〕出入不節，奪民農時，及有姦謀，〔三〕則木不曲直。」

〔一〕服虔曰：不得其時也。或曰，不豫戒曰不宿，不戒以其時也。【補注】先謙曰：續志劉注引鄭注大傳曰「不宿，不宿禽也。角主天兵。周禮『四時習兵，因以田獵』。禮志曰『天子不合圍，諸侯不掩羣，過此則暴天物，爲不宿禽』」。

〔二〕師古曰：不行享獻之禮也。

〔三〕李奇曰：姦謀，增賦履畝之事也。臣瓚曰：姦謀，邪謀也。師古曰：即下所謂作爲姦詐以奪農時。李說是。【補注】先謙曰：官本無「李說是」三字。

說曰：木，東方也。於易，地上之木爲觀。〔一〕其於王事，威儀容貌亦可觀者也。〔二〕故行步有佩玉之度，〔三〕登車有和鸞之節，〔四〕田狩有三驅之制，〔五〕飲食有享獻之禮，〔六〕出入有名，使民以時，務在勸農桑，謀在安百姓，如此，則木得其性矣。若乃田獵馳騁不反宮室，飲食沈湎不顧法度，〔七〕妄興繇役以奪民時，作爲姦詐以傷民財，則木失其性矣。蓋工匠之爲輪矢者多傷敗，〔八〕及木爲變怪，〔九〕是爲木不曲直。

〔一〕師古曰：坤下巽上，觀。巽爲木，故云地上之木也。

〔二〕【補注】葉德輝曰：蕭吉五行大義引洪範傳曰「東方，易云『地上之木爲觀』，言春時出地之木，無不曲直，花葉可觀，如人威儀容貌也。」

〔三〕師古曰：玉佩上有雙衡，下有雙璜，琚瑀以雜之，(衡)〔衝〕牙玭珠以納其閒。右徵角而左宮羽，進則揖之，退則揚之，然後玉鏘鳴焉。是爲行步之節度也。璜音黄。琚音居。瑀音禹。玭音步千反。【補注】朱一新曰：汪本「玭」作「蚍」是。蚍珠，即蠙珠。禹貢釋文「蠙」或作「蚍」。先謙曰：注文玭、蚍雜見，官本皆作玭。

〔四〕師古曰：和，鈴也，以金爲之，施於衡上。鸞亦以金爲鸞鳥而銜鈴焉，施於鑣上，動皆有聲，以爲舒疾之疾也。【補注】朱一新曰：汪本「銜」上有「棲衡」二字。又「之疾也」，「疾」作「節」，是。先謙曰：官本有「棲衡」二字，「疾」作「節」。考證云，「銜」，監本訛「衡」，從宋本改。

〔五〕師古曰：謂田獵三驅也。三驅之禮，一爲乾豆，二爲賓客，三爲充君之庖也。

〔六〕師古曰：以禮飲食謂之享，進爵於前謂之獻。

〔七〕師古曰：沈湎，謂溺於酒食。湎音彌善反。

〔八〕如淳曰：揉輪不曲，矯矢不直也。

〔九〕臣瓚曰：梓柱更生，及變爲人形是也。

春秋：成公十六年「正月，雨，木冰」。劉歆以爲上陽施不下通，下陰施不上達，〔一〕故雨而木爲之冰，雰氣寒，〔二〕木不曲直也。劉向以爲冰者陰之盛而水滯者也，〔三〕木者少陽，貴臣卿大夫之象也。此人將有害，則陰氣協木，〔四〕木先寒，故得雨而冰也。是時叔孫喬如出奔，公子偃誅死。〔五〕一曰，時晉執季孫行父，又執公，此執辱之異。〔六〕或曰，今之長老名木冰爲「木介」，〔七〕介者，甲。甲，兵象也。是歲，晉有鄢陵之戰，楚王傷目而敗。〔八〕屬常雨也。〔九〕

〔一〕【補注】王念孫曰：兩「施」字，師古無音。案陽可言施，陰不可言施。施，皆讀爲弛。經傳通以施爲弛。弛，解也，言陰陽俱解，故上下不交也。開元占經冰占篇引此正作弛。

〔二〕師古曰：雰音紛。

〔三〕【補注】先謙曰：晉、宋志刪「而水滯」三字，隋志作「陰之盛而凝滯也」。先謙案，此「水」字當爲「冰」，凝、冰同字，冰省作水，傳寫遂誤爲水耳。「金不從革」傳下冰滯，尤其明證。

〔四〕【補注】錢大昭曰：「協」，南雍本、閩本作「脅」。朱一新曰：汪本作「脅」。葉德輝曰：德藩本作「脅」。先謙曰：官本作「脅」，晉、宋、隋、唐志同。

〔五〕師古曰：叔孫喬如，叔孫宣伯也，通於宣公夫人穆姜，謀欲作亂，不克而出奔齊。公子偃，宣公庶子、成公弟也，豫喬如之謀，故見誅。事竝在十六年冬。

〔六〕師古曰：行父，季文子也。十六年秋，公會晉侯于沙隨，晉受喬如之譖而止公。是年九月，又信喬如之譖而執行父也。【補注】沈欽韓曰：何休本此說以爲幼君大臣之象，成公、季孫行父見執于晉之徵。

〔七〕【補注】先謙曰：「木介」，唐志作「樹介」。

〔八〕師古曰：晉楚戰于鄢陵，吕錡射恭王中目。鄢陵，鄭地。

〔九〕【補注】先謙曰：木不曲直，與視傳下草妖互見，又恆雨互見。以文義言，「屬」上當有「又」字，晉志此段全倣漢志，「屬」上有「又」字，亦其證矣。

傳曰：「棄法律，逐功臣，殺太子，以妾爲妻，則火不炎上。」

說曰：火，南方揚光煇爲明者也。其於王者，南面鄉明而治。〔一〕書云：「知人則悊，能官人。」〔二〕故堯舜舉羣賢而命之朝，〔三〕遠四佞而放諸壄。〔四〕孔子曰：「浸潤之譖、膚受之訴不行焉，可謂明矣。」〔五〕賢佞分別，官人有序，帥由舊章，〔六〕敬重功勳，殊別適庶，〔七〕如此則火得其性矣。若乃信道不篤，〔八〕或燿虛僞，讒夫昌，邪勝正，則火失其性矣。自上而降，及濫炎妄起，〔九〕災宗廟，燒宮館，雖興師衆，弗能救也，是爲火不炎上。

〔一〕師古曰：鄉讀曰嚮。

〔二〕師古曰：虞書咎繇謩之辭。悊，智也。能知其材則能官之，所以爲智也。

〔三〕師古曰：謂稷、卨以下。

〔四〕師古曰：四佞，即四凶也。遠，離也。壄，古野字。

〔五〕師古曰：論語載孔子之言也。浸潤，言積漸也。膚受，謂初入皮膚以至骨髓也。

〔六〕師古曰：帥，循也。由，從也，用也。【補注】先謙曰：官本無注「由」下五字。

〔七〕師古曰：適讀曰嫡。

〔八〕師古曰：篤，厚也。【補注】先謙曰：官本無注。

〔九〕師古曰：炎讀曰燄。

春秋：桓公十四年「八月壬申，御廩災」。董仲舒以爲先是四國共伐魯，大破之於龍門。〔一〕百姓傷者未瘳，怨咎未復，而君臣俱惰，内怠政事，外侮四鄰，非能保守宗廟終其天年者也，故天災御廩以戒之。〔二〕劉向以爲御廩，夫人八妾所舂米之臧以奉宗廟者也，〔三〕時夫人有淫行，〔四〕挾逆心，〔五〕天戒若曰，夫人不可以奉宗廟。桓不寤，與夫人俱會齊，〔六〕夫人譖桓公於齊侯，〔七〕齊侯殺桓公。〔八〕劉歆以爲御廩，公所親耕藉田以奉粢盛者也，〔九〕棄法度亡禮之應也。

〔一〕韋昭曰：魯郭門。【補注】蘇輿曰：四國謂齊、宋、衛、燕，共伐魯，爲魯所敗，事在桓十三年。經不書地，何休公羊注「親戰龍門，兵攻城池」，即本於此。
〔二〕【補注】沈欽韓曰：何休公羊注襲其説。
〔三〕師古曰：一娶九女，正嫡一人，餘者妾也，故云八妾。【補注】沈欽韓曰：穀梁傳「甸粟而内之三宫，三宫米而藏之御廩」。公羊僖二十年傳何注「夫人居中宫，右媵居西宫，左媵居東宫」。
〔四〕師古曰：謂通於齊侯。
〔五〕師古曰：謂欲弑桓公。
〔六〕師古曰：十八年春，公會齊侯于濼，公與夫人姜氏遂如齊也。
〔七〕師古曰：言世子同非吾子，齊侯之子。【補注】周壽昌曰：見公羊莊元年傳。
〔八〕師古曰：齊侯享公，公醉，使公子彭生乘公，拉其幹而殺之。公薨於車。
〔九〕師古曰：黍稷曰粢，在器曰盛也。

嚴公二十年「夏，齊大災」。〔一〕劉向以爲齊桓好色，聽女口，以妾爲妻，適庶數更，〔二〕故致太災。〔三〕桓公不瘖，及死，適庶分爭，九月不得葬。〔四〕公羊傳曰，大災，疫也。〔五〕董仲舒以爲魯夫人淫於齊，齊桓姊妹不嫁者七人。〔六〕國君，民之父母；夫婦，生化之本。本傷則末夭，故天災所予也。〔七〕

〔一〕師古曰：嚴公，謂莊公也，避明帝諱，故改曰嚴。凡漢書載謚姓爲嚴者，皆類此。

〔二〕師古曰：更，改也。桓公之夫人三：王姬、徐嬴、蔡姬，皆無子。而桓公好内多寵，内嬖如夫人者六人：長衛姬，生公子無虧，即武孟也；少衛姬，生惠公；鄭姬，生孝公；葛嬴，生昭公；密姬，生懿公；宋華子，生公子雍。公與管仲屬孝公於宋襄公，以爲太子。易牙有寵於衛恭姬，因寺人貂以薦羞於公，請立武孟，公許之。管仲卒，五公子皆求立。適讀曰嫡，下亦同。數音所角反。【補注】先謙曰：官本注「寺」作「侍」。

〔三〕【補注】錢大昭曰：「太」，南雍本、閩本作「大」。葉德輝曰：德藩本作「大」。先謙曰：官本作「大」。

〔四〕師古曰：魯僖十七年，齊桓公卒，易牙入，因内寵以殺羣吏，立無虧。孝公奔宋。十八年，齊立孝公，不勝曰公子之徒，遂與宋人戰，敗齊師于甗，立孝公而還。八月葬桓公，是爲過於九月乃得葬也。【補注】朱一新曰：注「曰公子之徒」，汪本「曰」作「四」，是。先謙曰：官本作「四」。

〔五〕【補注】沈欽韓曰：公羊傳作「痢」。何休云「痢者，民疾疫也。」

〔六〕【補注】沈欽韓曰：管子小匡篇「桓公曰『寡人不幸而好色，而姑姊有不嫁者』」。公羊疏引晏子春秋「齊景公問於晏子曰『吾先君桓公淫，女公子不嫁者九人』」。

〔七〕李奇曰：以爲疫殺其民人。

釐公二十年「五月己酉，西宮災」。〔一〕穀梁以爲愍公宮也，以謚言之則若疏，故謂之西宮。劉向以爲釐立妾母爲夫人以入宗廟，〔一〕故天災愍宮，若曰，去其卑而親者，將害宗廟之正禮。〔二〕董仲舒以爲釐娶於楚，而齊媵之，脅公使立以爲夫人。〔三〕西宮者，小寢，夫人之居也。〔四〕若曰，妾何爲此宮！誅去之意也。以天災之，故大之曰西宮也。〔五〕左氏以爲西宮者，公宮也。〔六〕言西，知有東。東宮，太子所居。言宮，舉區皆災也。〔七〕

〔一〕師古曰：釐讀曰僖。後皆類此。【補注】錢大昭曰：左氏作「乙巳」，南雍本、閩本同。朱一新曰：汪本作「乙巳」。葉德輝曰：德藩本作「乙巳」。先謙曰：官本作「乙巳」。

〔二〕師古曰：僖公之母，謂成風也。本非正嫡，僖既爲君，而母遂同夫人禮。文四年經書「夫人風氏薨」，五年「王使榮叔歸含且賵」，是也。

〔三〕師古曰：愍公於僖公爲弟，故云卑。

〔四〕師古曰：僖公初娉楚女爲嫡，齊女爲媵。時齊先致其女，脅魯使立爲夫人。事見公羊、穀梁傳。【補注】沈欽韓曰：此亦可疑。左傳「宗人釁夏曰『周公及武公娶於薛，孝、惠娶於商，自桓以下娶於齊』」。先謙曰：官本注「娉」作「聘」。

〔五〕【補注】沈欽韓曰：據何休說，則西宮是右媵所居，楚女廢在西宮而不見恤，悲愁怨曠之所生也。後書陳蕃疏曰「楚女悲而西宮災」。

〔六〕【補注】錢大昭曰：左傳無此文，蓋左氏說。沈欽韓曰：此據漢法知之，竇嬰傳「田蚡云『程李俱東西宮衛尉』」。時程不識爲長樂衛尉，長樂，太后所居，曰東宮；李廣爲未央衛尉，帝所居，曰西宮。則公宮爲西宮明矣。

〔七〕【補注】錢大昭曰：「區」，閩本作「國」。先謙曰：官本作「國」。

宣公十六年「夏，成周宣榭火」。〔一〕榭者，所以臧樂器，宣其名也。董仲舒、劉向以爲十五年王札子殺召伯、毛伯，〔二〕天子不能誅。天戒若曰，不能行政令，何以禮樂爲而臧之？〔三〕左氏經曰：「成周宣榭火，人火也。〔四〕人火曰火，天火曰災。」榭者，講武之坐屋。〔五〕

〔一〕師古曰：公羊經也。成周，洛陽也。【補注】沈欽韓曰：此左氏經文，公、穀竝作「災」。先謙曰：注上「也」字，官本作「曰」，是。

〔二〕師古曰：王札子即王子捷也。召伯、毛伯，周二大夫也。召讀曰邵，後皆類此。

〔三〕【補注】沈欽韓曰：此説較勝。何休以春秋當新王，因天災樂器，示周不復興之語。

〔四〕【補注】周壽昌曰：「人火也」上脱去「傳曰」二字，下文陳災，引左氏可證。不則「經」字當作「傳」，前有「公羊傳曰」後引「左氏傳曰」可證。

〔五〕【補注】葉德輝曰：左傳「成周宣榭災」，疏引服虔注「宣揚威武之處」，與此合，則此文所引爲左氏家説也。

成公三年「二月甲子，新宮災」。穀梁以爲宣宮，不言謚，恭也。劉向以爲時魯三桓子孫始執國政，宣公欲誅之，恐不能，使大夫公孫歸父如晉謀。未反，宣公死。三家譖歸父於成公。成公父喪未葬，聽讒而逐其父之臣，使奔齊，〔一〕故天災宣宮，明不用父命之象也。一曰，三家親而亡禮，猶宣公殺子赤而立。〔二〕亡禮而親，天災宣廟，欲示去三家也。董仲舒以爲成居喪亡哀戚心，數興兵戰伐，〔三〕故天災其父廟，示失子道，不能奉宗廟也。一曰，宣殺君而立，不當列於羣祖也。

〔一〕師古曰：三桓，謂孟孫、叔孫、季孫三家，俱出桓公之子也。公孫歸父，東門襄仲之子也。歸父欲去三桓以張公室，與宣公謀，而聘于晉，欲以晉人去之。而宣公薨，成公即位，季文子及臧宣叔乃逐東門氏。歸父還，復命於介，遂出奔齊。

〔二〕師古曰：赤，文公太子，即子惡也。宣公，文公之庶子，襄仲殺赤而立宣公。

〔三〕師古曰：謂元年作丘甲，二年，季孫行父帥師會晉郤克及齊侯戰于鞌，三年，叔孫僑如帥師圍棘。【補注】錢大昭曰：「心」，閩本作「宣」。予謂「心」下脱「宣」字。先謙曰：上下文俱屬成說，「宣」字不當有。

襄公九年「春，宋災」。劉向以爲先是宋公聽讒，逐其大夫華弱，出奔魯。〔一〕左氏傳曰，宋災，樂喜爲司城，〔二〕先使火所未至徹小屋，〔三〕塗大屋，〔四〕陳畚蕐，〔五〕具綆缶，〔六〕備水器，〔七〕畜水潦，積土塗，〔八〕繕守備，〔九〕表火道，〔一〇〕儲正徒。〔一一〕郊保之民，使奔火所。〔一二〕又飭衆官，各慎其職。〔一三〕晉侯聞之，問士弱曰：〔一四〕「宋災，於是乎知有天道，何故？」對曰：「古之火正，或食於心，或食於咮，以出入火。〔一五〕是故咮爲鶉火，心爲大火。陶唐氏之火正閼伯，居商丘，祀大火，而火紀時焉。相土因之，故商主大火。商人閱其禍敗之釁必始於火，是以知有天道。」公曰：「可必乎？」對曰：「在道。國亂亡象，不可知也。」〔一六〕說曰：古之火正，謂火官也，掌祭火星，行火政。季春昏，心星出東方，而咮、七星、〔一七〕鳥首正在南方，則用火；季秋，星入，則止火，以順天時，救民疾。帝嚳則有祝融，堯時有閼伯，民賴其德，死則以爲火祖，配祭火星，故曰「或食於心，或食於咮也」。相土，商祖契之曾孫，〔一八〕代閼伯後主火星，宋，其後也，世司其占，故先知火災。賢君見變，能修道以除凶；亂君亡象，天不譴告，故不可必也。

〔一〕師古曰：華弱，華耦之孫也，與樂轡少相狎，長相優，又相謗。轡以弓梏弱于朝，宋平公怒，逐之，遂來奔。事在襄六年。

〔二〕師古曰：司城，本司空，避武公之諱，故改其官爲司城。

〔三〕師古曰：恐火及之，故徹去。

〔四〕師古曰：大屋難徹，故以泥塗之，令火至不可焚。

〔五〕應劭曰：畚，草籠也，讀與本同。董，所以輿土也。師古曰：董音居玉反。【補注】錢大昭曰：「董」，左氏作「挶」。先謙曰：官本「董」下無「音」字。

〔六〕師古曰：綆，汲索也。缶即盎也。綆音工杏反。【補注】先謙曰：官本「工」作「王」。

〔七〕師古曰：罃瓮之屬也。許氏說文解字曰「罃備火，金之長頸缾也」。【補注】朱一新曰：注「瓮」，汪本作「甕」，同；「金」作「今」，是。先謙曰：官本「瓮」作「甕」，「金」作「今」。

〔八〕師古曰：潦，行潦也。畜讀曰蓄。蓄謂障遏聚之也。塗，泥也。

〔九〕師古曰：繕謂補修之也。修守禦之備，恐因火有它故也。

〔一〇〕師古曰：火之所起之道，皆立標記也。

〔一一〕師古曰：儲，待也。正徒，役徒也。待音丈紀反。

〔一二〕師古曰：郊保之民，謂郊野之外保聚者也。使奔火所，共救災也。【補注】先謙曰：官本注「民」作「人」，是。

〔一三〕師古曰：飭讀與赤同。【補注】朱一新曰：汪本「赤」作「敕」，是。先謙曰：官本作「敕」。

〔一四〕師古曰：士弱，晉大夫士莊伯。

〔一五〕師古曰：咮音竹救反。

〔一六〕韋昭曰：大亂之君，天下復告，故無象。【補注】朱一新曰：注，汪本「下」作「不」，是。先謙曰：官本「下」作「不」。

〔一七〕【補注】宋祁曰：「咮」，邵本作「啄」。先謙曰：「咮」、「啄」字通，詳天文志。

〔一八〕師古曰：契讀曰偰，音先列反。字或作「离」，其用同耳。據諸典籍，相土即离之孫，今云曾孫，未詳其意。

三十年「五月甲午，宋災」。董仲舒以爲伯姬如宋五年，宋恭公卒，〔一〕伯姬幽居守節三十餘年，又憂傷國家之患禍，積陰生陽，故火生災也。〔二〕劉向以爲先是宋公聽讒而殺太子痤，〔三〕應火不炎上之罰也。

〔一〕師古曰：伯姬，魯宣公女恭姬也。成九年歸于宋，十五年而宋公卒。今云如宋五年，則是轉寫誤。【補注】朱一新曰：汪本「轉」作「傳」。先謙曰：官本作「傳」。

〔二〕【補注】沈欽韓曰：何休本其說，云伯姬守禮，含悲極思之所生。案宋數年内竝無患禍，董說非。伯姬既能守禮，一老婦人何所悲思？何更難通。惟劉向合鴻範傳，殺太子之應。

〔三〕師古曰：痤，宋平公太子也。寺人惠牆伊戾譖太子，云與楚各盟，平公殺之。事在襄二十六年。痤音在戈反。【補注】朱一新曰：汪本「各」作「客」，是。先謙曰：官本作「客」。

左氏傳：昭公六年「六月丙戌，鄭災」。是春三月，鄭人鑄刑書。士文伯曰：「火見，鄭其火乎？〔一〕火未出而作火以鑄刑器，臧爭辟焉。〔二〕火而象之，不火何爲？」說曰：火星出於周五月，而鄭以三月作火鑄鼎，刻刑辟書，以爲民約，是爲刑器爭辟。故火星出，與五行之火爭明爲災，其象然也，又棄法律之占也。不書於經，時不告魯也。

〔一〕師古曰：士文伯，晉大夫伯瑕也。

〔二〕師古曰：著刑於鼎，故稱刑器。法設下爭，故云爭辟。【補注】先謙曰：官本「著」作「鑄」。

九年「夏四月，陳火」。〔一〕董仲舒以爲陳夏徵舒殺君，楚嚴王託欲爲陳討賊，陳國闢門而待之，至因滅陳。〔二〕陳臣子尤毒恨甚，極陰生陽，故致火災。劉向以爲先是陳侯弟招殺陳太子偃師，〔三〕皆外事，不因其宮館者，〔四〕略之也。八年十月壬午，楚師滅陳，〔五〕春秋不與蠻夷滅中國，故復書陳火也。〔六〕左氏經曰「陳災」。傳曰「鄭裨竈曰：『五年，陳將復封，〔七〕封五十二年而遂亡。』子產問其故，對曰：『陳，水屬也。火，水妃也，而楚所相也。〔八〕今火出而火陳，逐楚而建陳也。妃以五陳，〔九〕故曰五年。歲五及鶉火，而後陳卒亡，楚克有之，天之道也。』」說曰：顓頊以水王，陳其族也。〔一〇〕今茲歲在星紀，後五年在大梁。大梁，昴也。金爲水宗，得其宗而昌，故曰「五年陳將復封」。楚之先爲火正，故曰「楚所相也」。天以一生水，地以二生火，天以三生木，地以四生金，天以五生土。五位皆以五而合，而陰陽易位，故曰「妃以五成」。然則水之大數六，火七，木八，金九，土十。故水以天一爲火二牡，木以天三爲土十牡，土以天五爲水六牡，火以天七爲金四牡，金以天九爲木八牡。陽奇爲牡，陰耦爲妃。〔一一〕故曰「水，火之牡也；火，水妃也」。於易，坎爲水，爲中男，離爲火，爲中女，蓋取諸此也。自大梁四歲而及鶉火，四周四十八歲，凡五及鶉火，五十二年而陳卒亡。火盛水衰，故曰「天之道也」。哀公十七年七月己卯，楚滅陳。

〔一〕師古曰：公羊傳。【補注】先謙曰：官本「傳」作「經」。

〔二〕師古曰：夏徵舒，陳卿夏南，即少西氏也。徵舒之母通于靈公，靈公飲酒于夏氏，徵舒射而殺之。楚子爲夏氏亂，故伐陳，謂陳人無動，將討於少西氏，遂入陳，殺夏徵舒，轘諸栗門，因縣陳。事在宣公十一年。【補注】劉敞曰：予案，昭九年，夏徵舒事且六十歲矣，仲舒之言，一何謬乎！錢大昕曰：當云陳公子招殺太子，楚靈王託欲爲陳討賊。傳寫舛譌，校書者妄以意改竄耳。劉譏其謬固當，然董子明於春秋，不應乖舛若此，恐非董、班元文也。先謙曰：官本「射」作「討」，「亂」上「氏」作「兵」，「夏」上「殺」作「役」。

〔三〕師古曰：招謂陳哀公之弟。偃師即哀公子也。哀公有廢疾，招殺太子而立公子留。事在昭八年。招音韶。

〔四〕【補注】周壽昌曰：言不詳其火之所因，竝火何宮館也。

〔五〕師古曰：莊王初雖縣陳，納申叔時之諫，乃復封陳，至此時陳又爲楚靈王所滅。

〔六〕師古曰：九年火時，陳已爲楚縣，猶追書陳國者，以楚蠻夷，不許其滅中夏之國。

〔七〕師古曰：裨竈，鄭大夫。

〔八〕【補注】朱一新曰：左傳杜注「相，治也」。

〔九〕【補注】錢大昭曰：「陳」，左氏作「成」，南雍本、閩本同。下文亦云「故曰妃以五成」。朱一新曰：汪本作「成」。葉德輝曰：德藩本作「成」。先謙曰：官本作「成」。

〔一〇〕師古曰：陳，舜後也。舜本出顓頊。

〔一一〕師古曰：奇音居宜反。

昭十八年「五月壬午，宋、衞、陳、鄭災」。董仲舒以爲象王室將亂，天下莫救，故災四國，言亡四方也。又宋、衞、陳、鄭之君皆荒淫於樂，不恤國政，與周室同行。陽失節則火災出，是以同日災也。劉向以爲宋、陳王者之後，〔一〕衛、鄭，周同姓也。〔二〕時周景王老，劉子、單子事王子猛，〔三〕尹氏、召伯、毛伯事王子鼂。〔四〕子鼂，楚之出也。〔五〕及宋、衛、陳、鄭亦皆外附於楚，亡尊周室之心。後三年，景王崩，〔六〕王室亂，故天災四國。天戒若曰，不救周，反從楚，廢世子，〔七〕立不正，以害王室，明同辠也。

〔一〕師古曰：宋微子啟本出殷。陳胡公滿，有虞苗裔。皆王者之後。

〔二〕師古曰：衛康叔，文王之子。鄭桓公，宣王之弟。

〔三〕師古曰：劉子，劉獻公摯也。單子，穆公旗也。皆周大夫也。猛，景王太子。單音善。

〔四〕師古曰：尹氏，文公圉也。召伯，莊公奐也。毛伯，毛得也。皆周大夫也。子鼂，景王庶子也。鼂，古朝字。

〔五〕師古曰：姊妹之子曰出。

〔六〕【補注】蘇輿曰：案春秋，景王崩於昭二十二年，合本年計之，則後五年。「三」當爲「五」。

〔七〕【補注】周壽昌曰：天官「惟王及后，世子不會」。此敘周景王太子猛事。稱世子，周制也。

定公二年「五月，雉門及兩觀災」。〔一〕董仲舒、劉向以爲此皆奢僭過度者也。先是，季氏逐昭公，昭公死于外。〔二〕定公即位，既不能誅季氏，又用其邪説，淫於女樂，而退孔子。〔三〕天戒若曰，去高顯而奢僭者。一曰，門闕，號令所由出也，今舍大聖而縱有辠，亡以出號令矣。京房易傳曰：「君不思道，厥妖火燒宮。」

〔一〕師古曰：雉門，公宮南門也。兩觀謂闕。

〔一〕師古曰：謂薨于乾侯。

〔三〕師古曰：齊人歸女樂，季桓子勸定公受之，君臣相與觀之，廢朝禮三日，孔子乃行。【補注】沈欽韓曰：雉門、兩觀災，在定二年，退孔子在十五年，安可傅會？

哀公三年「五月辛卯，桓、釐宮災」。董仲舒、劉向以爲此二宮不當立，違禮者也。哀公又以季氏之故不用孔子。孔子在陳聞魯災，曰：「其桓、釐之宮乎！」以爲桓，季氏之所出，釐，使季氏世卿者也。

四年「六月辛丑，亳社災」。〔一〕董仲舒、劉向以爲亡國之社所以爲戒也。〔二〕天戒若曰，國將危亡，不用戒矣。春秋火災，屢於定、哀之間，〔三〕不用聖人而縱驕臣，將以亡國，不明甚也。一曰，天生孔子，非爲定、哀也，蓋失禮不明，火災應之，自然象也。

〔一〕師古曰：亳社，殷社也。【補注】沈欽韓曰：公羊作「蒲社」。「蒲」是「薄」之訛耳。范甯解引劉向曰，戒人君縱恣不能警戒之象。

〔二〕師古曰：存其社者，欲使君常思敬慎，懼危亡也。

〔三〕【補注】先謙曰：官本考證云「定哀」，監本作「哀定」，非也。今改正。

高后元年五月丙申，趙叢臺災。劉向以爲是時呂氏女爲趙王后，嫉妒，將爲讒口以害趙王。王不寤焉，卒見幽殺。

惠帝四年十月乙亥，〔一〕未央宮凌室災；〔二〕丙子，織室災。〔三〕劉向以爲元年呂太后殺趙王如意，殘戮其母戚夫人。是歲十月壬寅，太后立帝姊魯元公主女爲皇后。其乙亥，凌室災。明日，織室災。凌室所以供養飲食，織室所以奉宗廟衣服，與春秋御廩同義。天戒若曰，皇后亡奉宗廟之德，將絶祭祀。其後，皇后亡子，後宮美人有男，太后使皇后名之，而殺其母。惠帝崩，嗣子立，有怨言，太后廢之，更立呂氏子弘爲少帝。賴大臣共誅諸呂而立文帝，惠后幽廢。

〔一〕【補注】蘇輿曰：「十月」，惠紀作「七月」。

〔二〕師古曰：臧冰之室也。

〔三〕師古曰：織作之室。

文帝七年六月癸酉，未央宮東闕罘思災。〔一〕劉向以爲東闕所以朝諸侯之門也，罘思在其外，諸侯之象也。漢興，大封諸侯王，連城數十。文帝即位，賈誼等以爲違古制度，必將叛逆。先是，濟北、淮南王皆謀反，其後吴楚七國舉兵而誅。

〔一〕師古曰：罘思，闕之屏也。解具在文紀。【補注】葉德輝曰：德藩本「思」竝作「罳」。先謙曰：官本作「罳」。

景帝中五年八月己酉，未央宮東闕災。先是，栗太子廢爲臨江王，〔一〕以皐徵詣中尉，自殺。丞相條侯周亞夫以不合旨稱疾免，後二年下獄死。

〔一〕師古曰：景帝太子，栗姬所生，謂之栗太子。

武帝建元六年六月丁酉，遼東高廟災。〔一〕四月壬子，高園便殿火。董仲舒對曰：〔二〕「春秋之道舉往以明來，是故天下有物，視春秋所舉與同比者，〔三〕精微眇以存其意，通倫類以貫其理，天地之變，國家之事，粲然皆見，亡所疑矣。案春秋魯定公、哀公時，季氏之惡已孰，〔四〕而孔子之聖方盛。夫以盛聖而易孰惡，季孫雖重，魯君雖輕，其勢可成也。故定公二年五月兩觀災。兩觀，僭禮之物，〔五〕天災之者，若曰，僭禮之臣可以去。已見辠徵，而後告可去，此天意也。定公不知省。〔六〕至哀公三年五月，桓宮、釐宮災。二者同事，所爲一也，若曰燔貴而去不義云爾。〔七〕哀公未能見，故四年六月亳社災。兩觀、桓、釐廟、亳社四者皆不當立，〔八〕天皆燔其不當立者以示魯，欲其去亂臣而用聖人也。季氏亡道久矣，前是天不見災者，魯未有賢聖臣，雖欲去季孫，其力不能，昭公是也。〔九〕至定、哀乃見之，其時可也。不時不見，天之道也。今高廟不當居遼東，高園殿不當居陵旁，於禮亦不當立，〔一〇〕與魯所災同。其不當立久矣，至於陛下時天乃災之者，殆亦其時可也。昔秦受亡周之敝，而亡以化之；漢受亡秦之敝，又亡以化之。夫繼二敝之後，承其下流，兼受其猥，難治甚矣。〔一一〕又多兄弟親戚骨肉之連，驕揚奢侈〔一二〕恣睢者衆，〔一三〕所謂重難之時者也。陛下正當大敝之後，又遭重難之時，甚可憂也。故天災若語陛下：『當今之世，雖敝而重難，非以太平至公，不能治也。視親戚貴屬在諸侯遠正最甚者，忍而誅之，〔一四〕如吾燔遼高廟乃可；〔一五〕視近臣在國中處旁仄及貴而不正者，忍而誅之，〔一六〕如吾燔高園殿乃可云爾。』在外而不正者，雖貴如高廟，猶災燔之，況諸侯乎！在内不正者，雖貴如高園殿，猶燔災之，況大臣乎！此天意也。辠在外者天災外，辠在内者天災内，燔甚罪當重，燔簡罪當輕，承天意之道也。」

〔一〕【補注】錢大昕曰：武紀作「二月乙未」。
〔二〕【補注】周壽昌曰：仲舒傳「居家推説其意，主父偃竊其書而奏焉」。
〔三〕師古曰：比，類也，音必寐反。
〔四〕師古曰：孰，成也。
〔五〕師古曰：兩觀，天子之制也。
〔六〕師古曰：省，察也。【補注】先謙曰：注六字，官本無。
〔七〕師古曰：燔音煩。
〔八〕【補注】沈欽韓曰：案桓、釐廟，親盡當毁，此孔子所言者。禮運正義、何休公羊注「天子兩觀外闕，諸侯臺門」。則諸侯不得有闕。魯有闕者，魯以天子之禮，故得有之。案郊特牲不言兩觀爲僭，彼疏云「臺上架屋曰臺門」。則臺門非闕門之差。亳社者，左氏解云，諸侯有之，所以戒亡國。傳云「閒于兩社，爲公室輔」。正義云「左有亳社，右有周社，卿大夫有大事詢衆庶在其閒也」。二傳亦不譏魯有亳社也。
〔九〕師古曰：前是，謂此時之前也。見，顯示也，音胡電反。次下並同。【補注】先謙曰：官本注「次」作「以」。
〔一〇〕【補注】何焯曰：此貢禹、匡衡罷諸廟所本。
〔一一〕師古曰：猥，積也，謂積敝也。
〔一二〕師古曰：揚，謂振揚張大也。【補注】周壽昌曰：揚，輕揚也。
〔一三〕服虔曰：自恣意怒貌也。師古曰：睢音呼季反。【補注】先謙曰：此連上四字爲句。

〔一四〕師古曰：遠，離也，謂離正道者也。

〔一五〕【補注】先謙曰：「遼」下官本有「東」字，是。

〔一六〕師古曰：仄，古側字。

先是，淮南王安入朝，始與帝舅太尉武安侯田蚡有逆言。其後膠西于王、趙敬肅王、常山憲王皆數犯法，或至夷滅人家，藥殺二千石，〔一〕而淮南、衡山王遂謀反。膠東、江都王皆知其謀，陰治兵弩，欲以應之。至元朔六年，乃發覺而伏辜。〔二〕時田蚡已死，不及誅。上思仲舒前言，使仲舒弟子呂步舒持斧鉞治淮南獄，以春秋誼顓斷於外，不請。〔三〕既還奏事，上皆是之。

〔一〕【補注】先謙曰：據傳云常山王數犯法。趙王迫劫告汙二千石。其禽滅人家，及藥殺二千石，則膠西王事也。

〔二〕【補注】先謙曰：伏辜在元狩元年，即元朔六年後一年，發覺在六年，淮南、衡山傳可證。或疑此志文誤，非也。

〔三〕師古曰：顓與專同。不請者，不奏待報。【補注】周壽昌曰：仲舒傳「仲舒弟子呂步舒不知其師書，以爲大愚。於是下仲舒吏，當死，詔赦之」。此乃復用步舒治獄。據淮南王傳，是獄所連引與王謀反列侯、二千石、豪傑數千人，皆以罪輕重受誅。先謙曰：注「奏待」，官本作「待奏」。

太初元年十一月乙酉，未央宮柏梁臺災。先是，大風發其屋，夏侯始昌先言其災日。〔一〕後有江充巫蠱衛太子事。〔二〕

〔一〕【補注】先謙曰：亦見始昌傳。

〔二〕【補注】先謙曰：誣衛太子爲巫蠱也。

征和二年春，涿郡鐵官鑄鐵，鐵銷，皆飛上去，〔一〕此火爲變使之然也。其三月，涿郡太守劉屈釐爲丞相。〔二〕後月，巫蠱事興，帝女諸邑公主、陽石公主、〔三〕丞相公孫賀、子太僕敬聲、平陽侯曹宗等皆下獄死。〔四〕七月，使者江充掘蠱太子宮，太子與母皇后議，恐不能自明，乃殺充，舉兵與丞相劉屈釐戰，死者數萬人，太子敗走，至湖自殺。〔五〕明年，屈釐復坐祝詛要斬，〔六〕妻梟首也。成帝河平二年正月，沛郡鐵官鑄鐵，鐵不下，〔七〕隆隆如雷聲，又如鼓音，工十三人驚走。音止，還視地，地陷數尺，鑪分爲十，一鑪中銷鐵散如流星，皆上去，與征和二年同象。其夏，帝舅五人封列侯，號五侯。〔八〕元舅王鳳爲大司馬大將軍秉政。後二年，丞相王商與鳳有隙，鳳譖之，免官，自殺。明年，京兆尹王章訟商忠直，言鳳顓權，鳳誣章以大逆辠，下獄死，〔九〕妻子徙合浦。後許皇后坐巫蠱廢，而趙飛燕爲皇后，妹爲昭儀，賊害皇子，成帝遂亡嗣。皇后、昭儀皆伏辜。一曰，鐵飛屬金不從革。〔一〇〕

〔一〕【補注】宋祁曰：「鐵，鐵」，疑作「錢，錢」。齊召南曰：案此條及下「成帝河平二年正月，沛郡鐵官鑄鐵，鐵不下」。其事正同。宋祁竝疑鑄鐵當作鑄錢，非也。元狩五年以後，令天下非三官錢不行，安得有外郡鑄錢之事？雖涿郡鐵飛，武紀不載，而涿郡有鐵官，地理志有明文矣。至河平，沛郡鐵散，則孝成紀亦載其事，不得疑鐵字爲錢字之訛也。

〔二〕【補注】先謙曰：説文「釐，家福也。氂，牛尾也」。此通用字。侯表作屈釐，與此同。紀傳作屈氂，總目同，則作

「氂」者是也。

〔三〕師古曰：諸，琅邪之縣也。公主所食曰邑，故謂之諸邑。陽石，北海之縣，字亦作羊。

〔四〕【補注】先謙曰：侯表「宗，征和二年，坐與中人姦，闌入宮掖門，入財贖完爲城旦」。不言爲巫蠱下獄死，疑有誤。

〔五〕師古曰：湖，縣名也。即今閿鄉、湖城二縣界。

〔六〕師古曰：禮，古詛字也，音側據反。

〔七〕【補注】宋祁曰：作「錢，錢不下」。先謙曰：宋説非，見上。

〔八〕師古曰：譚、商、立、根、逢時，凡五人。【補注】王鳴盛曰：凌本「立」作「音」。沈炯云，恩澤侯表，立與譚、商、根、逢時以河平二年六月乙亥封，五人皆皇太后弟。音封在鴻嘉元年六月。凌本誤。成紀亦作「立」。先謙曰：官本「立」作「音」。

〔九〕【補注】錢大昭曰：「皐」，閩本作「章」。葉德輝曰：德藩本作「皐」。

〔一〇〕【補注】先謙曰：金不從革互見。

昭帝元鳳元年，燕城南門災。劉向以爲時燕王使邪臣通於漢，爲讒賊，謀逆亂。南門者，通漢道也。天戒若曰，邪臣往來，爲姦讒於漢，絶亡之道也。燕王不寤，卒伏其辜。

元鳳四年五月丁丑，孝文廟正殿災。劉向以爲孝文，太宗之君，與成周宣榭火同義。先是，皇后父車騎將軍上官安、安父左將軍桀謀爲逆，大將軍霍光誅之。皇后以光外孫，年少不知，居位如故。光欲后有子，因上侍疾醫言，禁内後宮皆不得進，唯皇后顓寢。皇后年六歲而立，十三年而昭帝崩，〔一〕遂絶繼嗣。光執朝政，猶周公之攝也。是歲正月，上加元服，〔一〕通詩、尚書，有明哲之性。光亡周公之德，秉政九年，久於周公，上既已冠而不歸政，將爲國害。故正月加元服，五月而災見。古之廟皆在城中，孝文廟始出居外，〔二〕天戒若曰，去貴而不正者。宣帝既立，光猶攝政，驕溢過制，至妻顯殺許皇后，光聞而不討，後遂誅滅。

〔一〕【補注】錢大昭曰：外戚傳「皇后立十歲而昭帝崩，后年十四五云」。此「十三年」當作「十年」，「三」字衍。

〔二〕師古曰：謂冠也。

〔三〕【補注】葉德輝曰：黄圖「太上皇廟在長安城中。高祖廟在長安城中西安門内東太常街」。此廟在城中之證。又云：文帝廟號顧成廟，不云在何處。西漢會要十二引云「文帝廟在長安城南」。此所云居外是也。

宣帝甘露元年四月丙申，中山太上皇廟災。〔一〕甲辰，孝文廟災。元帝初元三年四月乙未，孝武園白鶴館災。劉向以爲先是前將軍蕭望之、光禄大夫周堪輔政，爲佞臣石顯、許章等所譖，望之自殺，堪廢黜。明年，白鶴館災。園中五里馳逐走馬之館，〔二〕不當在山陵昭穆之地。天戒若曰，去貴近逸遊不正之臣，將害忠良。後章坐走馬上林下烽馳逐，免官。〔三〕

〔一〕【補注】王念孫曰：景祐本無「中山」二字，是也。宣紀云「甘露元年夏四月丙申，太上皇廟火。甲辰，孝文廟火。」漢紀「火」作「災」，皆無「中山」二字。葉德輝曰：西漢會要三十引亦無「中山」二字。是宋人所見本皆與景祐本同。

〔二〕師古曰：五里者，言其周迴五里。

〔三〕孟康曰：夜於上林苑下舉火馳射也。烽或作㕙。晉灼曰：冠首曰烽。競走曰逐。師古曰：孟説是。

永光四年六月甲戌，孝宣杜陵園東闕南方災。劉向以爲先是上復徵用周堪爲光禄勳，及堪弟子張猛爲太中大夫，石顯等復譖毁之，皆出外遷。是歲，上復徵堪領尚書，猛給事中，石顯等終欲害之。園陵小於朝廷，闕在司馬門中，内臣石顯之象也。孝宣，親而貴；闕，法令所從出也。〔一〕天戒若曰，去法令，内臣親而貴者必爲國害。後堪希得進見，因顯言事，事決顯口。堪病不能言。顯誣告張猛，自殺於公車。成帝即位，顯卒伏辜。

〔一〕【補注】錢大昭曰：南雍本、閩本「闕」上有「門」字。葉德輝曰：德藩本有「門」字。先謙曰：官本有「門」字。

成帝建始元年正月乙丑，皇考廟災。〔一〕初，宣帝爲昭帝後而立父廟，於禮不正。是時大將軍王鳳顓權擅朝，甚於田蚡，將害國家，故天於元年正月而見象也。其後寖盛，〔二〕五將世權，遂以亡道。〔三〕

〔一〕【補注】周壽昌曰：成紀「皇曾祖悼考廟災」。注「宣帝父史皇孫廟」。若皇考廟則孝元廟矣。此句明有脱文。

〔二〕師古曰：寖，古浸字。浸，漸也。

〔三〕孟康曰：謂王五大司馬也。師古曰：謂鳳、音、商、根、莽也。【補注】先謙曰：元后傳云「三世據權，五將秉政」。贊亦云「羣弟世權，更持國柄，五將十侯，卒成新都」。案鳳、商、根大將軍，音車騎將軍，莽未爲將軍，而與鳳等四人同爲五將者，以皆爲大司馬故也。百官表「大司馬初置，本以冠將軍之號」，故得稱之。其實惟將軍稱將，匈奴傳「漢遣田廣明等五將軍出塞，匈奴遠遁，是以五將少所得」，是其證也。思心傳亦云「鳳爲上將，秉國政」。

鴻嘉三年八月乙卯，孝景廟北闕災。十一月甲寅，許皇后廢。

永始元年正月癸丑，大官凌室災。戊午，戾后園南闕災。是時，趙飛燕大幸，許后既廢，上將立之，故天見象於凌室，與惠帝四年同應。戾后，衛太子妾，遭巫蠱之旤，〔一〕宣帝既立，追加尊號，於禮不正。又戾后起於微賤，與趙氏同。〔二〕天戒若曰，微賤亡德之人不可以奉宗廟，將絶祭祀，有凶惡之旤至。其六月丙寅，趙皇后遂立，姊妹驕妒，賊害皇子，卒皆受誅。

〔一〕【補注】先謙曰：官本「妾」作「安」。

〔二〕【補注】錢大昭曰：「同」字下，南雍本、閩本皆有「應」字。先謙曰：官本有「應」字。

永始四年四月癸未，長樂宮臨華殿及未央宮東司馬門災。〔一〕六月甲午，孝文霸陵園東闕南方災。長樂宮，成帝母王太后之所居也。〔二〕未央宮，帝所居也。霸陵，太宗盛德園也。是時，太后三弟相續秉政，〔三〕舉宗居位，充塞朝廷，兩宮親屬將害國家，〔四〕故天象仍見。〔五〕明年，成都侯商薨，弟曲陽侯根代爲大司馬秉政。後四年，根乞骸骨，薦兄子新都侯莽自代，遂覆國焉。

〔一〕【補注】沈欽韓曰：黄圖「長樂宮有臨華殿，在前殿後，武帝建」。

〔二〕【補注】沈欽韓曰：班倢伃傳「求共養太后長信宮」。趙昭儀傳「奈何令長信得聞之？」傅昭儀傳「成帝母太皇太后稱長信宮」。水經注「長樂宮殿西有長信、長秋諸殿」。玉海引黄圖「長樂宮有長信宮」。蓋長信又長樂之別殿，就其見居者名之也。

〔三〕師古曰：謂陽平侯鳳、安陽侯音、成都侯商相代爲大司馬。

〔四〕師古曰：謂太后家王氏，皇后家趙氏，故云兩宮親屬。

〔五〕師古曰：仍，重也。

哀帝建平三年正月癸卯，桂宮鴻寧殿災，〔一〕帝祖母傅太后之所居也。時，傅太后欲與成帝母等號齊尊，大臣孔光、師丹等執政，以爲不可，太后皆免官爵，遂稱尊號。後三年，帝崩，傅氏誅滅。

〔一〕【補注】沈欽韓曰：黄圖「桂宮，漢武帝造」。水經注「未央宮北即桂宮也，周十餘里，舊乘複道，用相逕通」。案孔光傳「大司空何武言，傅太后可居北宮」，則桂宮也。傳言「紫房複道通未央宮」者是也。因傅太后居此，名曰永信宮耳。黄圖復云「永信宮在甘泉宮絶遠」，非也。

平帝元始五年七月己亥，高皇帝原廟殿門災盡。〔一〕高皇帝廟在長安城中，後以叔孫通譏復道，〔二〕故復起原廟於渭北，非正也。〔三〕是時平帝幼，成帝母王太后臨朝，委任王莽，將篡絶漢，墮高祖宗廟，〔四〕故天象見也。其冬，平帝崩。明年，莽居攝，因以篡國，後卒夷滅。

〔一〕師古曰：原廟，重廟也。【補注】沈欽韓曰：盡，俗爲燼。

〔二〕【補注】先謙曰：官本「復」作「複」。

〔三〕【補注】葉德輝曰：事具叔孫通傳。

〔四〕師古曰：墮，毁也，音火規反。

傳曰：「治宮室，飾臺榭，〔一〕内淫亂，犯親戚，侮父兄，則稼穡不成。」

〔一〕師古曰：臺有室曰榭。

説曰：土，中央，生萬物者也。其於王者，爲内事。宮室、夫婦、親屬，亦相生者也。〔一〕古者天子諸侯，宮廟大小高卑有制，后夫人媵妾多少進退有度，九族親疏長幼有序。孔子曰：「禮，與其奢也，寧儉。」〔二〕故禹卑宮室，〔三〕文王刑于寡妻，〔四〕此聖人之所以昭教化也。〔五〕如此則土得其性矣。若乃奢淫驕慢，則土失其性。亡水旱之災而草木百穀不孰，〔六〕是爲稼穡不成。

〔一〕【補注】先謙曰：隋志作「宮室、臺榭、夫婦、親屬也」。蓋文有删易，内事謂此。

〔二〕師古曰：論語載孔子之言也。若不得禮之中而失於奢，則不如儉。

〔三〕師古曰：論語載孔子曰「禹，吾無間然矣，卑宮室而盡力乎溝洫。」謂勤於治水而所居狹陋也。【補注】先謙曰：官本「乎」作「於」。

〔四〕師古曰：大雅思齊之詩云「刑于寡妻，至于兄弟，以御于家邦」。刑，法也。寡妻，謂正嫡也。御，治也。此美文王以禮法接待其妻，旁及兄弟宗族，又廣以政教治家邦。

〔五〕師古曰：昭，明也。【補注】先謙曰：官本無注。

〔六〕【補注】朱一新曰：監本、汪本「亡」作「有」。葉德輝曰：德藩本「亡」作「有」。先謙曰：官本「亡」作「無」。今本尚作「有」，然據考證定改爲「無」。考證曰「無」，監本訛「有」，從宋本改正。王念孫云：景祐本、毛本作「亡水旱」，是也。此言土失其性，則雖無水旱之災，而不能成稼穡。下文云，劉向以爲「不書水旱，而曰大亡麥禾者，土氣不養，稼穡不成者也」。是其證。左氏春秋：莊二十八年冬，大無麥禾。正義曰，此年不言水旱，而得無麥禾者。服虔曰，陰陽不和，土氣不養，故禾麥不成也。即用劉向之說。此篇但說稼穡不成之事，若水旱之災，則在後篇「水不潤」下，及「厥罰恆陽」下，後人既改下文之「大亡麥禾」爲「大水亡麥禾」，故又改此文之「亡水旱」爲「有水旱」以從之，而不自知其謬也。

嚴公二十八年〔一〕「冬，大水亡麥禾」。〔二〕董仲舒以爲夫人哀姜淫亂，〔三〕逆陰氣，故大水也。劉向以爲水旱當書，不書水旱而曰「大亡麥禾」者，土氣不養，稼穡不成者也。是時，夫人淫於二叔，內外亡別，〔四〕又因凶飢，一年而三築臺，〔五〕故應是而稼穡不成，飾臺榭、內淫亂之罰云。遂不改寤，〔六〕四年而死，〔七〕既流二世，〔八〕奢淫之患也。

〔一〕【補注】蘇輿曰：「嚴公」上當有「春秋」二字。劉知幾所謂嚴公之上，不復以春秋建名，遂使漢帝、魯公同爲一揆者也。案班書體大，采輯舊文，閒致漏畧，劉氏毛舉，適成隅見耳。此下失書「春秋」者頗多，不復出之。

〔二〕【補注】齊召南曰：案經但云「大無麥禾」，三家所同，竝無大水「水」字。故劉向以屬土不稼穡。然玩董仲舒說，又似公羊經有「大水」之文。乃今本公羊亦無「水」字，何也？王念孫曰：景祐本無「水」字是也。後人以下文云「董仲舒以爲夫人哀姜淫亂，逆陰氣，故大水也」，遂增入「水」字。不知三家經文皆無「水」字，且下文云「不書水旱，而曰大亡麥禾」，則「大」下本無「水」字明矣。董仲舒獨言大水者，其意以爲無麥禾由於大水，大水由於夫人之淫亂。此是揣度之詞，非經文實有水字也。何注公羊傳云「此蓋秋水所傷，夫人淫泆之所致」，即用仲舒之說。

〔三〕師古曰：哀姜，莊公夫人，齊女也。

〔四〕師古曰：二叔，謂莊公二弟仲慶父及叔牙。

〔五〕師古曰：謂三十一年春築臺于郎，夏築臺于薛，秋築臺于秦也。郎、薛、秦皆魯地也。

〔六〕【補注】先謙曰：遂，竟也。

〔七〕師古曰：莊公三十二年薨，距大(水)無麥禾，凡四歲也。

〔八〕師古曰：謂子般及閔公，皆殺死。

傳曰：「好戰攻，〔一〕輕百姓，飾城郭，侵邊境，則金不從革。」

〔一〕【補注】先謙曰：續志引作「攻戰」，晉、宋志與此同。

説曰：金，西方，萬物既成，殺氣之始也。故立秋而鷹隼擊，秋分而微霜降。其於王事，出軍行師，把旄杖鉞，誓士衆，抗威武，所以征畔逆止暴亂也。詩云：「有虔秉鉞，如火烈烈。」〔一〕又曰：「載戢干戈，載櫜弓矢。」〔二〕動靜應誼，〔三〕「説以犯難，民忘其死。」〔四〕金得其性矣。〔五〕若乃貪欲恣睢，務立威勝，〔六〕不重民命，則金失其性。蓋工冶鑄金鐵，金鐵冰滯涸堅，不成者衆，〔七〕及爲變怪，〔八〕是爲金不從革。

〔一〕師古曰：商頌長發之詩也。虔，固也。此美殷湯興師出征，固持其鉞，以誅有罪，威力猛盛，如火熾烈。

〔二〕師古曰：周頌時邁之詩也。戢，聚也。櫜，韜也。言天下太平，兵不復用，故戢斂而韜臧也。【補注】先謙曰：官本「臧」作「藏」。

〔三〕【補注】先謙曰：晉、宋志引「誼」作「宜」。

〔四〕師古曰：言以和悦使人，難犯危難，不顧其生也。易兑卦彖曰「説以犯難，人忘其死」，故引之也。説讀曰悦。【補注】蘇輿曰：汪本「難犯」作「雖犯」，是。

〔五〕【補注】葉德輝曰：德藩本「金」上有「如此則」三字。先謙曰：官本有「如此則」三字，此脱。晉志亦無。

〔六〕師古曰：睢音呼季反。【補注】先謙曰：官本注在「睢」下。

〔七〕師古曰：涸讀與沍同。沍，疑也，音下故反。春秋左氏傳曰「固陰沍寒」。【補注】劉敞曰：冰音凝。沈欽韓曰：涸，當爲涸。左傳省文作固。郊祀志「秋涸凍」。集韻「涸，凝也。沍，固寒也」。顏謂涸與沍同，非。朱一新曰：「疑」，汪本作「凝」，是。先謙曰：官本「疑」作「凝」。

〔八〕【補注】錢大昭曰：「及」，閩本作「乃」，非是。蘇輿曰：「及」下疑當有「金」字，上文「及木爲變怪」與此一例。

左氏傳曰：昭公八年「春，石言於晉」。晉平公問於師曠，〔一〕對曰：「石不能言，神或馮焉。作事不時，怨讟動於民，〔二〕則有非言之物而言。今宮室崇侈，民力彫盡，怨讟並興，莫信其性，〔三〕石之言不亦宜乎！」於是晉侯方築虒祁之宮。〔四〕叔向曰：「君子之言，信而有徵。」〔五〕劉歆以爲金石同類，〔六〕是爲金不從革，失其性也。劉向以爲石白色爲主，屬白祥。〔七〕

〔一〕師古曰：晉掌樂大夫。

〔二〕師古曰：讟，痛怨之言也，音讀。

〔三〕師古曰：信猶保也。性，生也。一説，信讀曰申，言不得申其性命也。【補注】蘇輿曰：左傳「信」作「保」。此因「信」、「保」形近而誤，顏曲爲之説，非。

〔四〕師古曰：虒祁，地在絳西，臨汾水。虒音斯。【補注】先謙曰：官本考證云「絳，監本訛鋒。今改正」。

〔五〕師古曰：叔向，晉大夫羊舌肹也。向音許兩反，字亦作嚮，其音同。【補注】先謙曰：官本無「向音」下十二字。

〔六〕【補注】葉德輝曰：白虎通五行云「金〔者〕少陰」。又云「金者，陰嗇丞」。公羊僖十六年傳「隕石於宋五」，何休注「石者，陰德之專者也」。據此，則金石性皆主陰，故劉歆以爲同類也。

〔七〕【補注】先謙曰：白祥互見。

成帝鴻嘉三年五月乙亥，天水冀南山大石鳴，〔一〕聲隆隆如雷，有頃止，聞平襄二百四十里，〔二〕壄雞皆鳴。〔三〕石長丈三尺，廣厚略等，〔四〕旁著岸脅，去地二百餘丈，民俗名曰石鼓。石鼓鳴，有兵。是歲，廣漢鉗子謀攻牢，〔五〕篡死辠囚鄭躬等，盜庫兵，劫略吏民，衣繡衣，自號曰山君，黨與寖廣。〔六〕明年冬，乃伏誅，自歸者三千餘人。後四年，尉氏樊並等謀反，殺陳留太守嚴普，自稱將軍，山陽亡徒蘇令等黨與數百人盜取庫兵，經歷郡國四十餘，〔七〕皆踰年乃伏誅。是時起昌陵，作者數萬人，徙郡國吏民五千餘户以奉陵邑。作治五年不成，乃罷昌陵，還徙家。〔八〕石鳴，與晉石言同應，師曠所謂「民力彫盡」，傳云「輕百姓」者也。虒祁離宫去絳都四十里，昌陵亦在郊壄，皆與城郭同占。城郭屬金，宫室屬土，外内之别云。〔九〕

〔一〕師古曰：天水之冀縣南山也。

〔二〕韋昭曰：天水縣。

〔三〕師古曰：雉也。【補注】先謙曰：此自壄地之雞，非雉也。説詳郊祀志。

〔四〕師古曰：廣及厚皆如其長。

〔五〕師古曰：鉗子，謂鉗徒也。牢，係重囚之處。

〔六〕師古曰：寖，漸也。【補注】先謙曰：官本無注六字。

〔七〕【補注】周壽昌曰：成紀永始三年作「經歷郡國十九」，此作四十餘，不合。漢郡國共一百三，據此，當半天下矣。成帝時無此大亂，明此衍「四」字。

〔八〕師古曰：初徙人陪昌陵者，令皆還其本居。

〔九〕【補注】先謙曰：又一條互見「火不炎上」下。

傳曰：「簡宗廟，不禱祠，廢祭祀，逆天時，則水不潤下。」

說曰：水，北方，終臧萬物者也。其於人道，命終而形臧，精神放越，聖人爲之宗廟以收魂氣，春秋祭祀，以終孝道。王者即位，必郊祀天地，禱祈神祇，望秩山川，懷柔百神，亡不宗事。〔一〕慎其齊戒，致其嚴敬，鬼神歆饗，多獲福助。此聖王所以順事陰氣，和神人也。至發號施令，亦奉天時。十二月咸得其氣，則陰陽調而終始成。如此則水得其性矣。若乃不敬鬼神，致令逆時，〔二〕則水失其性。霧水暴出，百川逆溢，壞鄉邑，溺人民，及淫雨傷稼穡，是爲水不潤下。京房易傳曰：「顓事有知，〔三〕誅罰絕理，厥災水，其水也，雨殺人以隕霜，大風天黃。飢而不損〔四〕茲謂泰，厥災水，〔五〕水殺人。辟遏有德茲謂狂，〔六〕厥災水，水流殺人，已水則地生蟲。歸獄不解，茲謂追非，〔七〕厥水寒，殺人。追誅不解，茲謂不理，厥水五穀不收。大敗不解，茲謂皆陰。解，舍也。王者於大敗，誅首惡，赦其衆，不則皆函陰氣，〔八〕厥水流入國邑，隕霜殺穀。〔九〕

〔一〕師古曰：懷，來也。柔，安也。謂招來而祭祀之，使其安也。宗，尊也。

〔二〕【補注】朱一新曰：「致」，汪本作「政」，是。葉德輝曰：德藩本作「政」。先謙曰：晉志作「政」。

〔三〕【補注】先謙曰：晉、宋志作「顓事者加」。

〔四〕【補注】先謙曰：飢，凶年也。損，如減膳、省費之類。

〔五〕【補注】先謙曰：晉、宋志竝作「厥大水」。

〔六〕應劭曰：辟，天子也。有德者雍遏不見用也。師古曰：遏音一曷反。【補注】先謙曰：官本無注末八字。

〔七〕李奇曰：歸罪過於民，不罪己也。張晏曰：謂釋有罪之人而歸無辜者也。解，止也。追非，遂非也。【補注】朱一新曰：下文云「解，舍也」。即解字之義，不必訓爲止。

〔八〕師古曰：函讀與含同。

〔九〕【補注】宋祁曰：「穀」當作「菽」。先謙曰：晉、宋志作「穀」。

桓公元年「秋，大水」。董仲舒、劉向以爲桓弒兄隱公，民臣痛隱而賤桓。後宋督弒其君，〔一〕諸侯會，將討之，〔二〕桓受宋賂而歸，〔三〕又背宋。諸侯由是伐魯，仍交兵結讎，伏尸流血，百姓愈怨，〔四〕故十三年夏復大水。一曰，夫人驕淫，將弒君，陰氣盛，桓不寤，卒弒死。〔五〕劉歆以爲桓易許田，不祀周公，〔六〕廢祭祀之罰也。〔七〕

〔一〕師古曰：宋華父督爲太宰，弒殤公。事在桓公二年。

〔二〕師古曰：謂齊、陳、鄭也。

〔三〕師古曰：謂郜大鼎。

〔四〕師古曰：桓會宋公者五，與宋公、燕人盟，已而背盟伐宋。宋公、燕人怨而求助，齊、衞助之。桓公懼，而會紀侯、鄭伯及四國之師大戰。

〔五〕師古曰：已解於上也。【補注】先謙曰：官本無注。

〔六〕師古曰：許田，魯朝宿之邑，而有周公別號。桓既簒位，遂以許田與鄭，而取鄭之祊田，故云不祀周公。【補注】朱一新曰：注，汪本「號」作「廟」，是。先謙曰：官本作「廟」。

〔七〕【補注】沈欽韓曰：何休注，參用董、劉三家之説。案歆説非也。許田，朝宿之邑，本非祀周公之所。左傳云「鄭伯請釋泰山之祀，而祀周公」。此行人之辭爾。杜預云「後世朝宿邑立周公別廟」。果爾，鄭于祊遂祀泰山乎？傳云「邑有宗廟，先君之主曰都」。此謂子弟同姓食采得立廟，於禮則非也。朝宿邑而立廟，其義尤無據矣。劉歆欲附鴻範傳「廢祭祀」之文，理不可通。

嚴公七年「秋，大水，亡麥苗」。〔一〕董仲舒、劉向以爲嚴母文姜與兄齊襄公淫，共殺威公，〔二〕嚴釋父讎，復取齊女，未入，先與之淫，一年再出，會於道逆亂，臣下賤之之應也。〔三〕

〔一〕【補注】周壽昌曰：左傳正義云「直言無麥苗，似是麥之苗，而知麥、苗別者，蓋此秋是今之五月，麥已熟矣，不得方云麥苗。故知熟麥及五穀之苗，皆爲水漂殺也」。先謙曰：官本考證云「苗，監本訛田，今改正」。

〔二〕【補注】錢大昭曰：「威」，閩本作「桓」。上文「桓」字互見。此處不應獨作「威」，閩本是。葉德輝曰：德藩本亦作「桓」。先謙曰：官本作「桓」。

〔三〕【補注】沈欽韓曰：娶哀姜在二十四年，與七年大水事遠。

十一年「秋，宋大水」。董仲舒以爲時魯、宋比年爲乘丘、鄑之戰，〔一〕百姓愁怨，陰氣盛，故二國俱水。〔二〕劉向以爲時宋愍公驕慢，睹災不改，明年與其臣宋萬博戲，婦人在側，矜而罵萬，萬殺公之應。〔三〕

〔一〕師古曰：比年，頻年也。莊十年，公敗宋師于乘丘。十一年，公敗宋師于鄑。乘丘、鄑，魯地。鄑音子移反。

〔二〕【補注】沈欽韓曰：謂魯、宋同在十一年被水。公羊傳云「外災不書，此何以書？及我也」。

〔三〕師古曰：萬，宋大夫也。戰敗獲于魯，復歸宋，又爲大夫，與愍公博，婦人在側。萬曰：「甚矣，魯侯之淑，魯侯之美！天下諸侯宜爲君者唯魯侯耳。」愍公矜此婦人，妒其言，顧曰：「此虜也。爾虜焉故魯侯之美惡乎至！」萬怒，搏愍公，絕其脰而死。事在莊十二年。【補注】朱一新曰：注「爾虜焉故」，汪本「故」作「知」。案公羊傳作「故」，何邵公注「女嘗執虜於魯侯，故稱譽爾」。春秋繁露、韓詩外傳均作「知」，蓋連下七字爲句。先謙曰：官本作「知」。

二十四年「大水」。董仲舒以爲夫人哀姜淫亂不婦，陰氣盛也。劉向以爲哀姜初入，公使大夫宗婦見，用幣，〔一〕又淫於二叔，公弗能禁。臣下賤之，故是歲、明年仍大水。〔二〕劉歆以爲先是嚴飾宗廟，刻桷丹楹，以夸夫人，〔三〕簡宗廟之罰也。〔四〕

〔一〕師古曰：宗婦，同姓之婦也。大夫妻及宗婦見夫人者，皆令執幣，是踰禮也。

〔二〕師古曰：仍，頻也。【補注】先謙曰：官本無注。

〔三〕臣瓚曰：桷，榱也。韋昭曰：楹，柱也。師古曰：莊公二十三年，丹桓宮楹，二十四年，刻桓宮桷，將迎夫人，故爲盛飾。

〔四〕師古曰：簡，慢也。【補注】沈欽韓曰：何休依董説。

宣公十年「秋大水，飢」。董仲舒以爲時比伐邾取邑，〔一〕亦見報復，兵讎連結，百姓愁怨。劉向以爲宣公殺子赤而立，子赤，齊出也，〔二〕故懼，以濟西田賂齊。〔三〕邾子貜且亦齊出也，〔四〕而宣比與邾交兵。〔五〕臣下懼齊之威，創邾之既，〔六〕皆賤公行而非其正也。

〔一〕師古曰：比，頻也。九年秋，取根牟。公羊傳曰「根牟者何？邾婁之邑也」。十年，公孫歸父帥師伐邾取繹，故云比年也。

〔二〕師古曰：赤母姜氏。赤死，姜氏大歸，齊市人皆哭，魯人謂之哀姜。

〔三〕師古曰：宣既即位，與齊侯會于平州，以定其位。元年六月，齊人取濟西田，爲立公故，以賂齊也。

〔四〕師古曰：玃且，邾文公之子邾定公也，亦齊女所生。玃音俱碧反，又音钁。且音子余反。

〔五〕師古曰：比，頻也。

〔六〕師古曰：創，懲乂也，音初亮反。【補注】先謙曰：官本注「乂」作「艾」。

成公五年「秋，大水」。董仲舒、劉向以爲時成幼弱，政在大夫，前此一年再用師，〔一〕明年復城鄆以彊私家，〔二〕仲孫蔑、叔孫僑如顓會宋、晉，陰勝陽。〔三〕

〔一〕師古曰：成三年春，公會晉侯、宋公、衞侯、曹伯伐鄭，秋，叔孫僑如帥師圍棘，是也。

〔二〕師古曰：四年城鄆。鄆，季氏邑，音運。

〔三〕師古曰：仲孫蔑，孟獻子也。成五年春，仲孫蔑如宋。夏，叔孫僑如會晉荀首于穀。顓與專同，專者，不秉命于公。

【補注】朱一新曰：汪本「秉」作「稟」。先謙曰：官本作「稟」。

襄公二十四年「秋，大水」。董仲舒以爲先是一年齊伐晉，襄使大夫帥師救晉，〔一〕後又侵齊，〔二〕國小兵弱，數敵彊大，百姓愁怨，陰氣盛。劉向以爲先是襄慢鄰國，是以邾伐其南，〔三〕齊伐其北，〔四〕莒伐其東，〔五〕百姓騷動，後又仍犯彊齊也。〔六〕大水，饑，穀不成，其災甚也。〔七〕

〔一〕師古曰：襄二十三年秋，齊伐衞，遂伐晉。八月，叔孫豹帥師救晉，次于雍榆。

〔三〕師古曰：二十四年，仲孫羯帥師侵齊。

〔三〕師古曰：十五年，邾人伐我南鄙是也。

〔四〕師古曰：十六年，齊人伐我北鄙是也。

〔五〕師古曰：十二年，莒人伐我東鄙是也。

〔六〕師古曰：十八年，公會晉侯、宋公、衞侯、鄭伯同圍齊。二十三年救晉，二十四年又侵齊，是重犯也。

〔七〕【補注】沈欽韓曰：何休依董説。

高后三年夏，漢中、南郡大水，水出流四千餘家。四年秋，河南大水，伊、雒流千六百餘家，汝水流八百餘家。八年夏，漢中、南郡水復出，流六千餘家。南陽沔水流萬餘家。〔一〕是時女主獨治，諸吕相王。

〔一〕師古曰：沔，漢水之上也，音彌善反。

文帝後三年秋，大雨，晝夜不絶三十五日。藍田山水出，流九百餘家。燕壞民室八千餘所，殺三百餘人。〔一〕先是，趙人新垣平以望氣得幸，爲上立渭陽五帝廟，欲出周鼎，以夏四月郊見上帝。〔二〕歲餘懼誅，謀爲逆，發覺，要斬，夷三族。是時，比再遣公主配單于，賂遺甚厚，〔三〕匈奴愈驕，侵犯北邊，殺略多至萬餘人，漢連發軍征討戍邊。

〔一〕【補注】王念孫曰：「燕壞民室」，本作「漢水出，壞民室」，今本「漢」譌作「燕」。孔龢碑「爲漢制作」，「漢」字作「㵄」，其右邊與「燕」相似而誤。又脱「水出」二字矣。「漢水出」，與「藍田山水出」，文同一例。若不言水出，而但言壞室，則敘事不明。漢紀孝文紀正作「漢水出，壞民室八千餘所」。

〔二〕師古曰：事並見郊祀志。

〔三〕師古曰：比，頻也。高祖使劉敬奉宗室女翁主爲冒頓單于閼氏。冒頓死，其子老上單于初立，文帝復遣宗人女爲單于閼氏。

元帝永光五年夏及秋，大水。潁川、汝南、淮陽、廬江雨，壞鄉聚民舍，及水流殺人。先是一年有司奏罷郡國廟，是歲又定迭毀，〔一〕罷太上皇、孝惠帝寢廟，皆無復修，通儒以爲違古制。〔二〕刑臣石顯用事。〔三〕

〔一〕師古曰：親盡則毀，故云迭毀。事在韋玄成傳。迭音大結反。【補注】先謙曰：官本無注末五字。

〔二〕【補注】王鳴盛曰：末致水災之應，觀郊祀志，知説出劉向也。班志采輯諸書而成，郊祀志贊云：「究觀方士祠官之變，谷永之言，不亦正乎！」是以毀廟徙郊爲正，與此不合。

〔三〕師古曰：石顯宦者，故曰刑臣。

成帝建始三年夏，大水，三輔霖雨三十餘日，郡國十九雨，山谷水出，凡殺四千餘人，壞官寺民舍八萬三千餘所。元年，有司奏徙甘泉泰畤、河東后土于長安南北郊。二年，又罷雍五畤、郡國諸舊祀，凡六所。〔一〕

〔一〕【補注】先謙曰：成紀但書「罷雍五畤」，郊祀志：「匡衡等復條奏：長安厨官縣官給祠郡國候神方士使者所祠，凡六百八十三所。其四百七十五所不應禮，或復重，請皆罷。奏可。」是所罷者不止六所，「凡六」下疑有脱文。

五行志第七中之上

經曰：「羞用五事。五事：一曰貌，二曰言，三曰視，四曰聽，五曰思。〔一〕貌曰恭，言曰從，視曰明，聽曰聰，思曰㕡。〔二〕恭作肅，從作艾，〔三〕明作悊，聰作謀，〔四〕容作聖。〔五〕休徵：〔六〕曰肅，時雨若；〔七〕艾，時陽若；〔八〕悊，時奥若；〔九〕謀，時寒若；聖，時風若。〔一〇〕咎徵：〔一一〕曰狂，恒雨若；僭，恒陽若；〔一二〕舒，恒奥若；急，恒寒若；霿，恒風若。」〔一三〕

〔一〕應劭曰：思，思慮。【補注】先謙曰：官本無注。正文「思」下當有「心」字。注「思，思慮」，當作「心，思慮」。說詳下。

〔二〕應劭曰：㕡，通也，古文作睿。【補注】錢大昕曰：案伏生傳本作「容」。董子春秋繁露述五行五事云「思曰容，容者言無不容」。又云「容作聖，聖者設也，王者心寬大無不容，則聖能施設，事各得其宜也」。此志說思心之不容云「容，寬也。孔子曰：『居上不寬，吾何以觀之哉！』言上不寬大包容臣下，則不能居聖位」。則爲包容之容，非睿智字明矣。容與恭，從聽爲韻。鄭氏破容爲睿，於義爲短。今漢書刊本作「㕡」，非容非睿，亦失班志之舊。王念孫曰：錢說是也。本志下篇曰「宋襄公區霿自用，不容臣下」，正所謂思心之不容也。說苑君道篇「尹文曰『人君之事，無爲而能容下』。大道容衆，大德容下，聖人寡爲而天下理矣。書曰，容作聖」。今本「容」作「睿」，乃後人所改，與上文不合。此又一證也。今本漢書「思曰㕡」，本作「思心曰容」。思心說見下。應注本作「容，寬也。古文作睿」。容，寬也，即用班氏原文。睿與容不同字，故別之曰「古文作睿」。若正文本作㕡，而訓爲通，則㕡、睿聲義竝同，何必別言之乎？下文「㕡作聖」，亦本是「容作聖」，其注文張晏曰「㕡通達以至於聖」，七字文不成義，亦是後人所改也。又案上文「五曰思」，本作「五曰思心」，注文應劭曰「思，思慮」。本作「心思慮」，此是釋「思心」二字之義，非專釋「思」字之義。下篇曰「思心之不容，是謂不聖。思心者，心思慮也」。此即應注所本，後人既於正文内删去「心」字，又改注文「心思慮」爲「思思慮」，甚矣其妄也！其春秋繁露之「五曰思，思曰容」，思下無心字，亦是後人所删。洪範五行傳曰「次五事，曰思心，思心之不容，是謂不聖」。今本改作「次五事，曰心維思，思之不容，是謂不聖」。據鄭注及續漢書、晉書、隋書五行志所引訂正。又本志中篇曰「劉歆以爲屬思心不容」。又曰「劉歆以爲思心，贏蟲孽也」。下篇曰「思心氣毁，故有牛禍」。又曰「凡思心傷者，病土氣」。又曰「劉歆思心傳曰，時則有贏蟲之孽」。又曰「思心失逆土氣」。又曰「貌、言、視、聽、思心，五事皆失」。藝文志曰「貌、言、視、聽、思心失，而五行之序亂」。「思」下皆有「心」字。蓋古文尚書作「五曰思，思曰睿，睿作聖」。今文尚書作「五曰思心，思心曰容，容作聖」。漢書及五行傳、春秋繁露、説苑皆本今文，故與古文不同。後人見古文而不見今文，故以其所知，改其所不知也。又本志下篇曰「梁孝王田北山，有獻牛，足上出背上。劉向以爲近牛禍。内則思慮霿亂，外則土功過制，故牛既作」。「思慮」，亦本作「思心」，而後人改之也。下文曰「周景王思心霿亂」。敘傳曰「思心既霿，牛旣告妖」。漢紀孝景紀曰「梁王北獵梁山，有獻牛足出背上。本志以爲牛旣，思心瞀亂之咎也」。皆其證矣。又律曆志「宫爲土，爲信，爲思」。「思」下無「心」字，亦是後人所删。天文志曰「填星曰中央季夏土，信也，思心也」。義正與此同。下文「貌、言、視、聽，以心爲主」。「心」上亦當有「思」字。漢紀孝武紀曰「宫爲土，爲信，爲思心」。此尤其明證。今本作「爲思爲心」，下「爲」字因上而衍。

〔三〕師古曰：艾讀曰乂。乂，治也。其下亦同。

〔四〕應劭曰：上聽則下謀，故聽爲謀也。【補注】王先慎曰：鄭康成注大傳五行傳云「君貌不恭，則不能敬其事；君言不從，則不能治其事；君視不明，則是不能瞭其事；君聽不聰，則是不能謀其事；君思心不通，則是不能心明其事」。肅、艾、悊、謀、聖，皆就君言，與下張晏説合。其尚書注云「君貌恭，則臣禮肅；君言從，則臣職治；君視明，則臣昭悊；君聽聰，則臣進謀；君思睿，則臣賢智」。以肅、艾、悊、謀、聖，皆就臣言，與應説合。案上脩其政，而臣下化之，於休徵之義，更爲允當。以應注爲長。

〔五〕張晏曰：睿通達以至於聖。

〔六〕孟康曰：善行之驗也。

〔七〕應劭曰：居上而敬，則雨順之。

〔八〕應劭曰：君政治，則陽順之。

〔九〕應劭曰：悊，明也。師古曰：奧讀曰燠。燠，温也，音於六反。其下亦同。【補注】先謙曰：官本無注末四字。

〔一〇〕師古曰：凡言時者，皆謂行得其道，則寒暑風雨以時應而順之。

〔一一〕師古曰：言惡行之驗。

〔一二〕應劭曰：僭，僭差。【補注】先謙曰：官本作「差僭」。考證云「監本訛『潛差』，今改正。」

〔一三〕服虔曰：霿音人傋霿。應劭曰：人君瞉霿鄙吝，則風不順之也。師古曰：凡言恆者，謂所行者失道，則寒暑風雨不時，而恆久爲災也。霿音莫豆反。傋、瞉，並音構，又音寇。【補注】錢大昕曰：霿、蒙，聲相近。周壽昌曰：荀子儒效篇「愚陋傋霿」，注「傋音寇。傋霿，無知也」。「傋」亦作「溝」。「霿」作「瞀」，即霿也。先謙曰：官本注「傋」作「備」。

傳曰：〔一〕「貌之不恭，是謂不肅，厥咎狂，厥罰恆雨，厥極惡。時則有服妖，時則有龜孽，〔二〕時則有雞旤，〔三〕時則有下體生上之痾，〔四〕時則有青眚青祥。〔五〕唯金沴水。」〔六〕

〔一〕【補注】先謙曰：官本傳下提行。
〔二〕師古曰：孽音魚列反。其下並同。
〔三〕師古曰：旤與禍同。
〔四〕韋昭曰：若牛之足反出背上，下欲伐上之禍也。師古曰：痾音阿。【補注】先謙曰：韋説非也。五痾皆屬人言。此牛旤，見思心傳。
〔五〕李奇曰：内曰眚，外曰祥。
〔六〕服虔曰：沴，害也。如淳曰：沴音拂戾之戾，義亦同。【補注】朱一新曰：汪本「水」作「木」，是。葉德輝曰：德藩本作「木」。先謙曰：官本作「木」。

說曰：凡草物之類謂之妖。〔一〕妖猶夭胎，言尚微。〔二〕蟲豸之類謂之孽。〔三〕孽則牙孽矣。及六畜，謂之旤，言其著也。〔四〕及人，謂之痾。痾，病貌，言寖深也。〔五〕甚則異物生，謂之眚；自外來，謂之祥。祥猶禎也。氣相傷，謂之沴。沴猶臨莅，不和意也。每一事云「時則」以絶之，言非必俱至，或有或亡，或在前或在後也。

〔一〕【補注】先謙曰：官本作「草木」。晉志同。
〔二〕師古曰：夭音烏老反。
〔三〕師古曰：有足謂之蟲，無足謂之豸。
〔四〕【補注】葉德輝曰：續志引洪範傳曰「妖者，敗胎也。少小之類，言其事之尚微也。至孽則牙孽也，〔言〕〔至〕乎禍則著矣」。
〔五〕師古曰：寖，漸也。【補注】先謙曰：官本無注。

孝武時，夏侯始昌通五經，善推五行傳，以傳族子夏侯勝，下及許商，皆以教所賢弟子。其傳與劉向同，唯劉歆傳獨異。貌之不恭，是謂不肅。肅，敬也。内曰恭，外曰敬。人君行己，體貌不恭，怠慢驕蹇，則不能敬萬事，失在狂易，故其咎狂也。〔一〕上嫚下暴，〔二〕則陰氣勝，故其罰常雨也。水傷百穀，衣食不足，則姦軌並作，故其極惡也。一曰，民多被刑，或形貌醜惡，亦是也。風俗狂慢，變節易度，則爲剽輕奇怪之服，〔三〕故有服妖。〔四〕水類動，故有龜孽。〔五〕於易，巽爲雞，雞有冠距文武之貌。不爲威儀，貌氣毀，故有雞旤。一曰，水歲雞多死及爲怪，亦是也。上失威儀，則下有彊臣害君上者，故有下體生於上之痾。木色青，故有青眚青祥。凡貌傷者病木氣，木氣病則金沴之，衝氣相通也。〔六〕於易，震在東方，爲春爲木也；兑在西方，爲秋爲金也；離在南方，爲夏爲火也；坎在北方，爲冬爲水也。春與秋，日夜分，寒暑平，是以金木之氣易以相變，故貌傷則致秋陰常雨，言傷則致春陽常旱也。至於冬夏，日夜相反，寒暑殊絶，水火之氣不得相併，故視傷常奥，聽傷常寒者，其氣然也。逆之，其極曰惡；順之，其福曰攸好德。〔七〕劉歆貌傳曰，有鱗蟲之孽，羊旤，鼻痾。説以爲於天文東方辰爲龍星，故爲鱗蟲；於易，兑爲羊，木爲金所病，故致羊旤，與常雨同應。此説非是。〔八〕春與秋，氣陰陽相敵，木病金盛，故能相併，唯此一事耳。旤與妖痾祥眚同類，不得獨異。

〔一〕師古曰：狂易，謂狂而易其常性。

〔二〕【補注】先謙曰：官本「嫚」作「慢」。

〔三〕師古曰：剽音匹妙反。

〔四〕【補注】先謙曰：續志引鄭注「服，貌之飾也」。

〔五〕如淳曰：河魚大上，以爲魚孽之比。【補注】先謙曰：續志引鄭注「黿蟲之生於水而游於春者也，屬木」。案，黿孽無證。

〔六〕【補注】先謙曰：續志注引鄭注「沴，殄也。凡貌、言、視、聽、思心，一事失則逆人之心，人心逆則(怒)〔怨〕，木、金、水、火、土氣爲之傷，傷則衝勝來乘殄之，於是神怒人怨，將爲禍亂，故五行先見變異，以告人也。及妖、孽、禍、痾、眚、祥，皆其氣類，暴作非常，爲時怪者也，各以物象爲之占也」。

〔七〕孟康曰：政不順則致妖，順則致福也。師古曰：攸，所也，所好者德也。

〔八〕【補注】齊召南曰：案班書十志，半取衷於劉歆。惟(下)〔五〕行志時糾劉歆之失。沈欽韓曰：庖人注云「羊屬司馬，火也」。故班氏説劉歆非是。月令注「羊，火畜也。時尚寒，食之以安性也」。

史記：〔一〕成公十六年，公會諸侯于周，單襄公見晉厲公視遠步高，〔二〕告公曰：「晉將有亂。」魯侯曰：「敢問天道也？抑人故也？」〔三〕對曰：「吾非瞽、史，〔四〕焉知天道？吾見晉君之容，殆必禍者也。夫君子目以定體，足以從之，〔五〕是以觀其容而知其心矣。目以處誼，足以步目。〔六〕晉侯視遠而足高，目不在體，而足不步目，其心必異矣。目體不相從，何以能久？夫合諸侯，民之大事也，於是虖觀存亡。故國將無咎，其君在會，步言視聽必皆無謫，則可以知德矣。〔七〕視遠，曰絶其誼；〔八〕足高，曰棄其德；言爽，曰反其信；〔九〕聽淫，曰離其名。〔一〇〕夫目以處誼，足以踐德，〔一一〕口以庇信，〔一二〕耳以聽名者也，故不可不慎。偏喪有咎，〔一三〕既喪，則國從之。〔一四〕晉侯爽二，吾是以云。」〔一五〕後二年，晉人殺厲公。凡此屬，皆貌不恭之咎云。

〔一〕師古曰：此志凡稱史記者，皆謂司馬遷所撰也。【補注】齊召南曰：案單襄公見晉厲公一段，史記晉世家不載，此國語文也。國語本於各國之史記，故以史記稱之。顏以司馬遷所撰爲解，非也。下文尚有數處稱史記，皆國語文。錢大昕曰：此外所引史記，如單襄公見晉三郤、齊國佐一條；晉惠公時童謡一條；穀、洛水鬭將毀王宮一條；周三川震，伯陽甫言周將亡一條；夏后氏之衰，二龍止于夏廷一條；季桓子穿井得土缶一條；隼集陳廷，楛矢貫之，石砮一條：皆國語之文。惟夏后二龍、伯陽甫事見周紀，土缶、楛矢事見孔子世家，餘皆無之。又戰國及秦事，志稱史記者，閒與太史公合。而秦昭王三十四年渭水赤，始皇二十六年有大人長五丈見於臨洮，二世元年天無雲而雷，今史記亦無之。則班志所云史記，非專指太史公書矣。古者列國之史俱稱史記，周本紀云「太史伯陽讀史記」。陳杞世家云「孔子讀史記」。而漢書藝文志稱「仲尼以魯，周公之國，史官有法，故與左丘明觀其史記，據行事，仍人道，因興以立功，就敗以成罰，有所褒諱貶損，不可盡者，口授弟子。丘明恐弟子各安其意，以失其真，故論本事而作傳，明夫子不以空言説經也」。然則丘明所論次者，謂之春秋傳，國語乃左氏所録史記舊文，故亦可稱史記。劉知幾以班志所引不云國語，惟稱史記，訾其忘本徇末，逐近棄遠，蓋未識此旨也。史遷著書，未嘗以史記名之，即孟堅亦未嘗以史記目太史公書。小顏攷之未詳爾。沈欽韓曰：古人以春秋爲史記，董子俞序云「史記十二公之閒，杜預序春秋者，魯史記之名也」。觀此志則兼以外傳爲史記，遷書在漢自名太史公書。

〔二〕師古曰：單襄公，周卿士單子朝也。晉厲公，景公之子也，名州蒲。單音善。【補注】蘇輿曰：案國語以此事屬柯陵之會。據春秋書同盟于柯陵，在成十七年。此云十六年，不合。周語「簡王十一年諸侯會于柯陵。十三年，晉侯弑」。簡王十一年，正當成公十六年。韋昭云，簡王十一年，魯成十七年。非也。左、國互岐，志用國語也。劉知幾以爲春秋史記雜亂難別，謂成公即魯侯。今引史記居先，成公在下，書非魯史，而公捨魯名，用爲譏議。案，志文偶脱耳。

〔三〕師古曰：抑，發語辭也。【補注】先謙曰：官本無注。周語韋注「故，事也」。

〔四〕師古曰：瞽，樂太師。史，太史。

〔五〕師古曰：體定則目安，足之進退皆無違也。

〔六〕師古曰：視瞻得其宜，行步中其節也。

〔七〕師古曰：讁，責也。無讁，謂得其義理無可咎責也。

〔八〕【補注】蘇輿曰：案周語「曰」作「日」，下同。韋注「言日，日絶其宜也」。

〔九〕師古曰：爽，差也。

〔一〇〕師古曰：淫，邪也。

〔一一〕師古曰：踐，履也，所履皆德行也。

〔一二〕師古曰：庇，覆也。言行相覆則爲信矣。

〔一三〕師古曰：苟喪其一，則有咎。

〔一四〕師古曰：既，盡也。若盡喪之，則國亦亡。

〔一五〕張晏曰：視遠一也，步高二也。

左氏使：桓公十三年，〔一〕楚屈瑕伐羅，鬭伯比送之，〔二〕還謂其馭曰：「莫囂必敗，〔三〕舉止高，心不固矣。」〔四〕遽見楚子以告。〔五〕楚子使賴人追之，弗及。莫囂行，遂無次，且不設備。〔六〕及羅，羅人軍之，大敗。莫囂縊死。

〔一〕【補注】錢大昭曰：「使」，南雍本、閩本皆作「傳」。葉德輝曰：德藩本作「傳」。先謙曰：官本作「傳」，是。

〔二〕師古曰：屈瑕即莫囂也。鬬伯比，楚大夫。羅，國名，在南郡枝江西。

〔三〕師古曰：莫囂，楚官名也。字或作敖，其音同。

〔四〕師古曰：止，足也。

〔五〕師古曰：遽，速也。

〔六〕師古曰：無次，不爲次列也。

釐公十一年，周使内史過賜晉惠公命，〔一〕受玉，惰。〔二〕過歸告王曰：「晉侯其無後乎！王賜之命，而惰於受瑞，先自棄也已，其何繼之有！禮，國之幹也；敬，禮之輿也。〔三〕不敬則禮不行，禮不行則上下昏，何以長世！」二十一年，晉惠公卒，子懷公立，晉人殺之，更立文公。

〔一〕師古曰：内史過，周大夫。晉惠公，夷吾也。諸侯即位，天子則賜命圭以爲瑞。

〔二〕師古曰：不敬其事也。

〔三〕師古曰：無禮，則國不立，故謂之幹。無敬，則禮不行，故比之於輿。

成公十三年，晉侯使郤錡乞師于魯，將事不敬。〔一〕孟獻子曰：「郤氏其亡乎！〔二〕禮，身之幹也；敬，身之基也。〔三〕郤子無基，且先君之嗣卿也，受命以求師，將社稷是衛，而(情)

〔惰〕棄君命也，不亡何爲！」十七年，郤氏亡。

〔一〕師古曰：郤錡，晉大夫駒伯也。乞師，欲以伐秦也。將事，致其君命也。錡音牛爾反。
〔二〕師古曰：孟獻子，仲孫蔑。【補注】葉德輝曰：德藩本「乎」作「虖」。先謙曰：官本作「虖」。注末有「也」字。
〔三〕師古曰：無禮則身不立，不敬則身不安也。

成公十三年，諸侯朝王，遂從劉康公伐秦。成肅公受脤于社，不敬。〔一〕劉子曰：「吾聞之曰，民受天地之中以生，所謂命也。〔二〕是以有禮義動作威儀之則，〔三〕以定命也。能者養以之福，不能者敗以取旤，〔四〕是故君子勤禮，小人盡力。勤禮莫如致敬，盡力莫如惇篤。敬在養神，篤在守業。國之大事，在祀與戎。祀有執膰，戎有受脤，〔五〕神之大節也。〔六〕今成子惰，棄其命矣，其不反虖！」五月，成肅公卒。

〔一〕服虔曰：脤，祭社之肉也，盛以蜃器，故謂之脤。師古曰：劉康公、成肅公皆周大夫也。脤讀與蜃同。以出師而祭社謂之宜。脤者，即宜社之肉也。蜃，大蛤也，音上忍反。【補注】錢大昭曰：「賑」當作「脤」。葉德輝曰：德藩本作「賑」。字本作「祳」，說文云「祳，社肉盛以蜃，故謂之祳」是也。假借爲脤。先謙曰：官本作「脤」。
〔二〕師古曰：劉子即康公也。中謂中和之氣。
〔三〕【補注】先謙曰：官本考證云「左傳『禮義』二字在『動作』之下」。
〔四〕師古曰：之，往也。能養生者，則定禮義威儀，自致於福；不能者，則喪之以取禍亂。【補注】齊召南曰：案之字訓往，與下句取字相對。今俗本左傳作「能者養之以福」，非是。顏注與杜注、孔疏合，是古本不訛也。監本從俗本左傳，亦作「能者養之以福」，今從宋本改正。錢大昕曰：律曆志引此文作「養以之福」，此志亦當然。阮元曰：漢醆衆令劉熊碑作「以之」。

〔五〕應劭曰：膰，祭肉也。師古曰：膰音扶元反。

〔六〕師古曰：交神之節。

成公十四年，衞定公享苦成叔，甯惠子相。〔一〕苦成叔敖，〔二〕甯子曰：「苦成家其亡虖！古之爲享食也，以觀威儀省旤福也。〔三〕故詩曰：『兕觥其觩，旨酒思柔，匪儌匪傲，萬福來求。』〔四〕今夫子傲，取旤之道也。」後三年，苦成家亡。〔五〕

〔一〕師古曰：定公名臧。苦成叔，晉大夫郤犨也。晉使郤犨如衞，故定公享之。惠子，衞大夫甯殖也。相謂贊相其禮。

〔二〕師古曰：敖讀曰傲。其下並同。

〔三〕師古曰：食讀曰飤。

〔四〕張晏曰：觥，罰爵也。飲酒和柔，無失禮可罰，罰爵徒觩然而已。應劭曰：言在位者不儌訐，不倨傲也。師古曰：小雅桑扈之詩也。儌謂儌倖也。萬福，言其多也。謂飲酒者不儌倖，不傲慢，則福禄就而求之也。觩音虯。儌音工堯反。【補注】錢大昕曰：詩作「彼交匪敖」。春秋傳作「匪交匪敖」。古書「彼」與「匪」通。詩「彼交匪紓」。荀子勸學篇作「匪交匪紓」。左傳引詩「如匪行邁謀」，杜預云「匪，彼也」。葉德輝曰：今左傳仍作「彼交匪傲」，與班所據本異。杜注云「彼之交於事而不惰傲，乃萬福之所求」。是杜所見本不作「匪儌匪傲」也，明左傳文已順毛傳改矣。先謙曰：官本注「倖」作「幸」。

〔五〕師古曰：十七年，晉攻郤氏，長魚矯以戈殺郤錡、郤犨、郤至，而滅其家。

襄公七年，衛孫文子聘于魯，君登亦登。〔一〕叔孫穆子相，〔二〕趨進曰：「諸侯之會，寡君未嘗後衛君。今吾子不後寡君，寡君未知所過，吾子其少安！」〔三〕孫子亡辭，亦亡悛容。〔四〕穆子曰：「孫子必亡。爲臣而君，過而不悛，亡之本也。」十四年，孫子逐其君而外叛。〔五〕

〔一〕師古曰：文子，衛大夫孫林父也。禮之登階，臣後君一等。
〔二〕師古曰：穆子，叔孫豹。
〔三〕師古曰：安，徐也。
〔四〕師古曰：悛，改也，音千全反。
〔五〕師古曰：逐其君，謂衛獻公出奔齊也。外叛，謂以戚叛之。

襄公二十八年，蔡景侯歸自晉，入于鄭。〔一〕鄭伯享之，不敬。子產曰：「蔡君其不免虖！〔二〕日其過此也，君使子展往勞于東門，而敖。〔三〕吾曰：『猶將更之。』〔四〕今還，受享而惰，乃其心也。〔五〕君小國，事大國，〔六〕而惰敖以爲己心，將得死虖？君若不免，必由其子。淫而不父，〔七〕如是者必有子旤。」三十年，爲世子般所殺。〔八〕

〔一〕師古曰：景侯名固，文侯之子也。
〔二〕師古曰：言不免於禍。
〔三〕師古曰：日謂往日，始適晉之時也。子展，鄭大夫公孫舍之。
〔四〕師古曰：更，改也。
〔五〕師古曰：言心之所常行也。

〔六〕師古曰：言身爲小國之君，而事於大國。
〔七〕師古曰：通太子之妻。
〔八〕師古曰：般讀與班同。

襄公三十一年，公薨。季武子將立公子裯，〔一〕穆叔曰：「是人也，居喪而不哀，在慼而有嘉容，是謂不度。不度之人，鮮不爲患，〔二〕若果立，必爲季氏憂。」武子弗聽，卒立之。比及葬，三易衰，衰衽如故衰。〔三〕是爲昭公。立二十五年，聽讒攻季氏。兵敗，出奔，死于外。〔四〕

〔一〕師古曰：裯，襄公之子，齊歸所生。裯音直留反。
〔二〕師古曰：穆叔即叔孫穆子也。不度，不遵禮度也。鮮，少也，音先淺反。【補注】先謙曰：官本無「鮮」下七字。
〔三〕師古曰：衣前曰衽。言游戲無已也。比音必寐反。衰音千回反。衽音人禁反。
〔四〕師古曰：謂薨于乾侯。

襄公三十一年，衛北宮文子見楚令尹圍之儀，〔一〕言於衛侯曰：「令尹似君矣，將有它志；〔二〕雖獲其志，弗能終也。」公曰：「子何以知之？」對曰：「詩云『敬慎威儀，惟民之則』，〔三〕令尹無威儀，民無則焉。民所不則，以在民上，不可以終。」〔四〕

〔一〕師古曰：北宮文子，衛大夫也，名佗。令尹圍即公子圍，楚恭王之子也，時爲令尹。文子從衛侯在楚，故見之。
〔二〕師古曰：謂有爲君之心，言語視瞻非其常。

〔三〕師古曰：大雅抑之詩也。則，法也。言君能慎其威儀，乃臣下所法效之。【補注】先謙曰：注末「之」當作「也」。

〔四〕師古曰：遂以殺君簒國，而取敗於乾谿也。【補注】王念孫曰：「不可以終」，各本及左傳竝同。景祐本作「何以終世」。僖十一年左傳「禮不行則上下昏，何以長世？」文義與此相似，疑向、歆所見左傳與今本不同。而各本作「不可以終」，轉是後人以左傳改之也。先謙曰：此未終言之，疑奪文。

昭公十一年夏，周單子會於戚，〔一〕視下言徐。〔二〕晉叔向曰：「單子其死虖！〔三〕朝有著定，〔四〕會有表，〔五〕衣有襘，帶有結。〔六〕會朝之言必聞于表著之位，所以昭事序也；〔七〕視不過結襘之中，所以道容貌也。〔八〕言以命之，容貌以明之，失則有闕。今單子爲王官伯，〔九〕而命事於會，視不登帶，言不過步，貌不道容而言不昭矣。不道不恭，不昭不從，無守氣矣。」〔一〇〕十二月，單成公卒。

〔一〕師古曰：單子，周大夫單成公也。戚，衞地。

〔二〕應劭曰：視下，視不登帶。言徐，不聞於表著。

〔三〕師古曰：叔向，晉大夫羊舌肸也。向音許兩反。

〔四〕師古曰：朝内列位有定處，所謂表著者也。著音直庶反，又音除。【補注】錢大昭曰：「著」，通作「宁」，門屏之閒也。周語云「大夫士日恪位著，以儆其官」。釋名「宁，宁也，將見君所宁立之處也」。

〔五〕師古曰：會於野，設表以爲位。

〔六〕師古曰：襘，領之交會也。結，紳帶之結也。襘音工外反。

〔七〕師古曰：昭，明也。【補注】先謙曰：官本無注六字。

〔八〕師古曰：道讀曰導。其下並同。
〔九〕師古曰：伯，長也。
〔一〇〕師古曰：貌正曰恭，言正曰從。

昭公二十一年三月，葬蔡平公，蔡太子朱失位，位在卑。〔一〕魯大夫送葬者歸告昭子。〔二〕昭子歎曰：「蔡其亡虖！若不亡，是君也必不終。詩曰：『不解於位，民之攸塈。』〔三〕今始即位而適卑，身將從之。」十月，蔡侯朱出奔楚。

〔一〕師古曰：不在正嫡之位，而以長幼序之。
〔二〕師古曰：昭子，叔孫婼。
〔三〕師古曰：大雅假樂之詩也。塈，息也。言在上者能率位不怠，則其臣下恃以安息也。解讀曰懈。塈音許既反。

晉魏舒合諸侯之大夫于翟泉，〔一〕將以城成周。魏子蒞政，〔二〕衞彪傒曰：「將建天子，而易位以令，非誼也。〔三〕大事奸誼，必有大咎。〔四〕晉不失諸侯，魏子其不免虖！」是行也，魏獻子屬役於韓簡子，〔五〕而田於大陸，焚焉而死。〔六〕

〔一〕應劭曰：水名，今洛陽是也。師古曰：魏舒，晉卿魏獻子也。事在定公元年。志不書者，蓋闕文。
〔二〕師古曰：謂代天子大夫爲政，以臨其事。【補注】先謙曰：官本注末有「也」字。
〔三〕師古曰：傒，衞大夫。建天子，謂立天子之居也。傒音奚。
〔四〕師古曰：奸，犯也，音干。

〔五〕師古曰：簡子，亦晉卿韓不信。以城周之功役委簡子也。屬音之欲反。【補注】先謙曰：官本無注末五字。

〔六〕師古曰：高平曰陸。因放火田獵而見燒殺也。説者或以爲大陸即鉅鹿北大陸澤也。據會於狄泉，則其所田處固當在近，非大陸澤也。【補注】吴仁傑曰：志所載「田於大陸，焚而死」，國語文也，内傳亦載此事云「田於大陸，焚焉，還，卒於甯」。觀此則非因獵被焚而卒。禮「季春出火爲焚也」。注謂「焚者，焚萊」。志本指言舒以諸侯之臣，而代天子大夫涖政，是爲貌之不恭，故不旋踵而卒，大歸不過如此。先謙曰：官本注無「説者」下三十四字。

定公十五年，邾隱公朝於魯，執玉高，其容仰。公受玉卑，其容俯。〔一〕子贛觀焉，〔二〕曰：「以禮觀之，二君者皆有死亡焉。夫禮，死生存亡之體也。將左右周旋，進退俯仰，於是虖取之；朝祀喪戎，於是虖觀之。今正月相朝，而皆不度，心已亡矣。〔三〕嘉事不體，何以能久？〔四〕高仰，驕也；卑俯，替也。〔五〕驕近亂，替近疾。君爲主，其先亡虖！」〔六〕

〔一〕師古曰：隱公，邾子益也。玉，謂朝者之贄。

〔二〕師古曰：子贛，孔子弟子端木賜也。贛音貢。

〔三〕師古曰：不度，不合法度。

〔四〕師古曰：嘉事，嘉禮之事，謂朝祀也。不體，不得身體之節。

〔五〕師古曰：替，廢惰也。

〔六〕師古曰：是年五月，定公薨。哀公七年秋，伐邾，以邾子益來也。【補注】先謙曰：亦未終言之。以上貌不恭。

庶徵之恆雨，劉歆以爲春秋大雨也，劉向以爲大水。

隱公九年「三月癸酉，大雨，震電；庚辰，大雨雪」。〔一〕大雨，雨水也；〔二〕震，雷也。劉歆以爲三月癸酉，於曆數春分後一日，始震電之時也，當雨，而不當大雨。大雨，常雨之罰也。於始震電八日之間而大雨雪，常寒之罰也。〔三〕劉向以爲周三月，今正月也，當雨水，雪雜雨，雷電未可以發也。既已發也，〔四〕則雪不當復降。皆失節，故謂之異。於易，雷以二月出，其卦曰豫，〔五〕言萬物隨雷出地，皆逸豫也。以八月入，其卦曰歸妹，〔六〕言雷復歸。入地則孕毓根核，保藏蟄蟲，〔七〕避盛陰之害；出地則養長華實，發揚隱伏，宣盛陽之德。入能除害，出能興利，人君之象也。是時，隱以弟桓幼，代而攝立。〔八〕公子翬見隱居位已久，勸之遂立。〔九〕隱既不許，翬懼而易其辭，〔一〇〕遂與桓共殺隱。天見其將然，故正月大雨水而雷電，是陽不閉陰，出涉危難而害萬物。〔一一〕天戒若曰，爲君失時，賊弟佞臣將作亂矣。後八日大雨雪，陰見間隙而勝陽，篡殺之旤將成也。公不寤，後二年而殺。

〔一〕師古曰：雨雪，雨音于具反。

〔二〕師古曰：下雨音于具反。後類並同。

〔三〕【補注】先謙曰：恆寒互見。

〔四〕【補注】劉敞曰：「也」字衍。王先慎曰：「也」與「矣」同義，禮祭義「可謂能終矣」，大戴禮曾子大孝篇「矣」作「也」；中庸「民不可得而治矣」，孟子離婁篇「矣」作「也」；是「也」、「矣」二字古本通用，隨文爲義。此謂雷既已發矣，則雪不當復降。劉以爲衍文，非也。

〔五〕師古曰：坤下震上也。

〔六〕師古曰：兑下震上也。【補注】錢大昕曰：案孟喜卦氣圖「豫，二月卦。歸妹，八月卦」。

〔七〕師古曰：毓字與育同。核亦荄字也。草根曰荄，音該。

〔八〕【補注】先謙曰：官本「代」作「入」。

〔九〕師古曰：公子翬，魯大夫羽父也。勸殺威公，己求爲太宰。翬音揮。【補注】先謙曰：官本注「威」作「桓」。

〔一〇〕師古曰：反謂桓公云隱欲殺之。

〔一一〕【補注】葉德輝曰：南齊志引洪範傳曰「雷於天地爲長子，以其首長萬物，與之出入，故雷出萬物出，雷入萬物入。夫雷者人君之象，入則除害，出則興利。雷之微氣以正月出，其有聲者以二月出，以八月入，其餘微者以九月入。冬三月雷無出者，若是陽不避陰，則出涉危難而害萬物也」。

昭帝始元元年七月，大水雨，自七月至十月。成帝建始三年秋，大雨三十餘日；四年九月，大雨十餘日。〔一〕

〔一〕【補注】先謙曰：以上恆雨。又二條見聽傳下。又互見木不曲直下。

左氏傳：愍公二年，晉獻公使太子申生帥師，〔一〕公衣之偏衣，佩之金玦。〔二〕狐突歎曰：「時，事之徵也；衣，身之章也；佩，衷之旗也。〔三〕故敬其事，則命以始；〔四〕服其身，則衣之純；〔五〕用其衷，則佩之度。〔六〕今命以時卒，閟其事也；〔七〕衣以尨服，遠其躬也；〔八〕佩以金玦，棄其衷也。服以遠之，時以閟之，尨涼冬殺，金寒玦離，胡可恃也！」〔九〕梁餘子養曰：「帥師者，受命于廟，受脤於社，有常服矣。〔一〇〕弗獲而尨，命可知也。死而不孝，不如逃之。」

罕夷曰：「尨奇無常，金玦不復，君有心矣。」〔一一〕後四年，申生以讒自殺。近服妖也。

〔一〕師古曰：以伐東山臯落氏。
〔二〕師古曰：偏衣，謂左右異色，其半象公之服也。金玦，以金爲玦也。半環曰玦。
〔三〕師古曰：狐突，晉大夫伯行，時爲太子御戎也。徵，澄也。章，明也。旗，表也。衣所以明貴賤，佩所以表中心。
【補注】朱一新曰：汪本「澄」作「證」，是。先謙曰：官本作「證」。
〔四〕師古曰：賞以春夏。
〔五〕師古曰：壹其色。
〔六〕師古曰：佩玉者，君子之常度。【補注】劉奉世曰：欲表其衷，則當佩之，使合法度。世子佩瑜玉而綦組綬。
〔七〕應劭曰：卒，盡也。閟，閉也。謂十二月盡時也。【補注】先謙曰：官本「應劭」作「師古」。
〔八〕師古曰：尨，雜色也，謂偏衣也。遠音于萬反。其下並同。
〔九〕師古曰：涼，薄也。尨色不能純，故曰薄也。冬主殺氣，金行在西，是謂之寒。玦形半缺，故云離。
〔一〇〕師古曰：梁餘子養，晉大夫也，時爲下軍御。軍之常服則韋弁。
〔一一〕應劭曰：奇，奇怪非常意。復，反也。金玦，猶玦去，不反意也。師古曰：罕夷，晉大夫，時爲下軍卿也。有心，害太子之心也。復音扶目反。【補注】先謙曰：官本注「猶」下「玦」作「決」，是。

左氏傳曰：〔一〕鄭子臧好聚鷸冠，〔二〕鄭文公惡之，使盜殺之。〔三〕劉向以爲近服妖者也。一曰，非獨爲子臧之身，亦文公之戒也。初，文公不禮晉文，〔四〕又犯天子命而伐滑，〔五〕不尊尊敬上。其後晉文伐鄭，幾亡國。〔六〕

〔一〕【補注】蘇輿曰：上已言左氏傳，劉知幾所謂一言可悉，而再列其名，是也。

〔二〕張晏曰：鷸鳥赤足黄文，以其毛飾冠。韋昭曰：鷸，今翠鳥也。師古曰：子臧，鄭文公子也。鷸，大鳥，即戰國策所云啄蚌者也。天之將雨，鷸則知之。翠鳥自有鷸名，而此飾冠，非翠鳥也。逸周書曰「知天文者冠鷸冠」，蓋以鷸鳥知天時故也。禮圖謂之「術氏冠」。鷸音聿，又音術。

〔三〕師古曰：時已得罪出奔宋，故使盜殺之於陳、宋之間。

〔四〕師古曰：晉文公之爲公子也，避驪姬之難而出奔，欲之楚，過鄭，鄭不禮焉。

〔五〕師古曰：僖二十四年，鄭公子士及堵俞彌帥師伐滑。王使伯服游、孫伯如鄭請滑，鄭伯不聽而執二子。【補注】錢大昭曰：注「士」下，南雍本、閩本有「洩」字。朱一新曰：汪本「士」下有「洩」字，是。先謙曰：官本有「洩」字。

〔六〕師古曰：僖三十年，晉侯、秦伯圍鄭，佚之狐曰「國危矣」！使燭之武見秦伯，師乃退也。幾音鉅依反。【補注】先謙曰：官本無注末五字。

昭帝時，昌邑王賀遣中大夫之長安，多治仄注冠，〔一〕以賜大臣，又以冠奴。劉向以爲近服妖也。時王賀狂悖，〔二〕聞天子不豫，〔三〕弋獵馳騁如故，與騶奴宰人游居娛戲，驕嫚不敬。〔四〕冠者尊服，奴者賤人，賀無故好作非常之冠，暴尊象也。以冠奴者，當自至尊墜至賤也。〔五〕其後帝崩，無子，漢大臣徵賀爲嗣。即位，狂亂無道，〔六〕縛戮諫者夏侯勝等。〔七〕於是大臣白皇太后，廢賀爲庶人。賀爲王時，又見大白狗冠方山冠而無尾，〔八〕此服妖，亦犬旤也。賀以問郎中令龔遂，遂曰：「此天戒，言在仄者盡冠狗也。〔九〕去之則存，不去則亡矣。」賀既廢數年，宣帝封之爲列侯，復有辠，死不得置後，又犬旤無尾之效也。京房易傳曰：「行

不順，厥咎人奴冠，天下亂，辟無適，〔一〇〕妾子拜。」〔一一〕又曰：「君不正，臣欲篡，厥妖狗冠出朝門。」〔一二〕

〔一〕應劭曰：今法冠是也。李奇曰：一曰高山冠，本齊冠也，謁者服之。師古曰：仄，古側字也。謂之側注者，言形側立而下注也。蔡邕云，高九尺，鐵爲卷，非法冠及高山也。卷音去權反。【補注】錢大昭曰：注「尺」，南雍本、閩本作「寸」。沈欽韓曰：史記「酈食其衣儒衣，冠側注」。徐廣云「一名高山冠，齊王所服，秦以賜謁者」。朱一新曰：「尺」，汪本作「寸」，是。先謙曰：官本作「寸」。

〔二〕師古曰：悖，惑也，音布内反。【補注】先謙曰：官本無注。

〔三〕師古曰：言有疾不悦豫也。周書顧命曰「王有疾，不豫」。

〔四〕師古曰：騶，廄御也。宰人，主膳者也。娭，樂也。戲音僖。

〔五〕師古曰：墜，墮也，音直類反。【補注】先謙曰：官本無注。

〔六〕【補注】先謙曰：官本「亂」作「悖」。

〔七〕【補注】先謙曰：廣雅釋詁「戮，辠也」。

〔八〕鄧展曰：方山冠以五采縠爲之，樂舞人所服。【補注】錢大昭曰：昌邑王傳云「嘗見白犬，高三尺，無頭，其頸以下似人，而冠方山冠」。

〔九〕師古曰：言王左右侍側之人不識禮義，若狗而著冠者耳。冠音工喚反。其下亦同。

〔一〇〕如淳曰：辟，君也。適，適子也。師古曰：辟音壁。適讀曰嫡。【補注】先謙曰：官本無顏注十字。

〔一一〕如淳曰：無適子故也。

〔一二〕【補注】先謙曰：犬旤互見。

成帝鴻嘉、永始之間，好爲微行出游，選從期門郎有材力者，及私奴客，多至十餘，少五六人，皆白衣袒幘，〔一〕帶持刀劍。或乘小車，御者在茵上；〔二〕或皆騎，出入市里郊壄，遠至旁縣。時大臣車騎將軍王音及劉向等數以切諫。谷永曰：「易稱『得臣無家』，〔三〕言王者臣天下，無私家也。今陛下棄萬乘之至貴，樂家人之賤事；厭高美之尊稱，好匹夫之卑字；〔四〕崇聚票輕無誼之人，以爲私客；〔五〕置私田於民間，畜私奴車馬於北宮；數去南面之尊，離深宮之固，挺身獨與小人晨夜相隨，〔六〕烏集醉飽吏民之家，〔七〕亂服共坐，溷肴亡別，〔八〕閔勉遁樂，晝夜在路。〔九〕典門戶、奉宿衞之臣，執干戈守空宮，公卿百寮不知陛下所在，積數年矣。昔虢公爲無道，有神降曰『賜爾土田』，〔一〇〕言將以庶人受土田也。諸侯夢得土田，爲失國祥，〔一一〕而況王者畜私田財物，爲庶人之事乎！」〔一二〕

〔一〕師古曰：袒幘，不加上冠。【補注】沈欽韓曰：案袒幘者，空頂幘也。續漢志「幘至孝文乃高顏題，續之爲耳，崇其巾爲屋。未冠童子幘無屋。」無屋則袒幘也。

〔二〕蘇林曰：茵，車上蓐也。御者錯亂，更在茵上坐也。師古曰：車小，故御者不得迴避，而在天子茵上也。茵音因。

【補注】先謙曰：官本無注末三字。

〔三〕師古曰：損卦上九爻辭。

〔四〕如淳曰：稱張放家人，是爲卑字。師古曰：爲微行，故變易姓名。

〔五〕師古曰：票音匹妙反，又音頻妙反。【補注】先謙曰：永傳「票」作「僄」。

〔六〕師古曰：挺，引也。

〔七〕師古曰：乍合乍離，如烏之集。

〔八〕師古曰：溷肴，謂雜亂也。溷音胡困反。

〔九〕師古曰：閔勉猶黽勉，言不息也。遯樂，言流遯爲樂也。【補注】周壽昌曰：遯猶逸也，言逸樂也。先謙曰：永傳作「遁」，字同。

〔一〇〕師古曰：春秋左氏傳：莊公三十二年有神降於莘，虢公使祝應、宗區、史嚚享焉。神賜之土田。史嚚曰：「虢其亡乎！」【補注】先謙曰：官本「嚚」作「囂」，是。

〔一一〕師古曰：僖五年，晉滅虢，虢公醜奔京師。

〔一二〕【補注】蘇輿曰：劉知幾以此爲直引時談，竟無它述，云「以下不言成帝悛與不悛，（永谷）〔谷永〕言效與不效，諫詞雖具，諸事闕如」。案志中此類頗多，疑皆闕文。先謙曰：以上服妖。

左氏傳曰：周景王時大夫賓起見雄雞自斷其尾。〔一〕劉向以爲近雞旤也。是時，王有愛子子鼂，王與賓起陰謀欲立之。〔二〕田于北山，將因兵衆殺適子之黨，〔三〕未及而崩。三子爭國，王室大亂。其後，賓起誅死，〔四〕子鼂奔楚而敗。〔五〕京房易傳曰：「有始無終，厥妖雄雞自齧斷其尾。」

〔一〕師古曰：賓起即賓孟。

〔二〕師古曰：子鼂，王之庶長子。

〔三〕師古曰：適讀曰嫡。嫡子，王子猛，反後爲悼王。子猛之黨謂劉獻公、單穆公。【補注】朱一新曰：「反」，汪本作「及」。案二本均誤，當作「也」。先謙曰：官本作「及」。

〔四〕師古曰：三子，謂子鼂、子猛及子猛弟敬王丐也。劉子遂攻賓起，殺之。事並在昭公二十二年。【補注】先謙曰：官本無「公」字。

〔五〕師古曰：昭二十六年，邵伯盈逐王子鼂，子鼂奔楚。定公五年，王人殺之於楚。

宣帝黃龍元年，未央殿輅軨中雌雞化爲雄，〔一〕毛衣變化而不鳴，不將，無距。〔二〕元帝初元中，丞相府史家雌雞伏子，漸化爲雄，〔三〕冠距鳴將。永光中，有獻雄雞生角者。京房易傳曰：「雞知時，知時者當死。」房以爲己知時，恐當之。劉向以爲房失雞占。雞者小畜，主司時，起居人，〔四〕小臣執事爲政之象也。言小臣將秉君威，以害正事，猶石顯也。竟寧元年，石顯伏辜，此其效也。一曰，〔五〕石顯何足以當此？昔武王伐殷，至于牧野，誓師曰：「古人有言曰『牝雞無晨，牝雞之晨，惟家之索。』今殷王紂惟婦言用。」〔六〕繇是論之，〔七〕黃龍、初元、永光雞變，乃國家之占，妃后象也。孝元王皇后以甘露二年生男，立爲太子。妃，王禁女也。黃龍元年，宣帝崩，太子立，是爲元帝。王妃將爲皇后，故是歲未央殿中雌雞爲雄，明其占在正宮也。不鳴不將無距，貴始萌而尊未成也。至元帝初元元年，將立王皇后，先以爲婕妤。三月癸卯制書曰：「其封婕妤父丞相少史王禁爲陽平侯，位特進。」丙午，立王婕妤爲皇后。明年正月，立皇后子爲太子。故應是丞相府史家雌雞爲雄，其占即丞相少史之女也。伏子者，明已有子也。冠距鳴將者，尊已成也。永光二年陽平頃侯禁薨，子鳳嗣侯，爲侍中衛尉。元帝崩，皇太子立，是爲成帝。尊皇后爲皇太后，以后弟鳳爲大司馬大將軍，領尚書事，上委政，無所與。〔八〕王氏之權自鳳起，故於鳳始受爵位時，雄雞有角，明視作威〔九〕顓君害上〔一〇〕危國者，從此人始也。其後羣弟世權，以至於莽，遂篡天下。即位五年，王太后乃崩，此其效也。京房易傳曰：「賢者居明夷之世，知時而傷，〔一一〕或衆在位，〔一二〕厥妖雞生角。雞生角，時主獨。」〔一三〕又曰：「婦人顓政，國不靜；牝雞雄鳴，主不榮。」故房以爲己亦在占中矣。〔一四〕

〔一〕孟康曰：輅軨，廄名也。師古曰：百官表太僕屬官有輅軨丞。輅與路同。軨音零。

〔二〕師古曰：將謂率領其羣也。距，雞附足骨，鬭時所用刺之。

〔三〕師古曰：初尚伏子，後乃稍稍化爲雄也。伏音房富反。

〔四〕師古曰：至時而鳴，以爲人起居之節。

〔五〕【補注】沈欽韓曰：終竟元后事，則非劉向，豈班彪乎？

〔六〕師古曰：周書牧誓之辭。晨謂晨時鳴也。索，盡也。言婦人爲政，猶雌雞而代雄鳴，是喪家之道也。索音思各反。

【補注】先謙曰：官本無注末五字。

〔七〕師古曰：繇讀與由同。【補注】先謙曰：官本無注。

〔八〕師古曰：與讀曰豫。言政皆出鳳，天子不豫。

〔九〕師古曰：視讀曰示。

〔一〇〕師古曰：顓與專同。其下類此。

〔一一〕師古曰：易之明夷卦曰「明入地中，明夷」。夷，傷也，離下坤上，言日在地中，傷其明也。知時，謂知天時者也。賢而被傷，故取明夷之義。

〔一二〕師古曰：言虛僞無實之人，矯惑於衆，在職位也。

〔一三〕【補注】朱一新曰：獨、角、與政、靜、鳴、榮，均韻語。

〔一四〕【補注】先謙曰：以上雞旤。

成公七年「正月，鼷鼠食郊牛角；〔一〕改卜牛，又食其角」。劉向以爲近青祥，亦牛旤也，不敬而僃霿之所致也。〔二〕昔周公制禮樂，成周道，故成王命魯郊祀天地，以尊周公。至成公時，三家始顓政，魯將從此衰。天愍周公之德，痛其將有敗亡之旤，故於郊祭而見戒云。鼠，小蟲，性盜竊，鼷又其小者也。牛，大畜，祭天尊物也。角，兵象，在上，君威也。小小鼷鼠，食至尊之牛角，象季氏乃陪臣盜竊之人，將執國命以傷君威，而害周公之祀也。改卜牛，鼷鼠又食其角，天重語之也。〔三〕成公怠慢昏亂，遂君臣更執于晉。〔四〕至于襄公，晉爲溴梁之會，〔五〕天下大夫皆奪君政。〔六〕其後三家逐昭公，卒死于外，〔七〕幾絶周公之祀。〔八〕董仲舒以爲鼷鼠食郊牛，皆養牲不謹也。京房易傳曰：「祭天不慎，厥妖鼷鼠齧郊牛角。」

〔一〕師古曰：鼷，小鼠也，即今所謂甘鼠者，音奚。

〔二〕【補注】錢大昭曰：上服音「霿爲人僃霿」本此。先謙曰：官本「僃」作「備」。牛旤互見。

〔三〕師古曰：重音直用反。

〔四〕師古曰：更，互也。十年秋，公如晉，晉人以公爲貳於楚，故止公，至十一年三月乃得歸。十六年秋，公會晉侯於沙隨，晉受叔孫僑如之譖而止公。是年九月，又信僑如之譖，執季孫行父，舍之於苕丘，十二月乃得歸。故云君臣更執也。更音工衡反。

〔五〕師古曰：襄十六年，晉平公會諸侯于溴梁。溴梁者，溴水之梁也。溴水出河内軹縣東南，至温入河。溴音工覓反。

【補注】錢大昭曰：閩本「晉」下有「侯」字。

〔六〕師古曰：溴梁之會，諸侯皆在，而魯叔孫豹、晉荀偃、宋向戌、衛甯殖、鄭公孫蠆、小邾之大夫盟，是奪其君政也。

〔七〕師古曰：已解於上。

〔八〕師古曰：幾音鉅衣反。【補注】先謙曰：官本無注。

定公十五年「正月，鼷鼠食郊牛，牛死」。劉向以爲定公知季氏逐昭公，罪惡如彼，親用孔子爲夾谷之會，齊人倈歸鄆、讙、龜陰之田，〔一〕聖德如此，反用季桓子，淫於女樂，而退孔子，無道甚矣。〔二〕詩曰：「人而亡儀，不死何爲！」〔三〕是歲五月，定公薨，牛死之應也。京房易傳曰：「子不子，鼠食其郊牛。」

〔一〕師古曰：夾谷，齊地也，一名祝其。定公十年，公與齊侯會於夾谷，齊侯欲使萊人以兵劫公。孔子以公退，命士衆兵之，齊侯乃止。又欲以盟要公，孔子不欲，使茲無還以辭對。又欲詐享公，孔子又距而不受。於是齊人乃服。先是季氏之臣陽貨以鄆、讙、龜陰之田奔齊，至此會，乃以歸我。鄆、讙，二邑名。龜陰，龜山之陰。夾音頰。讙音驩。

〔二〕師古曰：桓子，季平子之子季孫斯也。女樂已解於上。

〔三〕師古曰：衛詩相鼠之篇也。無儀，無禮儀也。【補注】先謙曰：官本注「無儀」作「亡儀」，是。

哀公元年「正月，鼷鼠食郊牛」。劉向以爲天意汲汲於用聖人，逐三家，故復見戒也。〔一〕

哀公年少，不親見昭公之事，故見敗亡之異。已而哀不寤，身奔於粤，此其效也。〔二〕

〔一〕師古曰：聖人，孔子也。見，顯也。【補注】先謙曰：官本無注。

〔二〕師古曰：哀二十七年，公欲以越伐魯而去三桓，公如公孫有山氏，因遜於邾，遂如越。國人施罪於公孫有山氏，而立哀公之子悼公。

昭帝元鳳元年九月，燕有黄鼠銜其尾，舞王宫端門中，〔一〕王往視之，鼠舞如故。王使吏以酒脯祠，鼠舞不休，一日一夜死。近黄祥，〔二〕時燕剌王旦謀反，將死之象也。其月，發覺伏辜。京房易傳曰：「誅不原情，厥妖鼠舞門。」〔三〕

〔一〕師古曰：宫之正門。

〔二〕【補注】先謙曰：黄祥互見。此條已采入思心傳，黄祥下不應重出，此班氏失删。

〔三〕師古曰：不原情者，不得其本情。【補注】葉德輝曰：開元占經百十六引京房曰「鼠無故舞邑門外，厥君亡於廷中道上，其邑有大兵」。

成帝建始四年九月，長安城南有鼠銜黄蒿、柏葉，上民冢柏及榆樹上爲巢，桐柏尤多。〔一〕巢中無子，皆有乾鼠矢數十。時議臣以爲恐有水災。〔二〕鼠，盜竊小蟲，夜出晝匿，今晝去穴而登木，象賤人將居顯貴之位也。桐柏，衛思后園所在也。其後，趙皇后自微賤登至尊，與衛后同類。趙后終無子而爲害。明年，有鳶焚巢，殺子之異也。〔三〕天象仍見，甚可畏也。〔四〕一曰，皆王莽竊位之象云。京房易傳曰：「臣私禄罔辟，〔五〕厥妖鼠巢。」〔六〕

〔一〕師古曰：桐柏，本亭名，衞思后於其地葬也。
〔二〕【補注】葉德輝曰：開元占經百十六引京房曰「鼠無故巢木上，邑且大水」。
〔三〕師古曰：鳶，鴟也，音弋全反。
〔四〕師古曰：仍，頻也。【補注】先謙曰：官本無上及此兩注。
〔五〕李奇曰：辟，君也。擅私爵禄，誣罔其君。
〔六〕【補注】先謙曰：以上青祥。又二條互見言傳、視傳，下一條互見皇極傳下。又青眚一條，互見聽傳下。

文公十三年，「大室屋壞」。〔一〕近金沴木，木動也。先是，冬，釐公薨，十六月乃作主。〔二〕後六月，又吉禘於太廟而致釐公，〔三〕春秋譏之。經曰：「大事於太廟，躋釐公。」〔四〕左氏說曰：太廟，周公之廟，饗有禮義者也；祀，國之大事也。惡其亂國之大事於太廟，故言大事也。躋，登也，登釐公於愍公上，逆祀也。釐雖愍之庶兄，嘗爲愍臣，臣子一例，不得在愍上。又未三年而吉禘，前後亂賢父聖祖之大禮，内爲貌不恭而狂，外爲言不從而僭。故是歲自十二月不雨，至于秋七月。後年，若是者三，而大室屋壞矣。前堂曰太廟，中央曰太室；屋，其上重屋尊高者也，象魯自是陵夷，將墮周公之祀也。〔五〕穀梁、公羊經曰，〔六〕世室，魯公伯禽之廟也。周公稱太廟，魯公稱世室。大事者，祫祭也。〔七〕躋釐公者，先禰後祖也。

〔一〕【補注】先謙曰：官本「大」作「太」。下同。
〔二〕師古曰：主，廟主也。僖公三十三年十二月薨，至文二年二月乃作主，間有一閏，故十六月也。

〔三〕師古曰：禘，祭也，二而祭之。文二年八月而禘，距作主六月也。致謂外其主於廟。【補注】朱一新曰：汪本「二」作「一」，「外」作「升」，是。先謙曰：官本「二」作「一」，「外」作「升」。

〔四〕師古曰：躋音子奚反，又音子詣反。

〔五〕師古曰：墮，毀也，音火規反。

〔六〕【補注】蘇輿曰：「經」當作「傳」，以前後例之，可見。

〔七〕師古曰：祫，合也。毀廟及未毀廟之主，皆合祭於太祖。

景帝三年十二月，吴二城門自傾，大船自覆。劉向以爲近金沴木，木動也。先是，吴王濞以太子死於漢，稱疾不朝，陰與楚王戊謀爲逆亂。城猶國也，其一門名曰楚門，一門曰魚門。吴地以船爲家，以魚爲食。天戒若曰，與楚所謀，傾國覆家。吴王不寤，正月，與楚俱起兵，身死國亡。〔一〕京房易傳曰：「上下咸誖，厥妖城門壞。」〔二〕

〔一〕【補注】王鳴盛曰：范成大吴郡志城郭篇「閶門亦名破楚門」，而無所謂楚門、魚門者。要之二門必當在蘇州府治吴、長洲、元和三縣也。此志特因吴本屬吴國，濞又常東渡之吴，留十日去，故此下文遂以二門之傾爲濞亡之兆。濞都廣陵，不都吴。若據此誤認濞之所都即今蘇州府治，則非矣。沈欽韓曰：越絶書「楚門，春申君所造，楚人從之，故爲楚門」。魚門，越絶作巫門。

〔二〕師古曰：誖，惑也，音布内反。

宣帝時，大司馬霍禹所居第門自壞。時禹内不順，外不敬，見戒不改，卒受滅亡之誅。

哀帝時，大司馬董賢第門自壞。時賢以私愛居大位，賞賜無度，驕嫚不敬，大失臣道，見

戒不改。後賢夫妻自殺，家徙合浦。〔一〕

〔一〕【補注】先謙曰：以上金沴木。又一條互見視傳下。

傳曰：「言之不從，是謂不艾，〔一〕厥咎僭，厥罰恆陽，〔二〕厥極憂。時則有詩妖，時則有介蟲之孽，〔三〕時則有犬旤，時則有口舌之痾，時則有白眚白祥。惟木沴金。」〔四〕

〔一〕師古曰：艾讀曰乂。【補注】先謙曰：官本無注。

〔二〕【補注】先謙曰：晉志亦作「陽」，下同。續志、宋志作「暘」。

〔三〕【補注】先謙曰：介蟲之孽，從劉歆，入聽傳下。

〔四〕【補注】先謙曰：此下並無「説曰」二字，上已見，不重出。

「言之不從」，從，順也。「是謂不乂」，乂，治也。孔子曰：「君子居其室，出其言不善，則千里之外違之，況其邇者虖！」〔一〕詩云：「如蜩如螗，如沸如羹。」〔二〕言上號令不順民心，虛譁憒亂，則不能治海内，失在過差，故其咎僭。僭，差也。刑罰妄加，羣陰不附，則陽氣勝，故其罰常陽也。旱傷百穀，則有寇難，上下俱憂，故其極憂也。君炕陽而暴虐，〔三〕臣畏刑而柑口，〔四〕則怨謗之氣發於謌謠，故有詩妖。介蟲孽者，謂小蟲有甲飛揚之類，陽氣所生也，於春秋爲螽，今謂之蝗，皆其類也。〔五〕於易，兑爲口，犬以吠守，而不可信，言氣毀故有犬旤。

一曰，旱歲犬多狂死及爲怪，亦是也。及人，則多病口喉欬者，故有口舌痾。金色白，故有白眚白祥。凡言傷者，病金氣；金氣病，則木沴之。其極憂者，順之，其福曰康寧。劉歆言傳曰，時有毛蟲之孽。説以爲於天文西方參爲虎星，故爲毛蟲。〔六〕

〔一〕師古曰：易上繫之辭也。邇，近也。

〔二〕師古曰：大雅蕩之詩也。蜩，蟬也。螗，蝘也，即蛁蟟也。謂政無文理，虛言蹲沓，如蜩螗之鳴，湯之沸涫，羹之將孰也。蜩音調。螗音唐。蝘音偃。蛁音貂。蟟音聊。涫音下館反。【補注】先謙曰：官本「蹲」作「噂」，是。

〔三〕師古曰：凡言炕陽者，枯涸之意，謂無惠澤於下也。炕音口浪反。

〔四〕師古曰：柑，箝也，音其廉反。箝音女涉反。【補注】先謙曰：官本「柑」作「拑」，晉志作「箝」。

〔五〕【補注】先謙曰：續志引鄭注「蝝、螽、蜩、蟬之類，蟲之生於火而藏於秋者也，屬金」。

〔六〕【補注】先謙曰：下取證皆毛蟲之孽，明班氏不以伏傳爲然。宋志云「言之不從，有介蟲之孽，劉歆以爲毛蟲。視之不明，有蠃蟲之孽，劉歆以爲羽蟲」。案月令「夏蟲羽，秋蟲毛」，宜如歆説，是以舊史從之。

史記：周單襄公與晉郤錡、郤犨、郤至、齊國佐語，〔一〕告魯成公曰：「晉將有亂，三郤其當之虖！夫郤氏，晉之寵人也，三卿而五大夫，〔二〕可以戒懼矣。高位實疾顛，厚味實腊毒。〔三〕今郤伯之語犯，叔迂，季伐。〔四〕犯則陵人，迂則誣人，伐則掩人。有是寵也，而益之以三怨，其誰能忍之！雖齊國子亦將與焉。〔五〕立於淫亂之國，而好盡言以招人過，〔六〕怨之本也。唯善人能受盡言，齊其有虖？」〔七〕十七年，晉殺三郤。十八年，齊殺國佐。凡此屬，皆言不從之咎云。

〔一〕師古曰：單襄公，解已在前。郤錡，駒伯也。郤犨，苦成叔也。郤至，昭子，即温季也。國佐，齊大夫國武子也。

【補注】先謙曰：官本注少「大夫」二字。

〔二〕【補注】錢大昭曰：「二」，閩本作「三」。朱一新曰：汪本「二」作「三」，是。葉德輝曰：德藩本作「二」。

〔三〕師古曰：顛，仆也。腊，久也。言位高者必速顛仆也，味厚者爲毒久。【補注】朱一新曰：今本國語「顛」作「僨」，誤。明道本國語作「顛」，與此合。韋昭注「腊，亟也」。

〔四〕師古曰：伯，駒伯也。叔，苦成叔也。季，温季也。犯，侵也。迂，夸誕也。伐，矜尚也。

〔五〕師古曰：與讀曰豫。豫於禍。【補注】先謙曰：官本無注。

〔六〕蘇林曰：招音翹。招，舉也。師古曰：盡言，猶極言也。【補注】沈欽韓曰：宋祁校此云，考他書未獲爲翹之意。淮南主術訓「力招城關」。注「招，舉也」。呂覽慎大篇「孔子之勁，舉國門之關」。是招爲舉義也。唐六典「兵部員外郎試武舉，七曰，舉重」。注云「謂翹關率以五次爲上第」。是招關即翹關。王逸楚詞注「以手曰招，以言曰召」。毛詩傳「招招，號召之貌」。蓋招本訓召，無用力軒舉意，故須讀招爲翹。賈誼過秦論「招八州」，蘇林「音翹」。則知訓舉者皆讀爲翹也。先謙曰：「招」、「翹」字訓通，雲翹即雲招，見禮樂志。

〔七〕師古曰：言無善人不能受盡言。

晉穆侯以條之役生太子，名之曰仇；〔一〕其弟以千畮之戰生，名之曰成師。〔二〕師服曰：「異哉，君之名子也！〔三〕夫名以制誼，誼以出禮，〔四〕禮以體政，政以正民，〔五〕是以政成而民聽；易則生亂。〔六〕嘉耦曰妃，怨耦曰仇，古之命也。〔七〕今君名太子曰仇，弟曰成師，始兆亂矣，兄其替虖！」〔八〕及仇嗣立，是爲文侯。文侯卒，子昭侯立，封成師于曲沃，號桓叔。〔九〕後晉人殺昭侯而納桓叔，不克。〔一〇〕復立昭侯子孝侯，桓叔子嚴伯殺之。晉人立其弟鄂侯。鄂

侯生哀侯，嚴伯子武公復殺哀侯及其弟，滅之，而代有晉國。〔一一〕

〔一〕師古曰：穆侯，僖侯之孫也。條，晉地也。蓋以敵來侵己，當戰時而生，故取仇忿之義以名子。【補注】蘇輿曰：「晉」上當有「左氏傳」三字。劉知幾譏其下宣六年，鄭曼滿與伯廖語事，爲遺左氏而無言。不知應在此處也。

〔二〕師古曰：太子之弟，即桓叔也。晦，古畝字也。千晦亦地名，意取能成其師衆也。

〔三〕師古曰：師服，晉大夫。

〔四〕師古曰：先制義理然後立名。義理既定，禮由之出。

〔五〕師古曰：政以禮成，俗所以正。

〔六〕師古曰：反易禮義，則亂生也。

〔七〕師古曰：本自古昔而有此名。

〔八〕師古曰：替，廢也。

〔九〕師古曰：昭侯國亂身危，不能自安，故封成師爲曲沃伯也。桓，謚也。昭侯叔父，故謂之叔也。

〔一〇〕師古曰：事不遂。【補注】先謙曰：官本無注。

〔一一〕師古曰：武始并晉國，故稱公也。事在桓三年。

宣公六年，鄭公子曼滿與王子伯廖語，欲爲卿。〔一〕伯廖告人曰：「無德而貪，其在周易豐之離，〔二〕弗過之矣。」〔三〕間一歲，鄭人殺之。〔四〕

〔一〕師古曰：曼滿、伯廖，皆鄭大夫也。廖音聊。

〔二〕張晏曰：離下震上，豐，上六變而之離，曰「豐其屋，蔀其家」也。

〔三〕師古曰：言無道德而大其屋，不過三歲，必滅亡也。

〔四〕師古曰：間一歲者，中間隔一歲。

襄公二十九年，齊高子容與宋司徒見晉知伯，汝齊相禮。〔一〕賓出，汝齊語知伯曰：「二子皆將不免！子容專，司徒侈，皆亡家之主也。〔二〕專則速及，侈將以其力敝，專則人實敝之，將及矣。」九月，高子出奔燕。〔三〕

〔一〕師古曰：高子容，齊大夫高止也。宋司徒，華定。知伯，晉大夫荀盈也。汝齊，晉大夫司馬侯也。

〔二〕師古曰：專，自是也。侈，奢泰。

〔三〕【補注】葉德輝曰：「敝」，左傳作「斃」。蘇輿曰：春秋云「高子出奔北燕」。此「燕」上當有「北」字。史通引此文亦有，明此脱也。

襄公三十一年正月，魯穆叔會晉歸，告孟孝伯曰：「趙孟將死矣！〔一〕其語偷，不似民主；〔二〕且年未盈五十，而諄諄焉如八九十者，弗能久矣。〔三〕若趙孟死，爲政者其韓子虖？〔四〕吾子盍與季孫言之，可以樹善，君子也。」〔五〕孝伯曰：「民生幾何，誰能毋偷！〔六〕朝不及夕，將焉用樹！」穆叔告人曰：「孟孫將死矣！吾語諸趙孟之偷也，而又甚焉。」九月，孟孝伯卒。

〔一〕師古曰：穆叔，即叔孫穆子也。孟孝伯，魯大夫仲孫羯也。趙孟，晉卿趙文子也，名武。前年十月，穆叔與武同會澶泉，至此年正月乃歸。

〔二〕師古曰：偷，苟且。
〔三〕師古曰：諄諄，重頓之貌也，諄音之閏反。
〔四〕師古曰：韓子，韓宣子也，名起。
〔五〕師古曰：季孫，謂季武子也，名宿。言韓起有君子之德，方執晉政，可素厚之，以立善也。
〔六〕師古曰：幾何，言無多時也。幾音居豈反。

昭公元年，周使劉定公勞晉趙孟，〔一〕因曰：「子弁冕以臨諸侯，盍亦遠績禹功，而大庇民乎？」〔二〕對曰：「老夫罪戾是懼，〔三〕焉能恤遠？吾儕偷食，朝不謀夕，何其長也？」〔四〕劉子歸，以語王曰：「諺所謂老將知而耄及之者，其趙孟之謂虖！〔五〕爲晉正卿以主諸侯，而儕于隸人，朝不謀夕，棄神人矣。神怒民畔，何以能久？〔六〕趙孟不復年矣！」〔七〕是歲，秦景公弟后子奔晉，〔八〕趙孟問：「秦君何如？」對曰：「無道。」趙孟曰：「亡虖？」對曰：「何爲？一世無道，國未艾也。〔九〕國于天地，有與立焉，〔一〇〕不數世淫，弗能敝也。」趙孟曰：「天虖？」〔一一〕對曰：「有焉。」趙孟曰：「其幾何？」〔一二〕對曰：「鍼聞國無道而年穀和孰，天贊之也，鮮不五稔。」〔一三〕趙孟視蔭曰：「朝夕不相及，誰能待五？」〔一四〕后子出而告人曰：「趙孟將死矣！主民玩歲而愒日，其與幾何？」〔一五〕冬，趙孟卒。昭五年，秦景公卒。

〔一〕師古曰：周，周景王也。劉定公，周卿也，食邑於劉，名夏。是時，孟與諸侯會於虢，故就而勞之。
〔二〕師古曰：時館於洛汭，因見河洛而美禹功，故言之也。弁冕，冠也。言今服冠冕有國家，何不追績禹功，而庇蔭其人乎？

〔三〕【補注】周壽昌曰：古者七十致仕，自稱曰老夫。今趙孟年未盈五十，乃對王朝之卿自稱老夫，故劉子料其不復年。

〔四〕師古曰：儕，等也。言且得食而已，苟免目前，不能念其長久也。儕音仕皆反。

〔五〕師古曰：諺，俗所傳言也。八十曰耄，亂也。言人年老閱歷既多，謂將益智，而又耄亂也。

〔六〕師古曰：言其自比賤隸，而無恤下之心，人爲神主，故神人皆去也。

〔七〕師古曰：謂其即死，不復見明年。

〔八〕師古曰：后子，即公子鍼。

〔九〕師古曰：艾讀曰刈。刈，絶也。

〔一〇〕師古曰：言在天地之間，多欲輔助，相與共成立之。

〔一一〕【補注】錢大昭曰：「天」，宋板左氏傳作「夭」。王念孫曰：「天」當從景祐本作「夭」，下文「其幾何」，正承夭字言之。今本左傳亦譌作「天」，昭元年。唯唐石經不誤。

〔一二〕師古曰：言當幾時也。音居豈反。【補注】先謙曰：官本無注末四字。

〔一三〕師古曰：贊，佐助之也。鮮，少也。稔，孰也。穀孰爲一稔。言少尚當五年，多則或不啻也。稔音人甚反。

〔一四〕師古曰：蔭謂日之蔭影也。趙孟自以年暮，朝不及夕，故言五年不可待也。蔭讀與陰同。

〔一五〕師古曰：玩，愛也。愒，貪也。與幾何，言不能久也。愒音口蓋反。【補注】朱一新曰：景祐本「玩」作「忨」。説文「忨，貪也」，引傳「忨時而𣿅日」。

昭公元年，楚公子圍會盟，〔一〕設服離衞。〔二〕魯叔孫穆子曰：「楚公子美矣君哉！」〔三〕伯州犁曰：「此行也，辭而假之寡君。」〔四〕鄭行人子羽曰：「假不反矣。」〔五〕伯州犁曰：「子姑憂子晳之欲背誕也。」〔六〕子羽曰：「假而不反，子其無憂虖？」〔七〕齊國子曰：「吾代二子閔矣。」〔八〕陳公子招曰：「不憂何成？二子樂矣！」〔九〕衛齊子曰：「苟或知之，雖憂不害。」〔一〇〕退會，子羽告人曰：「齊、衛、陳大夫其不免乎！國子代人憂，子招樂憂，齊子雖憂弗害。夫弗及而憂，與可憂而樂，與憂而弗害，皆取憂之道也。〔一一〕太誓曰：『民之所欲，天必從之。』〔一二〕三大夫兆憂矣，能無至乎！〔一三〕言以知物，其是之謂矣。」〔一四〕

〔一〕師古曰：圍，楚恭王之子也。時爲楚令尹，與齊、宋、衛、陳、蔡、鄭會于虢。

〔二〕張晏曰：設服者，設人君之服。離衛者，二人執戈在前也。師古曰：離列人君之侍衛也。

〔三〕師古曰：穆子，叔孫豹也。言其服美似人君也。

〔四〕師古曰：伯州犁，楚太宰也。言受楚王之命，假以此禮耳。蓋爲其令尹文過。

〔五〕師古曰：行人，官名。子羽，公孫揮字也。假不反矣，言將遂爲君。

〔六〕應劭曰：子晳攻殺伯有，今又背盟，欲復作亂也。師古曰：子晳，鄭大夫公孫黑也。背誕者，背命放誕，欲爲亂也。子且自憂此，無憂令尹不反戈也。

〔七〕師古曰：言令尹將圖爲君，則楚國有難，子亦有憂也。

〔八〕應劭曰：閔，憂也。二子，伯州犁、行人子羽也。師古曰：國子，齊大夫國弱也。二子，謂王子圍及伯州犁也。圍以是年篡位，而不能令終，州犁亦爲圍所殺，故言可閔。應說非也。

〔九〕應劭曰：言國有憂，己乃得以成功也。師古曰：招，陳公子，哀公弟也。言因憂以成事，事成而樂也。招音韶。

〔一〇〕師古曰：齊子，衛大夫齊惡也。言先知爲備，雖有憂難，無所損害。

〔一一〕師古曰：弗及而憂，謂憂不及己而妄憂也。

〔一二〕師古曰：太誓，周書也。

〔一三〕師古曰：兆憂，謂開憂兆也。【補注】蘇輿曰：案「能無至乎」，語意未全。左傳作「三大夫兆憂，憂能無至乎？」「矣」蓋「憂」之誤文。先謙曰：官本考證曰「三」，監本訛「二」，今改正。

〔一四〕師古曰：物，類也。察其所言，以知禍福之類。

昭公十五年，晉籍談如周葬穆后，〔一〕既除喪而燕，〔二〕王曰：「諸侯皆有以填撫王室，晉獨無有，何也？」〔三〕籍談對曰：「諸侯之封也，皆受明器於王室，故能薦彝器。〔四〕晉居深山，戎翟之與鄰，拜戎不暇，其何以獻器？」王曰：「叔氏其忘諸乎！〔五〕叔父唐叔，成王之母弟，其反亡分乎？〔六〕昔而高祖司晉之典籍，〔七〕以爲大正，故曰籍氏，女，司典之後也，何故忘之？」籍談不能對。賓出，王曰：「籍父其無後乎！數典而忘其祖。」〔八〕籍談歸，以語叔嚮。叔嚮曰：「王其不終乎！吾聞所樂必卒焉。〔九〕今王樂憂，若卒以憂，不可謂終。王一歲而有三年之喪二焉，〔一〇〕於是乎以喪賓燕，又求彝器，樂憂甚矣。三年之喪，雖貴遂服，禮也。〔一一〕王雖弗遂，燕樂已早。〔一二〕禮，王之大經也，一動而失二禮，無大經矣。〔一三〕言以考典，典以志經。〔一四〕忘經而多言舉典，將安用之！」〔一五〕

〔一〕師古曰：籍談，晉大夫也。穆后，周景王之后謚穆也。

〔二〕師古曰：燕與宴同。

〔三〕師古曰：填撫王室，謂獻器物也。填音竹刃反。

〔四〕師古曰：明器，明德之器也。彝器，常可寶用之器也。

〔五〕師古曰：叔，籍談字也。一曰叔父之使，故謂之叔氏也。

〔六〕師古曰：分音扶問反。【補注】周壽昌曰：分者，分寶玉於伯叔之國，上所謂受明器也。宜平聲讀，顔音誤。
〔七〕師古曰：而亦汝。
〔八〕師古曰：忘祖業。
〔九〕師古曰：言志之所樂，終於此事。
〔一〇〕師古曰：爲太子三年，妻死三年乃娶，達子之志。言三年之喪二，后及太子也。
〔一一〕師古曰：遂猶竟。
〔一二〕師古曰：天子除喪，當在卒哭，今適既葬，故譏其早也。
〔一三〕師古曰：經謂常法也。既不遂服，又即宴樂，是失二禮。
〔一四〕師古曰：考，成也。志，記也。
〔一五〕【補注】先謙曰：此未終言之，疑奪文。

哀公十六年，孔丘卒，公誄之曰：「旻天不弔，不憖遺一老，俾屏予一人。」〔一〕子贛曰：「君其不殁於魯乎？夫子之言曰：『禮失則昏，名失則愆。』〔二〕失志爲昏，失所謂愆。生弗能用，死而誄之，非禮也。稱『予一人』，非名也。〔三〕君兩失之。」二十七年，公孫于邾，〔四〕遂死於越。〔五〕

〔一〕應劭曰：憖，且辭也。言旻天不善於魯，不且遺一老，使屏蔽我一人也。師古曰：憖音魚覲反。【補注】錢大昭曰：「旻天」，南雍本、閩本作「旻天」，注同。先謙曰：官本竝作「旻天」。
〔二〕師古曰：夫子謂孔子也。昏謂惑也。愆，過也。
〔三〕師古曰：天子自稱曰「予一人」，非諸侯之號，故云非名。

〔四〕師古曰：孫讀曰遜。

〔五〕師古曰：已解於上。【補注】先謙曰：以上「言不從」。

庶徵之恆陽，劉向以爲春秋大旱也。其夏旱雩祀，謂之大雩。不傷二穀，謂之不雨。京房易傳曰：「欲德不用茲謂張，〔一〕厥災荒。荒，旱也，其旱陰雲不雨，變而赤，因而除。師出過時茲謂廣，〔二〕其旱不生。上下皆蔽茲謂隔，其旱天赤三月，〔三〕時有雹殺飛禽。上緣求妃茲謂僭，〔四〕其旱三月大温亡雲。居高臺府，茲謂犯陰侵陽，其旱萬物根死，數有火災。庶位踰節茲謂僭，其旱澤物枯，爲火所傷。」

〔一〕孟康曰：欲得賢者而不用，人君徒張此意。

〔二〕李奇曰：廣音曠。韋昭曰：謂怨曠也。

〔三〕【補注】朱一新曰：汪本「三」作「二」。

〔四〕師古曰：緣，歷也。言歷衆處而求妃妾也。

釐公二十一年「夏，大旱」。董仲舒、劉向以爲齊威既死，〔一〕諸侯從楚，釐尤得楚心。楚來獻捷，釋宋之執。〔二〕外倚彊楚，炕陽失衆，又作南門，勞民興役。〔三〕諸雩旱不雨，略皆同説。

〔一〕【補注】先謙曰：官本「威」作「桓」。

〔二〕師古曰：謂此年楚執宋公以伐宋，冬使宜申來獻捷，十二月盟于薄，釋宋公也。

〔三〕師古曰：南門本名稷門，更改高大而作之。事在二十年。

宣公七年「秋，大旱」。是夏，宣與齊侯伐萊。〔一〕

〔一〕師古曰：萊國即東萊黄縣也。【補注】葉德輝曰：御覽時序部引洪範傳曰「魯宣公七年秋，大旱。是時公與齊伐萊。夫伐國，亢節也，師徒百姓所不欲也，故應是而大旱也」。

襄公五年「秋，大雩」。先是，宋魚石犇楚，〔一〕楚伐宋，取彭城以封魚石。〔二〕鄭畔于中國而附楚，〔三〕襄與諸侯共圍彭城，〔四〕城鄭虎牢以禦楚。〔五〕是歲鄭伯使公子發來聘，〔六〕使大夫會吴于善道。〔七〕外結二國，内得鄭聘，有炕陽動衆之應。

〔一〕師古曰：犇，古奔字也。事在成十五年。魚石，宋左師也，公子目夷之曾孫也。

〔二〕師古曰：事在成十八年。

〔三〕師古曰：自鄢陵戰後，鄭遂不服，故諸侯屢侵伐之。

〔四〕師古曰：謂襄元年，使仲孫蔑會晉欒黶、宋華元、衛甯殖、曹人、莒人、邾人、滕人、薛人圍彭城。

〔五〕師古曰：事在二年。武牢本鄭邑，時已屬晉，蓋追言之。

〔六〕師古曰：公子發，鄭穆公之子，子產之父也，字子國。

〔七〕師古曰：使仲孫蔑會吴也。善道，地名。【補注】先謙曰：官本「地名」作「吴地」。

八年「九月，大雩」。時作三軍，季氏盛。〔一〕

〔一〕師古曰：萬二千五百人爲軍。魯本立上下二軍，皆屬於公，有事則三卿遞帥之而征伐。今季氏欲專其人，故增立中軍，三卿各主其一也。事在十一年。

二十八年「八月，大雩」。先是，比年晉使荀吳、齊使慶封來聘，〔一〕是夏，邾子來朝。襄有炕陽自大之應。

〔一〕師古曰：比年，頻年也。荀吳，晉大夫，即荀偃之子也，二十六年，晉侯使來聘。慶封，齊大夫也，二十七年，齊侯使來聘。

昭公三年「八月，大雩」。劉歆以爲昭公即位年十九矣，猶有童心，居喪不哀，炕陽失衆。

六年「九月，大雩」。先是，莒牟夷以二邑來奔，〔一〕莒怒伐魯，叔弓帥師，距而敗之，昭得入晉。〔二〕外和大國，內獲二邑，取勝鄰國，有炕陽動衆之應。

〔一〕師古曰：事在五年。牟夷，莒大夫也。二邑，謂牟婁及防茲也。

〔二〕師古曰：叔弓，魯大夫。時昭公適欲朝晉，而遇莒人來討，將不果行。叔弓既敗莒師，公乃得去。故傳云「成禮大國，以爲援好」也。

十六年「九月，大雩」。先是，昭公母夫人歸氏薨，昭不慼，又大蒐于比蒲。〔一〕晉叔嚮曰：「魯有大喪而不廢蒐，國不恤喪，不忌君也；君亡慼容，不顧親也。殆其失國。」與三年同占。

〔一〕師古曰：事在昭十一年。歸氏，胡國之女，歸姓，即齊歸也。齊，謚也。蒐謂聚衆而田獵也。比蒲，魯地名。比音毘。【補注】先謙曰：官本無注末三字。

二十四年「八月，大雩」。劉歆以爲左氏傳二十三年邾師城翼，還經魯地，〔一〕魯襲取邾師，獲其三大夫。〔二〕邾人愬于晉，晉人執我行人叔孫婼，〔三〕是春乃歸之。

〔一〕師古曰：翼，邾邑也。經者，道出其中也。魯地，謂武城也。
〔二〕師古曰：謂徐鉏、丘弱、茅地也。
〔三〕師古曰：叔孫昭子也。婼音丑略反。

二十五年「七月上辛大雩，季辛又雩」，旱甚也。劉歆以爲時后氏與季氏有隙；〔一〕又季氏之族有淫妻爲讒，使季平子與族人相惡，皆共譖平子。〔二〕子家駒諫曰：「讒人以君徼幸，不可。」〔三〕昭公遂伐季氏，爲所敗，出犇齊。

〔一〕師古曰：后氏，郈昭伯也。季氏，季平子也。季、郈之雞鬭，季氏芥其雞，郈子爲之金距。平子怒，益宫於郈氏，且責讓之，故郈昭伯怨之。
〔二〕師古曰：謂平子庶叔父公鳥之妻季姒與雍人檀通，而譖季氏之族人季公亥、公思展，故平子殺思展，以故族人皆怨之。
〔三〕師古曰：子家駒，即子家懿伯，莊公之玄孫也，一名羈。

定公十年「九月，大雩」。〔一〕先是，定公自將侵鄭，歸而城中城。二大夫帥師圍鄆。〔二〕

〔一〕【補注】蘇輿曰：據春秋經，定十年無大雩事，其書九月大雩，在定七年。「十」疑「七」之誤。史通作「十二年」。案十二年，經但書「秋大雩」，班氏所引悉經元文，不當改秋爲九月。史通亦誤也。

〔三〕師古曰：事並在六年。中城，魯之邑也。二大夫謂季孫斯、仲孫何忌。

嚴公三十一年「冬，不雨」。是歲，一年而三築臺，〔一〕奢侈不恤民。

〔一〕師古曰：是年春築臺于郎，夏築臺于薛，秋築臺于秦。秦、郎、薛，皆魯地。

釐公二年「冬十月，不雨」。三年「春正月，不雨。夏四月，不雨」。「六月，雨」。先是者，嚴公夫人與公子慶父淫，而殺二君。〔一〕國人攻之，夫人遜于邾，慶父犇莒。釐公即位，南敗邾，〔二〕東敗莒，獲其大夫。〔三〕有炕陽之應。

〔一〕師古曰：慶父，桓公之子，莊公弟也。二君，謂子般及閔公。【補注】宋祁曰：朱子文云，「者」字宜去。

〔二〕師古曰：謂元年，公敗邾師于偃。

〔三〕師古曰：謂元年，公子友帥師敗莒師于酈，獲莒挐也。

文公二年，「自十有二月不雨，至于秋七月」。文公即位，天子使叔服會葬，〔一〕毛伯賜命。〔二〕又會晉侯于戚。〔三〕公子遂如齊納幣。〔四〕又與諸侯盟。〔五〕上得天子，外得諸侯，沛然自大。〔六〕躋釐公主。大夫始顓事。〔七〕

〔一〕師古曰：叔服，周之內史也，叔氏，服字。會葬，葬僖公。

〔二〕師古曰：亦天子使之也。毛伯，周之卿士。毛，國；伯，爵也。賜命者，賜以命圭爲瑞信也。

〔三〕師古曰：謂大夫公孫敖會之也。戚，衞邑，在頓丘衞縣西。
〔四〕師古曰：納玄纁之幣，謂公爲婚於齊。
〔五〕師古曰：謂公孫敖會宋公、陳侯、鄭伯、晉士縠盟于垂隴也。垂隴，鄭地。
〔六〕師古曰：沛音普大反。
〔七〕師古曰：謂季孫行父也。顓讀與專同。【補注】先謙曰：官本注無末五字。

十年，「自正月不雨，至于秋七月」。先是，公子遂會四國而救鄭。〔一〕楚使越椒來聘。〔二〕秦人歸襚。〔三〕有炕陽之應。

〔一〕師古曰：謂九年，楚人伐鄭，公子遂會晉人、宋人、衞人、許人以救之。
〔二〕師古曰：越椒，楚大夫名也。事亦在九年。
〔三〕師古曰：謂九年，秦人來歸僖公及成風之襚也。凡問喪者，衣服曰襚。成風，僖公之母也。成，謚也。風，姓也。襚音遂。

十三年，「自正月不雨，至于秋七月」。先是，曹伯、杞伯、滕子來朝，〔一〕郕伯來犇，〔二〕秦伯使遂來聘，〔三〕季孫行父城諸及鄆。〔四〕二年之間，五國趨之，内城二邑。炕陽失衆。一曰，不雨而五穀皆孰，異也。文公時，大夫始顓盟會，公孫敖會晉侯，又會諸侯盟于垂隴。故不雨而生者，陰不出氣而私自行，以象施不由上出，臣下作福而私自成。一曰，不雨近常陰之罰，君弱也。

〔一〕師古曰：十一年，曹伯來朝。十二年，杞伯、滕子來朝。

〔二〕師古曰：事在十二年。郕，國；伯，爵也。

〔三〕師古曰：事在十二年。遂，秦大夫名，即左氏所謂西乞術。【補注】錢大昭曰：「術」、「遂」古字通。

〔四〕師古曰：事在十二年。諸、鄆，二邑名也。諸即琅邪諸縣也。

惠帝五年夏，大旱，江河水少，谿谷絶。先是，發民男女十四萬六千人城長安，是歲城乃成。

文帝三年秋，天下旱。是歲夏，匈奴右賢王寇侵上郡，詔丞相灌嬰發車騎士八萬五千人詣高奴，〔一〕擊右賢王走出塞。其秋，濟北王興居反，使大將軍討之，皆伏誅。〔二〕

〔一〕師古曰：即上郡之縣。

〔二〕【補注】先謙曰：「皆」字疑衍。

後六年春，天下大旱。先是，發車騎材官屯廣昌。〔一〕是歲二月，復發材官屯隴西。後匈奴大入上郡、雲中，烽火通長安，三將軍屯邊，〔二〕又三將軍屯京師。〔三〕

〔一〕師古曰：武都之縣。【補注】齊召南曰：案，注非也。廣昌縣屬代郡，地理志甚明。至武都郡，武帝元鼎六年始置，文帝時豈容有其地乎？葉德輝曰：「武」、「代」、「都」、「郡」，形近傳寫致誤。

〔二〕師古曰：謂以中大夫令免爲車騎將軍，屯飛狐；故楚相蘇意爲將軍，屯句注；將軍張武，屯北地。

〔三〕師古曰：謂河内太守周亞夫爲將軍，次細柳；宗正劉禮爲將軍，次霸上；祝茲侯徐厲爲將軍，次棘門。

景帝中三年秋，大旱。

武帝元光六年夏，大旱。是歲，四將軍征匈奴。〔一〕

〔一〕師古曰：謂車騎將軍衞青出上谷，騎將軍公孫敖出代，輕車將軍公孫賀出雲中，驍騎將軍李廣出鴈門。

元朔五年春，大旱。是歲，六將軍衆十餘萬征匈奴。〔一〕

〔一〕師古曰：謂衞青將六將軍兵也。六將軍者，衞尉蘇建爲游擊將軍，左内史李沮爲彊弩將軍，大僕公孫賀爲騎將軍，代相李蔡爲輕車將軍，俱出朔方；大行李息、岸頭侯張次公爲將軍，出右北平。

元狩三年夏，大旱。是歲發天下故吏伐棘上林，〔一〕穿昆明池。

〔一〕【補注】朱一新曰：見刑法志。

天漢元年夏，大旱。其三年夏，大旱。先是，貳師將軍征大宛還。天漢元年，發適民。〔一〕二年夏，三將軍征匈奴，〔二〕李陵没不還。

〔一〕師古曰：適讀曰讁。

〔二〕師古曰：謂貳師將軍三萬騎出酒泉，因杅將軍出西河，騎都尉李陵將步兵五千人出居延北也。

征和元年夏，大旱。是歲發三輔騎士閉長安城門，大搜，始治巫蠱。明年，衞皇后、太子敗。

昭帝始元六年，大旱。先是，大鴻臚田廣明征益州，暴師連年。

宣帝本始三年夏，大旱，東西數千里。先是，五將軍衆二十萬征匈奴。〔一〕

〔一〕師古曰：本始三年，御史大夫田廣明爲祁連將軍，後將軍趙充國爲蒲類將軍，雲中太守田順爲武牙將軍，及渡遼將軍范明友、前將軍韓增，凡五將軍，兵十五萬騎。校尉常惠持節護烏孫兵，咸擊匈奴，是爲二十萬衆也。【補注】先謙曰：官本「渡」作「度」。考證云，「度」，監本訛「渡」，今改正。

神爵元年秋，大旱。是歲，後將軍趙充國征西羌。

成帝永始三年、四年夏，大旱。〔一〕

〔一〕【補注】先謙曰：此下有脱文。以上恆陽。

左氏傳：晉獻公時童謡曰：「丙之晨，〔一〕龍尾伏辰，袀服振振，取虢之旂。〔二〕鶉之賁賁，天策焞焞，火中成軍，虢公其犇。」〔三〕是時虢爲小國，介夏陽之阸，怙虞國之助，〔四〕亢衡于晉，有炕陽之節，失臣下之心。晉獻伐之，問於卜偃曰：「吾其濟乎？」〔五〕偃以童謡對曰：「克之。十月朔丙子旦，日在尾，月在策，鶉火中，必此時也。」冬十二月丙子朔，晉師滅虢，虢公醜犇周。周十二月，夏十月也。言天者以夏正。

〔一〕【補注】王念孫曰：景祐本「丙」下有「子」字。案景祐本是也。丙子之晨，正與丙子旦之文相應，且此謡皆以四字爲句也。若但云丙之晨，何以知其必爲丙子乎？此志所論左傳事，文皆本於劉歆，蓋歆所見傳文「丙」下有「子」字，故所引如是。自賈、服以下諸本，皆脱「子」字，故釋文、正義不言他本有「子」字。而晉語亦作「丙之晨」，韋注「丙，丙子也」。則晉語亦脱「子」字矣。若今本漢書無「子」字，則後人依左傳删之耳。律曆志引傳作「丙子之晨」，正與此志同，足徵景祐本之不謬。律曆志亦本於劉歆也。朱一新曰：景祐本固不謬，若以爲歆所見左傳本如此，則非。歆特因下文有「丙子旦」等語，遂增「子」字。漢人引經傳增減其文者甚多，未可據以斷原本如此。又王氏謂此謡皆以四字爲句，亦非。謡辭安可執此以律也？

〔二〕師古曰：徒歌曰謡。袀服，黑衣。振振，袀服之貌也。袀音勻，又音弋春反。振音只人反。【補注】先謙曰：官本「勻」作「均」。

〔三〕師古曰：犇音奔。焞音吐敦反，又音敦。犇，古奔字。【補注】先謙曰：官本注上「犇」字作「賁」是。無末四字。

〔四〕師古曰：介，隔也。【補注】王念孫曰：介、怙，皆恃也。説見史記十二諸侯年表。

〔五〕師古曰：卜偃，晉大夫主卜者。【補注】先謙曰：官本「乎」作「虖」。

史記：晉惠公時童謡曰：〔一〕「恭太子更葬兮，後十四年，晉亦不昌，昌乃在其兄。」是時，惠公賴秦力得立，立而背秦，内殺二大夫，〔二〕國人不説。〔三〕及更葬其兄恭太子申生而不敬，故詩妖作也。後與秦戰，爲秦所獲，立十四年而死。晉人絶之，更立其兄重耳，是爲文公，遂伯諸侯。〔四〕

〔一〕【補注】沈欽韓曰：晉世家之文偶與此同，疑今本外傳脱去。

〔二〕師古曰：謂里克、丕鄭。

〔三〕師古曰：説讀曰悦。

〔四〕師古曰：伯讀曰霸。【補注】先謙曰：官本無注。

左氏傳：文、成之世童謡曰：「鸜之鵒之，公出辱之。〔一〕鸜鵒之羽，公在外野，往饋之馬。〔二〕鸜鵒跦跦，公在乾侯，〔三〕徵褰與襦。〔四〕鸜鵒之巢，遠哉摇摇，〔五〕裯父喪勞，宋父以驕。〔六〕鸜鵒鸜鵒，往歌來哭。」〔七〕至昭公時，有鸜鵒來巢。公攻季氏，敗，出奔齊，居外野，次乾侯。八年，死于外，歸葬魯。昭公名裯。公子宋立，是爲定公。

〔一〕師古曰：鸜音劬。鵒音欲。

〔二〕師古曰：饋亦餽字。【補注】先謙曰：官本無注。

〔三〕臣瓚曰：乾侯，在魏郡斥丘縣。師古曰：跦跦，跳行貌也。跦音誅。乾音干。

〔四〕師古曰：徵，求也。褰，袴也。言公出外求袴襦之服。

〔五〕師古曰：摇摇，不安之貌。【補注】錢大昭曰：春秋傳作「遥遥」。説文無「遥」字，當從漢志。王念孫曰：以摇摇爲不安貌，則與「遠」字義不相屬，顔説非也。摇摇即遠貌，遠哉摇摇，猶言殆哉岌岌耳。

〔六〕師古曰：父讀曰甫。甫者，男子之通號，故云裯甫、宋甫也。言昭公欲去季氏，不遂而出，故曰喪勞。定公無德於下，坐致君位，故曰以驕。【補注】朱一新曰：「裯」，今左傳作「稠」。阮元云：石經、宋本、岳本左傳俱作「裯」，與漢志合。先謙曰：官本裯甫、宋甫二「甫」字竝作「父」。

〔七〕師古曰：謂昭公生時出奔，死乃以喪歸之。

元帝時童謡曰：「井水溢，滅竈煙，灌玉堂，流金門。」至成帝建始二年三月戊子，北宮中井泉稍上，溢出南流，象春秋時先有鸜鵒之謡，而後有來巢之驗。井水，陰也；竈煙，陽也；玉堂、金門，至尊之居：象陰盛而滅陽，竊有宮室之應也。王莽生於元帝初元四年，至成帝封侯，爲三公輔政，因以篡位。

成帝時童謠曰：「燕燕尾涏涏，〔一〕張公子，時相見。木門倉琅根，燕飛來，啄皇孫，皇孫死，燕啄矢。」其後帝爲微行出遊，常與富平侯張放俱稱富平侯家人，過河陽主作樂，〔二〕見舞者趙飛燕而幸之，故曰「燕燕尾涏涏」，美好貌也。張公子謂富平侯也。「木門倉琅根」，謂宮門銅鍰，〔三〕言將尊貴也。後遂立爲皇后。弟昭儀賊害後宮皇子，卒皆伏辜，所謂「燕飛來，啄皇孫，皇孫死，燕啄矢」者也。

〔一〕師古曰：涏涏，光澤貌也，音徒見反。【補注】先謙曰：官本「涏涏」作「涎涎」，是，下同。

〔二〕【補注】何焯曰：「河陽」當作「陽阿」，注家未及舉正。王念孫曰：外戚傳「孝成趙皇后本長安宮人，屬陽阿主家，學歌舞，號曰飛燕。成帝嘗微行出，過陽阿主，作樂，見飛燕而説之」。師古曰「陽阿，平原之縣也」。案地理志，陽阿屬上黨，阿陽屬平原。師古以陽阿爲平原之縣，失之。今俗書「阿」字作「河」，又或爲「河陽」，皆後人所妄改耳。文選曹植箜篌引「陽阿奏奇舞」，李善注引外戚傳，漢紀孝成紀亦作「陽阿」，則作「河陽」者誤也。互見高祖功臣表陽河下。

〔三〕師古曰：門之鋪首及銅鍰也。銅色青，故曰倉琅。鋪首銜環，故謂之根。鍰讀與環同。

成帝時謌謠又曰：「邪徑敗良田，讒口亂善人。桂樹華不實，黃爵巢其顛。故爲人所羨，今爲人所憐。」桂，赤色，漢家象。〔一〕華不實，無繼嗣也。王莽自謂黃象，黃爵巢其顛也。〔二〕

〔一〕【補注】先謙曰：官本考證云，當作「象漢家」，從宋本移正。然正文仍作「漢家象」。

〔二〕【補注】先謙曰：以上詩妖。

嚴公十七年「冬，多麋」。劉歆以爲毛蟲之孽爲災。劉向以爲麋色青，近青祥也。〔一〕麋之爲言迷也，蓋牝獸之淫者也。是時，嚴公將取齊之淫女，其象先見，天戒若曰，勿取齊女，淫而迷國。嚴不寤，遂取之。夫人既入，淫於二叔，終皆誅死，〔二〕幾亡社稷。〔三〕董仲舒指略同。京房易傳曰：「廢正作淫，大不明，國多麋。」〔四〕又曰：「震遂泥，〔五〕厥咎國多麋」。

〔一〕【補注】先謙曰：青祥互見。

〔二〕師古曰：謂慶父縊死，叔牙鴆卒，齊人殺哀姜也。

〔三〕師古曰：謂子般、閔公前後見殺，而齊侯欲取魯國也。幾音鉅依反。【補注】沈欽韓曰：何休云「象魯爲鄭瞻所迷惑」。此不過以自實上「佞人來」之語，子政之語猶爲近情。先謙曰：官本注無末五字。

〔四〕【補注】沈欽韓曰：范甯引京房作「爲火不明，則國多麋」。疏云「視與禮同。配南方，言火不明，猶言視與禮不明也」。

〔五〕李奇曰：從三至五，有坎象。坎爲水，四爲泥在水中，故曰震遂泥。泥者，泥溺於水，不能自拔，道未光也。或以爲溺於淫女，故其妖多麋。麋，迷也。師古曰：此易震卦九四爻辭也。泥音乃計反。【補注】沈欽韓曰：虞翻注「坤土得雨爲泥，位在坎中，故遂泥也」。

昭帝時，昌邑王賀聞人聲曰「熊」，視而見大熊。左右莫見，以問郎中令龔遂，遂曰：

「熊，山野之獸，而來入宮室，王獨見之，此天戒大王，恐宮室將空，危亡象也。」賀不改寤，後卒失國。〔一〕

〔一〕【補注】先謙曰：以上毛蟲之孽。

左氏傳：襄公十七年十一月甲午，宋國人逐猘狗，〔一〕猘狗入於華臣氏，〔二〕國人從之。臣懼，遂奔陳。先是，臣兄閱爲宋卿，〔三〕閱卒，臣使賊殺閱家宰，遂就其妻。宋平公聞之，曰：「臣不唯其宗室是暴，大亂宋國之政。」欲逐之。左師向戌曰：「大臣不順，國之恥也，不如蓋之。」〔四〕公乃止。華臣炕暴失義，内不自安，故犬禍至，以犇亡也。

〔一〕師古曰：猘，狂也，音征例反。【補注】錢大昭曰：今左氏傳作「瘈狗」。説文無「瘈」字，當依此作「猘」。朱一新曰：左傳釋文云「字林作『猘』」。説文引傳，亦作「猘」。

〔二〕師古曰：華臣，華元之子也。

〔三〕師古曰：爲右師。

〔四〕師古曰：向戌，宋桓公曾孫也。蓋謂覆掩其事也。

高后八年三月，祓霸上，〔一〕還過枳道，〔二〕見物如倉狗，橶高后掖，〔三〕忽而不見。卜之，趙王如意爲祟。遂病掖傷而崩。先是，高后鴆殺如意，支斷其母戚夫人手足，搉其服以爲人彘。〔四〕

〔一〕師古曰：祓者，除惡之祭也，音廢。
〔二〕【補注】錢大昭曰：枳道，即軹道。
〔三〕師古曰：檝謂拘持之也。檝音戢。拘音居足反。【補注】錢大昭曰：說文「挶，戟持也」。「拘」當作「挶」。
〔四〕師古曰：搉謂敲擊去其精也。搉音口角反。凡言毚者，皆豕之別名。【補注】錢大昭曰：「服」當作「眼」，南雍本、閩本不誤。葉德輝曰：德藩本作「眼」。先謙曰：官本作「眼」。

文帝後五年六月，齊雍城門外有狗生角。〔一〕先是，帝兄齊悼惠王亡後，帝分齊地，立其庶子七人皆爲王。〔二〕兄弟並彊，有炕陽心，故犬禍見也。犬守御，角兵象，在前而上鄉者也。〔三〕犬不當生角，猶諸侯不當舉兵鄉京師也。天之戒人蚤矣，〔四〕諸侯不寤。後六年，吳、楚畔，濟南、膠西、膠東三國應之，舉兵至齊。齊王猶與城守，〔五〕三國圍之。會漢破吳、楚，因誅四王。故天狗下梁而吳、楚攻梁，狗生角於齊而三國圍齊。漢卒破吳、楚於梁，誅四王於齊。京房易傳曰：「執政失，下將害之，厥妖狗生角。君子苟免，小人陷之，厥妖狗生角。」

〔一〕師古曰：雍城門者，齊門名也。春秋左氏傳，平陽之役，趙武及秦周伐雍門之荻是也。【補注】劉敞曰：「平陽」當作「平陰」。朱一新曰：注「伐雍門之荻」，汪本作「萩」，是。
〔二〕師古曰：謂齊孝王將閭、濟北王志、菑川王賢、膠東王雄渠、膠西王卬、濟南王辟光并城陽恭王喜，是爲七王。
〔三〕師古曰：鄉讀曰嚮。次下亦同。【補注】先謙曰：官本注「次」作「此」。
〔四〕師古曰：蚤，古早字。【補注】先謙曰：官本無注。
〔五〕師古曰：與讀曰豫。

景帝三年二月，邯鄲狗與彘交。悖亂之氣，近犬豕之禍也。〔一〕是時，趙王遂悖亂，與吴、楚謀爲逆，遣使匈奴求助兵，卒伏其辜。犬，兵革失衆之占；〔二〕豕，北方匈奴之象。逆言失聽，交於異類，以生害也。京房易傳曰：「夫婦不嚴，厥妖狗與豕交。茲謂反德，國有兵革。」

〔一〕師古曰：悖，惑也，音布内反。此下亦同。【補注】先謙曰：官本無注。

〔二〕如淳曰：犬吠守，似兵革外附它類，失衆也。

成帝河平元年，長安男子石良、劉音相與同居，〔一〕有如人狀在其室中，擊之，爲狗，走出。去後有數人被甲持兵弩至良家，良等格擊，或死或傷，皆狗也。自二月至六月乃止。

〔一〕師古曰：二人共止一室。

鴻嘉中，狗與彘交。〔一〕

〔一〕【補注】先謙曰：以上犬旤。此未終言之，疑奪文。又一條互見貌傳。

左氏：昭公二十四年十月癸酉，王子鼂以成周之寶圭湛于河，〔一〕幾以獲神助。〔二〕甲戌，津人得之河上，陰不佞取將賣之，則爲石。〔三〕是時，王子鼂篡天子位，萬民不鄉，號令不從，〔四〕故有玉變，近白祥也。癸酉入而甲戌出，神不享之驗云。玉化爲石，貴將爲賤也。後二年，子鼂犇楚而死。

〔一〕師古曰：以祭河也。爾雅曰「祭川曰浮沈。」湛讀曰沈。後皆類此。
〔二〕師古曰：幾讀曰冀。
〔三〕師古曰：陰不佞，周大夫也。
〔四〕師古曰：鄉讀曰嚮。

史記：秦始皇帝三十六年，鄭客從關東來，至華陰，望見素車白馬從華山上下，知其非人，道住止而待之。遂至，〔一〕持璧與客曰：「爲我遺鎬池君。」〔二〕因言「今年祖龍死」。〔三〕忽不見。鄭客奉璧，即始皇二十八年過江所湛璧也。與周子鼂同應。是歲，石隕于東郡，民或刻其石曰：「始皇死而地分。」此皆白祥，炕陽暴虐，號令不從，孤陽獨治，羣陰不附之所致也。一曰，石，陰類也，陰持高節，臣將危君，〔四〕趙高、李斯之象也。始皇不畏戒自省，反夷滅其旁民，而燔燒其石。〔五〕是歲始皇死，後三年而秦滅。

〔一〕師古曰：於道上住而待此車馬。
〔二〕張晏曰：武王居鎬，鎬池君則武王也。武王伐商，故神云始皇荒淫若紂矣，今亦可伐也。孟康曰：長安西南有鎬池。師古曰：鎬池在昆明池北。此直江神告鎬池之神，云始皇將死耳，無豫於武王也。張説失矣。
〔三〕蘇林曰：祖，始也。龍，人君象。謂始皇也。
〔四〕【補注】先謙曰：晉志作「爲君」。案「危」是。
〔五〕【補注】蘇輿曰：秦紀云「盡取石旁居人誅之」。

孝昭元鳳三年正月，泰山萊蕪山南匈匈有數千人聲。民視之，有大石自立，高丈五尺，大四十八圍，入地深八尺，三石爲足。石立處，有白烏數千集其旁。眭孟以爲石陰類，下民象；泰山，岱宗之嶽，王者易姓告代之處，當有庶人爲天子者。孟坐伏誅。京房易傳曰：「復，崩來無咎。」〔一〕自上下者爲崩，厥應泰山之石顛而下，〔二〕聖人受命人君虜。」又曰：「石立如人，庶士爲天下雄。立於山，同姓；〔三〕平地，異姓。立於水，聖人；於澤，小人。」

〔一〕師古曰：復卦之辭也。今易「崩」字作「朋」也。【補注】錢大昭曰：陸德明易釋文云「朋，京房本作崩」。先謙曰：注末「也」字，官本作「字」。

〔二〕師古曰：顛，墜也。

〔三〕【補注】朱一新曰：言立於山，則爲同姓將興之象也。下同。

天漢元年三月，天雨白毛；三年八月，天雨白氂。〔一〕京房易傳曰：「前樂後憂，厥妖天雨羽。」又曰：「邪人進，賢人逃，天雨毛。」〔二〕

〔一〕師古曰：凡言氂者，毛之强曲者也，音力之反。

〔二〕【補注】沈欽韓曰：晉志復引其易妖曰「天雨毛羽，貴人出走」。先謙曰：以上白祥。又二條互見金不從革下，一條互見視傳、皇極傳下。

史記：周威烈王二十三年，九鼎震。〔一〕金震，木動之也。是時周室衰微，刑重而虐，號令不從，以亂金氣。鼎者，宗廟之寶器也。宗廟將廢，寶鼎將遷，故震動也。是歲，晉三卿韓、魏、趙篡晉君而分其地，威烈王命以爲諸侯。天子不恤同姓，而爵其賊臣，天下不附矣。後三世，周致德祚於秦。〔二〕其後秦遂滅周，而取九鼎。九鼎之震，木沴金，失衆甚。

〔一〕孟康曰：威烈，一王之謚也，六國時也。師古曰：即赧王之高祖也。

〔二〕晉灼曰：赧王奔秦，獻其邑，此謂致德祚也。【補注】陳景雲曰：後三世，謂顯王之世也。「致德祚」，謂顯王九年致文武胙於秦也。以「胙」爲「祚」，傳寫失之。晉説非。

成帝元延元年正月，長安章城門門牡自亡，〔一〕函谷關次門牡亦自亡。〔二〕京房易傳曰：「飢而不損茲謂泰，厥災水，厥咎牡亡。」妖辭曰：「關動牡飛，辟爲亡道臣爲非，厥咎亂臣謀篡。」〔三〕故谷永對曰：「章城門通路寢之路，函谷關距山東之險，城門關守國之固，固將去焉，故牡飛也。」〔四〕

〔一〕晉灼曰：西出南頭第一門也。牡是出籥者。師古曰：牡所以下閉者也，亦以鐵爲之，非出籥也。

〔二〕韋昭曰：函谷關邊小門也。師古曰：非行人出入所由，蓋關司曹府所在之門也。

〔三〕李奇曰：易妖變傳辭。

〔四〕【補注】先謙曰：以上木沴金。

五行志第七中之下

傳曰：「視之不明，是謂不悊，厥咎舒，厥罰恆奧，〔一〕厥極疾。〔二〕時則有草妖，時則有蠃蟲之孽，〔三〕時則有羊旤，時則有目痾，時則有赤眚赤祥。惟水沴火。」〔四〕

〔一〕師古曰：奧讀曰燠。燠，暖也，音於六反。其下並同。【補注】先謙曰：官本注不重「燠」字。諸史志「奧」竝作「燠」。此借字。

〔二〕韋昭曰：以疾爲罰。

〔三〕師古曰：蠡、螟之類無鱗甲毛羽，故謂之蠃蟲也。音郎果反。【補注】先謙曰：下文明言謂螟、螣之類，若蠡則與蝗同，爲介蟲，已見言傳下。顏説誤也。

〔四〕【補注】先謙曰：水沴火無證。

「視之不明，是謂不悊」，悊，知也。詩云：「爾德不明，以亡陪亡卿；不明爾德，以亡背亡仄。」〔一〕言上不明，暗昧蔽惑，則不能知善惡，親近習，長同類，〔二〕亡功者受賞，有罪者不殺，百官廢亂，失在舒緩，故其咎舒也。〔三〕盛夏日長，暑以養物，政弛緩，故其罰常奧也。奧則冬温，春夏不和，傷病民人，故極疾也。誅不行則霜不殺草，繇臣下則殺不以時，〔四〕故有草妖。凡妖，貌則以服，言則以詩，聽則以聲。視則以色者，〔五〕五色物之大分也，在於眚祥，〔六〕故聖人以爲草妖，失秉之明者也。〔七〕温奥生蟲，故有蠃蟲之孽，謂螟螣之類〔八〕當死不死，未當生而生，或多於故而爲災也。劉歆以爲屬思心不容。〔九〕於易，剛而包柔爲離，〔一〇〕離爲火爲目。羊上角下號，〔一一〕剛而包柔，羊大目而不精明，視氣毁故有羊旤。一曰，暑歲羊多疫死，及爲怪，亦是也。及人，則多病目者，故有目痾。火色赤，故有赤眚赤祥。凡視傷者病火氣，火氣傷則水沴之。其極疾者，順之，其福曰壽。〔一二〕劉歆視傳曰，有羽蟲之孽，雞旤。説以爲於天文南方喙爲鳥星，〔一三〕故爲羽蟲；旤亦從羽，故爲雞；雞於易自在巽。説非是。〔一四〕庶徵之恒奥，劉向以爲春秋亡冰也。小奥不書，無冰然後書，〔一五〕舉其大者也。京房易傳曰：「禄不遂行茲謂欺，厥咎奥，雨雪四至而温。臣安禄樂逸茲謂亂，奥而生蟲。知罪不誅茲謂舒，其奥，夏則暑殺人，冬則物華實。重過不誅，茲謂亡徵，其咎當寒而奥六日也。」

〔一〕師古曰：大雅蕩之詩也。言不别善惡，有逆背傾仄者，有堪爲卿大夫者，皆不知之也。仄，古側字。

〔二〕師古曰：習，狎也。近狎者則親愛之，同類者則長益也。

〔三〕【補注】葉德輝曰：隋志引劉向五行傳曰「視不明，用近習，賢者不進，不肖不退，百職廢壞，庶士不從，其過在政教舒緩」。與此志文異而義同。

〔四〕師古曰：繇讀與由同，言誅罰由於臣下。【補注】先謙曰：官本奪「讀與由同」四字。

〔五〕【補注】先謙曰：晉志「視」下「則」作「不」，是也。傳說謂服妖與貌，詩妖與言，鼓妖與聲皆相應。視當與色應，此草妖非色，是視不以色矣。所以然者，以五色分在眚祥也。若仍作「則」字，則理不可通。

〔六〕【補注】先謙曰：官本考證云「眚」，監本訛「青」，從宋本改正。

〔七〕師古曰：謂失所執之權也。音彼命反。【補注】沈欽韓曰：「秉」，晉志引作「物柄」。先謙曰：官本注無末四字。續志引鄭注「視之物可見者，莫衆於草」。

〔八〕師古曰：螟食苗心，螣食苗葉之蟲也。螟音冥。螣音徒得反。

〔九〕【補注】先謙曰：「容」，官本作「㝐」。

〔一〇〕師古曰：兩陽居外，一陰在內，故云剛包柔。

〔一一〕【補注】錢大昭曰：「號」，南雍本作「蹏」。葉德輝曰：德藩本作「蹏」。先謙曰：官本作「蹏」。晉志同。

〔一二〕李奇曰：於六極之中爲疾者，逆火氣，致疾病也。能順火氣，則旣更爲福。

〔一三〕【補注】先謙曰：官本考證云「喙」，監本訛「啄」。陳浩云，案天文志「柳爲鳥喙」。從宋本改正。先謙案，「喙」當爲「啄」，詳天文志。「啄」又作「咮」。晉志作「朱張」二字。朱乃咮之誤，咮、張同爲鳥星也。

〔一四〕【補注】先謙曰：言雞說非是。羽蟲之說，班氏固采之。

〔一五〕【補注】王念孫曰：「無」，當依上下文作「亡」。此後人依春秋改之也。凡漢書「無」字皆作「亡」，其或作「無」者，即是後人所改。他皆放此。

桓公十五年「春，亡冰」。劉向以爲周春，今冬也。先是連兵鄰國，三戰而再敗也，〔一〕內失百姓，外失諸侯，不敢行誅罰，鄭伯突簒兄而立，公與相親，〔二〕長養同類，不明善惡之罰

也。〔三〕董仲舒以爲象夫人不正，陰失節也。〔四〕

〔一〕師古曰：三戰者，謂十年齊侯、衞侯、鄭伯來戰于郎，十二年與鄭師伐宋戰于宋，十三年會紀侯、鄭伯及齊侯、宋公、衞侯、燕人戰也。再敗者，謂郎之戰，穀梁傳曰「以吾敗也」，又宋之戰，穀梁亦曰「諱敗，舉其可道者也」。據左氏傳、公羊、穀梁亦曰無冰，並在十四年。今此云十五年，未詳其意。

〔二〕師古曰：突，鄭莊公子，即厲公也。兄謂太子忽，即昭公也。莊公既卒，突因宋莊公之寵而得立，遂使昭公奔衞，故云篡兄也。公與相親者，謂十五年突爲祭仲所逐奔蔡，遂居櫟，而昭公入，公再與諸侯伐鄭，謀納厲公。

〔三〕師古曰：言桓篡立，與突志同，故曰長養同類。

〔四〕師古曰：夫人姜氏通于齊侯，故云不正。【補注】沈欽韓曰：范甯解依董義。

成公元年「二月，無冰」。董仲舒以爲方有宣公之喪，君臣無悲哀之心，而炕陽，作丘甲。〔一〕劉向以爲時公幼弱，政舒緩也。〔二〕

〔一〕師古曰：時宣公薨始踰年，故云有喪也。丘甲，解在刑法志。

〔二〕【補注】沈欽韓曰：何休不用董、劉之説，云季孫行父專政所致。楊疏駁之云，桓十四年，季氏不專政，亦無冰。

襄公二十八年「春，無冰」。劉向以爲先是公作三軍，有侵陵用武之意，〔一〕於是鄰國不和，伐其三鄙，〔二〕被兵十有餘年，因之以饑饉，百姓怨望，臣下心離，公懼而弛緩，不敢行誅罰；〔三〕楚有夷狄行，公有從楚心，不明善惡之應。〔四〕董仲舒指略同。一曰，水旱之災，寒暑之變，天下皆同，故曰「無冰」，天下異也。桓公殺兄弑君，外成宋亂，與鄭易邑，背畔周室。〔五〕成公時，楚橫行中國，〔六〕王札子殺召伯、毛伯，〔七〕晉敗天子之師于貿戎，〔八〕天子皆不能討。襄公時，天下諸侯之大夫皆執國權，〔九〕君不能制。漸將日甚，善惡不明，誅罰不行。周失之舒，秦失之急，故周衰亡寒歲，秦滅亡奧年。

〔一〕師古曰：作三軍者，季氏欲專其權，非公本意，此説非也。侵陵用武者，謂入鄆取郪也。郪音詩。

〔二〕師古曰：謂十二年三月，十四年夏，莒人伐我東鄙。十五年夏，齊侯伐我北鄙。秋，邾人伐我南鄙。十六年二月，齊侯伐我北鄙。

〔三〕師古曰：弛，放也，音式爾反。

〔四〕師古曰：有從楚心，謂二十八年公朝于楚。

〔五〕師古曰：隱攝公位，又桓之兄，故云殺兄弒君也。成宋亂者，謂宋華父督弒其君殤公及其大夫孔父，以郜大鼎賂公，公會齊侯、鄭伯于稷而平其亂也。與鄭易邑，謂以太山之田易許田也。許田者，魯朝宿之邑也，而以與鄭，明魯之不朝於王，故云背畔周室。

〔六〕師古曰：謂成二年楚師侵衞，遂侵我，師于蜀。六年七月，楚公子嬰齊帥師伐鄭。九年，嬰齊帥師伐莒。十五年，楚子伐鄭。十六年，楚子與晉侯、鄭伯戰于鄢陵。十八年，楚子伐宋。

〔七〕師古曰：王札子，即王子捷也。召伯、毛伯，皆周大夫也。今春秋經王札子殺召伯、毛伯事在宣十五年，而此言成公時，未達其説。召讀曰邵。【補注】錢大昕曰：漢儒言無冰之災，由誅罰不行，失在前而應在後。成公元年無冰，距宣十五年僅三載，故援以爲驗，非有誤也。

〔八〕師古曰：貿戎，戎別種也。公羊傳成元年「王師敗績于貿戎。孰敗之？蓋晉敗之」。貿音莫候反。【補注】先謙曰：官本「候」作「侯」。

〔九〕師古曰：謂襄十六年會于溴梁。諸侯之大夫盟皆類此。

武帝元狩六年冬，亡冰。先是，比年遣大將軍衞青、霍去病攻祁連，絶大幕，〔一〕窮追單于，斬首十餘萬級，還，大行慶賞。乃閔海内勤勞，是歲遣博士褚大等六人持節巡行天下，〔二〕存賜鰥寡，假與乏困，舉遺逸獨行君子詣行在所。郡國有以爲便宜者，〔三〕上丞相、御史以聞。天下咸喜。

〔一〕師古曰：比，頻也。祁連，山名也。幕，沙磧也。直度曰絶。祁音上夷反。【補注】先謙曰：官本注無「比頻也」三字，及末五字。

〔二〕師古曰：行音下更反。【補注】先謙曰：官本無注。

〔三〕【補注】齊召南曰：孝武紀作「郡國有以爲便者」，無「宜」字。

昭帝始元二年冬，亡冰。是時上年九歲，大將軍霍光秉政，始行寬緩，欲以說下。〔一〕

〔一〕師古曰：說讀曰悦。【補注】先謙曰：以上恆奥。

僖公三十三年「十二月，隕霜不殺草」。劉歆以爲草妖也。劉向以爲今十月，周十二月。於易，五爲天位，爲君位，〔一〕九月陰氣至，五通於天位，其卦爲剥，〔二〕剥落萬物，始大殺矣，明陰從陽命，臣受君令而後殺也。今十月隕霜而不能殺草，此君誅不行，舒緩之應也。是時公子遂顓權，〔三〕三桓始世官，〔四〕天戒若曰，自此之後，將皆爲亂矣。文公不寤，其後遂殺子赤，

三家逐昭公。〔五〕董仲舒指略同。京房易傳曰：「臣有緩茲謂不順，厥異霜不殺也。」〔六〕

〔一〕【補注】錢大昭曰：閩本無下「爲」字。朱一新曰：汪本無下「爲」字。

〔二〕師古曰：坤下艮上。

〔三〕師古曰：公子遂，莊公之子，即東門襄仲也，時爲卿，專執國政也。

〔四〕師古曰：謂父子相繼爲卿也。

〔五〕師古曰：並已解於上。

〔六〕【補注】沈欽韓曰：范甯引京房曰「君假與臣權，隕霜不殺草」。與此小異。先謙曰：此條引向、董說，與恆奧互通。

書序曰：「伊涉相太戊，亳有祥，桑穀共生。」〔一〕傳曰：「俱生乎朝，七日而大拱。〔二〕伊陟戒以修德，而木枯。」劉向以爲殷道既衰，高宗承敝而起，盡涼陰之哀，天下應之，〔三〕既獲顯榮，怠於政事，國將危亡，故桑穀之異見。桑猶喪也，〔四〕穀猶生也，〔五〕殺生之秉失而在下，〔六〕近草妖也。一曰，野木生朝而暴長，小人將暴在大臣之位，危亡國家，象朝將爲虛之應也。〔七〕

〔一〕師古曰：商書咸乂之序也。其書亡。伊陟，伊尹子也。太戊，太甲孫也。亳，殷所都也。桑、穀二木，合而共生。穀音穀。【補注】先謙曰：官本「涉」作「陟」，是。

〔二〕師古曰：兩手合爲拱，音久勇反。【補注】先謙曰：官本無注末四字。

〔三〕師古曰：涼，信也。陰，默也。言居哀信默，三年不言也。涼讀曰諒。一說，涼陰謂居喪之廬也。謂三年處於廬中不言。涼音力羊反。據今尚書及諸傳記，太戊卒，子仲丁立，卒，弟何亶甲立，卒，子祖乙立，卒，子盤庚立，卒，小乙之子武丁立，是爲高宗。桑穀自太戊時生，涼陰乃高宗之事。而此云桑穀即高宗時出，其説與尚書大傳不同，未詳其義也。或者伏生差謬。【補注】錢大昕曰：此自劉向差謬，非伏生誤也。郊祀志亦以桑穀爲太戊事。王鳴盛曰：志引書序、大傳伊陟相太戊事，下又引劉向説，爲武丁時事。此向之誤，班氏聊存異説。沈欽韓曰：説苑敬慎篇與大傳同爲高宗時，顔少見多怪耳。注中「不同」，「不」字當衍。先謙曰：官本注「哀」作「喪」，「何」作「河」，是。桑穀生本有二説，故班氏兩引之。下文「一曰」以下，則以木、鳥併爲武丁事也。

〔四〕【補注】葉德輝曰：公羊文二年傳「虞主用桑」。何休注「桑猶喪也」。儀禮士喪禮「鬠笄用桑」。鄭注「桑之爲言喪也」。皆取同聲爲訓。

〔五〕【補注】葉德輝曰：詩大車「穀則異室」。傳「穀，生也」。小宛「自何能穀」。箋同。晉語「是焚穀也」。韋昭注「穀所仰以生也」。亦以生訓穀。

〔六〕師古曰：秉音彼命反。【補注】先謙曰：官本無注。

〔七〕師古曰：虚讀曰墟。

書序又曰：〔一〕「高宗祭成湯，有蜚雉登鼎耳而雊。〔二〕祖己曰：『惟先假王，正厥事。』」〔三〕劉向以爲雉雊鳴者雄也，以赤色爲主。於易，離爲雉，雉，南方，近赤祥也。劉歆以爲羽蟲之孽。〔四〕易有鼎卦，〔五〕鼎，宗廟之器，主器奉宗廟者長子也。野鳥自外來，入爲宗廟器主，是繼嗣將易也。一曰，鼎三足，三公象，而以耳行。〔六〕野鳥居鼎耳，小人將居公位，敗宗廟之祀。野木生朝，野鳥入廟，敗亡之異也。武丁恐駭，謀於忠賢，修德而正事，内舉傅説，授以國政，〔七〕外伐鬼方，以安諸夏，〔八〕故能攘木鳥之妖，致百年之壽，〔九〕所謂「六沴作

見，若是共御，五福乃降，用章于下」者也。〔一〇〕一曰，金沴木曰木不曲直。〔一一〕

〔一〕【補注】先謙曰：此因一説而牽連及之，與草妖無涉。

〔二〕師古曰：商書高宗肜日之序也。蜚，古飛字。雊音工豆反。

〔三〕師古曰：祖己，殷賢臣。假，大也。言先代大道之王，能正其事，而災異銷也。【補注】先謙曰：官本考證云「假」，古文「格」，傳至道之王。

〔四〕【補注】先謙曰：赤祥、羽蟲之孽互見。

〔五〕師古曰：巽下離上也。

〔六〕師古曰：鼎非舉耳不得行，故云以耳行。

〔七〕師古曰：武丁夢得賢相，乃以所夢之像使求之，得於傅巖，立以爲相，作説命三篇。説讀曰悦。

〔八〕師古曰：鬼方，絶遠之地，一曰國名。夏，大也。中國大於戎狄，故曰諸夏。

〔九〕師古曰：攘，却也，音人羊反。【補注】先謙曰：官本無注。

〔一〇〕師古曰：共讀曰恭。御讀曰禦。言恭己以禦災也。一説，御，治也，恭治其事也。【補注】王念孫曰：下文云「改行循正，共御厥罰」，又云「人君能循政，共御厥罰」。則禦災之説是也，故鄭注五行傳共御曰「御，止也」。一説非是。

〔一一〕【補注】先謙曰：二事互見。

僖公三十三年「十二月，李梅實」。〔一〕劉向以爲周十二月，今十月也，李梅當剝落，今反華實，近草妖也。先華而後實，不書華，舉重者也。陰成陽事，象臣顓君作威福。一曰，冬當殺，反生，象驕臣當誅，不行其罰也。故冬華華者，〔二〕象臣邪謀有端而不成，至於實，則成矣。是時僖公死，公子遂顓權，文公不寤，後有子赤之變。一曰，君舒緩甚，奧氣不臧，則華實復生。董仲舒以爲李梅實，臣下彊也。記曰：〔三〕「不當華而華，易大夫；不當實而實，易相室。」〔四〕冬，水王，木相，故象大臣。劉歆以爲庶徵皆以蟲爲孽，思心贏蟲孽也。〔五〕李梅實，屬草妖。

〔一〕【補注】沈欽韓曰：范甯引京房曰「從叛者茲謂不明，厥妖木冬實」。

〔二〕【補注】王念孫曰：「故冬華華者」，景祐本作「故冬華者」，是也。「華」字不宜疊。朱一新曰：此當以「故冬華」爲句，上文「冬當殺，反生」，釋「冬華」之義也。「華者」二字屬下爲句，「臣邪謀有端而不成」，正釋華字之義。王氏誤以「故冬華華者」連讀，故謂景祐本爲是，實不然也。景祐本固遠勝諸本，此條似不若今本爲長。

〔三〕【補注】葉德輝曰：此即藝文志劉向五行傳記之説。

〔四〕應劭曰：冬，水王，木相，故象大臣。冬實者，變置丞相與宮室也。但華，則變大夫也。師古曰：相室猶言相國，謂宰相也。合韻故言相室。相室者，相王室。

〔五〕【補注】先謙曰：班從歆説，以贏蟲孽入思心傳，故此無證。

惠帝五年十月，桃李華，棗實。昭帝時，上林苑中大柳樹斷仆地，一朝起立，生枝葉，有蟲食其葉，成文字，曰「公孫病已立」。又昌邑王國社有枯樹復生枝葉。眭孟以爲木陰類，下民象，當有故廢之家公孫氏從民間受命爲天子者。昭帝富於春秋，霍光秉政，以孟妖言，誅之。後昭帝崩，無子，徵昌邑王賀嗣位，狂亂失道，光廢之，更立昭帝兄衛太子之孫，是爲宣帝。帝本名病已。京房易傳曰：「枯楊生稊，〔一〕枯木復生，人君亡子。」〔二〕

〔一〕師古曰：大過九二爻辭也。稊，楊秀之始生者，音徒奚反。

〔二〕【補注】葉德輝曰：開元占經百十二引京房易候曰「枯楊生荑，斷枯復生，天辟當之」。又引京房易傳曰「枯楊生華，國后當之」。文與此不同。

元帝初元四年，皇后曾祖父濟南東平陵王伯墓門梓柱卒生枝葉，上出屋。〔一〕劉向以爲王氏貴盛將代漢家之象也。後王莽簒位，自說之曰：「初元四年，莽生之歲也，當漢九世火德之厄，而有此祥興於高祖考之門。門爲開通，梓猶子也，言王氏當有賢子開通祖統，起於柱石大臣之位，受命而王之符也。」

〔一〕孟康曰：王伯，莽之祖也。師古曰：莽高祖父也，故下云高祖考。卒讀曰猝。猝，暴也。

建昭五年，兗州刺史浩賞禁民私所自立社。〔一〕山陽橐茅鄉社有大槐樹，〔二〕吏伐斷之，其夜樹復立其故處。成帝永始元年二月，河南街郵樗樹生支如人頭，〔三〕眉目須皆具，亡髮耳。哀帝建平三年十月，汝南西平遂陽鄉柱仆地，生支如人形，〔四〕身青黃色，面白，頭有頿髮，稍長大，凡長六寸一分。京房易傳曰：「王德衰，下人將起，則有木生爲人狀。」

〔一〕張晏曰：民間三月九月又社，號曰私社。臣瓚曰：舊制二十五家爲一社，而民或十家五家共爲田社，是私社。師古曰：瓚說是。【補注】葉德輝曰：禮祭法「太社、皇社、國社、侯社、置社，皆王、侯、大夫自立及爲百姓立者，此官社也。民私立者謂之私社」。先謙曰：官本注「又」作「立」。

〔二〕師古曰：橐，縣名也，屬山陽郡。茅鄉，橐縣之鄉也。橐音拓。【補注】錢大昭曰：杜預曰「茅鄉在高平昌邑縣西」。

〔三〕師古曰：郵謂行書之舍。櫄樹似杶。櫄音丑余反。杶音丑倫反。

〔四〕師古曰：仆，頓也，音赴。【補注】先謙曰：官本無注。

哀帝建平三年，〔一〕零陵有樹僵地，〔二〕圍丈六尺，長十丈七尺。民斷其本，長九尺餘，皆枯。三月，樹卒自立故處。〔三〕京房易傳曰：「棄正作淫，厥妖木斷自屬。〔四〕妃后有顓，木仆反立，斷枯復生。〔五〕天辟惡之。」〔六〕

〔一〕【補注】蘇輿曰：案上已云「哀帝建平三年」，劉知幾所謂「哀曰建平，同年必録」者也。但中廁京房易傳，竝非連文，劉氏所譏，無害宏旨。

〔二〕師古曰：僵，偃也，音疆。【補注】先謙曰：官本注無末二字。

〔三〕師古曰：卒讀曰猝。

〔四〕師古曰：屬，連續也。音之欲反。【補注】先謙曰：官本注無末四字。

〔五〕師古曰：顓謂專寵。

〔六〕如淳曰：天辟，謂天子也。師古曰：辟音壁。【補注】蘇輿曰：左昭七年傳「魯、衞惡之」。杜注「受其凶惡」。此云「天辟惡之」，語意一例。又天文志「入又復出，人君惡之」，義同。先謙曰：官本無顏注六字。

元帝永光二年八月，天雨草，而葉相摎結，大如彈丸。〔一〕平帝元始三年正月，天雨草，狀如永光時。京房易傳曰：「君吝於禄，信衰賢去，〔二〕厥妖天雨草。」〔三〕

〔一〕師古曰：摎，繞也。摎音居虯反。【補注】王念孫曰：「葉」本作「莎」，先禾反。即爾雅所謂「薃侯莎」者也。「天雨草而莎」者，而讀曰如，謂天雨草其狀如莎也。草必有狀，故曰如莎。下文又云「天雨草，狀如永光時」，不得泛言雨草也。相摎結者，謂其草皆互相摎結，不專指葉言之。後人不知而之讀爲如，遂不得其解，而改「莎」爲「葉」，其失甚矣。「而莎」二字，師古皆無音釋，則所見已是誤本。御覽咎徵部四引此誤，與今本同。漢紀孝元紀云「永光二年，天雨草如莎，相摎結如彈丸」。孝平紀云「元始三年，天雨草，狀如莎，相摎結如彈丸」。皆本漢志，今據以訂正。先謙曰：官本「摎」竝作「樛」。

〔二〕【補注】周壽昌曰：此即前所云「禄不遂行」也。

〔三〕【補注】先謙曰：以上草妖。

昭公二十五年「夏，有鸜鵒來巢」。劉歆以爲羽蟲之孽，其色黑，又黑祥也，視不明、聽不聰之罰也。劉向以爲有蜚有蜮不言來者，氣所生，所謂眚也；〔一〕鸜鵒言來者，氣所致，所謂祥也。鸜鵒，夷狄穴藏之禽，來至中國，不穴而巢，陰居陽位，〔二〕象季氏將逐昭公，去宮室而居外野也。鸜鵒白羽，旱之祥也；穴居而好水，黑色，爲主急之應也。天戒若曰，既失衆，不可急暴；急暴，陰將持節陽以逐爾，去宮室而居外野矣。昭不寤，而舉兵圍季氏，爲季氏所敗，出犇于齊，遂死于外野。董仲舒指略同。

〔一〕師古曰：此蜚謂負蠜也，其爲蟲臭。蜮，短弧，即今所謂水弩也。隱元年有蜚，莊十八年有蜮。蜚音翡。蜮音域。蜚亦作蜰，其音同耳。

〔二〕師古曰：今之鸜鵒，中國皆有，依周官而言，但不踰濟水耳。左氏以爲魯所常無，故異而書之。而此云夷狄禽，未喻其意。又此鳥本亦巢居，不皆穴處也。書巢者，著其居止字乳，不即去也。

景帝三年十一月，有白頸烏與黑烏羣鬬楚國呂縣，白頸不勝，墮泗水中，死者數千。劉向以爲近白黑祥也。時楚王戊暴逆無道，〔一〕刑辱申公，與吴王謀反。烏羣鬬者，師戰之象也。白頸者小，明小者敗也。墮於水者，將死水地。王戊不寤，遂舉兵應吴，與漢大戰，兵敗而走，至於丹徒，爲越人所斬，墮死於水之效也。〔二〕京房易傳曰：「逆親親，厥妖白黑烏鬬於國。」

〔一〕師古曰：戊，楚元王之孫也。

〔二〕【補注】劉奉世曰：死於丹徒者，吴王濞耳。向説誤。

昭帝元鳳元年，有烏與鵲鬬燕王宫中池上，烏墮池死，近黑祥也。〔一〕時燕王旦謀爲亂，遂不改寤，伏辜而死。楚、燕皆骨肉藩臣，以驕怨而謀逆，俱有烏鵲鬬死之祥，行同而占合，此天人之明表也。燕一烏鵲鬬於宫中而黑者死，楚以萬數鬬於野外而白者死，象燕陰謀未發，獨王自殺於宫，故一烏水色者死，楚炕陽舉兵，軍師大敗於野，故衆烏金色者死，天道精微之效也。京房易傳曰：「專征劫殺，厥妖烏鵲鬬。」

〔一〕【補注】先謙曰：以上黑祥三，白祥一，互見。

昭帝時有鵜鶘或曰禿鶖，〔一〕集昌邑王殿下，王使人射殺之。劉向以爲水鳥色青，青祥也。〔二〕時王馳騁無度，慢侮大臣，不敬至尊，有服妖之象，〔三〕故青祥見也。野鳥入處，宮室將空。王不寤，卒以亡。京房易傳曰：「辟退有德，厥咎狂，厥妖水鳥集于國中。」〔四〕

〔一〕師古曰：鵜鶘即汙澤也，一名淘河，腹下胡大如數升囊，好羣入澤中，抒水食魚，因名禿鶖，亦水鳥也。鵜音大奚反。鶘音胡。鶖音秋。

〔二〕【補注】先謙曰：青祥互見。

〔三〕師古曰：謂多治仄注冠，又以冠奴也。

〔四〕師古曰：辟，君也。

成帝河平元年二月庚子，泰山山桑谷有鳶焚其巢。〔一〕男子孫通等聞山中羣鳥鳶鵲聲，往視，見巢爇，盡墮地中，〔二〕有三鳶鷇燒死。〔三〕樹大四圍，巢去地五丈五尺。太守平以聞。鳶色黑，近黑祥，〔四〕貪虐之類也。易曰：「鳥焚其巢，旅人先笑後號咷。」〔五〕泰山，岱宗，五嶽之長，王者易姓告代之處也。天戒若曰，勿近貪虐之人，聽其賊謀，將生焚巢自害其子絶世易姓之禍。其後趙蜚燕得幸，立爲皇后，弟爲昭儀，姊妹專寵，聞後宮許美人、曹偉能生皇子也，〔六〕昭儀大怒，令上奪取而殺之，皆併殺其母。成帝崩，昭儀自殺，事乃發覺，趙后坐誅。此焚巢殺子後號咷之應也。一曰，王莽貪虐而任社稷之重，卒成易姓之禍云。京房易傳曰：「人君暴虐，鳥焚其舍。」

〔一〕師古曰：鳶，鴟也，音緣。

〔二〕師古曰：爇，古然字。【補注】先謙曰：官本「地」作「池」。
〔三〕師古曰：鳥子新生而哺者曰鷇，音口豆反，又音工豆反。
〔四〕【補注】先謙曰：黑祥互見。
〔五〕師古曰：旅卦上九爻辭也。咷音逃。
〔六〕師古曰：曹偉能，宮人姓名也。偉能一名宮，見外戚傳。

鴻嘉二年三月，博士行大射禮，有飛雉集于庭，歷階登堂而雊。後雉又集太常、宗正、丞相、御史大夫、大司馬車騎將軍之府，又集未央宮承明殿屋上。時大司馬車騎將軍王音、待詔寵等上言：「天地之氣，以類相應，〔一〕譴告人君，甚微而著。雉者聽察，先聞雷聲，故月令以紀氣。〔二〕經載高宗雊雉之異，〔三〕以明轉禍爲福之驗。今雉以博士行禮之日大衆聚會，飛集於庭，歷階登堂，萬衆睢睢，〔四〕驚怪連日。徑歷三公之府，太常、宗正典宗廟骨肉之官，然後入宮。其宿留告曉人，具備深切，〔五〕雖人道相戒，何以過是！」後帝使中常侍鼂閎詔音曰：「聞捕得雉，毛羽頗摧折，類拘執者，得無人爲之？」〔六〕音復對曰：「陛下安得亡國之語？不知誰主爲佞讇之計，〔七〕誣亂聖德如此者！左右阿諛甚衆，不待臣音復讇而足。〔八〕公卿以下，保位自守，莫有正言。如令陛下覺寤，懼大禍且至身，深責臣下，繩以聖法，臣音當先受誅，豈有以自解哉！今即位十五年，繼嗣不立，日日駕車而出，泆行流聞，〔九〕海内傳之，甚於京師。外有微行之害，内有疾病之憂，皇天數見災異，〔一〇〕欲人變更，終已不改。天尚不能感動陛下，臣子何望？獨有極言待死，命在朝暮而已。如有不然，老母安得處所，尚何皇太后之有！高祖天下當以誰屬乎！〔一一〕宜謀於賢知，克己復禮，以求天意，繼嗣可立，災變尚可銷也。」

〔一〕師古曰：以經術待詔，其人名寵，不記姓也。流俗書本「寵」上輒加「孫」字，非也。

〔二〕師古曰：謂季冬之月云「雉雊雞乳」也。

〔三〕師古曰：已解於上。

〔四〕師古曰：睢睢，仰目視貌也。音呼惟反。【補注】先謙曰：官本「音」上有「睢」字。

〔五〕師古曰：宿音先就反。留音力救反。

〔六〕師古曰：言人放此雉，故欲爲變異者。

〔七〕師古曰：讇，古諂也。【補注】朱一新曰：注，汪本「也」作「字」，是。先謙曰：官本「也」上有「字」字。

〔八〕師古曰：足，益也，音子喻反。

〔九〕師古曰：言帝行多驕泆，醜惡流布，聞於遠方也。

〔一〇〕師古曰：見，顯示。

〔一一〕如淳曰：老母，音之老母也，當隨己受罪誅也。又謂己言深切，觸悟人主，積恚而死，必行之誅，不能復顧太后也。師古曰：如說非也。此言總屬於成帝耳。不然者，謂不如所諫而自修改也。老母，帝之母，即太后也。言帝不自修改，國家危亡，太后不知處所，高祖天下無所付屬也。屬音之欲反。【補注】王念孫曰：顏說非也。終已不改見上文，此言如有不然者，不然，謂非常之變也。非常之變，即師古所謂危亡也，故下文即云老母安得處所，高祖天下當以誰屬。師古以不然爲不從諫，則與下文不相貫，注故又加「國家危亡」四字，以聯合上下耳。言漢家如有非常之變，則太后不知處所，高祖天下無所付屬也。古謂非常之變曰不然，墨子辭過篇「府庫實滿，足以待不然」。言足以待非常也。漢書司馬相如傳「發巴蜀之士各五百人以奉幣，衛使者不然」。張揖曰「不然之變也」。先謙曰：言人尚不知處所，何論尊號。官本注無「罪」字。

成帝綏和二年三月，天水平襄有燕生爵，哺食至大，俱飛去。〔一〕京房易傳曰：「賊臣在國，厥咎燕生爵，諸侯銷。」一曰，生非其類，子不嗣世。〔二〕

〔一〕師古曰：哺音蒲固反。食讀曰飤。謂與母俱去。

〔二〕【補注】先謙曰：以上羽蟲之孽。又一條互見草妖下。

史記：魯定公時，季桓子穿井，得土缶，中得蟲若羊，〔一〕近羊禍也。羊者，地上之物，幽於土中，象定公不用孔子而聽季氏，暗昧不明之應也。一曰，羊去野外而拘土缶者，象魯君失其所而拘於季氏，季氏亦將拘於家臣也。是歲季氏家臣陽虎囚季桓子。後三年，陽虎劫公伐孟氏，兵敗，竊寶玉大弓而出亡。〔二〕

〔一〕師古曰：缶，盎也，即今之盆。【補注】蘇輿曰：魯語作「其中有羊焉」。

〔二〕師古曰：寶玉謂夏后氏之璜，大弓謂封父之繁弱，皆魯始封之分器，所受於周也。定八年，陽虎作亂不克，竊之而入讙陽關以叛。【補注】先謙曰：以上羊旤。

左氏傳：魯襄公時宋有生女子赤而毛，棄之隄下，宋平公母共姬之御者見而收之，〔一〕因名曰棄。長而美好，納之平公，生子曰佐。後宋臣伊戾讒太子痤而殺之。〔二〕先是，大夫華元出奔晉，〔三〕華弱奔魯，〔四〕華臣奔陳，〔五〕華合比奔衛。〔六〕劉向以爲時則火災赤眚之明應也。京房易傳曰：「尊卑不別，厥妖女生赤毛。」

〔一〕師古曰：平公，宋共公之子也，名成。共讀曰恭。

〔二〕師古曰：事在襄二十六年。痤音才戈反。

〔三〕師古曰：華元奔，在成十五年。【補注】先謙曰：官本考證云「案舊本作襄十七年，非也。今從汲古閣本改正」。先謙案，官本注「華元奔」三字作「事」字。

〔四〕師古曰：事在襄六年。

〔五〕師古曰：事在襄十七年。

〔六〕師古曰：事在昭六年。據今春秋，合比奔在殺太子痤後，而志總言先是，未詳其意。【補注】先謙曰：注，官本「痤」作「痤」，是。

惠帝二年，天雨血於宜陽，一頃所。劉向以爲赤眚也。時又冬雷，桃李華，常奧之罰也。是時政舒緩，諸呂用事，讒口妄行，殺三皇子，建立非嗣，〔一〕及不當立之王，〔二〕退王陵、趙堯、周昌。〔三〕呂太后崩，大臣共誅滅諸呂，僵尸流血。京房易傳曰：「歸獄不解，〔四〕茲謂追非，厥咎天雨血；茲謂不親，民有怨心，不出三年，無其宗人。」又曰：「佞人祿，功臣僇，天雨血。」〔五〕

〔一〕師古曰：三皇子，謂趙隱王如意、趙幽王友、趙恭王恢，皆高帝子也。建立非嗣，謂立後宮美人子爲嗣。

〔二〕孟康曰：吕氏三王也。

〔三〕師古曰：惠帝六年，王陵爲右丞相。惠帝崩，吕后欲廢陵，遷爲太傅，實奪之相權。高祖以趙堯爲御史大夫，高后元年怨堯前定趙王如意之策，乃抵堯罪。周昌爲趙相，趙王見鴆殺，昌謝病不朝見，三歲而薨。

〔四〕【補注】先謙曰：官本考證云，「獄」，監本訛「嶽」，從宋本改正。

〔五〕師古曰：僇，古戮字。

哀帝建平四年四月，山陽湖陵雨血，廣三尺，長五尺，大者如錢，小者如麻子。後二年，帝崩，王莽擅朝，誅貴戚丁、傅，大臣董賢等皆放徙遠方，與諸吕同衆。〔一〕誅死者少，雨血亦少。〔二〕

〔一〕【補注】錢大昭曰：「衆」，南雍本、閩本作「象」。朱一新曰：汪本作「象」，是。葉德輝曰：德藩本作「象」。先謙曰：官本作「象」。

〔二〕【補注】先謙曰：以上赤眚赤祥。又一條互見草妖下。

傳曰：「聽之不聰，是謂不謀，厥咎急，厥罰恆寒，厥極貧。時則有鼓妖，時則有魚孽，時則有豕禍，時則有耳痾，時則有黑眚黑祥。惟火沴水。」

「聽之不聰，是謂不謀」，言上偏聽不聰，下情隔塞，則不能謀慮利害，失在嚴急，故其咎急也。盛冬日短，寒以殺物，政促迫，故其罰常寒也。寒則不生百穀，上下俱貧，故其極貧也。君嚴猛而閉下，臣戰栗而塞耳，則妄聞之氣發於音聲，故有鼓妖。〔一〕寒氣動，故有魚孽。雨以龜爲孽，〔二〕龜能陸處，非極陰也；魚去水而死，極陰之孽也。於易，坎爲豕，豕大耳而不聽察，聽氣毁，故有豕禍也。一曰，寒歲豕多死，及爲怪，亦是也。及人，則多病耳者，故有耳痾。水色黑，故有黑眚黑祥。凡聽傷者病水氣，水氣病則火沴之。其極貧者，順之，其福曰富。劉歆聽傳曰，有介蟲孽也，庶徵之恆寒。劉向以爲春秋無其應，〔三〕周之末世舒緩微弱，政在臣下，奧煖而已，故籍秦以爲驗。〔四〕秦始皇帝即位尚幼，委政太后，太后淫於呂不韋及嫪毐，〔五〕封毐爲長信侯，以太原郡爲毐國，宮室苑囿自恣，政事斷焉。故天冬雷，以見陽不禁閉，以涉危害，舒奧迫近之變也。始皇既冠，毐懼誅作亂，始皇誅之，斬首數百級，大臣二十人，皆車裂以徇，夷滅其宗，遷四千餘家於房陵。是歲四月，寒，民有凍死者。數年之間，緩急如此，寒奧輒應，此其效也。劉歆以爲大雨雪，及未當雨雪而雨雪，及大雨雹，隕霜殺叔草，皆常寒之罰也。劉向以爲常雨屬貌不恭。〔六〕京房易傳曰：「有德遭險，茲謂逆命，厥異寒。誅過深，〔七〕當奧而寒，盡六日，亦爲雹。害正不誅，茲謂養賊，寒七十二日，殺蜚禽。〔八〕道人始去茲謂傷，〔九〕其寒物無霜而死，涌水出。戰不量敵，茲謂辱命，其寒雖雨物不茂。聞善不予，厥咎聾。」

〔一〕【補注】葉德輝曰：南齊志引五行聽傳曰「不聰之象見，則妖生於耳，以類相動，故曰有鼓妖也。一曰聲屬〔鼓妖〕」。

〔二〕服虔曰：多雨則黽多出。
〔三〕【補注】先謙曰：劉歆一條互見貌傳。
〔四〕師古曰：籍，假借。【補注】先謙曰：官本注下有「也」字。
〔五〕師古曰：嫪或音居虯反。嫪，姓也。毐，名也。許慎説以爲「嫪毐，士之無行者」。嫪音郎到反。毐音烏改反。與今史記、漢書本文不同，且摎樂之姓，又非嫪也。故當依本字以讀。
〔六〕【補注】先謙曰：官本「叔」作「菽」。貌不恭互見。
〔七〕【補注】先謙曰：晉、宋志「誅」下有「罰」字。其下又云「誅罰過深之應」。明此脱「罰」字。
〔八〕師古曰：蜚讀曰飛。
〔九〕服虔曰：有道之人去。

桓公八年「十月，雨雪」。周十月，今八月也，未可以雪。劉向以爲時夫人有淫齊之行，而桓有妬媢之心，〔一〕夫人將殺，其象見也。〔二〕桓不覺寤，後與夫人俱如齊而殺死。凡雨，陰也，雪又雨之陰也，出非其時，迫近象也。董仲舒以爲象大人專恣，陰氣盛也。〔三〕

〔一〕師古曰：媢謂夫妬婦也。音莫報反。【補注】錢大昭曰：「媢」，閩本作「娼」。沈欽韓曰：召南小星箋云「以色曰妒，以行曰忌」。説文「妒，婦妒夫也。媢，夫妒婦也。書傳通用」。禮記大學注「媢，妒也」。叶德輝曰：德藩本作「娼」。五宗世家索隱引三蒼郭注云「媢，丈夫妒也」。與説文合。志作「媢」字，是。先謙曰：官本作「媢」。無注末四字。
〔二〕師古曰：謂欲殺桓公。

〔三〕【補注】先謙曰：「大」，官本作「夫」，是。

釐公十年「冬，大雨雪」。〔一〕劉向以爲先是釐公立妾爲夫人，陰居陽位，陰氣盛也。公羊經曰「大雨雹」。董仲舒以爲公脅於齊桓公，立妾爲夫人，不敢進羣妾，〔二〕故專壹之象見諸雹，皆爲有所漸脅也，〔三〕行專壹之政云。

〔一〕【補注】錢大昕曰：劉知幾譏此條以爲科條不整，尋繹難知。蓋知幾所見本誤「雪」爲「雹」，因據誤文，妄生駁難，不知班史敘恆寒以雪爲首，而霜次之，雹又次之。釐公十年冬「大雨雪」，此左氏、穀梁經文，故引劉向說，次引公羊經作「大雨雹」，兼采董仲舒說。蓋以經有異文，特附出之，其餘書大雨雹者，别見於後。班史義例之精如此。今南、北監本俱作「大雨雪」，與左、穀經文正合，乃歎今本固有勝於古本者，而古人讀書粗率，轉或不如後人之精審也。

〔二〕師古曰：已解於上。

〔三〕孟康曰：謂陰氣漸脅。

昭公四年「正月，大雨雪」。劉向以爲昭取於吴而爲同姓，謂之吴孟子。〔一〕君行於上，臣非於下。又三家已彊，皆賤公行，慢侮之心生。〔二〕董仲舒以爲季孫宿任政，陰氣盛也。〔三〕

〔一〕師古曰：魯與吴俱姬也。周禮同姓不爲婚，故諱不稱吴姬，而云孟子也。取讀曰娶。

〔二〕師古曰：侮，古侮字。

〔三〕師古曰：季孫宿，季武子也。【補注】沈欽韓曰：何休從董說。劉向以爲取吴孟子，蓋約畧昭公除喪後娶也，而何休以爲十年經「去冬，二傳竝無冬字。蓋昭公取吴孟子之年」。尤誕。

文帝四年六月，大雨雪。後三歲，淮南王長謀反，發覺，遷，道死。〔一〕京房易傳曰：「夏雨雪，戒臣爲亂。」〔二〕

〔一〕師古曰：遷於蜀，未至而死於雍，故曰道死。

〔二〕【補注】葉德輝曰：開元占經百一引京房易候曰「夏雨雪，司馬爲亂」。文與此異。

景帝中六年三月，雨雪。其六月，匈奴入上郡取苑馬，吏卒戰死者二千餘人。明年，條侯周亞夫下獄死。

武帝元狩元年十二月，大雨雪，民多凍死。是歲淮南、衡山王謀反，發覺，皆自殺。使者行郡國，治黨與，〔一〕坐死者數萬人。

〔一〕師古曰：行音下更反。【補注】先謙曰：官本無注。

元鼎二年三月，雪，平地厚五尺。〔一〕是歲御史大夫張湯有罪自殺，丞相嚴青翟坐與三長史謀陷湯，〔二〕青翟自殺，三長史皆棄市。

〔一〕【補注】王念孫曰：案上下皆言雨雪，則此亦當有「雨」字。雨于具反。御覽咎徵部五引此正作「雨雪」。

〔二〕師古曰：謂朱買臣爲丞相長史，王朝及邊通皆守丞相長史也。

元鼎三年〔一〕三月，水冰，四月，雨雪，關東十餘郡人相食。是歲民不占緡錢有告者，以半畀之。〔二〕

〔一〕【補注】蘇輿曰：上文有「元鼎二年」。劉知幾所謂「武稱元鼎，每歲皆書」者也。然事各有指，文不相屬，與上哀帝建平三年正同。

〔二〕師古曰：言政急刻也。占音之贍反。

元帝建昭二年十一月，齊楚地大雪，深五尺。是歲魏郡太守京房爲石顯所告，坐與妻父淮陽王舅張博、博弟光勸視淮陽王以不義，〔一〕博要斬，光、房棄市，御史大夫鄭弘坐免爲庶人。成帝即位，顯伏辜，淮陽王上書寃博，辭語增加，〔二〕家屬徙者復得還。

〔一〕師古曰：視讀曰示。

〔二〕師古曰：言博本爲石顯所寃，增加其語，故陷罪。

建昭四年三月，雨雪，燕多死。〔一〕谷永對曰：「皇后桑蠶以治祭服，共事天地宗廟，〔二〕正以是日疾風自西北，大寒雨雪，壞敗其功，以章不鄉。〔三〕宜齊戒辟寢，以深自責，〔四〕請皇后就宮，鬲閉門户，毋得擅上。〔五〕且令衆妾人人更進，以時博施。皇天説喜，〔六〕庶幾可以得賢明之嗣。即不行臣言，災異俞甚，〔七〕天變成形，臣雖欲復捐身關策，不及事已。」〔八〕其後許后坐祝詛廢。

〔一〕【補注】王念孫曰：建昭四年，當爲成帝建始四年。今本作「建昭」者，涉上文元帝建昭二年而誤，又脱「成帝」二字。據下文云，其後許后坐祝詛廢，則爲成帝時事明矣。且下文陽朔四年上無「成帝」二字，即蒙此文而省也。三月本作四月，後人以下文谷永對云「皇后桑蠶以治祭服」。正以是日大寒雨雪，故改四月爲三月。不知漢時行親蠶禮亦有用四月者，續漢書禮儀志「三月，皇后帥公卿諸侯夫人蠶」。注云「案谷永對稱『四月壬子，皇后蠶桑之日也』」。則漢桑亦用四月」。據此，則志文本作「四月」明矣。成紀云「建始四年夏四月雨雪」，此尤其明證。

〔二〕師古曰：共讀曰恭。

〔三〕師古曰：言不當天心。鄉讀曰嚮。

〔四〕師古曰：齊讀曰齋。辟讀曰避。

〔五〕師古曰：鬲與隔同。擅上，謂輒至御所也。上音時掌反。一曰，擅，專也。上謂天子也，讀如本字。勿令皇后專固天子。

〔六〕師古曰：更音工衡反。説讀曰悦。

〔七〕【補注】先謙曰：官本「俞」作「愈」。

〔八〕師古曰：言雖欲弃捐其身，不懷顧慮，極陳計策，關説天子，亦無所及。【補注】先謙曰：「弃捐」，官本作「捐棄」。

陽朔四年四月，雨雪，燕雀死。後十六年，許皇后自殺。〔一〕

〔一〕【補注】周壽昌曰：成紀「鴻嘉三年，皇后許氏廢」。許后傳「廢後九年，上憐許氏」云云，后旋自殺。是后死在元延三年，距此十二年，距帝崩亦止十五年，不得云十六年也。先謙曰：以上雪。

定公元年「十月，隕霜殺菽」。〔一〕劉向以爲周十月，今八月也，消卦爲觀，〔二〕陰氣未至君位而殺，誅罰不由君出，在臣下之象也。是時季氏逐昭公，公死于外，定公得立，故天見災以視公也。〔三〕釐公二年「十月，隕霜不殺草」，爲嗣君微，失秉事之象也。〔四〕其後卒在臣下，則災爲之生矣。異故言草，災故言菽，重殺穀。〔五〕一曰，菽草之難殺者也，言殺菽，知草皆死也；

言不殺草，知菽亦不死也。董仲舒以爲菽，草之彊者，天戒若曰，加誅於彊臣。言菽，以微見季氏之罰也。

〔一〕師古曰：菽，大豆。

〔二〕師古曰：坤下巽上也。【補注】周壽昌曰：各本「消」作「於」。案作「消」者是也。觀爲八月辟卦，京房上封事有曰「辛酉以來，少陰倍力而乘消息」。注，孟康云「房以消息卦爲辟。辟，君也」。消卦曰太陰，姤、遯、否、觀、剝、坤。息卦曰太陽，復、臨、泰、大壯、夬、乾。此八月，消卦爲觀，息卦爲大壯也。葉德輝曰：德藩本作「於」。先謙曰：官本作「於」。

〔三〕師古曰：視讀曰示。

〔四〕師古曰：謂襄仲專權，殺嫡立庶，公室遂弱。秉音彼命反。【補注】先謙曰：官本無注末五字。

〔五〕師古曰：以其事爲重，不比於殺草也。

武帝元光四年四月，隕霜殺草木。先是，二年遣五將軍三十萬衆伏馬邑下，〔一〕欲襲單于，單于覺之而去。自是始征伐四夷，師出三十餘年，天下户口減半。京房易傳曰：「興兵妄誅，茲謂亡法，厥災霜，夏殺五穀，冬殺麥。誅不原情，茲謂不仁，其霜，夏先大雷風，冬先雨，乃隕霜，有芒角。賢聖遭害，其霜附木不下地。佞人依刑，茲謂私賊，其霜在草根土隙間。不教而誅茲謂虐，其霜反在草下。」

〔一〕師古曰：謂御史大夫韓安國爲護軍將軍，衛尉李廣爲驍騎將軍，太僕公孫賀爲輕〔軍〕〔車〕將軍，大行王恢爲將屯將軍，太中大夫李息爲材官將軍。

元帝永光元年三月，隕霜殺桑，九月二日，隕霜殺稼，〔一〕天下大飢。是時中書令石顯用事專權，與春秋定公時隕霜同應。成帝即位，顯坐作威福誅。〔二〕

〔一〕【補注】先謙曰：晉、宋志云「班固書九月二日，明未可以傷穀也」。
〔二〕【補注】先謙曰：以上霜。

釐公二十九年「秋，大雨雹」。〔一〕劉向以爲盛陽雨水，温煖而湯熱，陰氣脅之不相入，則轉而爲雹；盛陰雨雪，凝滯而冰寒，陽氣薄之不相入，則散而爲霰。〔二〕故沸湯之在閉器，而湛於寒泉，則爲冰，〔三〕及雪之銷，亦冰解而散，此其驗也。故雹者陰脅陽也，霰者陽脅陰也，〔四〕春秋不書霰者，猶月食也。釐公末年信用公子遂，遂專權自恣，將至於殺君，故陰脅陽之象見。釐公不寤，遂終專權，後二年殺子赤，立宣公。〔五〕左氏傳曰：「聖人在上無雹，雖有不爲災。」説曰：凡物不爲災不書，書大，言爲災也。凡雹，皆冬之愆陽，夏之伏陰也。〔六〕

〔一〕【補注】沈欽韓曰：范甯解依劉向，而何休以爲夫人專愛之所生。
〔二〕師古曰：霰，雨雪雜下，音先見反。
〔三〕孟康曰：投湯器中，以沈寒泉而成也。師古曰：湛讀曰沈。
〔四〕【補注】先謙曰：官本「脅陰」作「薄陰」。
〔五〕師古曰：公子遂，東門襄仲也。赤，文公太子，即惡也。【補注】劉敞曰：案自僖公末年至文公卒，凡二十三年，今言二年，誤也。

〔六〕師古曰：愆，過也。過陽，冬温也。伏陰，夏寒也。

昭公三年「大雨雹」。是時季氏專權，脅君之象見。昭公不寤，後季氏卒逐昭公。元封三年〔一〕十二月，雷雨雹，大如馬頭。宣帝地節四年五月，山陽濟陰雨雹如雞子，深二尺五寸，殺二十人，蜚鳥皆死。〔二〕其十月，大司馬霍禹宗族謀反，誅，霍皇后廢。〔三〕

〔一〕【補注】蘇輿曰：「元封」上當有「武帝」二字。劉知幾所謂「首列元封年號，不詳漢代何君」者也。然此文偶脱耳，劉用爲譏，適以自形其淺陋。

〔二〕師古曰：蜚讀曰飛。【補注】先謙曰：官本無注。

〔三〕【補注】王念孫曰：「十月」當爲「七月」。宣紀、百官表及漢紀、通鑑載誅霍禹事，皆在七月，御覽咎徵部五引此志亦作七月。其「霍皇后廢」上原有「八月」二字，後人以八月不當在十月後，故删此二字，而不知十月爲七月之譌也。宣紀及漢紀、通鑑載廢霍后事皆在八月，御覽引此志亦云「八月，霍皇后廢」。

成帝河平二年四月，楚國雨雹，大如斧，蜚鳥死。〔一〕

〔一〕【補注】先謙曰：此未終言之，疑奪文。以上雹，總曰恆寒。

左傳曰：釐公三十二年十二月己卯，晉文公卒，庚辰，將殯于曲沃，出絳，柩有聲如牛。劉向以爲近鼓妖也。喪，凶事；聲如牛，怒象也。將有急怒之謀，以生兵革之禍。是時秦穆公遣兵襲鄭而不假道，還，晉大夫先軫謂襄公曰，秦師過不假塗，請擊之。〔一〕遂要崤阸，〔二〕以

敗秦師，匹馬觭輪無反者，〔三〕操之急矣。〔四〕晉不惟舊，而聽虐謀，結怨彊國，四被秦寇，禍流數世，凶惡之效也。〔五〕

〔一〕師古曰：先軫即原軫。
〔二〕師古曰：即今之二崤山也。
〔三〕服虔曰：觭音奇偶之奇。師古曰：觭，隻也。言盡虜獲之。觭音居宜反。
〔四〕師古曰：操，持也。謂執持所虜獲也。操音千高反。【補注】先謙曰：官本注無末五字。
〔五〕師古曰：舊者，謂晉襄之父文公本爲秦所納而得國，是舊恩也。虐謀，先軫之計也。四被秦寇，謂魯文二年，秦孟明視帥師伐晉。三年，秦伯伐晉，濟河焚舟，取王官及郊。十年，秦伯伐晉，取北徵。十二年，秦伯伐晉，取羈馬。禍流，謂自襄公至厲公，凡五君與秦構難也。

哀帝建平二年四月乙亥朔，〔一〕御史大夫朱博爲丞相，少府趙玄爲御史大夫，〔二〕臨延登受策，有大聲如鍾鳴，〔三〕殿中郎吏陛者皆聞焉。〔四〕上以問黄門侍郎揚雄、李尋，尋對曰：「洪範所謂鼓妖者也。師法以爲人君不聰，爲衆所惑，空名得進，則有聲無形，不知所從生。其傳曰歲月日之中，則正卿受之。〔五〕今以四月日加辰巳有異，是爲中焉。正卿謂執政大臣也。宜退丞相、御史，以應天變。然雖不退，不出期年，其人自蒙其咎。」〔六〕揚雄亦以爲鼓妖，聽失之象也。朱博爲人彊毅多權謀，宜將不宜相，恐有凶惡亟疾之怒。〔七〕八月，博、玄坐爲姦謀，博自殺，玄減死論。京房易傳曰：「令不修本，下不安，金毋故自動，若有音。」

〔一〕【補注】錢大昭曰：公卿表作「乙未」。

〔二〕【補注】錢大昭曰：公卿表，玄由中尉遷，非少府也。

〔三〕師古曰：延入而登殿也。漢舊儀云，丞相、御史大夫初拜，皇帝延登親詔也。【補注】王念孫曰：案臨延登受策，本作「臨拜，句。延登受策」，今本脱去「拜」字，則文義不完。通鑑無「拜」字，則所見漢書本已然。世説新語言語篇注引此，正作「臨拜，延登受策」。朱博傳亦云「博、玄竝拜於前殿，延登受策，有音如鍾聲」。先謙曰：官本「鍾」作「鐘」。

〔四〕師古曰：陛者，謂執兵列於陛側。

〔五〕【補注】沈欽韓曰：洪範傳「凡六沴之作，歲之朝，月之朝，日之朝，則后王受之；歲之中，月之中，日之中，則正卿受之；歲之夕，月之夕，日之夕，則庶民受之」。注「自正月盡四月，爲歲之朝；自五月盡八月，爲歲之中；自九月盡十二月，爲歲之夕。上旬，爲月之朝；中旬，爲月之中；下旬，爲月之夕。平旦至食時，爲日之朝；禺中至日跌，爲日之中；晡時至黄昏，爲日之夕」。案此爲四月乙亥朔，實歲、月、日之朝，李尋所對，猶未敢正言哀帝之咎耳。

〔六〕師古曰：期年，十二月也。蒙猶被也。期音基。【補注】先謙曰：官本注無末三字。

〔七〕師古曰：亟，急也，音居力反。

史記秦二世元年，天無雲而雷。劉向以爲雷當託於雲，猶君託於臣，陰陽之合也。二世不恤天下，萬民有怨畔之心。是歲陳勝起，天下畔，趙高作亂，秦遂以亡。一曰，易，震爲雷，爲貌不恭也。〔一〕

〔一〕【補注】先謙曰：以上鼓妖。此條應在左傳後，哀帝前，蓋誤倒。又貌不恭互見。

史記：秦始皇八年，河魚大上。劉向以爲近魚孽也。是歲，始皇弟長安君將兵擊趙，反，死屯留，軍吏皆斬，遷其民於臨洮。〔一〕明年，有嫪毒之誅。〔二〕魚陰類，民之象，逆流而上者，民將不從君令爲逆行也。其在天文，魚星中河而處，車騎滿野。〔三〕至于二世，暴虐愈甚，終用急亡。京房易傳曰：「衆逆同志，厥妖河魚逆流上。」

〔一〕師古曰：本使長安君擊趙，至屯留而謀反作亂，故賜長安君死，斬其軍吏，遷其黔首也。屯留，上黨縣也。臨洮，即今之洮州也。屯音純。洮音土高反。

〔二〕【補注】先謙曰：「毒」，官本作「毐」，是。

〔三〕【補注】先謙曰：開元占經石氏外官占引石氏曰「魚一星，在尾後河中。入尾十四度，去極百二十二度，在黃道外十二度也」。又引黃帝占曰「魚星常居河旁，中河而處，則兵起」。

武帝元鼎五年秋，蛙與蝦蟇羣鬭。〔一〕是歲，四將軍衆十萬征南越，〔二〕開九郡。〔三〕

〔一〕師古曰：蛙音胡媧反。蝦音遐。蟇音麻。【補注】先謙曰：「媧」，官本作「蝸」。

〔二〕師古曰：謂伏波將軍路博德出桂陽，下皇水；樓船將軍楊僕出豫章，下湞水；歸義越侯嚴爲戈船將軍，出零陵，下離水；田甲爲下瀨將軍，下蒼梧。【補注】先謙曰：官本「皇」作「湟」，「離」作「灕」。

〔三〕師古曰：謂得越地以爲南海、蒼梧、鬱林、合浦、交趾、九真、日南、珠崖、儋耳郡也。

成帝鴻嘉四年秋，雨魚于信都，〔一〕長五寸以下。成帝永始元年春，北海出大魚，長六丈，高一丈，四枚。哀帝建平三年，東萊平度出大魚，〔二〕長八丈，高丈一尺，七枚，皆死。京房易傳曰：「海數見巨魚，邪人進，賢人疏。」〔三〕

〔一〕【補注】王鳴盛曰：漢紀作「新都」。新都，見王莽傳，乃謂新野之都鄉。地理志本無此縣，辨詳後。漢紀誤也。

〔二〕師古曰：平度，東萊之縣。

〔三〕師古曰：數音所角反。【補注】先謙曰：以上魚孽。

桓公五年「秋，螽」。〔一〕劉歆以爲貪虐取民則螽，介蟲之孽也，與魚同占。劉向以爲介蟲之孽屬言不從。〔二〕是歲，公獲二國之聘，取鼎易邑，〔三〕興役起城。〔四〕諸螽略皆從董仲舒說云。〔五〕

〔一〕師古曰：螽即阜螽，即今之蝩蟲也。螽音終。蝩音之庸反。

〔二〕【補注】先謙曰：言傳互見。

〔三〕師古曰：二國，宋、鄭也。宋以郜鼎賂公，鄭以泰山之田易許田也。

〔四〕師古曰：謂五年夏，城祝丘也。

〔五〕【補注】先謙曰：以上螽。向說即董說也，不同則出董。

嚴公二十九年「有蜚」。劉歆以爲負蠜也，性不食穀，食穀爲災，介蟲之孽。〔一〕劉向以爲蜚色青，近青眚也，〔二〕非中國所有。南越盛暑，男女同川澤，淫風所生，爲蟲臭惡。〔三〕是時，嚴公取齊淫女爲夫人，既入，淫於兩叔，故蜚至。天戒若曰，今誅絶之尚及，不將生臭惡，聞於四方。嚴不寤，其後夫人與兩叔作亂，二嗣以殺，〔四〕卒皆被辜。〔五〕董仲舒指略同。

〔一〕師古曰：蜚音伏味反。蠜音煩。

〔二〕【補注】先謙曰：青眚互見。

〔三〕師古曰：蜚者，中國所有，非南越之蜚，未詳向所說。【補注】葉德輝曰：公羊莊二十九年傳「秋，有蜚」。何休注「蜚者，臭惡之蟲也，象夫人有臭惡之行。言有者，南越盛暑所生，非中國之所有」。據此，則何注亦用班說矣。春秋，南越未入版圖，故云非中國。顏說誤。

〔四〕師古曰：二嗣，謂子般及閔公也。

〔五〕師古曰：謂二叔、哀姜皆不得其死也。已解於上。

釐公十五年「八月，螽」。劉向以爲先是釐有鹹之會，後城緣陵，〔一〕是歲，復以兵車爲牡丘會，使公孫敖帥師，及諸侯大夫救徐，〔二〕兵比三年在外。〔三〕

〔一〕師古曰：僖十二年，公會齊侯、宋公、陳侯、衛侯、鄭伯、許男、曹伯于鹹。鹹，衛地。十四年而與諸侯城緣陵。緣陵，杞邑也。【補注】先謙曰：官本「二」作「三」。

〔二〕師古曰：十五年，公會齊侯、宋公、陳侯、衛侯、鄭伯、許男、曹伯盟于牡丘，遂次于匡。公孫敖帥師及諸侯之大夫救徐。公孫敖，孟穆伯也。諸侯之大夫，即所與會諸侯也。時楚伐徐，故救之。

〔三〕師古曰：比，頻也。

文公三年「秋，雨螽于宋」。劉向以爲先是宋殺大夫而無罪，〔一〕有暴虐賦斂之應。〔二〕穀梁傳曰，上下皆合，言甚。〔三〕董仲舒以爲宋三世内取，〔四〕大夫專恣，殺生不中，〔五〕故螽先死而至。劉歆以爲螽爲穀災，卒遇賊陰，墜而死也。八年「十月，螽」。時公伐邾取須朐，城郚。〔六〕

〔一〕師古曰：謂僖二十五年經書「宋殺其大夫」，不書名，以其無罪。

〔二〕師古曰：謂宋昭公也。

〔三〕師古曰：上下皆合，螽之多。

〔四〕師古曰：三世，謂襄公、成公、昭公也。内取於國之大夫也。事見公羊傳。取讀曰娶。【補注】葉德輝曰：公羊僖二十五年傳「宋殺其大夫，何以不名？宋三世無大夫，三世内娶也」。何休注「三世，謂慈父、王臣、處臼也，内娶大夫女也。言無大夫者，禮不臣妻之父母，國内皆臣，無娶道，故絶大夫名，正其義也。外小惡正之者，宋以内娶，故公族以弱，妃黨益彊。」

〔五〕師古曰：中音竹仲反。

〔六〕師古曰：須朐，邾邑；郚，魯邑也。事並在文七年。朐音鉅俱反。郚音吾。

宣公六年「八月，螽」。劉向以爲先是時宣伐莒向，〔一〕後比再如齊，謀伐萊。〔二〕十三年「秋，螽」。公孫歸父會齊伐莒。〔三〕十五年「秋，螽」。宣亡熟歲，數有軍旅。

〔一〕師古曰：事在四年。向，莒邑也。向音餉。【補注】蘇輿曰：案「向」上當有「取」字。公羊何注「先是宣公伐莒，取向，公比如齊所致」。即本於此。

〔二〕師古曰：比，頻也。謂四年秋及五年春，公如齊，七年公會齊侯伐萊是也。【補注】先謙曰：官本注無「比頻也」三字。

〔三〕師古曰：事在十一年。歸父，東門襄仲子也，字子家。父讀曰甫。【補注】蘇輿曰：案「公孫」上當有「先是」二字，下云「宣亡熟歲，數有軍旅」，即承此言之。公羊何注「先是歲饑，而使歸父會齊人伐莒」是也。

襄公七年「八月，螽」。劉向以爲先是襄興師救陳，〔一〕滕子、郯子、小邾子皆來朝。〔二〕夏，城費。〔三〕

〔一〕師古曰：謂五年，楚伐陳，公會晉侯、宋公、衞侯、鄭伯、齊太子光救陳也。

〔二〕師古曰：六年，滕子來朝。七年，郯子、小邾子來朝。

〔三〕師古曰：亦七年之夏。費，魯邑也。音祕。

哀公十二年「十二月，螽」。是時哀用田賦。〔一〕劉向以爲春用田賦，冬而螽。十三年「九月，螽；十二月，螽」。比三螽，虐取於民之效也。〔二〕劉歆以爲周十二月，夏十月也，火星既伏，蟄蟲皆畢，天之見變，因物類之宜，不得以螽，是歲再失閏矣。周九月，夏七月，故傳曰「火猶西流，司曆過也」。

〔一〕師古曰：言重斂也。解在刑法志。

〔二〕師古曰：比，頻也。【補注】先謙曰：官本無注。

宣公十五年「冬，蝝生」。〔一〕劉歆以爲蝝，蚍蠹之有翼者，〔二〕食穀爲災，黑眚也。〔三〕董仲舒、劉向以爲蝝，螟始生也，一曰螟始生。〔四〕是時民患上力役，解於公田。〔五〕宣是時初稅畝。稅畝，就民田畝擇美者稅其什一，亂先王制而爲貪利，故應是而蝝生，屬蠃蟲之孽。〔六〕

〔一〕師古曰：爾雅曰「蝝，蝮蜪」，説者以爲螽蝗之類。蝮音蒲北反，又音服。蜪音徒高反。

〔二〕孟康曰：蚍蠹，音蚍蜉。【補注】沈欽韓曰：説苑（説）〔談〕叢篇「蠹蝝仆柱梁，蚊蝱走牛羊」。劉向以爲飛蟻者是矣。爾雅翼云「蟁，飛螘，蓋柱中白蟻之所化。白螘狀如蟻卵，凡斬木不以時，木未及燥而作柱，或柱礎去地不高，則是物生其中，以泥爲房，屈曲而上，往往變化生羽，遇天晏温，羣隊而出，飛亦不能高，尋則脱翼，藉藉在地而死矣。魯宣公十五年『冬，蝝生』。劉歆謂即是物。又董仲舒説蝗子也。説者亦多以蝝爲螽螟之類，失之愈遠」。郭璞亦以爲蝗子。案魯語「蟲舍蚳蝝」，蚳是蟻子，則蝝亦蟻類可知。

〔三〕【補注】先謙曰：此傳黑眚黑祥，無證。劉歆以蝝生當之。唐以前史志言黑氣，宋、明史志有黑眚，則物蒙黑氣也。又黑祥四條互見視傳下，一條互見皇極傳下。

〔四〕【補注】葉德輝曰：下「螟」爲「蝗」之誤，既云一曰，則非螟明矣。爾雅釋蟲「蝝，蝮陶」。左傳疏引李巡注云「蝗子也」。郭注亦云「蝗子，未有翅者」。則是蝗始生無疑。説文「蝝，復陶也」。劉歆説「蝝，蚍蜉子」。董仲舒説「蝗子也」。據許氏，是以蝝、蝗爲二物，故劉、董竝引也。説文又云「蠹，蚍蠹也，从䖵，橐聲。蜉，或从虫从孚」。是本志蚍蠹，即説文引劉之蚍蜉。禮内則注又作蜱蜉，皆假借字。蝝亦名螟者，吕氏春秋不屈篇「蝗螟，農夫得而殺之」。高誘注「蝗，螽也，食心曰螟，食葉曰螣」。則螟、蝗實一物二名，蝝即蝗之小者，諸書稱引不同，蓋各就其大小名之，非異物也。

〔五〕師古曰：解讀曰懈。

〔六〕【補注】先謙曰：蠃蟲孽，見思心傳。

景帝中三年秋，蝗。先是匈奴寇邊，中尉不害將車騎材官士屯代高柳。〔一〕

〔一〕師古曰：魏不害。【補注】沈欽韓曰：景紀、匈奴傳及百官表俱無可考，顔云魏不害，蓋誤以征和二年所封當塗侯魏不害爲景帝時也。

武帝元光五年秋，螟；六年夏，蝗。先是，五將軍衆三十萬伏馬邑，欲襲單于也。〔一〕是歲，四將軍征匈奴。〔二〕

〔一〕師古曰：已解于上。

〔二〕師古曰：謂車騎將軍衛青出上谷，騎將軍公孫敖出代，輕車將軍公孫賀出雲中，驍騎將軍李廣出雁門也。【補注】先謙曰：官本作「驃騎將軍公孫敖」。齊召南云：案公孫敖爲騎將軍，非驃騎將軍也。驃字衍。

元鼎五年秋，蝗。是歲，四將軍征南越〔一〕及西南夷，〔二〕開十餘郡。〔三〕

〔一〕師古曰：已解於上。

〔二〕師古曰：越騎義侯遺將巴蜀罪人，發夜郎兵，征西南夷，平之。【補注】先謙曰：官本注「騎」作「馳」，是。

〔三〕師古曰：定越地爲九郡，定西南夷爲武都、牂柯、越嶲、沈黎、汶山郡，凡十四郡。

元封六年秋，蝗。先是，兩將軍征朝鮮，〔一〕開三郡。〔二〕

〔一〕師古曰：二年，樓船將軍楊僕、左將軍荀彘將應募罪人擊之。

〔二〕師古曰：武紀云「以其地爲樂浪、臨屯、玄菟、真番郡」。是四郡也。而此云三，蓋傳寫志者誤。【補注】先謙曰：官本注「菟」作「兔」。

太初元年夏，蝗從東方蜚至敦煌；〔一〕三年秋，復蝗。元年貳師將軍征大宛，天下奉其役連年。

〔一〕師古曰：蜚讀曰飛。【補注】先謙曰：官本無注。

征和三年秋，蝗；四年夏，蝗。〔一〕先是一年，三將軍衆十餘萬征匈奴。〔二〕征和三年，〔三〕貳師七萬人没不還。

〔一〕【補注】蘇輿曰：以上文例之，「四年夏」下當有「復」字。

〔二〕師古曰：謂三年貳師將軍廣利將七萬人出五原，御史大夫商丘成二萬人出西河，重合侯馬通四萬騎出酒泉。

〔三〕【補注】蘇輿曰：遣三將軍亦在征和三年，此承上四年言之。「征和三年」四字當衍。

平帝元始二年秋，蝗徧天下。是時王莽秉政。〔一〕

〔一〕【補注】先謙曰：以上介蟲之孽。劉歆以爲與魚同占，班氏從之。

左氏傳曰：嚴公八年，齊襄公田于貝丘，〔一〕見豕。從者曰：「公子彭生也。」公怒曰：「射之！」豕人立而嗁，公懼，墜車，傷足喪屨。劉向以爲近豕禍也。先是，齊襄淫於妹魯桓公夫人，使公子彭生殺威公，〔二〕又殺彭生以謝魯。公孫無知有寵於先君，襄公絀之，〔三〕無知帥怨恨之徒攻襄於田所，〔四〕襄匿其户間，足見於户下，遂殺之。傷足喪屨，卒死於足，虐急之效也。

〔一〕師古曰：貝丘，齊地。

〔二〕【補注】先謙曰：官本「威」作「桓」。

〔三〕師古曰：無知，僖公弟，夷仲年之子也，於襄公從父昆弟。先君即僖公。

〔四〕師古曰：怨恨之徒，謂連稱、管至父久戍葵丘也。

昭帝元鳳元年，燕王宫永巷中豕出圂，壞都竈，〔一〕銜其鬴六七枚置殿前。〔二〕劉向以爲近豕禍也。時燕王旦與長公主、左將軍謀爲大逆，誅殺諫者，暴急無道。竈者，生養之本，豕而敗竈，陳鬴於庭，鬴竈將不用，宫室將廢辱也。燕王不改，卒伏其辜。京房易傳曰：「衆心不安君政，厥妖豕入居室。」〔三〕

〔一〕師古曰：圂者，養豕之牢也。都竈，烝炊之大竈也。圂音胡頓反。

〔二〕晉灼曰：鬴，古文釜字。

〔三〕【補注】葉德輝曰：開元占經百十九引京氏曰「豕入君室中，其社屋，君且亡」。又曰「豕無故入君室屋，且有女憂爲亂」。文並與此異。先謙曰：以上豕禍。

史記：魯襄公二十三年，穀、洛水鬭，〔一〕將毀王宫。劉向以爲近火沴水也。周靈王將擁之，〔二〕有司諫曰：〔三〕「不可。長民者不崇藪，不墮山，不防川，不竇澤。〔四〕今吾執政毋乃有所辟，〔五〕而滑夫二川之神，〔六〕使至于爭明，〔七〕以防王宮室，王而飾之，毋乃不可乎！〔八〕懼及子孫，王室愈卑。」王卒擁之。以傳推之，以四瀆比諸侯，穀、洛其次，卿大夫之象也，〔九〕爲卿大夫將分爭以危亂王室也。是時世卿專權，儋括將有篡殺之謀，〔一〇〕如靈王覺寤，匡其失政，〔一一〕懼以承戒，則災禍除矣。不聽諫謀，簡嫚大異，〔一二〕任其私心，塞埤擁下，〔一三〕以逆水勢而害鬼神。後數年，有黑如日者五。是歲蚤霜，靈王崩。景王立二年，儋括欲殺王，而立王弟佞夫。佞夫不知，景王并誅佞夫。〔一四〕及景王死，五大夫爭權，或立子猛，或立子朝，王室大亂。〔一五〕京房易傳曰：「天子弱，諸侯力政，〔一六〕厥異水鬭。」

〔一〕【補注】朱一新曰：「洛」當作「雒」，下同。

〔二〕【補注】朱一新曰：「擁」當作「雍」，雍即壅也。漢書凡「壅」皆作「雍」，下同。

〔三〕【補注】沈欽韓曰：案外傳是太子晉諫，而云有司，非也。周本紀無其事，益明史記爲別有所據，非遷書矣。

〔四〕師古曰：長萌爲萌之長也。崇，聚也。藪謂澤之無水者。墮，毁也。防，止也。竇，穴也。墮音火規反。【補注】先謙曰：官本注「萌」作「民」。顏避諱，作「萌」爲是。

〔五〕服虔曰：音邪辟之辟。【補注】朱一新曰：國語「辟」作「避」，韋注「避，違也」。「避」蓋誤文。文選西征賦注引亦作「辟」。藝文類聚水部引作「僻」。

〔六〕師古曰：滑，亂也，音骨。

〔七〕臣瓚曰：明，水道也。師古曰：明謂神靈。【補注】朱一新曰：國語韋注「明，精氣也」。

〔八〕師古曰：言爲欲防固王宮，使水不得毁，故遏飾二川。【補注】王先慎曰：顔説非，「防」當作「妨」，聲之誤也。説文「妨，害也」。以妨王宮室，連上爲句，謂二川之神因爭明以害王之宮室，而王又飾其宮室也。周語作「妨」，不誤。

〔九〕師古曰：穀、洛皆大水，故爲四瀆之次。

〔一〇〕師古曰：儋括，儋季之子，簡王之孫也。篡殺之謀，謂除喪服，將見靈王，過庭而歎曰：「嗚呼，必有此夫！」

〔一一〕師古曰：匡，正也。

〔一二〕師古曰：諫謀，謂單公子愆旗聞儋括之言，恐必爲害，請殺之，王不聽也。簡嫚大異，謂不憂穀、洛。

〔一三〕師古曰：埤，卑也，音婢。

〔一四〕師古曰：事在襄三十年。【補注】先謙曰：官本「三」作「二」。

〔一五〕師古曰：五大夫，謂劉子、單子、尹氏、召伯、毛伯也。已解於上。

〔一六〕師古曰：政亦征也，言專以武力相征討。一説諸侯之政，當以德禮，今王室微弱，文教不行，遂乃以力爲政，相攻伐也。【補注】王念孫曰：力政，又見藝文志、游俠、南粤、吾丘壽王、東方朔傳。案政讀爲征，謂以力相征伐也。若讀政令之政，則「力政」二字義不相屬，必須改作「以力爲政」四字，而其義始明矣。逸周書度訓篇曰「力爭則力政，力政則無讓」。大（載）〔戴〕記用兵篇曰「諸侯力政，不朝於天子」。義竝與此同。古字多以「政」爲「征」，不可枚舉也。項籍傳贊曰「霸王之國，欲以力征」。其字正作「征」。吴語曰「將不長弟，以力征一二兄弟之國」。

史記曰：秦武王三年，渭水赤者三日；昭王三十四年，渭水又赤三日。劉向以爲近火沴水也。秦連相坐之法，棄灰於道者黥，〔一〕罔密而刑虐，加以武伐横出，殘賊鄰國，至於變亂五行，氣色謬亂。天戒若曰，勿爲刻急，將致敗亡。秦遂不改，至始皇滅六國，二世而亡。

昔三代居三河，河洛出圖書，〔一〕秦居渭陽，而渭水數赤，〔二〕瑞異應德之效也。京房易傳曰：「君湎于酒，淫于色，〔四〕賢人潛，國家危，厥異流水赤也。」〔五〕

〔一〕孟康曰：商鞅爲政，以棄灰於道必坋人，坋人必鬬，故設黥刑以絶其原也。臣瓚曰：棄灰或有火，火則燔廬舍，故刑之也。師古曰：孟說是也。坋音蒲頓反。

〔二〕師古曰：謂夏都安邑，即河東也；殷都朝歌，即河内也；周都洛陽，即河南也。

〔三〕師古曰：數音山角反。【補注】先謙曰：官本無注。

〔四〕師古曰：湎，流也，音莫踐反。【補注】先謙曰：官本注在「淫于色」上。

〔五〕【補注】先謙曰：以上火沴水。

五行志第七下之上

傳曰：「思心之不容，是謂不聖，厥咎霿，〔一〕厥罰恆風，厥極凶短折。時則有脂夜之妖，時則有華孽，時則有牛禍，時則有心腹之痾，時則有黃眚黃祥，時則有金木水火沴土。」

〔一〕師古曰：霿音莫豆反。【補注】先謙曰：隋志「霿」作「瞀」。

「思心之不容，〔一〕是謂不聖。」思心者，心思慮也；容，寬也。孔子曰：「居上不寬，吾何以觀之哉！」〔二〕言上不寬大包容臣下，則不能居聖位。貌言視聽，以心爲主，四者皆失，則區霿無識，〔三〕故其咎霿也。雨旱寒奧，亦以風爲本，〔四〕四氣皆亂，故其罰常風也。常風傷物，故其極凶短折也。傷人曰凶，禽獸曰短，屮木曰折。〔五〕一曰，凶，夭也；兄喪弟曰短，父喪子曰折。〔六〕在人腹中，肥而包裹心者脂也，心區霿則冥晦，故有脂夜之妖。〔七〕一曰，有脂物而夜爲妖，若脂水夜汙人衣，淫之象也。一曰，夜妖者，雲風並起而杳冥，故與常風同象也。温而風則生螟螣，〔八〕有裸蟲之孽。〔九〕劉向以爲於易，巽爲風爲木，卦在三月四月，〔一〇〕繼陽而治，主木之華實。風氣盛，至秋冬木復華，故有華孽。一曰，地氣盛則秋冬復華。〔一一〕一曰，華者色也，土爲内事，爲女孽也。〔一二〕於易，坤爲土爲牛，牛大心而不能思慮，思心氣毁，故有牛禍。一曰，牛多死及爲怪，亦是也。〔一三〕及人，則多病心腹者，故有心腹之痾。土色黄，故有黄眚黄祥。凡思心傷者病土氣，土氣病則金木水火沴之，故曰「時則有金木水火沴土」。不言「惟」，而獨曰「時則有」者，非一衝氣所沴，明其異大也。其極曰凶短折，順之，其福曰考終命。〔一四〕劉歆思心傳曰，時則有蠃蟲之孽，謂螟螣之屬也。庶徵之常風，劉向以爲春秋無其應。

〔一〕【補注】先謙曰：官本作「容」。
〔二〕師古曰：論語載孔子之言。
〔三〕師古曰：區音口豆反。霿音莫豆反。其下並同。【補注】錢大昭曰：案區霿即傋霿。先謙曰：官本無注末九字。
〔四〕師古曰：奥音於六反。
〔五〕師古曰：屮，古草字。
〔六〕【補注】先謙曰：大傳鄭注「殖氣失則於人爲凶短折。未齓曰凶，未冠曰短，未昏曰折」。
〔七〕師古曰：脂妖及夜妖。【補注】沈欽韓曰：大傳注「夜讀曰液，謂以脂液汙人也」。志於後「一曰，夜妖者」，方讀作夜。案脂液之妖，如孔甲龍漦之類。晉志以晝瞑，隋志以鬼哭當之，非也。先謙曰：官本「裹」作「裹」。
〔八〕師古曰：螣音徒得反。
〔九〕師古曰：裸亦蠃字也，從衣果聲。
〔一〇〕【補注】錢大昕曰：易乾鑿度「巽位在四月」。又云「巽漸三月」。蓋立夏巽始用事，在三月、四月之間。
〔一一〕【補注】先謙曰：秋冬木華，已見視傳下，故此無證。

〔一二〕【補注】葉德輝曰：隋志引五行傳云「華者，猶榮華，容色之象也。以色亂國，故謂華孽」。先謙曰：晉志「女」上「爲」作「謂」，是。

〔一三〕【補注】沈欽韓曰：新唐志「京房易傳曰『牛少者穀不成』。又（傳）〔占〕曰『金革動』」。魏書靈徵志「轉輸煩則牛生禍」。

〔一四〕師古曰：壽考而終其命。

釐公十六年「正月，六鶂退蜚，過宋都」。〔一〕左氏傳曰「風也」。劉歆以爲風發於它所，至宋而高，鶂高蜚而逢之，則退。經以見者爲文，故記退蜚；傳以實應著，言風，常風之罰也。象宋襄公區霿自用，不容臣下，逆司馬子魚之諫，而與彊楚爭盟，〔二〕後六年爲楚所執，〔三〕應六鶂之數云。京房易傳曰：「潛龍勿用，〔四〕衆逆同志，至德乃潛，厥異風。其風也，行不解物，不長，〔五〕雨小而傷。政悖德隱茲謂亂，厥風先風不雨，大風暴起，發屋折木。守義不進茲謂耄，〔六〕厥風與雲俱起，折五穀莖。臣易上政，茲謂不順，厥風大焱發屋。〔七〕賦斂不理茲謂禍，厥風絶經紀，〔八〕止即温，温即蟲。侯專封茲謂不統，厥風疾，而樹不搖，穀不成。辟不思道利，茲謂無澤，〔九〕厥風不搖木，〔一〇〕旱無雲，傷禾。公常於利茲謂亂，〔一一〕厥風微而温，生蟲蝗，害五穀。棄正作淫〔一二〕茲謂惑，厥風温，螟蟲起，害有益人之物。侯不朝茲謂叛，厥風無恆，地變赤而殺人。」〔一三〕

〔一〕師古曰：鶂音五狄反。

〔二〕師古曰：子魚，公子目夷也，桓公之子，而爲司馬。爭盟，謂爲鹿上之盟，以求諸侯於楚，子魚諫曰「小國爭盟，禍也」。公不聽之。

〔三〕師古曰：僖二十一年，楚執宋公以伐宋，距六鷁退飛凡六年。

〔四〕師古曰：乾初九爻辭。

〔五〕師古曰：不解物，謂物逢之而不解散也。不長，所起者近也。

〔六〕【補注】先謙曰：晉、宋志「耄」作「眊」，是。

〔七〕師古曰：焱，疾風也，音必遙反。

〔八〕如淳曰：有所破壞，絕匹帛之屬也。晉灼曰：南北爲經，東西爲緯，絲因風暴，亂不端理也。【補注】先謙曰：官本「紀」作「緯」，據注文，官本是也。

〔九〕師古曰：道讀曰導，不思導示於下而安利之。

〔一〇〕【補注】先謙曰：宋志「木」作「水」。晉志作「木」，注「一作水」。

〔一一〕師古曰：公，上爵也。常於利，謂心常求利也。

〔一二〕【補注】先謙曰：晉志「正」作「政」。

〔一三〕【補注】先謙曰：晉、宋志「而」作「雨」。

文帝二年六月，淮南王都壽春大風毀民室，殺人。劉向以爲是歲南越反，攻淮南邊，淮南王長破之，後年入朝，殺漢故丞相辟陽侯，上赦之，歸聚姦人謀逆亂，自稱東帝，見異不寤，後遷于蜀，道死廱。文帝五年，吴暴風雨，壞城官府民室。時吴王濞謀爲逆亂，天戒數見，終不改寤，後卒誅滅。五年十月，楚王都彭城大風從東南來，毀市門，殺人。是月王戊初嗣立，後坐淫削國，與吳王謀反，刑僇諫者。〔一〕吳在楚東南，天戒若曰，勿與吳爲惡，將敗市朝。王戊不寤，卒隨吳亡。

〔一〕師古曰：謂楚相張尚、太傅趙夷吾也。僇，古戮字。下皆類此。【補注】先謙曰：官本無注末四字。

昭帝元鳳元年，燕王都薊大風雨，〔一〕拔宮中樹七圍以上十六枚，〔二〕壞城樓。燕王旦不寤，謀反發覺，卒伏其辜。〔三〕

〔一〕師古曰：薊，縣名，燕國之所都。

〔二〕【補注】周壽昌曰：枚，幹也。枝曰條，幹曰枚。

〔三〕【補注】先謙曰：以上恆風。

釐公十五年「九月己卯晦，〔一〕震夷伯之廟」。〔二〕劉向以爲晦，暝也；震，雷也。夷伯，世大夫，正晝雷，〔三〕其廟獨冥。〔四〕天戒若曰，勿使大夫世官，將專事暝晦。〔五〕明年，公子季友卒，果世官，〔六〕政在季氏。至成公十六年「六月甲午晦」，〔七〕正晝皆暝，陰爲陽，臣制君也。成公不寤，其冬季氏殺公子偃。〔八〕季氏萌於釐公，〔九〕大於成公，此其應也。董仲舒以爲夷伯，季氏之孚也，〔一〇〕陪臣不當有廟。震者雷也，晦暝，雷擊其廟，明當絶去僭差之類也。向又以爲此皆所謂夜妖者也。劉歆以爲春秋及朔言朔，及晦言晦，〔一一〕人道所不及，則天震之。展氏有隱慝，故天加誅於其祖夷伯之廟以譴告之也。

〔一〕【補注】沈欽韓曰：二傳竝以爲晦冥，左傳以爲晦日。正義云「杜預以長曆推己卯晦，九月三十日。春秋值朔書朔，值晦書晦，無義例也」。案董仲舒以夷伯爲陪臣，劉向以當夜妖，皆非。

〔二〕師古曰：夷伯，司空無駭之後，本魯公族也，號展氏。

〔三〕【補注】先謙曰：官本「書」作「晝」，是。

〔四〕師古曰：冥，暗也。

〔五〕【補注】先謙曰：晉、宋志「將」下竝有「令」字。

〔六〕師古曰：謂季友之孫行父仍執政專國，自此以後常爲卿。

〔七〕【補注】沈欽韓曰：公羊仍以爲晦冥。疏猶執春秋例，不書晦日。若果白日晦冥，則不能克期戰。左傳云「陳不違晦」，明晦日矣。

〔八〕師古曰：爲季文子所殺也。已解於上。

〔九〕師古曰：萌，喻草木始生也。言其始有成權。【補注】朱一新曰：汪本注「成」作「威」，是。先謙曰：官本作「威」。

〔一〇〕師古曰：孚，信也。所信任之臣也。

〔一一〕【補注】朱一新曰：歆說本左傳，其晦朔之說，則爲杜預注所本。

成公十六年「六月甲午晦，晉侯及楚子、鄭伯戰于鄢陵」。皆月晦云。〔一〕

〔一〕【補注】先謙曰：以上脂夜妖。

隱公五年「秋，螟」。董仲舒、劉向以爲時公觀漁于棠，貪利之應也。〔一〕劉歆以爲又逆臧釐伯之諫，〔二〕貪利區霿，以生蠃蟲之孽也。

〔一〕師古曰：棠，魯地也。陳漁者之事而觀之也。

〔二〕師古曰：臧僖伯，公子彄也，孝公之子，諫觀漁。

八年「九月，螟」。時鄭伯以邴將易許田，〔一〕有貪利心。京房易傳曰：「臣安祿〔二〕茲謂貪，厥災蟲，蟲食根。德無常茲謂煩，蟲食葉。不絀無德，蟲食本。與東作爭，茲謂不時，〔三〕蟲食節。〔四〕蔽惡生孽，蟲食心。」〔五〕

〔一〕師古曰：鄭祀泰山之邑也，音彼命反。已解於上。【補注】先謙曰：官本注「鄭」作「邴」，是。

〔二〕【補注】先謙曰：晉志「祿」下有「位」字。

〔三〕師古曰：奪農時也。

〔四〕【補注】先謙曰：晉志「節」作「孽」。

〔五〕師古曰：蔽謂惡人蔽君之明，謂災孽也。【補注】朱一新曰：注「謂災孽也」，汪本「謂」作「爲」，是。葉德輝曰：爾雅釋蟲「食苗心，螟；食葉，蟘；食節，賊；食根，蟊」。孫炎注「皆政貪所致，因以爲名」。義本此。先謙曰：官本作「爲」。

嚴公六年「秋，螟」。董仲舒、劉向以爲先是衞侯朔出奔齊，齊侯會諸侯納朔，〔一〕許諸侯賂。〔二〕齊人歸衞寶，魯受之，〔三〕貪利應也。

〔一〕師古曰：朔謂惠公也。桓十六年，以左公子涸、右公子職立公子黔牟，故惠公奔齊。至莊五年，會齊人、宋人、蔡人伐衞而納惠公也。【補注】朱一新曰：汪本注「涸」作「泄」，是。先謙曰：官本作「泄」。

〔二〕師古曰：諸國各有賂。

〔三〕師古曰：以伐衞所獲之寶來歸魯。【補注】朱一新曰：「衞寶」亦公、穀説，左氏作「俘」。

文帝後六年秋，螟。是歲匈奴大入上郡、雲中，㷭火通長安，遣三將軍屯邊，三將軍屯京師。〔一〕

〔一〕師古曰：並已解於上。【補注】先謙曰：以上羸蟲孽。又一條互見皇極傳下。

宣公三年，「郊牛之口傷，改卜牛，牛死」。劉向以爲近牛禍也。是時宣公與公子遂謀共殺子赤而立，〔一〕又以喪娶，〔二〕區霿昏亂。亂成於口，幸有季文子得免於禍，天猶惡之，生則不饗其祀，〔三〕死則災燔其廟。〔四〕董仲舒指略同。

〔一〕師古曰：已解於上也。【補注】先謙曰：官本注無「也」字。

〔二〕師古曰：宣元年正月，公子遂如齊逆女。三月，遂以夫人婦姜至自齊，時成公喪制未除。【補注】先謙曰：官本注「成」作「文」。

〔三〕師古曰：謂郊牛傷死，是天不欲饗其祀。

〔四〕師古曰：成三年，新宫災。新宫者，宣之廟也，以其新成，故謂之新宫。

秦孝文王五年，斿朐衍，有獻五足牛者。〔一〕劉向以爲近牛禍也。先是，文惠王初都咸陽，〔二〕廣大宫室，南臨渭，北臨涇，思心失，逆土氣。足者止也，戒秦建止奢泰，將致危亡。〔三〕秦遂不改，至於離宫三百，復起阿房，未成而亡。一曰，牛以力爲人用，足所以行也。其後秦大用民力轉輸，起負海，至北邊，〔四〕天下叛之。京房易傳曰：「興繇役，奪民時，厥妖牛生五足。」景帝中六年，梁孝王田北山，有獻牛，足上出背上。劉向以爲近牛禍。先是，孝王驕奢，起苑方三百里，〔五〕宮館閣道相連三十餘里。納於邪臣羊勝之計，欲求爲漢嗣，刺殺議臣爰盎，事發，負斧歸死。既退歸國，猶有恨心，内則思慮霿亂，外則土功過制，故牛旤作。足而出於背，下奸上之象也。〔六〕猶不能自解，發疾暴死，又凶短之極也。〔七〕

〔一〕師古曰：朐衍，地名，在北地。朐音許于反。【補注】齊召南曰：案「斿」當作「遊」，傳寫訛耳。但孝文王即位祇一年遂卒，安得有五年也？此文可疑。

〔二〕【補注】錢大昕曰：史記：惠文王十三年始都咸陽，即惠王也。此作文惠誤。

〔三〕如淳曰：建立基止。泰，奢泰。【補注】朱一新曰：汪本注末「泰」作「也」。先謙曰：官本作「也」。

〔四〕師古曰：負海，猶言背海也。

〔五〕【補注】先謙曰：官本「苑」作「菀」。

〔六〕師古曰：奸，犯也，音干。

〔七〕【補注】先謙曰：以上牛旤。又二條互見貌傳。

左氏傳：昭公二十一年春，周景王將鑄無䠶鍾，〔一〕泠州鳩曰：〔二〕「王其以心疾死乎！夫天子省風以作樂，〔三〕小者不窕，大者不摦。〔四〕摦則不容，心是以感，感實生疾。今鍾摦矣，王心弗堪，〔五〕其能久乎？」劉向以爲是時景王好聽淫聲，適庶不明，〔六〕思心霿亂，明年以心疾崩，近心腹之痾，凶短之極者也。

〔一〕師古曰：鍾聲中無䠶之律也。䠶音弋石反。

〔二〕應劭曰：泠，官也。州鳩，名也。師古曰：樂官曰泠，後遂以爲氏。泠音零，其字從水。

〔三〕應劭曰：風，土地風俗也。省中和之風以作樂，然後可移惡風易惡俗也。臣瓚曰：省風俗之流遯，作樂以救其敝也。師古曰：應説是也。省，觀也。【補注】先謙曰：官本「遯」作「遁」，「敝」作「弊」。

〔四〕師古曰：窕，輕小也。摦，横大也。窕音它堯反。摦音胡化反。【補注】朱一新曰：左傳「摦」從木旁。

〔五〕孟康曰：古堪字。【補注】錢大昭曰：「𢦏」，閩本作「𢦟」。説文「𢦟，殺也，從戈，今聲」。郭注爾雅，引書「西伯堪黎」，「堪」、「𢦟」同。朱一新曰：汪本作「𢦟」，是。葉德炯曰：德藩本作「𢦟」。先謙曰：官本作「𢦟」。

〔六〕師古曰：適讀曰嫡。謂太子壽卒，王立子猛爲嗣，後又欲立子朝也。

昭二十五年春，魯叔孫昭子聘于宋，元公與燕，飲酒樂，語相泣也。〔一〕樂祁佐，〔二〕告人曰：「今茲君與叔孫其皆死乎！吾聞之，哀樂而樂哀，皆喪心也。〔三〕心之精爽，是謂魂魄；魂魄去之，何以能久？」冬十月，叔孫昭子死；十一月，宋元公卒。〔四〕

〔一〕師古曰：昭子，叔孫婼也。元公，宋平公子也。相泣，相對而俱泣也。

〔二〕師古曰：樂祁，宋司城子梁也。佐，佐酒。

〔三〕師古曰：哀樂，可樂而反哀也。樂哀，可哀而反樂也。喪，失之也。

〔四〕【補注】先謙曰：五痾惟心有證。

昭帝元鳳元年九月，燕有黄鼠銜其尾，舞王宫端門中，〔一〕往視之，〔二〕鼠舞如故。王使夫人以酒脯祠，〔三〕鼠舞不休，夜死。〔四〕黄祥也。時燕剌王旦謀反將敗，死亡象也。其月，發覺伏辜。京房易傳曰：「誅不原情，厥妖鼠舞門。」

〔一〕【補注】齊召南曰：案此事已見於中上卷内，引京房易傳亦同。此一事重見，未及刊除者也。

〔二〕【補注】先謙曰：貌傳下「往」上有「王」字，此脱。

〔三〕【補注】王念孫曰：案「夫人」二字有誤。夫人在宫中，不當使至端門祠鼠。上文記此事云「王使吏以酒脯祠鼠」。「吏」字是也。

〔四〕【補注】錢大昕曰：搜(紳)〔神〕記載此事云「一日一夜死」。此當有脱字。先謙曰：貌傳下作「一日一夜死」。

成帝建始元年四月辛丑夜，西北有如火光。壬寅晨，大風從西北起，雲氣赤黄，四塞天下，終日，夜下著地者，黄土塵也。是歲帝元舅大司馬大將軍王鳳始用事；又封鳳母弟崇爲安成侯，食邑萬户；庶弟譚等五人賜爵關内侯，食邑三千户。〔一〕復益封鳳五千户，悉封譚等爲列侯，是爲五侯。哀帝即位，封外屬丁氏、傅氏、周氏、鄭氏凡六人爲列侯。〔二〕楊宣對曰：「五侯封日，天氣赤黄，丁、傅復然。〔三〕此殆爵土過制，傷亂土氣之祥也。」京房易傳曰：「經稱『觀其生』，〔四〕言大臣之義，當觀賢人，知其性行，〔五〕推而貢之，否則爲聞善不與，兹謂不知，〔六〕厥異黄，厥咎聾，厥災不嗣。黄者，日上黄光不散如火然，有黄濁氣四塞天下。蔽賢絶道，故災異至絶世也。經曰『良馬逐』。〔七〕逐，進也，言大臣得賢者謀，〔八〕當顯進其人，否則

爲下相攘善，〔九〕茲謂盜明，厥咎亦不嗣，至於身僇家絶。」〔一〇〕

〔一〕師古曰：譚、商、音、根、逢時凡五人。

〔二〕師古曰：外戚傳：傅太后弟子喜封高武侯，晏封孔鄉侯，商封汝昌侯，同母弟子鄭業爲陽信侯。丁太后兄明封陽安侯，子滿封平周侯。傅氏、鄭氏侯者四人，丁氏侯者二人。今此言六人爲列侯，其數是也。傅氏、丁氏、鄭氏則有之，而不見周氏所出。志、傳不同，未詳其意。【補注】周壽昌曰：注引傅氏封三人，鄭氏封一人，丁氏封二人，已是六人。當時外戚並無周氏，或因丁明子滿封平周侯，而誤衍「周氏」兩字也。晉志引此無周氏，並無鄭氏。

〔三〕服虔曰：楊宣，諫大夫也。

〔四〕師古曰：易觀卦上九爻辭。

〔五〕【補注】蘇輿曰：「性」、「生」字同。

〔六〕師古曰：徒知之而已，不能進助也。

〔七〕師古曰：此易大畜九三爻辭。

〔八〕【補注】朱一新曰：言得賢者與謀也。

〔九〕師古曰：攘，卻也。言不進達之也。一曰攘，因也。因而竊取曰攘。音人羊反。

〔一〇〕師古曰：僇，古戮字。【補注】先謙曰：以上黄祥。又一條互見皇極傳下。

史記：周幽王二年，周三川皆震。〔一〕劉向以爲金木水火沴土者也。伯陽甫曰：〔二〕「周將亡矣！天地之氣不過其序，〔三〕若過其序，民亂之也。陽伏而不能出，陰迫而不能升，〔四〕於是有地震。今三川實震，是陽失其所而填陰也。〔五〕陽失而在陰，原必塞；〔六〕原塞，國必亡。〔七〕夫水，土演而民用也；〔八〕土無所演，〔九〕而民乏財用，不亡何待？」昔伊雒竭而夏亡，河竭而商亡，今周德如二代之季，其原又塞，〔一〇〕塞必竭；川竭，山必崩。〔一一〕夫國必依山川，山崩川竭，亡之徵也。若國亡，不過十年，數之紀也。」是歲，三川竭，〔一二〕岐山崩。劉向以爲陽失在陰者，謂火氣來煎枯水，故川竭也。山川連體，下竭上崩，事勢然也。時幽王暴虐，妄誅伐，不聽諫，迷於褒姒，廢其正后，〔一三〕廢后之父申侯與犬戎共攻殺幽王。一曰，其在天文，水爲辰星，辰星爲蠻夷。月食辰星，國以女亡。幽王之敗，女亂其內，夷攻其外。京房易傳曰：「君臣相背，厥異名水絶。」〔一四〕

〔一〕應劭曰：震，地震三川竭也。師古曰：三川，涇、渭、洛也。洛即漆沮也。川自震耳，故將壅塞，非地震也。

〔二〕服虔曰：周太史。

〔三〕【補注】蘇輿曰：「過」，史記、國語竝作「失」。

〔四〕應劭曰：迫，陰迫陽，使不能升也。【補注】朱一新曰：「升」，國語作「烝」。升、烝同訓。

〔五〕應劭曰：失其所，失其道也。填陰，爲陰所填不得升也。師古曰：填音竹刃反。

〔六〕師古曰：原謂水泉之本也。

〔七〕【補注】朱一新曰：今本國語脱此五字，明道本有之。

〔八〕應劭曰：演，引也，所以引出土氣者也。師古曰：演音衍。【補注】朱一新曰：國語韋注「水土氣通爲演。演猶潤也，演則生物，民得用之。」

〔九〕【補注】朱一新曰：今本國語「土」上衍「水」字，脱「所」字，皆誤也。史周本紀、説苑辨物篇皆與此同。

〔一〇〕【補注】朱一新曰：國語「原」上有「川」字。

〔一一〕【補注】朱一新曰：國語此五字在「亡之徵也」下。

〔一二〕【補注】錢大昭曰：「二」，閩本作「三」。朱一新曰：汪本「二」作「三」。史記、國語皆作「三」。葉德輝曰：德藩本作「三」。後又會「三川竭，而幽王亡」，作「三」是也。先謙曰：官本作「三」。

〔一三〕師古曰：褒姒，褒人所獻之女也。正后，申后也。蓋白華之詩所爲作也。

〔一四〕師古曰：有名之水。

文公九年「九月癸酉，地震」。劉向以爲先是時，齊桓、晉文、魯釐二伯賢君新没，〔一〕周襄王失道，〔二〕楚穆王殺父，〔三〕諸侯皆不肖，權傾於下，天戒若曰，臣下彊盛者將動爲害。後宋、魯、晉、莒、鄭、陳、齊皆殺君。〔四〕諸震，略皆從董仲舒説也。京房易傳曰：「臣事雖正，專必震，其震，於水則波，於木則摇，於屋則瓦落。大經在辟而易臣，兹謂陰動，〔五〕厥震摇政宮。大經摇政，兹謂不陰，厥震摇山，山出涌水。嗣子無德專禄，〔六〕兹謂不順，厥震動丘陵，涌水出。」

〔一〕師古曰：齊桓，晉文二伯也。魯僖，賢君也。伯讀曰霸。

〔二〕師古曰：謂避叔帶之難而出奔，失爲君之道。

〔三〕師古曰：穆王，商臣也，殺其父成王也。

〔四〕師古曰：文十六年，宋人殺其君杵臼。十八年，襄仲殺惡。宣二年，晉趙盾殺其君夷皋。文十八年，莒弒其君庶其。宣四年，鄭公子歸生弒其君夷。十年，陳夏徵舒殺其君平國。文十八年，齊人殺其君商人。

〔五〕服虔曰：經，常也。辟音刑辟之辟。蘇林曰：大經，五行之常經也。在辟，衆陰犯殺其上也。師古曰：辟讀曰僻，謂常法僻壞而易臣也。

〔六〕【補注】王念孫曰：御覽咎徵部七引此，「專祿」上有「臣」字，是也。此言嗣子無德而臣專祿，則地震。故上文云「臣事雖正，專必震」也。臣專祿，故曰茲謂不順，若無「臣」字，則義不可通。

襄公十六年「五月甲子，地震」。劉向以爲先是雞澤之會，諸侯盟，大夫又盟。〔一〕是歲三月，諸侯爲溴梁之會，〔二〕而大夫獨相與盟，〔三〕五月地震矣。其後崔氏專齊，欒盈亂晉，良霄傾鄭，閽殺吳子，燕逐其君，楚滅陳、蔡。〔四〕

〔一〕師古曰：雞澤，衞地也。襄三年，公會單子、晉侯、宋公、衞侯、鄭伯、莒子、邾子、齊世子光，己未，同盟于雞澤。陳侯使袁僑如會，戊寅，叔孫豹及諸侯大夫及陳袁僑盟也。【補注】朱一新曰：汪本注「大」上有「之」字，此脫。

〔二〕【補注】朱一新曰：「溴」當作「湨」。

〔三〕師古曰：經書諸大夫盟，謂晉、宋、衞、鄭、曹、莒、邾、薛、杞、小邾之大夫。

〔四〕師古曰：崔氏，齊卿崔杼也。欒盈，晉大夫欒桓子之子懷子也，二十一年奔楚，二十三年復入于晉而作亂。良霄，鄭大夫伯有也。三十年，子晳以駟氏之甲伐而焚之，伯有奔廱梁，遂奔許，晨自墓門之瀆入，介于襄庫，以伐舊北門。駟帶率國人伐之，伯有死于羊肆。閽，守門者也。吳子，餘祭也。吳人伐越，獲俘焉，以爲閽，使守舟。二十九年，餘祭觀舟，閽以刀殺之。燕，北燕國也。昭三年冬，燕大夫殺公之外嬖，公懼奔齊。昭八年，楚師滅陳。十一年，楚滅蔡也。

昭公十九年「五月己卯，地震」。劉向以爲是時季氏將有逐君之變。其後宋三臣、曹會

皆以地叛，〔一〕蔡、莒逐其君，吴敗中國，殺二君。〔二〕

〔一〕師古曰：二十年，宋華亥、向寧、華定出奔陳，二十一年，自陳入于宋南里以叛。曹會，大夫公孫會也，二十年，自鄸出奔宋。穀梁傳曰「自鄸者，專鄸也」。鄸，會之邑也。鄸音莫風反。

〔二〕師古曰：昭二十一年，蔡人信費無極之言，出蔡侯朱，朱出奔楚。二十三年，莒子庚輿虐而好劍，國人患之。秋七月，烏存帥國人以逐之，庚輿出奔魯。戊辰，吴敗楚、頓、胡、沈、蔡、陳、許之師於雞父，胡子髡、沈子逞滅，是也。

二十三年「八月乙未，地震」。劉向以爲是時周景王崩，劉、單立王子猛，尹氏立子朝。〔一〕其後季氏逐昭公，黑肱叛邾，〔二〕吴殺其君僚，〔三〕宋五大夫、晉二大夫皆以地叛。〔四〕

〔一〕師古曰：已解於上。

〔二〕師古曰：黑肱，邾大夫也。三十一年，經書「邾黑肱以濫來奔」。濫，邾邑。

〔三〕師古曰：二十七年，吴公子光使專設諸抽劍刺王是也。

〔四〕師古曰：定十年，宋公之弟辰暨仲它、石彄出奔陳。十一年春，辰及仲它、石彄、公子地自陳入於蕭以叛。秋，宋樂大心自曹入於蕭。十三年，晉荀寅、士吉射入朝歌以叛。

哀公三年「四月甲午，地震」。劉向以爲是時諸侯皆信邪臣，莫能用仲尼，盜殺蔡侯，齊陳乞弒君。〔一〕

〔一〕師古曰：哀四年，經書「盜殺蔡侯申」。左氏傳曰「蔡昭侯將如吴，諸大夫恐其又遷也，公孫翩逐而射之，入於家人而卒」。陳乞，齊大夫陳僖子也。六年，乞殺其君荼。荼，景公之子安孺子也。荼音大胡反。【補注】先謙曰：官本無注末五字。

惠帝二年正月，地震隴西，厭四百餘家。〔一〕武帝征和二年八月癸亥，地震，厭殺人。宣帝本始四年四月壬寅，地震河南以東四十九郡，北海、琅邪壞祖宗廟城郭，殺六千餘人。元帝永光三年冬，地震。綏和二年九月丙辰，地震，〔二〕自京師至北邊郡國三十餘，壞城郭，凡殺四百一十五人。

〔一〕師古曰：厭音一甲反。次下亦同。

〔二〕【補注】王念孫曰：案「綏和」上脱「成帝」二字。

釐公十四年「秋八月辛卯，沙麓崩」。穀梁傳曰：「林屬於山曰麓，〔一〕沙其名也。」劉向以爲臣下背叛，散落不事上之象也。先是，齊桓行伯道，會諸侯，〔二〕事周室。管仲既死，桓德日衰，天戒若曰，伯道將廢，諸侯散落，政逮大夫，陪臣執命，臣下不事上矣。桓公不寤，天子蔽晦。〔三〕及齊威死，〔四〕天下散而從楚。王札子殺二大夫，〔五〕晉敗天子之師，〔六〕莫能征討，從是陵遲。公羊以爲沙麓，河上邑也。董仲舒説略同。一曰，河，大川象；齊，大國；桓德衰，伯道將移於晉文，故河爲徙也。左氏以爲沙麓，晉地；〔七〕沙，山名也；地震而麓崩，不書震，舉重者也。伯陽甫所謂「國必依山川，〔八〕山崩川竭，亡之徵也；不過十年，數之紀也」。至二十四年，晉懷公殺於高梁。〔九〕京房易傳曰：「小人剝廬，〔一〇〕厥妖山崩，茲謂陰乘陽，弱勝彊。」

〔一〕師古曰：屬，聯也，音之欲反。

〔二〕師古曰：伯讀曰霸。其下亦同。【補注】先謙曰：官本無注。

〔三〕師古曰：被，掩蔽而暗也。

〔四〕【補注】葉德輝曰：德藩本作「齊桓」。先謙曰：官本作「桓」。

〔五〕師古曰：二大夫，召伯、毛伯也。

〔六〕師古曰：謂敗之於貿戎也。已解於上也。【補注】先謙曰：官本無末「也」字。

〔七〕【補注】朱一新曰：案，此謂治左氏者之説耳，非左氏本文也。

〔八〕【補注】朱一新曰：杜注左傳用此説。

〔九〕師古曰：懷公謂子圉，惠公之子也。文公入國而使殺之。高梁，晉地。

〔一〇〕師古曰：剝卦上九爻之辭。

成公五年「夏，梁山崩」。穀梁傳曰，廱河三日不流，〔一〕晉君帥羣臣而哭之，乃流。〔二〕劉向以爲山陽，君也；水陰，民也。天戒若曰，君道崩壞，下亂，百姓將失其所矣。哭然後流，喪亡象也。梁山在晉地，自晉始而及天下也。後晉暴殺三卿，厲公以弑。〔三〕溴梁之會，天下大夫皆執國政，〔四〕其後孫、甯出衞獻，〔五〕三家逐魯昭，單、尹亂王室。〔六〕董仲舒説略同。劉歆以爲梁山，晉望也；崩，弛崩也。〔七〕古者三代命祀，祭不越望，吉凶禍福，不是過也。國主山川，山崩川竭，亡之徵也，美惡周必復。〔八〕是歲歲在鶉火，至十七年復在鶉火，欒書、中行偃殺厲公而立悼公。

〔一〕師古曰：靡讀曰𪔂。

〔二〕師古曰：從伯宗用輦者之言。

〔三〕師古曰：三卿謂郤犨、郤錡、郤至也。厲公殺之，而欒書、中行偃又弒厲公。事在成十七年。

〔四〕師古曰：已解於上。

〔五〕師古曰：孫，孫林父，甯，甯殖，皆衞大夫也。衞獻公，定公之子也，名衎。獻公戒二子食，日旰不召，而射鴻於囿，二子怒，因作亂。公如鄄，遂出奔齊。孫氏追之，敗公徒於柯澤。事在襄十四年。

〔六〕師古曰：並解於上。

〔七〕師古曰：言漸解散也。弛音式爾反。【補注】先謙曰：官本「弛」作「弛」。

〔八〕師古曰：復音扶目反。

高后二年正月，武都山崩，殺七百六十人，地震至八月乃止。文帝元年四月，齊楚地山二十九所同日俱大發水，潰出。〔一〕劉向以爲近水沴土也。天戒若曰，勿盛齊楚之君，今失制度，將爲亂。後十六年，帝庶兄齊悼惠王之孫文王則薨，無子，帝分齊地，立悼惠王庶子六人皆爲王。〔二〕賈誼、鼂錯諫，以爲違古制，恐爲亂。至景帝三年，齊楚七國起兵百餘萬，漢皆破之。春秋四國同日災，〔三〕漢七國同日衆山潰，咸被其害，不畏天威之明效也。

〔一〕【補注】王念孫曰：案此當依漢紀孝文紀作「齊楚地震，山崩二十九所，同日俱大發水，潰出」。此因地震故山崩而水潰出也。且上下文皆紀山崩之事，則此亦當有「崩」字明矣。文紀亦云「齊楚地震，二十九山同日崩，大水潰出」。

〔一〕師古曰：謂齊孝王將閭、濟北王志、菑川王賢、膠東王雄渠、膠西王卬、濟南王辟光。

〔二〕師古曰：宋、衛、陳、鄭。

成帝河平三年二月丙戌，犍爲柏江山崩，捐江山崩，〔一〕皆廱江水，〔二〕江水逆流壞城，殺十三人，地震積二十一日，百二十四動。元延三年正月丙寅，蜀郡岷山崩，廱江，江水逆流，三日乃通。劉向以爲周時岐山崩，三川竭，而幽王亡。岐山者，周所興也。漢家本起於蜀漢，今所起之地山崩川竭，星孛又及攝提、大角，從參至辰，〔三〕殆必亡矣。其後三世亡嗣，王莽簒位。〔四〕

〔一〕【補注】沈欽韓曰：水經注「江水東南逕南安縣西，有熊耳峽，連山競險，接嶺爭高。漢河平中，山崩地震，江水逆流也」。案柏江、捐江，今無其名，不可攷。

〔二〕師古曰：廱讀曰壅。次下亦同。

〔三〕如淳曰：孛星尾長及攝提、大角，始發於參至辰也。

〔四〕【補注】先謙曰：以上金木水火沴土。

傳曰：「皇之不極，〔一〕是謂不建，厥咎眊，〔二〕厥罰恆陰，厥極弱。時則有射妖，時則有龍蛇之孽，時則有馬禍，時則有下人伐上之痾，〔三〕時則有日月亂行，星辰逆行。」

〔一〕【補注】先謙曰：續志劉注云「大傳『皇』作『王』。鄭注『王，君也。不名體而言王者，五事象五行，則王極象天也』」。

〔二〕服虔曰：眊音老耄。【補注】先謙曰：續志注云「大傳作『瞀』。鄭注『瞀與思心之咎同耳，故傳曰眊。眊，亂也。君臣不立，則上下亂矣』」。

〔三〕【補注】先謙曰：續志注引鄭注：「夏侯勝說『伐』宜爲『代』，書亦或作『代』。陰陽之神曰精氣，情性之神曰魂魄，君行不由常，侜張無度，則是魂魄傷也，王極氣先之病也。天於不中之人，恆者其毒，增以爲病，將以開賢代之也。」案勝傳作「伐上」。鄭說未詳所出。續志亦作「伐」。

「皇之不極，是謂不建」，皇，君也。極，中；建，立也。人君貌言視聽思心五事皆失，不得其中，則不能立萬事，失在眊悖，故其咎眊也。〔一〕王者自下承天理物。雲起於山，而彌於天；〔二〕天氣亂，故其罰常陰也。一曰，上失中，則下彊盛而蔽君明也。易曰「亢龍有悔，貴而亡位，高而亡民，賢人在下位而亡輔」，〔三〕如此，則君有南面之尊，而亡一人之助，故其極弱也。盛陽動進輕疾。〔四〕禮，春而大射，以順陽氣。〔五〕上微弱則下奮動，故有射妖。易曰「雲從龍」，〔六〕又曰「龍蛇之蟄，以存身也」。〔七〕陰氣動，故有龍蛇之孽。於易，乾爲君爲馬，馬任用而彊力，君氣毀，故有馬禍。一曰，馬多死及爲怪，亦是也。〔八〕君亂且弱，人之所叛，天之所去，不有明王之誅，則有篡弑之禍，故有下人伐上之痾。凡君道傷者病天氣，不言五行沴天，而曰「日月亂行，星辰逆行」者，爲若下不敢沴天，猶春秋曰「王師敗績于貿戎」，不言敗之者，以自敗爲文，尊尊之意也。劉歆皇極傳曰，有下體生上之痾。說以爲下人伐上，天誅已成，不得復爲痾云。皇極之常陰，劉向以爲春秋亡其應。一曰，久陰不雨是也。劉歆以爲自屬常陰。

〔一〕師古曰：眊，不明也。悖，惑也，音布内反。

〔二〕師古曰：彌，滿也。

〔三〕師古曰：乾上九文言也。

〔四〕服虔曰：陽行輕且疾也。

〔五〕韋昭曰：將祭，與羣臣射，謂之大射。

〔六〕師古曰：乾九五文言。

〔七〕師古曰：下繫辭也。

〔八〕【補注】沈欽韓曰：隋志引洪範五行傳曰「逆天氣故馬多死」。又曰「馬者兵象，將有寇戎之事，故馬爲怪」。

昭帝元平元年四月崩，亡嗣，立昌邑王賀。賀即位，天陰，晝夜不見日月。賀欲出，光禄大夫夏侯勝當車諫〔一〕曰：「天久陰而不雨，臣下有謀上者，陛下欲何之？」賀怒，縛勝以屬吏，〔二〕吏白大將軍霍光。光時與車騎將軍張安世謀欲廢賀。光讓安世，以爲泄語，安世實不泄，召問勝。勝上洪範五行傳曰：「『皇之不極，厥罰常陰，時則有下人伐上』。不敢察察言，〔三〕故云臣下有謀。」光、安世讀之，大驚，以此益重經術士。後數日卒共廢賀，此常陰之明效也。京房易傳曰：「有蜺、蒙、霧。霧，上下合也。蒙如塵雲。蜺，日旁氣也。其占曰：后妃有專，蜺再重，赤而專，至衝旱。〔四〕妻不壹順，黑蜺四背，又白蜺雙出日中。妻以貴高夫，茲謂擅陽，蜺四方，日光不陽，解而溫。〔五〕內取茲謂禽，〔六〕蜺如禽，在日旁。以尊降妃，茲謂薄嗣，蜺直而塞，六辰乃除，夜星見而赤。〔七〕女不變始，茲謂乘夫，〔八〕蜺白在日側，黑蜺果之，氣正直。〔九〕妻不順正，茲謂擅陽，蜺中窺貫而外專。夫妻不嚴茲謂媟，〔一〇〕蜺與日會。婦人擅國茲謂頃，〔一一〕蜺白貫日中，赤蜺四背。〔一二〕適不荅茲謂不次，〔一三〕蜺直在左，蜺交在右。取於不專，茲謂危嗣，蜺抱日兩未及。君淫外茲謂亡，蜺氣左日交於外。取不達茲謂不知，蜺白奪明而大溫，溫而雨。〔一四〕尊卑不別茲謂媟，蜺三出三已，三辰除，〔一五〕除則日出且雨。臣私祿及親，茲謂罔辟，〔一六〕厥異蒙，其蒙先大溫，已蒙起，日不見。行善不請於上，茲謂作福，蒙一日五起五解。辟不下謀，臣辟異道，茲謂不見，上蒙下霧，風三變而俱解。立嗣子疑，茲謂動欲，蒙赤，日不明。德不序茲謂不聰，蒙，日不明，溫而民病。德不試，空言祿，〔一七〕茲謂主窳臣夭，〔一八〕蒙起而白。君樂逸人茲謂放，蒙，日青，黑雲夾日，左右前後行過日。公不任職，茲謂怙祿，蒙三日，又大風五日，蒙不解。利邪以食，茲謂閉上，蒙大起，白雲如山行蔽日。公懼不言道，〔一九〕茲謂閉下，〔二〇〕蒙大起，日不見，若雨不雨，至十二日解，而有大雲蔽日。祿生於下，茲謂誣君，蒙微而小雨，已乃大雨。下相攘善，茲謂盜明，蒙黃濁。下陳功，求於上，茲謂不知，蒙，微而赤，風鳴條，解復蒙。下專刑茲謂分威，蒙而日不得明。大臣厭小臣茲謂蔽，蒙微，日不明，若解不解，大風發，赤雲起而蔽日。衆不惡惡茲謂閉，蒙，尊卦用事，〔二一〕三日而起，日不見。漏言亡喜，茲謂下厝用，〔二二〕蒙微，日無光，有雨雲，雨不降。廢忠惑佞茲謂亡，蒙，天先清而暴，蒙微而日不明。有逸民茲謂不明，蒙濁，奪日光。公不任職，茲謂不絀，蒙白，三辰止，則日青，青而寒，寒必雨。忠臣進善君不試，茲謂遏，〔一三〕蒙，先小雨，雨已蒙起，微而日不明。惑衆在位，茲謂覆國，蒙微而日不明，一溫一寒，風揚塵。知佞厚之茲謂庳，蒙甚而溫，君臣故弼茲謂悖，〔一四〕厥災風雨霧，風拔木，亂五穀，已而大霧。庶正蔽惡，茲謂生孽災，厥異霧。」此皆陰雲之類云。〔一五〕

〔一〕【補注】錢大昕曰：此事又見勝傳。
〔二〕師古曰：屬，委也，音之欲反。【補注】先謙曰：官本無注。
〔三〕臣瓚曰：不敢察察明言之。
〔四〕孟康曰：專，員也。若五月再重，赤而員，至十一月早也。
〔五〕服虔曰：蒙氣解而溫。
〔六〕服虔曰：人君內淫於骨肉也。臣瓚曰：人君取於國中也。師古曰：取，如禮記「聚麀」之「聚」。瓚說非。【補注】沈欽韓曰：內取，當從瓚說。公羊傳「宋三世內娶」。禮坊記「諸侯不下漁色」，鄭注「內取國中爲下漁色」。先謙曰：官本無瓚注及「瓚說非」三字。
〔七〕韋昭曰：六辰，謂從卯至申。
〔八〕孟康曰：始貴高於夫，終行此不變也。
〔九〕師古曰：果謂干之也。
〔一〇〕韋昭曰：媟言媟慢也。師古曰：音先列反。
〔一一〕師古曰：頃讀曰傾。

〔一二〕服虔曰：蜺背日。
〔一三〕服虔曰：言適妻不見荅也。臣瓚曰：夫不接妻謂不荅。師古曰：適讀曰嫡。荅，報也。言妻有承順之心，不見報荅也。一曰，荅，對也，言不以恩意接對之。【補注】先謙曰：官本「謂」作「爲」。
〔一四〕師古曰：取讀曰聚。
〔一五〕韋昭曰：若從寅至辰也。蜺日見西，晏則雨。
〔一六〕韋昭曰：辟，君也。師古曰：辟音壁。其下並同。【補注】先謙曰：官本無顏注。
〔一七〕師古曰：試，用也。
〔一八〕孟康曰：謂君惰窳，用人不以次第，爲天也。師古曰：窳音庾。
〔一九〕【補注】先謙曰：「懼」疑「拒」，聲近而譌。拒下使不言道，所謂閉下也。作懼則無義。
〔二〇〕【補注】先謙曰：官本考證云「閉」，監本訛「蔽」。案此與前文「閉上」相對，宋本作「閉」是也，從之。
〔二一〕孟康曰：尊卦，乾坤也。臣瓚曰：京房謂之方伯卦，震、兌、坎、離也。師古曰：孟說是。【補注】先謙曰：官本注末有「也」字。
〔二二〕師古曰：厝音千各反。
〔二三〕師古曰：試，用也。
〔二四〕師古曰：弼猶相戾也。悖，惑也。
〔二五〕【補注】先謙曰：以上恆陰。

嚴公十八年「秋，有蜮」。劉向以爲蜮生南越，越地多婦人，男女同川，淫女爲主，亂氣所生，故聖人名之曰蜮。蜮猶惑也，在水旁，能射人，射人有處，甚者至死。〔一〕南方謂之短弧，〔二〕近射妖，死亡之象也。時嚴將取齊之淫女，故蜮至。天戒若曰，勿取齊女，〔三〕將生淫惑篡弒之禍。嚴不寤，遂取之。入後淫於二叔，二叔以死，兩子見弒，夫人亦誅。〔四〕劉歆以爲蜮，盛暑所生，非自越來也。〔五〕京房易傳曰：「忠臣進善君不試，厥咎國生蜮。」〔六〕

〔一〕師古曰：以氣射人也。

〔二〕師古曰：即射工也，亦呼水弩。【補注】沈欽韓曰：陸璣疏「一名射影，人在岸上，影在水中，投人影則殺之。南人將入水，先以瓦石投水中，令水濁，然後入。或曰，含沙射人皮肌，其瘡如疥」是也。葉德輝曰：毛詩何人斯疏引洪範傳曰「蜮如鼈，三足，生于南越。南越婦人多淫，故其地多蜮。淫女惑亂之氣所生也」。開元占經百二十引五行傳曰「詩云，爲鬼爲蜮，則不可得。蓋氣精也」。

〔三〕【補注】先謙曰：官本「取」作「娶」。

〔四〕師古曰：並解于上。

〔五〕【補注】沈欽韓曰：紀年「晉獻公二年，王子頹亂，王居於鄭，鄭人入王府，多取玉，玉化爲蜮，射人」。御覽九百五十，抱朴子曰「射工蟲，冬天蟄於谷間，大雪時索之，此蟲所在，其雪不積留，氣起如灼蒸，當掘之，不過入地一尺，則得也。陰乾末，帶之，夏天自辟射工也」。徵諸書傳，歆言亦有理。

〔六〕師古曰：試，用也。【補注】蘇輿曰：范甯集解引易傳「試」作「識」。先謙曰：官本無注。

史記：魯哀公時，有隼集于陳廷而死，〔一〕楛矢貫之，〔二〕石砮，〔三〕長尺有咫。〔四〕陳閔公使使問仲尼，〔五〕仲尼曰：「隼之來遠矣！昔武王克商，通道百蠻，使各以方物來貢，肅慎貢楛矢，〔六〕石砮長尺有咫。先王分異姓以遠方職，使毋忘服，〔七〕故分陳以肅慎矢。」試求之故府，果得之。〔八〕劉向以爲隼近黑祥，貪暴類也；〔九〕矢貫之，近射妖也；死於廷，國亡表也。象陳眊亂，不服事周，〔一〇〕而行貪暴，將致遠夷之禍，爲所滅也。是時中國齊晉、南夷吴楚爲彊，〔一一〕陳交晉不親，附楚不固，數被二國之禍。後楚有白公之亂，〔一二〕陳乘而侵之，〔一三〕卒爲楚所滅。〔一四〕

〔一〕師古曰：隼，鷙鳥，即今之鶻也。説者以爲鶚，失之矣。廷，朝廷也。鶻字音胡骨反。

〔二〕應劭曰：楛，木名。師古曰：音怙，其木堪爲箭笴，今豳以北皆用之，土俗呼其木爲楛子也。

〔三〕應劭曰：砮，鏃也，音奴，又乃互反。

〔四〕張晏曰：八寸曰咫。

〔五〕師古曰：閔公名周，懷公之子。【補注】錢大昭曰：魯語作陳惠公。韋昭曰「惠公，陳哀公之孫，悼太子之子也」。

〔六〕臣瓚曰：肅慎，東北夷。

〔七〕師古曰：服，事也。

〔八〕師古曰：得昔所分之矢於府藏中。

〔九〕【補注】先謙曰：黑祥互見。

〔一〇〕師古曰：眊音莫報反。

〔一一〕師古曰：中國則齊、晉爲彊，南夷則吴、楚爲彊。

〔一二〕師古曰：白公，楚平王太子建之子勝也。建遇讒，奔鄭而死。勝在吴，子西召之，使處吴境，爲白公。吴人伐慎，白公敗之，請以戰備獻，因作亂，子西、子期皆死。事在哀十六年。

〔一三〕師古曰：白公之亂，陳人恃其聚而侵楚。事見哀十七年。

〔一四〕師古曰：陳閔公之二十年，獲麟之歲也。其二十四年，而爲楚所滅。【補注】先謙曰：以上射妖。又一條見下。

史記：夏后氏之衰，有二龍止於夏廷而言「余，褒之二君也」。〔一〕夏帝卜殺之，去之，止之，莫吉；卜請其漦而藏之，乃吉。〔二〕於是布幣策告之。〔三〕龍亡而漦在，乃匵去之。〔四〕其後夏亡，傳匵於殷周，三代莫發，至厲王末，發而觀之，漦流于廷，不可除也。厲王使婦人羸而譟之，〔五〕漦化爲玄黿，〔六〕入後宮。處妾遇之而孕，〔七〕生子，懼而棄之。宣王立，女童謠曰：「檿弧萁服，實亡周國。」〔八〕後有夫婦鬻是器者，宣王使執而僇之。〔九〕既去，見處妾所棄妖子，聞其夜號，哀而收之，遂亡奔褒。後褒人有罪，入妖子以贖，是爲褒姒，幽王見而愛之，生子伯服。王廢申后及太子宜咎，而立褒姒、伯服代之。廢后之父申侯與繒西畎戎共攻殺幽王。〔一〇〕詩曰：「赫赫宗周，褒姒烕之。」〔一一〕劉向以爲夏后季世，周之幽厲，皆詩亂逆天，〔一二〕故有龍黿之怪，近龍蛇孽也。漦，血也，一曰沫也。檿弧，桑弓也。萁服，蓋以萁草爲箭服，近射妖也。〔一三〕女童謠者，禍將生於女，國以兵寇亡也。〔一四〕

〔一〕師古曰：褒，古國名。

〔二〕應劭曰：漦，沫也。鄭氏曰「漦音牛齝之齝」。師古曰：去謂驅逐也，止謂拘留也。去音丘呂反。漦音丑之反。

〔三〕師古曰：奠幣爲禮，讀策辭而告之也。説者以爲策者糈米，蓋失之矣。

〔四〕師古曰：匵，匱也。去，藏也。匵音讀。去音丘呂反。

〔五〕應劭曰：譟呼曰譟。師古曰：譟音先到反。

〔六〕韋昭曰：玄，黑；黿，蜇蜴也，似蛇而有足。師古曰：黿似鼈而大，非蛇及蜇蜴。【補注】朱一新曰：史索隱「黿亦作蚖」。説文「榮蚖，蜥蜴」。故韋昭訓爲蜥蜴。葉德輝曰：玉燭寶典引爾雅「榮螈，黿，蜥蜴，蝘蜓，守宫」。舍人注「榮螈名黿，一名蜥蜴，蜥蜴又名蝘蜓，蝘蜓又名守宫也」。是舍人所據本「榮螈」下有「黿」字。榮螈，黿，蜥蜴，皆是一物，韋注不爲無本。

〔七〕師古曰：處妾，宫中之童女。

〔八〕服虔曰：檿，檿桑也。師古曰：女童謡，閭里之童女爲歌謡也。檿，山桑之有點文者也。木弓曰弧。服，盛箭者，即今之步叉也。萁，草，似荻而細，織之爲服也。檿音一簟反。萁音基。荻音敵。【補注】先謙曰：官本無服注。

〔九〕師古曰：鬻，賣也，音弋六反。

〔一〇〕師古曰：畎戎即犬戎，亦曰昆夷。

〔一一〕師古曰：小雅正月之詩也。赫赫，盛貌也。宗周，鎬京也。烕，滅也，音呼悦反。

〔一二〕師古曰：誖，（感）〔惑〕也，音布内反。【補注】先謙曰：官本無注。

〔一三〕【補注】先謙曰：射妖互見。

〔一四〕師古曰：因婦人以致兵寇也。

左氏傳：昭公十九年，龍鬭於鄭時門之外洧淵。〔一〕劉向以爲近龍孽也。鄭以小國攝乎晉楚之間，〔二〕重以彊吳，〔三〕鄭當其衝，不能修德，〔四〕將鬭三國，以自危亡。〔五〕是時子産任政，内惠於民，外善辭令，以交三國，鄭卒亡患，能以德消變之效也。京房易傳曰：「衆心不安，厥妖龍鬭。」〔六〕

〔一〕師古曰：時門，鄭城門也。洧泉，洧水之泉也。洧水出滎陽密縣東南，至潁川長平入潁也。

〔二〕師古曰：攝，收持之。【補注】先謙曰：官本注「之」作「也」。

〔三〕師古曰：重音直用反。【補注】先謙曰：官本無注。

〔四〕【補注】蘇輿曰：劉知幾云「案昭之十九年，晉、楚連盟，干戈不作，吳雖强暴，未擾諸華。鄭無外(虜)〔虞〕，非子産之力也。又吳爲遠國，僻在江干。必略中原，當以楚、宋爲始，鄭居河潁，地匪夷庚，謂當要衝，殊爲乖角」。

〔五〕師古曰：言若不修德，則三國伐之，必危亡。

〔六〕【補注】葉德輝曰：隋志引洪範傳曰「龍，獸之難害者也。天之類，君之象。天氣害，君道傷，則龍亦害。鬭者，兵革之象也」。

惠帝二年正月癸酉旦，有兩龍見於蘭陵廷東里温陵井中，〔一〕至乙亥夜去。劉向以爲龍貴象而困於庶人井中，象諸侯將有幽執之禍。〔二〕其後呂太后幽殺三趙王，諸呂亦終誅滅。京房易傳曰：「有德遭害，厥妖龍見井中。」〔三〕又曰：「行刑暴惡，黑龍從井出。」

〔一〕師古曰：蘭陵縣之廷東里也。温陵，人姓名也。【補注】先謙曰：官本考證云，孝惠紀作「見蘭陵家人井中」。

〔二〕【補注】葉德輝曰：隋志引洪範傳曰「龍，陽類，貴之象也。上則在天，下則在地，不當見庶人邑里室家。井中，幽深之象也，諸侯且有幽執之禍，皇不建之咎也」。

〔三〕【補注】沈欽韓曰：此下脱成帝時黑龍見東萊事。

左氏傳：魯嚴公時，有内蛇與外蛇鬭鄭南門中，内蛇死。劉向以爲近蛇孽也。先是，鄭厲公劫相祭仲而逐兄昭公代立。〔一〕後厲公出奔，昭公復入。〔二〕死，弟子儀代立。〔三〕厲公自外劫大夫傅瑕，使僇子儀。〔四〕此外蛇殺内蛇之象也。蛇死六年，而厲公立。〔五〕嚴公聞之，問申繻曰：「猶有妖乎？」〔六〕對曰：「人之所忌，其氣炎以取之，〔七〕妖由人興也。人亡釁焉，妖不自作。人棄常，故有妖。」〔八〕京房易傳曰：「立嗣子疑，厥妖蛇居國門鬭。」

〔一〕師古曰：厲公母，宋雝氏之女也。祭仲，祭封人仲足也。桓十一年，宋人執祭仲，曰「不立突，將死」。仲乃與宋盟而立厲公。昭公奔衛。祭音側介反。

〔二〕師古曰：桓十五年，厲公與祭仲之壻雝糾謀殺祭仲，不克，五月，出奔蔡。六月，昭公復歸于鄭。九月，厲公殺檀伯而居櫟也。

〔三〕師古曰：桓十七年，高渠彌弒昭公而立其弟子亹。十八年，齊人殺子亹，祭仲乃立亹之弟儀也。

〔四〕師古曰：傅瑕，鄭大夫也。莊十四年，厲公自櫟侵鄭，獲傅瑕，與之盟。於是傅瑕殺子儀而納厲公也。【補注】先謙曰：官本注末無「也」字。

〔五〕【補注】葉德輝曰：後漢書楊賜傳注引洪範五行傳曰「初，鄭厲公〔劫〕相祭仲而篡兄昭公，立爲鄭君。後雍糾之亂，厲公出奔，鄭人立昭公。既立，内蛇與外蛇鬭鄭南門中，内蛇死。是時傅瑕仕於鄭，欲納厲公，故内蛇死者，昭公將敗，厲公將勝之象也。是時昭公（宣）〔宜〕布恩施，以撫百姓，舉賢崇德，以厲羣臣，觀察左右，以省奸謀，則内變不得生，外謀無由起矣。昭公不覺，果殺於傅瑕，二子死而厲公入，此其效也。詩曰『維虺維蛇，女子之祥』。鄭昭公殆以女子敗也」。

〔六〕師古曰：申繻，魯大夫也。繻音須。

〔七〕師古曰：炎音弋贍反。【補注】錢大昕曰：今左氏傳「炎」作「燄」。陸德明本亦是「炎」字。

〔八〕師古曰：已解於上。

左氏傳：文公十六年夏，有蛇自泉宮出，〔一〕入于國，如先君之數。劉向以爲近蛇孽也。泉宮在囿中，公母姜氏嘗居之，蛇從之出，象宮將不居也。詩曰：「維虺維蛇，女子之祥。」〔二〕又蛇入國，國將有女憂也。如先君之數者，公母將薨象也。秋，公母薨。公惡之，乃毀泉臺。夫妖孽應行而自見，非見而爲害也。文不改行循正，共御厥罰，〔三〕而作非禮，以重其過。〔四〕後二年薨，公子遂殺文之二子惡、視，而立宣公。〔五〕文公夫人大歸于齊。〔六〕

〔一〕師古曰：泉宮即泉臺。

〔二〕師古曰：小雅斯干之詩。

〔三〕師古曰：共讀曰恭。御讀曰禦，又讀如本字。

〔四〕師古曰：重音直用反。【補注】先謙曰：官本無注。

〔五〕師古曰：惡即子赤也。視，其母弟。

〔六〕師古曰：本齊女，故出而歸齊，所謂哀姜者也。

武帝太始四年七月，趙有蛇從郭外入，與邑中蛇鬭孝文廟下，邑中蛇死。後二年秋，有衞太子事，事自趙人江充起。〔一〕

〔一〕【補注】先謙曰：以上龍蛇之孽。

左氏傳：定公十年，宋公子地有白馬駟，〔一〕公嬖向魋欲之，〔二〕公取而朱其尾鬣〔三〕以予之。地怒，使其徒抶魋而奪之。〔四〕魋懼將走，公閉門而泣之，目盡腫。公弟辰謂地曰：「子爲君禮，不過出竟，君必止子。」〔五〕地出奔陳，公弗止。辰爲之請，不聽。辰曰：「是我迋吾兄也，〔六〕吾以國人出，君誰與處？」遂與其徒出奔陳。明年俱入于蕭以叛，大爲宋患，〔七〕近馬禍也。

〔一〕師古曰：地，宋元公子也。四馬曰駟。

〔二〕師古曰：公謂景公，即地之兄也。魋，宋司馬桓魋也。向音式尚反。魋音大回反。

〔三〕師古曰：鬣，領上鬣也，音力涉反。

〔四〕師古曰：抶，擊也，音丑失反。

〔五〕師古曰：辰，亦元公子也。言若見君怒，懼而出奔，是爲臣之禮也。竟讀曰境也。【補注】先謙曰：官本無注末「也」字。

〔六〕應劭曰：迋音君狂〔反〕。臣瓚曰：迋音九放反。師古曰：二説皆非也，迋，欺也，音求往反。【補注】先謙曰：官本無應、瓚二注及「二説皆非也」五字。

〔七〕師古曰：蕭，宋邑。

史記：秦孝公二十一年有馬生人，昭王二十年牡馬生子而死。劉向以爲皆馬禍也。孝公始用商君攻守之法，東侵諸侯，至於昭王，用兵彌烈。〔一〕其象將以兵革抗極成功，而還自害也。牡馬非生類，妄生而死，猶秦恃力彊得天下，而還自滅之象也。曰，諸畜生非其類，子孫必有非其姓者，〔二〕至於始皇，果呂不韋子。京房易傳曰：「方伯分威，厥妖牡馬生子。亡天子，〔三〕諸侯相伐，厥妖馬生人。」

〔一〕師古曰：烈，猛也。

〔二〕【補注】葉德輝曰：德藩本「曰」上有「一」字。先謙曰：官本有「一」字，是。

〔三〕【補注】錢大昕曰：搜神記作「上無天子」。王念孫曰：開元占經馬占引此，「亡」上有「上」字，是也。「上無天子」，語出公羊傳。沈欽韓曰：續漢志及晉志引京房有「上」字，此脱。先謙曰：官本「天子」作「天下」。

文帝十二年，有馬生角於吳，角在耳前，上鄉。〔一〕右角長三寸，左角長二寸，皆大二寸。劉向以爲馬不當生角，猶吳不當舉兵鄉上也。是時，吳王濞封有四郡五十餘城，〔二〕内懷驕恣，變見於外，天戒早矣。王不寤，後卒舉兵，誅滅。京房易傳曰：「臣易上，政不順，厥妖馬生角，茲謂賢士不足。」又曰：「天子親伐，馬生角。」

〔一〕師古曰：鄉讀曰嚮。次下亦同。

〔二〕師古曰：高紀云「六年春，以故東陽郡、鄣郡、吳郡五十三縣立劉賈爲荆王」。十二年十月詔曰「吳，古之建國，日者荆王兼有其地，今死無後，朕欲復立吳王」。長沙王臣等請立沛侯爲吳王。而荆燕吳傳云「荆王劉賈爲黥布所殺，無後，上患會稽輕悍，無壯王填之，乃立濞爲吳王，王三郡五十三城」。是則濞之所封，賈本地也，止有三郡，荆燕吳傳與紀罔矣。今此云四郡，未詳其説。若以賈本不得會稽，濞加一郡者，則不得言五十三城也。【補注】顧炎武曰：「四郡」當作「三郡」，古「四」字積畫以成，與「三」易混，猶左傳陳、蔡、不羹三國爲四國也。錢大昕曰：高紀「六年，以故東陽郡、鄣郡、吳郡五十三城立劉賈爲荆王。」吳濞所封，即賈故地，故傳云「王三郡五十三城」。而伍被傳云「吴王王四郡之衆」，此志亦云四郡者，楚漢之際，會稽嘗析爲吴郡。灌嬰傳「度江，破吴郡長吴下，得吴守，遂定吴、豫章、會稽郡」。此有會稽又有吴郡之證。吴王濞傳「上患吴、會稽輕悍」，亦兩郡兼舉也。吴郡本會稽所分，言吴可以包會稽。高帝紀單稱吴郡，則爲三郡，此兼舉吴、會，故言四郡也。朱一新曰：注「罔」，汪本作「同」，是。先謙曰：官本作「同」。

成帝綏和三年二月，〔一〕大廄馬生角，在左耳前，圍長各二寸。是時王莽爲大司馬，害上之萌自此始矣。〔二〕哀帝建平二年，定襄牡馬生駒，三足，隨羣飲食，太守以聞。馬，國之武用，三足，不任用之象也。後侍中董賢年二十二爲大司馬，居上公之位，天下不宗。哀帝暴崩，成帝母王太后召弟子新都侯王莽入，收賢印綬，賢恐，自殺，莽因代之，並誅外家丁、傅。又廢哀帝傅皇后，令自殺，發掘帝祖母傅太后、母丁太后陵，更以庶人葬之。辜及至尊，大臣微弱之禍也。〔三〕

〔一〕【補注】朱一新曰：汪本作「二年」。葉德輝曰：德藩本作「二年」。先謙曰：官本作「二年」。

〔二〕師古曰：萌，若草木之始生也。

〔三〕【補注】先謙曰：以上馬禍。

文公十一年，「敗狄于鹹」。〔一〕穀梁、公羊傳曰：長狄〔二〕兄弟三人，一者之魯，〔三〕一者之齊，〔四〕一者之晉，〔五〕皆殺之，身横九畮，〔六〕斷其首而載之，眉見於軾。〔七〕何以書？記異也。

劉向以爲是時周室衰微，三國爲大，可責者也。天戒若曰，不行禮義，大爲夷狄之行，將致危亡。其後三國皆有篡弒之禍，〔八〕近下人伐上之痾也。劉歆以爲人變，屬黄祥。一曰，屬蠃蟲之孽。〔九〕一曰，天地之性人爲貴，凡人爲變，皆屬皇極下人伐上之痾云。〔一〇〕京房易傳曰：「君暴亂，疾有道，厥妖長狄入國。」又曰：「豐其屋，下獨苦。〔一一〕長狄生，世主虜。」

〔一〕師古曰：鹹，魯地也。

〔二〕師古曰：防風之後，漆姓也，國號鄋瞞。鄋音所求反。瞞音莫干反。【補注】葉德輝曰：初學記人部引洪範五行傳曰「長狄之人，長蓋五丈餘也」。

〔三〕師古曰：僑如也。來伐魯，爲叔孫得臣所獲。

〔四〕師古曰：榮如也。齊襄公二年伐齊，爲王子成父所獲。

〔五〕師古曰：焚如也。宣十五年，晉滅潞國而獲之。

〔六〕師古曰：晦，古畝字。

〔七〕師古曰：軾，車前横木。

〔八〕師古曰：謂魯文公薨，襄仲弒惡及視而立宣公；齊連稱、管至父弒襄公而立無知；晉欒書、中行偃弒厲公而立悼公。【補注】陳景雲曰：齊襄之弒，在魯莊公八年，去文公遠矣。此當謂邴歜、閻職弒懿公事。

〔九〕【補注】先謙曰：黄祥、蠃蟲之孽互見。

〔一〇〕【補注】先謙曰：因此類記人變。

〔一一〕師古曰：豐其屋，易豐卦上六爻辭也。豐，大也。

史記：秦始皇帝二十六年，有大人長五丈，足履六尺，皆夷狄服，凡十二人，見于臨洮。〔一〕天戒若曰，勿大爲夷狄之行，將受其禍。是歲始皇初併六國，反喜以爲瑞，銷天下兵器，作金人十二以象之。遂自賢聖，〔二〕燔詩書，阬儒士，奢淫暴虐，務欲廣地，南戍五嶺，北築長城以備胡越，〔三〕塹山填谷，西起臨洮，東至遼東，徑數千里。故大人見於臨洮，明禍亂之起。後十四年而秦亡，亡自戍卒陳勝發。

〔一〕師古曰：隴西之縣也。音吐高反。

〔二〕【補注】錢大昭曰：「賢聖」，閩本作「聖賢」。

〔三〕師古曰：五嶺，解在張耳陳餘傳。

史記：魏襄王十三年，魏有女子化爲丈夫。〔一〕京房易傳曰：「女子化爲丈夫，茲謂陰昌，賤人爲王。丈夫化爲女子，茲謂陰勝，厥咎亡。」一曰，男化爲女，宮刑濫也；〔二〕女化爲男，婦政行也。

〔一〕【補注】葉德輝曰：太平御覽妖異部引洪範傳曰「魏襄王十三年，張儀詐得罪於秦而去，相魏，將爲秦而欺奪魏君。是歲，魏有女子化爲丈夫者，天若語魏曰，勿用張儀，陰變爲陽，臣將爲君。是時魏王亦覺之，不用儀，儀免去，歸秦，魏無害」。

〔二〕如淳曰：宮刑之行大濫也。【補注】先謙曰：官本無注。

哀帝建平中，豫章有男子化爲女子，嫁爲人婦，生一子。長安陳鳳言，此陽變爲陰，將亡繼嗣，自相生之象。一曰，嫁爲人婦生一子〔者〕，將復一世乃絶。

哀帝建平四年四月，山陽方與女子田無嗇生子。〔一〕先未生二月，兒嗁腹中，及生，不舉，葬之陌上，三日，人過聞嗁聲，母掘收養。

〔一〕師古曰：方與者，山陽之縣也。女子姓田，名無嗇。方與音房豫。

平帝元始元年二月，朔方廣牧女子趙春病死，〔一〕斂棺積六日，〔二〕出在棺外，自言見夫死父，曰：〔三〕「年二十七，不當死。」太守譚以聞。京房易傳曰：「『幹父之蠱，有子，考亡咎。』〔四〕子三年不改父道，思慕不皇，亦重見先人之非，〔五〕不則爲私，厥妖人死復生。」一曰，至陰爲陽，下人爲上。

〔一〕師古曰：廣牧，朔方之縣也。姓趙名春。

〔二〕師古曰：斂音力贍反。棺音工喚反。【補注】先謙曰：官本無注。

〔三〕【補注】王念孫曰：案「見夫死父」，當作「見死夫、死父」，今脱一「死」字，則文不成義。漢紀孝平紀作「見死夫與父」，是其證。葉德輝曰：西漢會要三十引亦云「見夫死父」，按文義，猶言見夫故父耳。下文「年二十七，不當死」，亦一人之辭，王説非也。

〔四〕韋昭曰：蠱事也。子能正父之事，是爲有子，故考不爲咎累。師古曰：易蠱卦初六爻辭也。

〔五〕師古曰：言父有不善之事，當速改之，若唯思慕而已，無所變易，是重顯先人之非也。一曰，三年之内，但思慕而已，不暇見父之非，故不改也。重音直用反。【補注】周壽昌曰：禮郊特牲疏引賀氏云「重，難也」。史記司馬相如傳索隱「重，猶難也」。此重亦當訓難，顔注不合。

六月，長安女子有生兒，兩頭異頸面相鄉，四臂共匈俱前鄉，〔一〕尻上有目長二寸所。京房易傳曰：「『睽孤，見豕負塗。』〔二〕厥妖人生兩頭。下相攘善，妖亦同。人若六畜首目在下，茲謂亡上，正將變更。凡妖之作，以譴失正，各象其類。二首，下不壹也。足多，所任邪也。〔三〕足少，下不勝任，或不任下也。凡下體生於上，不敬也；上體生於下，媟瀆也；生非其類，淫亂也；人生而大，上速成也；生而能言，好虛也。羣妖推此類，不改乃成凶也。」

〔一〕師古曰：鄉讀曰嚮。

〔二〕師古曰：易睽卦上九象辭也。睽孤，乖剌之意也。塗，泥也。睽音苦攜反。

〔三〕【補注】王念孫曰：「下不壹」當爲「上不壹」。人首在上，故上不專壹，則人生二首，上文所謂各象其類也。今作「下」者，涉上下文諸下字而誤。漢紀作「二首，上不一也」，是其證。「足多」當爲「手多」，此承上文「四臂共匈」而言，故曰手多，今作「足」者，亦涉下文足字而誤。漢紀作「手多，下僭濫也」。開元占經人占篇引此志作「手多，所任邪也」。是其證。

景帝二年九月，膠東下密人年七十餘，生角，角有毛。時膠東、膠西、濟南、齊四主〔一〕有舉兵反謀，謀由吳王濞起，連楚、趙凡七國。下密縣居四齊之中。〔二〕角，兵象，上鄉者也。老人，吳王象也。年七十，七國象也。天戒若曰，人不當生角，猶諸侯不當舉兵以鄉京師也。禍從老人生，七國俱敗云。諸侯不寤，明年，吳王先起，諸侯從之，七國俱滅。京房易傳曰：「家宰專政，厥妖人生角。」

〔一〕【補注】朱一新曰：汪本「主」作「王」，是。先謙曰：官本作「王」。

〔二〕師古曰：四齊即上所云膠東、膠西、濟南、齊也。本皆齊地，故謂之四齊。

〔三〕師古曰：鄉讀曰嚮。次下亦同。【補注】先謙曰：官本無注。

成帝建始三年十月〔一〕丁未，京師相驚，言大水至。渭水虒上小女陳持弓年九歲，〔二〕走入横城門，入未央宫尚方掖門，殿門門衛户者莫見，〔三〕至句盾禁中而覺得。〔四〕民以水相驚者，陰氣盛也。小女而入宫殿中者，下人將因女寵而居有宫室之象也。名曰持弓，有似周家檿弧之祥。易曰：「弧矢之利，以威天下。」〔五〕是時，帝母王太后弟鳳始爲上將，秉國政，天知其後將威天下而入宫室，故象先見也。其後，王氏兄弟父子五侯秉權，至莽卒篡天下，蓋陳氏之後云。京房易傳曰：「妖言動衆，茲謂不信，路將亡人，司馬死。」

〔一〕【補注】王念孫曰：「十月」當爲「七月」，字之誤也。成紀「建始三年秋，關内大水。七月，虒上小女陳持弓聞大水至，走入横城門」云云，是其證。開元占經人占篇引五行志正作「七月」。

〔二〕師古曰：虒上，地名也。音斯。

〔三〕【補注】王念孫曰：「門衛户者」，當作「門户衛者」，言門户之衛者皆莫之見也。今作「門衛户者」，則文不成義。開元占經引此正作「門户衛者」。葉德輝曰：門衛，即衛尉者，掌宫門衛屯兵，見百官表。續志本注，謂之宫門衛士是也。户者，即司户之人耳。志文不誤，王説非也。

〔四〕師古曰：句盾，少府之署。覺得，事覺而見執得也。【補注】王念孫曰：此當作「至句盾禁中句，覺而得句」。即師古所謂事覺而見執也。今作「而覺得」，亦文不成義。漢紀孝成紀正作「覺而得」。
〔五〕師古曰：下繫之辭也。

成帝綏和二年八月庚申，鄭通里男子王褒〔一〕衣絳衣小冠，帶劍入北司馬門殿東門，〔二〕上前殿，入非常室中，〔三〕解帷組結佩之，〔四〕招前殿署長業等曰：〔五〕「天帝令我居此。」業等收縛考問，褒故公車大誰卒，〔六〕病狂易，〔七〕不自知入宮狀，下獄死。是時王莽爲大司馬，哀帝即位，莽乞骸骨就第，天知其必不退，故因是而見象也。姓名章服甚明，徑上前殿路寢，入室取組而佩之，稱天帝命，然時人莫察。後莽就國，天下冤之，哀帝徵莽還京師。明年帝崩，莽復爲大司馬，因是而篡國。

〔一〕師古曰：鄭縣之通里。
〔二〕師古曰：入北司馬門，又入殿之東門也。
〔三〕如淳曰：殿上室名。【補注】沈欽韓曰：黃圖漢宮殿疏曰「未央宮有非常室」。
〔四〕師古曰：組，綬類，所以係帷，又垂以爲飾也。佩帶之。
〔五〕【補注】沈欽韓曰：百官表「諸僕射、署長皆屬少府」。
〔六〕應劭曰：在司馬殿門掌讙呵者也。服虔曰：衞士之師也，著樊噲冠。師古曰：大誰者，主問非常之人，云姓名是誰也。而應氏乃以讙譁爲義，云大讙呵，不當厥理。後之學者輒改此書「誰」字爲「讙」，違本文矣。大誰本以誰何稱，因用名官，有大誰長。今此卒者，長所領士卒也。【補注】沈欽韓曰：莊子天運篇「子生五月而能言，不至乎孩而始誰」。郭象注「誰者，別人之意也」。案掌門衞者，見人輒呵問曰誰，故取以爲名，大誰長屬公車司馬令。

〔七〕師古曰：謂病狂而變易其常也。

哀帝建平四年正月，〔一〕民驚走，持稾或棷一枚，〔二〕傳相付與，曰行詔籌。道中相過逢多至千數，或被髮徒踐，〔三〕或夜折關，或踰牆入，或乘車騎奔馳，以置驛傳行，經歷郡國二十六，至京師。其夏，京師郡國民聚會里巷仟佰，設祭張博具，〔四〕歌舞祠西王母。又傳書曰：「母告百姓，佩此書者不死。不信我言，視門樞下，當有白髮。」〔五〕至秋止。是時，帝祖母傅太后驕，與政事，〔六〕故杜鄴對曰：「春秋災異，以指象爲言語。籌，所以紀數。民，陰，水類也。水以東流爲順走，而西行，反類逆上。象數度放溢，妄以相予，違忤民心之應也。西王母，婦人之稱。博弈，男子之事。於街巷仟伯，明離闑內，〔七〕與疆外。〔八〕臨事盤樂，炕陽之意。白髮，衰年之象，體尊性弱，難理易亂。門，人之所由；樞，其要也。居人之所由，制持其要也。其明甚著。〔九〕今外家丁、傅並侍帷幄，布於列位，有罪惡者不坐辜罰，亡功能者畢受官爵。皇甫、三桓，詩人所刺，春秋所譏，亡以甚此。〔一〇〕指象昭昭，以覺聖朝，柰何不應！」後哀帝崩，成帝母王太后臨朝，王莽爲大司馬，誅滅丁、傅。一曰，丁、傅所亂者小，此異乃王太后、莽之應云。〔一一〕

〔一〕【補注】錢大昭曰：閩本作「五月」。

〔二〕如淳曰：棷，麻幹也。師古曰：稾，禾稈也，音工老反。棷音鄒，又音側九反。【補注】先謙曰：官本「工」作「二」。

〔三〕師古曰：徒踐，謂徒跣也。【補注】先謙曰：官本「徙」作「徒」，是。

〔四〕師古曰：博戲之具。【補注】錢大昭曰：仟伯，即阡陌也。閩本無「祭」字。朱一新曰：汪本無「祭」字。先謙曰：官本作「阡陌」，下同。

〔五〕師古曰：樞，門扇所由開閉者也，音昌于反。【補注】先謙曰：官本注無末四字。

〔六〕師古曰：與讀曰豫。

〔七〕師古曰：闑，門橛也，音魚列反。

〔八〕師古曰：與讀曰豫。

〔九〕【補注】王念孫曰：「其」當爲「甚」，謂所陳災異之象甚明、甚著也。漢紀孝哀紀作「甚明著」，是其證。

〔一〇〕師古曰：皇甫，周卿士之字也。用后嬖寵，而處職位，詩人刺之。事見小雅十月之交篇。

〔一一〕【補注】先謙曰：以上下人伐上之痾。

五行志第七下之下

漢書二十七下之下

隱公三年「二月己巳，日有食之」。穀梁傳曰，言日不言朔，食晦。公羊傳曰，食二日。董仲舒、劉向以爲其後戎執天子之使，〔一〕鄭獲魯隱，〔二〕滅戴，〔三〕衞、魯、宋咸殺君。〔四〕左氏、劉歆以爲正月二日，燕、越之分野也。〔五〕凡日所躔而有變，則分野之國失政者受之。〔六〕人君能修政，共御厥罰，則災消而福至；〔七〕不能，則災息而禍生。〔八〕故經書災而不記其故，蓋吉凶亡常，隨行而成禍福也。周衰，天子不班朔，〔九〕魯曆不正，置閏不得其月，月大小不得其度。史記曰食，或言朔而實非朔，〔一〇〕或不言朔而實朔，或脱不書朔與日，皆官失之也。京房易傳曰：「亡師茲謂不御，厥異日食，其食也既，並食不一處。誅衆失理，茲謂生叛，厥食既，光散。縱畔茲謂不明，厥食先大雨三日，雨除而寒，寒即食。專祿不封，茲謂不安，厥食既，先日出而黑，光反外燭。〔一一〕君臣不通茲謂亡，厥蝕三既。同姓上侵，茲謂誣君，厥食四方有雲，中央無雲，其日大寒。公欲弱主位，茲謂不知，厥食中白青，四方赤，已食地震。諸侯相侵，茲謂不承，厥食三毁三復。君疾善，下謀上，茲謂亂，厥食既，先雨雹，殺走獸。弑君獲位茲謂逆，厥食既，先風雨折木，日赤。内臣外鄉茲謂背，〔一二〕厥食食且雨，地中鳴。〔一三〕冢宰專政茲謂因，厥食先大風，食時日居雲中，四方亡雲。伯正越職，茲謂分威，〔一四〕厥食日中分。諸侯爭美於上茲謂泰，厥食日傷月，食半，天營而鳴。〔一五〕賦不得茲謂竭，厥食星隨而下。受命之臣專征云試，厥食雖侵光猶明，〔一六〕若文王臣獨誅紂矣。〔一七〕小人順受命者征其君云殺，厥食五色，至大寒隕霜，〔一八〕若紂臣順武王而誅紂矣。〔一九〕諸侯更制茲謂叛，〔二〇〕厥食三復三食，食已而風，地動。適讓庶茲謂生欲，〔二一〕厥食日失位，光晻晻，月形見。〔二二〕酒亡節茲謂荒，厥蝕乍青乍黑乍赤，明日大雨，發霧而寒。」凡食二十占，其形二十有四，改之輒除；不改三年，三年不改六年，六年不改九年。推隱三年之食，貫中央，上下竟而黑，臣弒從中成之形也。後衛州吁弒君而立。

〔一〕師古曰：凡伯，周大夫也。隱七年，天王使凡伯來聘，戎伐凡伯于楚丘以歸。

〔二〕師古曰：公羊傳隱六年春，鄭人來渝平。渝平，墮城也。曰「吾成敗矣，吾與鄭人未有成」。狐壤之戰，隱公獲焉。何以不言戰？諱獲也。【補注】王鳴盛曰：狐壤之戰，自是隱爲公子時事，故洪邁譏之。朱一新曰：注「渝平」當作「輸平」。左氏作「渝」，公羊作「輸」。此引公羊傳文。下「墮城」，汪本作「爲成」。「爲」字誤，「成」字是。先謙曰：官本作「墮成」。

〔三〕師古曰：十年秋，宋人、蔡人、衛人伐戴，鄭伯伐取之。戴國，今外黄縣東南戴城是也。讀者多誤爲載，故隨室置載州焉。【補注】先謙曰：官本「隨」作「隋」。

〔四〕師古曰：四年，衛州吁殺其君完。十一年，羽父使賊殺公于寪氏。桓二年春，宋督弒其君與夷。

〔五〕【補注】錢大昕曰：「越」，本或作「趙」者誤也。劉歆説春秋日食，各占其分野之國，蓋本左氏去魯地如衞地之旨而推衍之。如周正月，日在星紀，爲吴越分；其前月，日在析木，爲燕分。故正月朔食，以燕當之，二月爲齊、越，三月爲齊、衞，四月爲魯、衞，五月爲魯、越，六月爲晉、趙，七月爲秦、晉，八月爲周、秦，九月爲周、楚，十月爲楚、鄭，十一月爲宋、鄭，十二月爲宋、燕也。若食在晦者，則以本月及後月日所在分野之二國占之。如嚴公十八年三月食，劉以爲食在晦，宣公十七年六月食，劉亦以爲在三月晦，故皆云魯、衞分。三月之晦，與四月之朔等也。

〔六〕師古曰：躔，踐也，音纏。

〔七〕師古曰：共讀曰恭。御讀曰禦，又讀如本字。

〔八〕師古曰：息謂蕃滋也。

〔九〕師古曰：班，布也。

〔一〇〕【補注】錢大昭曰：「曰」，南雍本、閩本作「日」。先謙曰：官本作「日」，是。

〔一一〕韋昭曰：中無光，四邊有明外燭。

〔一二〕師古曰：鄉讀曰嚮。

〔一三〕韋昭曰：地中有聲如鳴耳，或曰如狗子聲。

〔一四〕師古曰：伯讀曰霸。正者，長帥之稱。

〔一五〕韋昭曰：食半，謂食望也。臣瓚曰：月食半，謂食月之半也。月食常以望，不爲異也。

〔一六〕師古曰：試，用也，自擅意也。一説試與弑同，謂欲弑君。【補注】朱一新曰：試謂試其端，專征則僭端見，但事未成耳，故云厥食雖侵光猶明。一説未當，下方言弑君也。

〔一七〕韋昭曰：是時紂臣尚未欲誅紂，獨文王之臣欲誅之。

〔一八〕師古曰：殺亦讀曰弑。

〔一九〕韋昭曰：紂惡益甚，其臣欲順武王而誅紂。

〔二〇〕師古曰：更，改也。

〔二一〕師古曰：適讀曰嫡。

〔二二〕師古曰：晻音烏感反。見音胡電反。

桓公三年「七月壬辰朔，日有食之，既」。董仲舒、劉向以爲前事已大，後事將至者又大，則既。先是，魯、宋弒君，魯又成宋亂，易許田，亡事天子之心；楚僭稱王。後鄭岠王師，〔一〕射桓王，〔二〕又二君相篡。〔三〕劉歆以爲六月，趙與晉分。〔四〕先是，晉曲沃伯再弒晉侯，〔五〕是歲晉大亂，〔六〕滅其宗國。〔七〕京房易傳以爲桓三年日食貫中央，上下竟而黄，臣弒而不卒之形也。後楚嚴稱王，兼地千里。〔八〕

〔一〕【補注】先謙曰：官本「岠」作「拒」。考證云「拒」，監本、别本俱訛「岠」，從宋本改正。

〔二〕師古曰：並已解於上。

〔三〕師古曰：謂厲公奔蔡而昭公入，高渠彌殺昭公而立子亹。

〔四〕晉灼曰：周之六月，今之四月，始去畢而入參。參，晉分也。畢，趙也。日行去趙遠，入晉分多，故曰與。計二十八宿，分其次，度其月，及所屬，下皆以爲例。

〔五〕師古曰：曲沃伯本桓叔成師之封號也，其後遂繼襲焉。魯惠公三十年，大夫潘父殺昭侯而納成師，不克，晉人立孝侯。惠之四十五年，成師之子曲沃莊伯伐翼，殺孝侯也。

〔六〕師古曰：桓三年，莊伯之子曲沃武公伐翼，逐翼侯于汾隰，夜獲而殺之。

〔七〕師古曰：桓八年，曲沃武公滅翼，遂并其國。

〔八〕師古曰：楚武王荆尸久已見傳，今此言莊始稱王，未詳其説。【補注】沈欽韓曰：劉知幾史通云「楚自武王稱王，歷文、成、穆至嚴已四世，而嚴之霸去桓公三年將百年」。

十七年「十月朔，日有食之」。穀梁傳曰，言朔不言日，食二日也。劉向以爲是時衞侯朔有罪出奔齊，〔一〕天子更立衞君。〔二〕朔藉助五國，舉兵伐之而自立，王命遂壞。〔三〕魯夫人淫失於齊，卒殺威公。〔四〕董仲舒以爲言朔不言日，惡魯桓且有夫人之禍，將不終日也。劉歆以爲楚、鄭分。

〔一〕師古曰：朔，衞惠公也。桓十六年，經書「衞侯朔出奔齊」。公羊傳曰「得罪乎天子」，穀梁傳曰「天子召而不往也」。

〔二〕師古曰：謂公子黔牟。【補注】先謙曰：官本「謂」作「衞」。

〔三〕師古曰：莊五年冬，公會齊人、宋人、陳人、蔡人伐衞。莊六年春，王人子突救衞，夏，衞侯朔入，放公子黔牟于周，是也。

〔四〕師古曰：失讀曰佚。

嚴公十八年「三月，日有食之」。穀梁傳曰，不言日，不言朔，夜食。〔一〕史推合朔在夜，〔二〕明旦日食而出，出而解，〔三〕是爲夜食。劉向以爲夜食者，陰因日明之衰而奪其光，象周天子不明，齊桓將奪其威，專會諸侯而行伯道。〔四〕其後遂九合諸侯，〔五〕天子使世子會之，〔六〕此其效也。公羊傳曰，食晦。董仲舒以爲宿在東壁，魯象也。後公子慶父、叔牙果通於夫人以劫公。〔七〕劉歆以爲晦魯、衛分。

〔一〕張晏曰：日夜食，則無景。立六尺木不見其景，以此爲候。【補注】葉德輝曰：開元占經九引易萌氣樞曰「日夜蝕者，天中無影。言日當夜食，建八尺竹，視其無影，蝕不可見，故以表候之耳」。此與張説同，蓋古法也。

〔二〕【補注】先謙曰：官本「史」下有「記」字。考證云，監本無「記」字，宋本有，從之。

〔三〕孟康曰：夜食地中，出而止。

〔四〕師古曰：伯讀曰霸。【補注】先謙曰：官本無注。

〔五〕師古曰：解在郊祀志。

〔六〕師古曰：僖五年，齊侯、宋公、陳侯、衞侯、鄭伯、許男、曹伯會王太子于首止是。【補注】先謙曰：官本注末有「也」字。

〔七〕【補注】先謙曰：官本「劫」作「弒」，是。

二十五年「六月辛未朔，日有食之」。董仲舒以爲宿在畢，主邊兵夷狄象也。後狄滅邢、衞。〔一〕劉歆以爲五月二日魯、趙分。

〔一〕師古曰：春秋閔元年，狄伐邢，二年，狄滅衞，其後並爲齊所立，而邢遷于夷儀，衞遷于楚丘。

二十六年「十二月癸亥朔，日有食之」。董仲舒以爲宿在心，心爲明堂，文武之道廢，中國不絶若綫之象也。〔一〕劉向以爲時戎侵曹，〔二〕魯夫人淫於慶父、叔牙，將以弒君，故比年再蝕以見戒。〔三〕劉歆以爲十月二日楚、鄭分。

〔一〕師古曰：綫，縷也，音先箭反。

〔二〕師古曰：事在莊二十四年。

〔三〕師古曰：比，頻也。見，顯也。【補注】先謙曰：官本無注。

三十年「九月庚午朔，日有食之」。董仲舒、劉向以爲後魯二君弑，〔一〕夫人誅，〔二〕兩弟死，〔三〕狄滅邢，〔四〕徐取舒，〔五〕晉殺世子，〔六〕楚滅弦。〔七〕劉歆以爲八月秦、周分。

〔一〕師古曰：謂子般爲圉人所殺，閔公爲卜齮所殺也。

〔二〕師古曰：哀姜爲齊人所殺。

〔三〕師古曰：謂叔牙及慶父也。

〔四〕師古曰：已解於上。

〔五〕師古曰：僖三年，徐人取舒。舒，國名也，在廬江舒縣也。

〔六〕師古曰：僖五年，晉侯殺其太子申生。

〔七〕師古曰：僖五年，楚人滅弦。弦，國名也，在弋陽。

僖公五年「九月戊申朔，日有食之」。董仲舒、劉向以爲先是齊桓行伯，江、黄自至，〔一〕南服彊楚。〔二〕其後不内自正，而外執陳大夫，則陳、楚不附，〔三〕鄭伯逃盟，〔四〕諸侯將不從桓政，故天見戒。其後晉滅虢，〔五〕楚國許，〔六〕諸侯伐鄭，〔七〕晉弑二君，〔八〕狄滅温，〔九〕楚伐黄，〔一〇〕桓不能救。劉歆以爲七月秦、晉分。

〔一〕師古曰：伯讀曰霸。江、黄，二國名也。僖二年，齊侯、宋公、江人、黄人盟于貫。傳曰「服江、黄也」。江國在汝南安陽縣，黄國在弋陽縣。【補注】先謙曰：官本無「伯讀曰霸」四字。

〔二〕師古曰：僖四年，齊侯以諸侯之師侵蔡，遂伐楚，盟于邵陵。

〔三〕師古曰：邵陵盟後，以陳轅濤塗爲誤軍而執之，陳不服罪，故伐之。楚自是不復通。【補注】先謙曰：官本注「邵」作「召」。

〔四〕師古曰：僖五年秋，齊侯與諸侯盟于首止，鄭伯逃歸不盟。

〔五〕師古曰：事在僖五年。

〔六〕【補注】朱一新曰：汪本「國」作「圍」，是。葉德輝曰：德藩本作「圍」。先謙曰：官本作「圍」。

〔七〕師古曰：事並在僖六年。

〔八〕師古曰：謂里克弑奚齊及卓子。

〔九〕師古曰：温，周邑也。僖十年，狄滅之。

〔一〇〕師古曰：僖十一年，黄不歸楚貢，故伐之。

十二年「三月庚午朔，日有食之」。〔一〕董仲舒、劉向以爲是時楚滅黄，〔二〕狄侵衛、鄭，〔三〕莒滅杞。〔四〕劉歆以爲三月齊、衛分。

〔一〕【補注】齊召南曰：案僖十二年經，無「朔」字。王引之曰：「朔」，衍字也。檢左氏、公羊、穀梁皆無「朔」字。春秋日食，言日不言朔者凡七，公羊以爲二日，穀梁以爲晦日，故下文云，穀梁晦七，公羊二日七：一、隱公三年二月己巳，二、僖公十二年三月庚午，三、文公元年二月癸亥，公羊衍「朔」字，辯見經義述聞。四、宣公八年七月甲子，五、宣公十年四月丙辰，六、宣公十七年六月癸卯，七、襄公十五年八月丁巳也。此七者，皆言日不言朔，故或以爲晦日，或以爲二日。若有朔字，則非晦，亦非二日，而穀梁之晦，公羊之二日，皆不得有七矣。且下文曰「春秋日食三十六，左氏以爲朔十六」，今偏數上下文，劉歆以爲朔者已滿十六之數，若僖公十二年三月庚午日食，又書朔，而歆無異辭，則以爲朔者十七，與下文不符矣。「三月」當爲「二日」。凡春秋日食不書朔者，劉歆皆實指其晦、朔與二日，若隱公三年二月己巳日食，劉歆以爲正月二日。嚴公十八年三月日食，劉歆以爲晦。僖公十五年五月日食，劉歆以爲二月朔。文公元年二月癸亥日食，劉歆以爲正月朔。宣公十七年六月癸卯日食，劉歆以爲三月晦朓。襄公十五年八月丁巳日食，劉歆以爲五月二日是也。今僖公十二年三月庚午日食，不書朔，則歆亦當實指其晦、朔與二日，不當但言三月也。下文曰，左氏以爲二日十八。又曰，當春秋時，侯王率多縮朒不任事，故食二日仄慝者十八。今偏數上下文，劉歆以爲二(月)〔日〕者十六，哀公十四年五月庚申朔，日有食之，劉歆以爲三月二日，齊、衞分。此獲麟後事，不在日食三十六之内，故不數也。尚缺其二，蓋一爲僖公十二年三月二日，一爲宣公十年四月二日也。不然，則凡言劉歆以爲者，月日皆與經文不同，若經文言三月，而歆無異辭，則但言齊、衞分可矣，桓公十七年十月朔，日有食之，劉歆以爲楚、鄭分是也。何須重複經文而言三月乎？

〔二〕師古曰：事在十二年夏。

〔三〕師古曰：僖十三年，狄侵衞，十四年，狄侵鄭。

〔四〕師古曰：僖十四年，諸侯城緣陵。公羊傳曰「曷爲城？杞滅也。孰滅之？蓋徐、莒也」。【補注】蘇輿曰：劉知幾云「如中壘所釋，以公羊爲本，左氏襄公二十九年，晉平公時，杞尚在云」。

十五年「五月，日有食之」。劉向以爲象晉文公將行伯道，〔一〕後遂伐衞，執曹伯，敗楚城濮，〔二〕再會諸侯，〔三〕召天王而朝之，〔四〕此其效也。日食者臣之惡也，夜食者掩其罪也，以爲上亡明王，桓、文能行伯道，攘夷狄，安中國，〔五〕雖不正猶可，蓋春秋實與而文不與之義也。

董仲舒以爲後秦獲晉侯，〔六〕齊滅項，〔七〕楚敗徐于婁林。〔八〕劉歆以爲二月朔齊、越分。

〔一〕師古曰：伯讀曰霸。【補注】先謙曰：官本無注。

〔二〕師古曰：事並在二十八年。

〔三〕師古曰：二十八年五月，盟于踐土，冬，會于温。

〔四〕師古曰：晉侯不欲就朝王，故召王使來。經書「天王狩于河陽」。

〔五〕師古曰：伯讀曰霸。（壤）〔攘〕，卻也。【補注】先謙曰：官本無注。

〔六〕師古曰：晉侯，夷吾也。僖十五年十一月，晉侯及秦伯戰于韓，秦獲晉侯以歸也。

〔七〕師古曰：事在公羊傳僖十七年。項國，今項城縣是也。【補注】朱一新曰：左氏謂魯滅項。以爲齊滅者，二傳之說。

〔八〕師古曰：事在僖十五年冬。婁林，徐地。

文公元年「二月癸亥，日有食之」。董仲舒、劉向以爲先是大夫始執國政，〔一〕公子遂如京師，〔二〕
後楚世子商臣殺父，齊公子商人弑君，皆自立，〔三〕宋子哀出奔，〔四〕晉滅江，〔五〕楚滅六，〔六〕大夫公孫敖、叔彭生並專會盟。〔七〕劉歆以爲正月朔燕、越分。

〔一〕師古曰：謂東門襄仲也。

〔二〕師古曰：事在僖三十年，報宰周公之聘。

〔三〕師古曰：已解於上。

〔四〕師古曰：宋子哀，宋卿高哀也。不義宋公，而來奔魯。事在文十四年。

〔五〕師古曰：春秋文四年「楚人滅江」，今此云晉，未詳其說。【補注】蘇輿曰：劉知幾亦云「今云晉滅，其說無取。且江居南裔，與楚爲鄰，晉處北方，去江殊遠，稱晉所滅，其理難通」。案「晉」字直是誤文，疑班書本作「宋子哀出奔魯，楚滅江、滅六」。「魯」「晉」形近，因誤「魯」爲「晉」，晏子春秋內篇問上「以遠望魯」當作「以遠望晉」，與此正同。校書者妄移「楚」字於「滅六」上耳。

〔六〕師古曰：六，國名也，在廬江六縣。文五年，楚人滅之。

〔七〕師古曰：文七年冬，公孫敖如莒莅盟。十一年，叔彭生會郤缺于承匡。公孫敖，孟穆伯。叔彭生，叔仲惠伯也。

十五年「六月辛丑朔，日有食之」。董仲舒、劉向以爲後宋、齊、莒、晉、鄭八年之間五君殺死，〔一〕(夷)〔楚〕滅舒蓼。〔二〕劉歆以爲四月二日魯、衞分。

〔一〕師古曰：文十六年，宋弒其君杵臼；十八年夏，齊人弒其君商人；冬，莒弒其君庶其；宣二年，晉趙盾弒其君夷皋；四年，鄭公子歸生弒其君夷也。

〔二〕【補注】沈欽韓曰：舒蓼事在宣八年，胡可以十五年日食應之？不得已，當言滅庸耳。在十六年。

宣公八年「七月甲子，日有食之，既」。董仲舒、劉向以爲先是楚商臣弒父而立，至于嚴王遂彊。諸夏大國唯有齊、晉，齊、晉新有簒弒之禍，內皆未安，故楚乘弱橫行，八年之間六侵伐而一滅國；〔一〕伐陸渾戎，觀兵周室；〔二〕後又入鄭，鄭伯肉袒謝罪；北敗晉師于邲，流血色水；〔三〕圍宋九月，析骸而炊之。〔四〕劉歆以爲十月二日楚、鄭分。

〔一〕師古曰：六侵伐者，謂宣元年侵陳，三年侵鄭，四年伐鄭，五年伐鄭，六年伐鄭，八年伐陳也。一滅國者，謂八年滅舒蓼也。

〔二〕師古曰：宣三年，楚子伐陸渾之戎，遂至于洛，觀兵于周疆。觀兵者，示威武也。

〔三〕師古曰：事並在十二年。邲，鄭地。色水，謂血流入水而變水之色也。邲音蒲必反。

〔四〕師古曰：事在十五年。炊，爨也。言無薪樵，示困之甚也。

十年「四月丙辰，日有食之」。董仲舒、劉向以爲後陳夏徵舒弒其君，〔一〕楚滅蕭，〔二〕晉滅二國，〔三〕王札子殺召伯、毛伯。〔四〕劉歆以爲二月魯、衛分。〔五〕

〔一〕師古曰：弒靈公也。事在十年。

〔二〕師古曰：蕭，宋附庸國也。事在十二年。

〔三〕師古曰：謂十五年滅赤狄潞氏，十六年滅赤狄甲氏。

〔四〕師古曰：事在十五年。

〔五〕【補注】錢大昕曰：「月」當作「日」，謂食在四月二日也。經書四月丙辰，而不言朔，故知食二日。王引之曰：「二月」當爲「二日」，蓋周之四月，今二月。是月二日，日躔去東壁而入奎。東壁，衛也；奎，魯也，故曰魯、衛分。若作二月，則義不可通。周之二月，今十二月，十二月二日，日躔去須女而入虛，當言越、齊分，不當言魯、衛分矣。自僖公十二年三月之二日譌爲三月，宣公十年四月之二日譌爲二月，而左氏以爲二日之十八，遂缺其二矣。此月日之誤也。

十七年「六月癸卯，日有食之」。董仲舒、劉向以爲後邾支解鄫子，〔一〕晉敗王師于貿戎，〔二〕敗齊于鞌。〔三〕劉歆以爲三月晦朓魯、衛分。〔四〕

〔一〕師古曰：十八年，邾人戕鄫子于鄫，支解而節斷之，謂解其四支，斷其骨節。

〔二〕師古曰：事在成元年。【補注】齊召南曰：貿戎與王師戰，此實事也。以王師自敗爲文，此書法也。若實晉人，經可易爲戎乎？此穿鑿也。

〔三〕師古曰：事在成二年。

〔四〕服虔曰：朓，相覘也。日晦食爲朓。臣瓚曰：志云晦而月見西方曰朓，以此名之，非日食晦之名也。師古曰：朓音佗了反。

成公十六年「六月丙寅朔，日有食之」。董仲舒、劉向以爲後晉敗楚、鄭于鄢陵，〔一〕執魯侯。〔二〕劉歆以爲四月二日魯、衞分。

〔一〕師古曰：事在十六年。鄢陵，鄭地。

〔二〕師古曰：已解於上。

十七年「十二月丁巳朔，日有食之」。董仲舒、劉向以爲後楚滅舒庸，〔一〕晉弒其君，〔二〕宋魚石因楚奪君邑，〔三〕莒滅鄫，齊滅萊，〔四〕鄭伯弒死。〔五〕劉歆以爲九月周、楚分。

〔一〕師古曰：事在十七年日食之後。舒庸，蓋羣舒之一種，楚與國也。

〔二〕師古曰：謂厲公也。事在十八年。

〔三〕師古曰：魚石，宋大夫也，十五年出奔楚，至十八年楚伐宋，取彭城而納之。

〔四〕師古曰：事並在襄六年。鄫、萊皆小國。

〔五〕師古曰：鄭僖公也，襄七年會于鄢，其大夫子駟使賊夜殺之，而以虐疾赴。鄢音蔫。【補注】先謙曰：官本「虐」作

「瘧」，「蔿」作「爲」。

襄公十四年「二月乙未朔，日有食之」。董仲舒、劉向以爲後衞大夫孫、甯共逐獻公，立孫剽。〔一〕劉歆以爲前年十二月二日宋、燕分。

〔一〕孟康曰：剽音驃。師古曰：孫林父、甯殖逐獻公，襄十四年四月出奔齊，而立剽。剽，穆公之孫也。剽又音匹妙反。

十五年「八月丁巳，日有食之」。〔一〕董仲舒、劉向以爲先是晉爲雞澤之會，諸侯盟，又大夫盟，後爲溴梁之會，諸侯在而大夫獨相與盟，〔二〕君若綴斿，不得舉手。〔三〕劉歆以爲五月二日魯、趙分。

〔一〕【補注】錢大昭曰：「丁巳」下，閩本有「朔」字。

〔二〕師古曰：並已解於上。

〔三〕應劭曰：斿，旌旗之流，隨風動摇也。師古曰：言爲下所執，隨人東西也。【補注】朱一新曰：汪本注「流」作「旒」。先謙曰：官本作「旒」。

二十年「十月丙辰朔，日有食之」。董仲舒以爲陳慶虎、慶寅蔽君之明，〔一〕邾庶其有叛心，〔二〕後庶其以漆、閭丘來奔，〔三〕陳殺二慶。〔四〕劉歆以爲八月秦、周分。

〔一〕師古曰：二慶，並陳大夫也。襄二十年，陳侯之弟黄出奔楚，將出，呼於國曰「慶氏無道，求專陳國，暴蔑其君，而去其親，五年不滅，是無天也」。

〔二〕師古曰：庶其，邾大夫。

〔三〕師古曰：事在二十一年。漆及閭丘，邾之二邑。

〔四〕師古曰：二十三年，陳侯如楚，公子黄訴二慶。楚人召之，慶氏以陳叛楚，屈建從陳侯圍陳，遂殺二慶也。

二十一年「九月庚戌朔，日有食之」。董仲舒以爲晉欒盈將犯君，後入于曲沃。〔一〕劉歆以爲七月秦、晉分。

〔一〕師古曰：已解於上。

「十月庚辰朔，日有食之」。董仲舒以爲宿在軫、角，楚大國象也。後楚屈氏譖殺公子追舒，〔一〕齊慶封脅君亂國。〔二〕劉歆以爲八月秦、周分。

〔一〕師古曰：公子追舒，楚令(君)〔尹〕子南也。二十二年，楚殺之。

〔二〕師古曰：慶封，齊大夫也。二十七年，使盧蒲嫳帥甲攻崔氏，殺成及彊，盡俘其家。崔杼縊而死，自是慶封當國專執政也。

二十三年「二月癸酉朔，日有食之」。董仲舒以爲後衛侯入陳儀，〔一〕甯喜弒其君剽。〔二〕劉歆以爲前年十二月二日宋、燕分。

〔一〕師古曰：衛侯衎也，前爲孫、甯所逐，二十五年入于陳儀。陳儀，衛邑。左傳云夷儀。

〔二〕師古曰：二十六年，甯喜殺剽，而衎入于衛。喜，甯殖子也。

二十四年「七月甲子朔，日有食之，既」。劉歆以爲五月魯、趙分。

「八月癸巳朔，日有食之」。董仲舒以爲比食又既，〔一〕象陽將絶，〔二〕夷狄主上國之象也。〔三〕後六君弒，〔四〕楚子果從諸侯伐鄭，〔五〕滅舒鳩，〔六〕魯往朝之，〔七〕卒主中國，〔八〕伐吴討慶封。〔九〕劉歆以爲六月晉、趙分。

〔一〕師古曰：比，頻也。
〔二〕孟康曰：陽，君也。
〔三〕【補注】先謙曰：官本「上」作「中」。
〔四〕師古曰：謂二十五年，齊崔杼殺其君光；二十六年，衛甯喜弒其君剽；二十九年，閽殺吴子餘祭；三十年，蔡太子班弒其君固；三十一年，莒人弒其君密州；昭元年，楚令尹子圍入問王疾，縊而殺之。
〔五〕師古曰：二十四年冬，楚子、蔡侯、陳侯、許男伐鄭。
〔六〕師古曰：二十五年，楚屈建帥師滅舒鳩。舒鳩亦羣舒一種。【補注】先謙曰：官本注末有「也」字。
〔七〕師古曰：二十八年，公如楚。
〔八〕師古曰：謂楚靈王以昭四年與諸侯會于申。
〔九〕師古曰：慶封以二十八年爲慶舍之難，自齊出奔魯，遂奔吴。至申之會，楚靈王伐吴，執慶封而殺之。

二十七年「十二月乙亥朔，日有食之」。董仲舒以爲禮義將大滅絶之象也。時吴子好勇，使刑人守門；〔一〕蔡侯通於世子之妻；〔二〕莒不早立嗣。〔三〕後閽戕吴子，〔四〕蔡世子般弒其父，莒人亦弒君而庶子爭。〔五〕劉向以爲自二十年至此歲，八年間日食七作，禍亂將重起，〔六〕

故天仍見戒也。〔七〕後齊崔杼弒君，〔八〕宋殺世子，〔九〕北燕伯出奔，〔一〇〕鄭大夫自外入而篡位，〔一一〕指略如董仲舒。劉歆以爲九月周、楚分。

〔一〕師古曰：吴子即餘祭也。刑人，閽者。

〔二〕師古曰：即蔡侯固，爲太子所殺者也。

〔三〕師古曰：即密州也，生去疾及展輿，既立展輿，又廢之。

〔四〕師古曰：戕，傷也。它國臣來弒君曰戕。音牆。【補注】先謙曰：官本無注末二字。

〔五〕師古曰：展輿因國人攻其父而殺之。展輿即位，去疾奔齊。明年，去疾入，而展輿出奔吴。並非嫡嗣，故云庶子爭。

〔六〕師古曰：重音直用反。

〔七〕師古曰：仍，頻也。

〔八〕師古曰：已解於上。【補注】先謙曰：官本無注。

〔九〕師古曰：宋平公太子痤也。事在二十六年。

〔一〇〕孟康曰：有南燕，故言北燕。南燕，姞姓；北燕，姬姓也。師古曰：昭三年，北燕伯款出奔齊。

〔一一〕師古曰：謂伯有也。已解於上。【補注】先謙曰：官本無注末四字。

昭公七年「四月甲辰朔，日有食之」。董仲舒、劉向以爲先是楚靈王弒君而立，會諸侯，〔一〕執徐子，滅賴，〔二〕後陳公子招殺世子，〔三〕楚因而滅之，〔四〕又滅蔡，〔五〕後靈王亦弒死。〔六〕劉歆以爲二月魯、衛分。〔七〕傳曰：晉侯問於士文伯曰：「誰將當日食？」〔八〕對曰：

「魯、衛惡之，〔九〕衛大魯小。」公曰：「何故？」對曰：「去衛地，如魯地，於是有災，其衛君乎？魯將上卿。」是歲八月，衛襄公卒，十一月，魯季孫宿卒。晉侯謂士文伯：〔一〇〕「吾所問日食從矣，可常乎？」〔一一〕對曰：「不可。六物不同，民心不壹，事序不類，官職不則，同始異終，胡可常也？詩曰：『或宴宴居息，或盡顇事國。』〔一二〕其異終也如是。」公曰：「何謂六物？」對曰：「歲、時、日、月、星、辰是謂。」公曰：「何謂辰？」對曰：「日月之會是謂。」公曰：「詩所謂『此日而食，于何不臧』，何也？」〔一三〕對曰：「不善政之謂也。國無政，不用善，則自取適于日月之災。〔一四〕故政不可不慎也，務三而已：一曰擇人，二曰因民，三曰從時。」〔一五〕此推日食之占循變復之要也。易曰：「縣象著明，莫大於日月。」〔一六〕是故聖人重之，載于三經。〔一七〕於易，在豐之震曰：「豐其沛，日中見昧，折其右肱，亡咎。」〔一八〕於詩十月之交，則著卿士、司徒，下至趣馬、師氏，咸非其材。〔一九〕同於右肱之所折，協於三務之所擇，明小人乘君子，陰侵陽之原也。

〔一〕師古曰：已解於上。

〔二〕師古曰：申之會，楚人執徐子，遂滅賴。

〔三〕師古曰：招，成公子，哀公弟也。昭八年，經書「陳侯之弟招殺陳太子偃師」。偃師，即哀公之子也。招音韶。

〔四〕師古曰：偃師之死，哀公縊。其九月，楚公子棄疾奉偃師之子孫吴圍陳，遂滅之。

〔五〕師古曰：十一年，楚師滅蔡也。執太子有以歸，用之。

〔六〕師古曰：十三年，楚公子比弒其君虔于乾谿是也。

〔七〕【補注】錢大昕曰：「月」當作「日」，與宣十年同。

〔八〕師古曰：士文伯，晉大夫伯瑕。

〔九〕【補注】朱一新曰：左傳釋文「惡」讀如字。杜注「謂受其罪也」。

〔一〇〕【補注】葉德輝曰：德藩本有「曰」字。先謙曰：官本有「曰」字。

〔一一〕師古曰：從，謂如士文伯之言也。可常，謂常可以此占之下。【補注】朱一新曰：汪本注「下」作「不」，是。先謙曰：官本作「不」。

〔一二〕如淳曰：顇，古悴字也。師古曰：小雅北山之詩也。宴宴，安息之貌也。盡悴，言盡力而悴病也。【補注】葉德輝曰：「宴宴」，今詩作「燕燕」。陳喬樅齊詩遺說攷「劉歆述士文伯引詩語，與今左傳異，知其從魯詩之文也」。

〔一三〕師古曰：小雅十月之交之詩也。臧，善也。

〔一四〕師古曰：適讀曰讁。

〔一五〕【補注】蘇輿曰：「公曰詩所謂」云云至此，左傳在前問「魯將上卿」下，此參錯其文。

〔一六〕師古曰：上繫之辭也。

〔一七〕師古曰：謂易、詩、春秋。

〔一八〕服虔曰：日中而昏也。師古曰：此豐卦九三爻辭也，言遇此災，則當退去右肱之臣，乃免咎。

〔一九〕師古曰：十月之交詩曰「皇父卿士，番維司徒，棸維趣馬，楀維師氏，豔妻煽方處」。司徒，地官卿也，掌邦教。趣馬，中士也，掌王馬之政。師氏，中大夫也，掌司朝得失之事。番、棸、楀皆氏也。美色曰豔。豔妻，褒姒也。豔或作閻，閻亦嬪妾之姓也。煽，熾也。詩人刺王淫於色，故皇父之徒皆用后寵而處職位，不以德選也。趣音千后反。棸音居衞反。楀音居禹反。番音扶元反。【補注】先謙曰：官本注「棸」竝作「蹶」。

十五年「六月丁巳朔，日有食之」。劉歆以爲三月魯、衞分。〔一〕

〔一〕【補注】錢大昕曰：「魯」當作「齊」，三月朔爲齊、衞分。若云魯、衞，則當食於四月矣。依三統術推得是年三月丁巳朔。王引之曰：「魯」當爲「齊」。周之三月，今正月。是月之朔，日躔去危而入營室，危，齊也，營室，衞也，故曰齊、衞分。若作魯，則爲奎之分野，奎爲二月之朔，日躔所在，非正月之宿矣。

十七年「六月甲戌朔，日有食之」。董仲舒以爲時宿在畢，晉國象也。晉厲公誅四大夫，失衆心，以弒死。〔一〕後莫敢復責大夫，六卿遂相與比周，專晉國，君還事之。〔二〕日比再食，其事在春秋後，故不載於經。劉歆以爲魯、趙分。〔三〕左氏傳：平子曰：〔四〕「唯正月朔，慝未作，日有食之，於是乎天子不舉，伐鼓於社，諸侯用幣於社，伐鼓於朝，禮也，其餘則否。」太史曰：「在此月也，日過分而未至，三辰有災，百官降物，君不舉，避移時，樂奏鼓，祝用幣，史用辭，嗇夫馳，庶人走，此月朔之謂也。當夏四月，是謂孟夏。」説曰：正月謂周六月，夏四月，正陽純乾之月也。慝謂陰爻也，冬至陽爻起初，故曰復。至建巳之月爲純乾，亡陰爻，而陰侵陽，爲災重，故伐鼓用幣，責陰之禮。降物，素服也。不舉，去樂也。避移時，避正堂，須時移災復也。〔五〕嗇夫，掌幣吏。庶人，其徒役也。劉歆以爲六月二日魯、趙分。〔六〕

〔一〕師古曰：四大夫，謂三郤及胥童也。胥童非厲公所誅，以導亂而死，故總書四大夫。厲公竟爲欒書、中行偃所殺。

〔二〕師古曰：六卿，謂范氏、中行氏、智氏、韓、魏、趙也。

〔三〕【補注】錢大昕曰：「魯」當作「晉」。六月，日在實沈，爲晉分。其前月，日在大梁，爲趙分。凡六月朔，爲晉、趙分，五月朔，爲魯、趙分。二文易譌，故特辨之。

〔四〕師古曰：季平子。

〔五〕【補注】先謙曰：須，待也。

〔六〕【補注】錢大昕曰：「魯」當作「晉」。王引之曰：「六月」當爲「五月」。周之五月，今三月，是月二日，日躔去婁而入胃。婁，魯也，胃，趙也，故曰魯、趙分。嚴公二十五年六月辛未朔，日有食之，劉歆以爲五月二日，魯、趙分，是其證也。若作六月，則爲今之四月，四月之朔，日躔去畢而入參，當云趙、晉，不當云魯、趙矣。且凡歆以爲某月者，皆與經不同。經云六月，則歆之所定必非六月也。先謙曰：王說是。

二十一年「七月壬午朔，日有食之」。董仲舒以爲周景王老，劉子、單子專權，〔一〕蔡侯朱驕，君臣不說之象也。〔二〕後蔡侯朱果出奔，〔三〕劉子、單子立王猛。劉歆以爲五月二日魯、趙分。

〔一〕師古曰：已解於上。

〔二〕師古曰：蔡侯朱，蔡平公之子。說讀曰悅。

〔三〕師古曰：昭二十一年，出奔楚。

二十二年「十二月癸酉朔，日有食之」。董仲舒以爲宿在心，天子之象也。後尹氏立王子朝，天王居于狄泉。〔一〕劉歆以爲十月楚、鄭分。

〔一〕師古曰：天王，敬王也，避子朝之難，故居狄泉。

二十四年「五月乙未朔，日有食之」。董仲舒以爲宿在胃，魯象也。後昭公爲季氏所逐。劉向以爲自十五年至此歲，十年間天戒七見，人君猶不寤。後楚殺戎蠻子，〔一〕晉滅陸渾戎，〔二〕盜殺衛侯兄，〔三〕蔡、莒之君出奔，〔四〕吳滅巢，〔五〕公子光殺王僚，〔六〕宋三臣以邑叛其君。〔七〕它如仲舒。劉歆以爲二日魯、趙分。是月斗建辰。左氏傳梓慎曰：「將大水。」〔八〕昭子曰：「旱也。〔九〕日過分而陽猶不克，克必甚，能無旱乎！〔一〇〕陽不克，莫將積聚也。」〔一一〕是歲秋，大雩，旱也。二至二分，日有食之，不爲災。日月之行也，春秋分日夜等，故同道；冬夏至長短極，故相過。相過同道而食輕，不爲大災，水旱而已。

〔一〕師古曰：昭十六年，楚子誘戎蠻子殺之。戎蠻國在河南新城縣。

〔二〕師古曰：十七年，晉荀吳帥師滅陸渾之戎。其地今陸渾縣是也。

〔三〕師古曰：衛靈公兄也，名縶，二十年，爲齊豹所殺。以豹不義，故貶稱盜，所謂求名而不得。【補注】先謙曰：官本注末有「也」字。

〔四〕師古曰：蔡君即朱也。莒君，莒子庚與也。二十三年，出奔魯。【補注】先謙曰：官本「與」作「輿」是。

〔五〕師古曰：二十四年，吳滅巢。巢，吳、楚間小國，即居巢城是也。

〔六〕師古曰：事在二十七年。

〔七〕師古曰：二十一年，宋華亥、向寧、華定入于宋南里以叛是也。

〔八〕師古曰：梓慎，魯大夫。

〔九〕師古曰：叔孫昭子。

〔一〇〕孟康曰：謂春分後陰多陽少，爲不克。陽勝則盛，故言甚。

〔一一〕蘇林曰：莫，莫爾不勝，爲積聚也。

三十一年「十二月辛亥朔，日有食之」。董仲舒以爲宿在心，天子象也。時京師微弱，後諸侯果相率而城周，〔一〕宋中幾亡尊天子之心，而不衰城。〔二〕劉向以爲時吳滅徐，〔三〕而蔡滅沈，〔四〕楚圍蔡，吳敗楚入郢，昭王走出。〔五〕劉歆以爲二日宋、燕分。〔六〕

〔一〕師古曰：定元年，晉魏舒合諸侯之大夫于狄泉以城周是也。

〔二〕師古曰：中幾，宋大夫。衰城，謂以差次受功賦也。衰音初爲反。一曰，衰讀曰蓑。蓑城，謂以草覆城也。蓑音先和反。中讀曰仲。

〔三〕師古曰：事在昭三十年。

〔四〕師古曰：定四年，蔡公孫姓帥師滅沈。

〔五〕師古曰：事並在定四年。

〔六〕【補注】先謙曰：錢氏大昕所見本作「二月」，云「月」當作「日」。又引陳詩庭云，南雍本作「日」。今案官本作「日」，與汲古本同。

定公五年「三月辛亥朔，日有食之」。〔一〕董仲舒、劉向以爲後鄭滅許，〔二〕魯陽虎作亂，竊寶玉大弓，季桓子退仲尼，宋三臣以邑叛。〔三〕劉歆以爲正月二日燕、趙分。〔四〕

〔一〕【補注】蘇輿曰：案「三月」當作「正月」，字之誤也。春秋經作「正月」，說見下。

〔二〕師古曰：六年，鄭游速帥師滅許，以許男斯歸。

〔三〕師古曰：已解於上。

〔四〕【補注】錢大昕曰：「趙」當作「越」。王引之曰：周之正月，今十一月，是月二日，日躔去箕而入斗。箕，燕也，斗，越也，故曰燕、越分。若作趙，則爲胃之分野，胃爲三月之朔，日躔所在，非十一月之宿矣。此國名之誤也。蘇輿曰：案「趙」字不誤，乃「正月」爲「三月」之誤也。春秋經本作「正月辛卯朔，日有食之」。三傳同。上文「三月」當作「正月」，此「正月」當作「三月」，轉寫互誤。班所據本春秋經前後無一異者，歆凡出某月二字，所推皆與經異，此以經作正月，故云三月二日，否則贅矣。且三月適趙分，天文志「辰邯鄲」，王念孫云，邯鄲即趙。「在辰曰執徐，三月出」。即「正」本作「三」之顯證。錢、王不據以正今本月分之誤，轉改「趙」爲「越」，失之。

十二年「十一月丙寅朔，日有食之」。董仲舒、劉向以爲後晉三大夫以邑叛，薛弒其君，〔一〕楚滅頓、胡，〔二〕越敗吴，〔三〕衛逐世子。〔四〕劉歆以爲十二月二日楚、鄭分。〔五〕

〔一〕師古曰：十三年，晉趙鞅入于晉陽以叛；荀寅、士吉射入朝歌以叛；薛殺其君比。【補注】先謙曰：官本注「殺」作「弒」。

〔二〕師古曰：十四年，楚公子結帥師滅頓，以頓子牂歸。十五年，楚人滅胡，以胡子豹歸。

〔三〕師古曰：十四年五月，於越敗吴于檇李是也。檇音醉。

〔四〕師古曰：十四年，衛太子蒯聵出奔宋。

〔五〕【補注】錢大昕曰：當作「十月」，「二」字衍。十月朔，爲楚、鄭分，十二月則爲宋、燕分矣。王引之曰：周之十月，今八月，八月二日，日躔去軫而入角。軫，楚也，角，鄭也，故曰楚、鄭分。桓公十七年十月朔，日有食之，劉歆以爲楚、鄭分，是其證也。若作十二月，則爲今之十月。十月之朔，日躔去心而入尾，當云宋、燕分，不當云楚、鄭分矣。

十五年「八月庚辰朔，日有食之」。董仲舒以爲宿在柳，周室大壞，夷狄主諸夏之象也。明年，中國諸侯果累累從楚而圍蔡，〔一〕蔡恐，遷于州來。〔二〕晉人執戎蠻子歸于楚，〔三〕京師楚也。〔四〕劉向以爲盜殺蔡侯，〔五〕齊陳乞弒其君而立陽生，〔六〕孔子終不用。劉歆以爲六月晉、趙分。

〔一〕師古曰：哀元年，楚子、陳侯、隨侯、許男圍蔡是也。累讀曰纍。纍，不絶之貌。

〔二〕師古曰：哀二年十一月，蔡遷于州來。州來，楚邑，今下蔡縣是。【補注】先謙曰：官本注「是」下有「也」字。

〔三〕師古曰：哀公四年，晉人執戎蠻子赤歸于楚。

〔四〕師古曰：言以楚爲京師。【補注】沈欽韓曰：因歸字與歸於京師相同，遂以楚爲京師。何休又甚爲之詞云「晉人執戎蔓子，不歸天子而歸於楚。惡晉背叛，當誅之」。然傳文嫌與成十五年晉侯執曹伯歸於京師同文，故稱晉人，稱戎蠻子名以避之，非真京師楚也。

〔五〕師古曰：哀四年，蔡公孫翩殺蔡侯申。翩非大夫，故賤之而書盜。

〔六〕師古曰：哀六年，齊陳乞弒其君荼。荼即景公之子也。陽生，荼之兄，即悼公也。荼音塗。【補注】先謙曰：官本無「荼音塗」三字。

哀公十四年「五月庚申朔，日有食之」。在獲麟後。劉歆以爲三月二日齊、衞分。

凡春秋十二公，二百四十二年，日食三十六。〔一〕穀梁以爲朔二十六，晦七，夜二，二日一。公羊以爲朔二十七，二日七，晦二。左氏以爲朔十六，二日十八，晦一，〔二〕不書日者二。〔三〕

〔一〕【補注】先謙曰：官本與上連文，不提行。

〔二〕【補注】錢大昕曰：案劉歆所説隱三年、莊二十五年、二十六年、文十五年、宣八年、十年、成十六年、襄十四年、十五年、二十三年、昭七年、十七年、二十一年、二十四年、三十一年、定五年、十二年、哀十四年，皆食在二日，正合十八之數。至莊十八年、宣十七年兩食，皆在晦。此云晦一，當是誤「二」爲「一」也。經書日食三十有六，竝十四年一食數之，實三十有七，除去食晦與二日者，則朔食蓋十有七，此云十六，亦恐誤。

〔三〕【補注】王鳴盛曰：七國及秦代，生民之禍甚烈，宜有日食而志無之，史失其官，不可考耳。先謙曰：周定王二十六年、考王六年、威烈王十六年、安王二十年、烈王元年、七年、赧王十四年，日蝕，見史記年表。在秦下。秦莊襄王三年日蝕，見秦紀，志不録者，七國喪亂，其應殆不勝書。以爲史不可考，則非也。

高帝三年十月甲戌晦，日有食之，在斗二十度，燕地也。後二年，燕王臧荼反，誅，立盧綰爲燕王，後又反，敗。

十一月癸卯晦，日有食之，在虚三度，齊地也。後二年，齊王韓信徙爲楚王，明年廢爲列侯，後又反，誅。

九年六月乙未晦，日有食之，既，在張十三度。

惠帝七年正月辛丑朔，日有食之，在危十三度。谷永以爲歲首正月朔日，是爲三朝，〔一〕尊者惡之。

〔一〕【補注】錢大昕曰：案漢初以十月建亥爲歲首，正月非歲首也。

五月丁卯，先晦一日，日有食之，幾盡，〔一〕在七星初。〔二〕劉向以爲五月微陰始起而犯至陽，其占重。至其八月，宮車晏駕，有吕氏詐置嗣君之害。京房易傳曰：「凡日食不以晦朔者，名曰薄。人君誅將不以理，或賊臣將暴起，日月雖不同宿，陰氣盛，薄日光也。」

〔一〕師古曰：幾音鉅依反。後皆類此。

〔二〕【補注】葉德輝曰：西漢會要引「星」下無「初」字。

高后二年六月丙戌晦，日有食之。

七年正月己丑晦，日有食之，既，在營室九度，爲宮室中。時高后惡之，曰：「此爲我也！」明年應。〔一〕

〔一〕師古曰：謂高后崩也。

文帝二年十一月癸卯晦，日有食之，在婺女一度。

三年十月丁酉晦，日有食之，在斗二十三度。〔一〕

〔一〕【補注】錢大昭曰：閩本作「二十二度」。葉德輝曰：德藩本作「二十三度」，西漢會要二十九引，亦作「二十三度」。先謙曰：官本考證云，宋本作「二十二度」。

十一月丁卯晦，日有食之，在虛八度。

後四年四月丙辰晦，〔一〕日有食之，在東井十三度。

〔一〕【補注】齊召南曰：文紀作「丙寅」。

七年正月辛未朔，日有食之。〔一〕

〔一〕【補注】齊召南曰：文紀未書。

景帝三年二月壬午晦，〔一〕日有食之，在胃二度。〔二〕

〔一〕【補注】齊召南曰：景紀作「壬子」。

〔二〕【補注】齊召南曰：紀於四年十月戊戌晦書食，志不書。

七年十一月庚寅晦，日有食之，在虚九度。

中元年十二月甲寅晦，日有食之。〔一〕

〔一〕【補注】齊召南曰：景紀未書。

中二年九月甲戌晦，日有食之。

三年九月戊戌晦，日有食之，幾盡，在尾九度。〔一〕

〔一〕【補注】齊召南曰：紀於中四年十月戊午書食，志不書。

六年七月辛亥晦，日有食之，在軫七度。

後元年七月乙巳，先晦一日，〔一〕日有食之，在翼十七度。〔二〕

〔一〕【補注】齊召南曰：紀但言晦，不言先晦一日。

〔三〕【補注】先謙曰：史記景帝紀「後三年，日月皆蝕，赤五日。十二月，日如紫。」本書景紀及志皆不載。

武帝建元二年二月丙戌朔，日有食之，在奎十四度。劉向以爲奎爲卑賤婦人，後有衞皇后自至微興，卒有不終之害。〔一〕

〔一〕師古曰：皇后自殺，不終其位也。

三年九月丙子晦，日有食之，在尾二度。

五年正月己巳朔，日有食之。〔一〕

〔一〕【補注】齊召南曰：武紀不書。

元光元年二月丙辰晦，日有食之。〔一〕

〔一〕【補注】齊召南曰：紀不書。

七月癸未，先晦一日，日有食之，在翼八度。劉向以爲前年高園便殿災，與春秋御廩災後日食於翼、軫同。其占，內有女變，外爲諸侯。其後，陳皇后廢，江都、淮南、衡山王謀反，誅。日中時食從東北，過半，晡時復。

元朔二年二月乙巳晦，日有食之，〔一〕在胃三度。

〔一〕【補注】齊召南曰：紀作「三月乙亥晦」。

六年十一月癸丑晦，日有食之。〔一〕

〔一〕【補注】齊召南曰：紀不書。

元狩元年五月乙巳晦，日有食之，在柳六度。京房易傳推以爲是時日食從旁右，法曰君失臣。明年，丞相公孫弘薨。日食從旁左者，亦君失臣；從上者，臣失君；從下者，君失民。

元鼎五年四月丁丑晦，日有食之，在東井二十三度。

元封四年六月己酉朔，日有食之。〔一〕

〔一〕【補注】齊召南曰：紀不書。

太始元年正月乙巳晦，日有食之。〔一〕

〔一〕【補注】齊召南曰：紀不書。

四年十月甲寅晦，日有食之，在斗十九度。

征和四年八月辛酉晦，日有食之，不盡如鉤，在亢二度。晡時食從西北，日下晡時復。

昭帝始元三年十一月壬辰朔，日有食之，在斗九度，燕地也。後四年，燕剌王謀反，誅。

元鳳元年七月己亥晦，日有食之，〔一〕幾盡，在張十二度。劉向以爲己亥而既，其占重。〔二〕後六年，宮車晏駕，卒以亡嗣。

〔一〕【補注】齊召南曰：昭紀作「乙亥」。

〔二〕孟康曰：己，土；亥，水也。純陰，故食爲最重也。日食盡爲既。

宣帝地節元年十二月癸亥晦，日有食之，在營室十五度。

五鳳元年十二月乙酉朔，日有食之，在婺女十度。

四年四月辛丑朔，〔一〕日有食之，在畢十九度。是爲正月朔，慝未作，左氏以爲重異。

〔一〕【補注】齊召南曰：宣紀「朔」作「晦」。

元帝永光二年三月壬戌朔，日有食之，在婁八度。

四年六月戊寅晦，日有食之，在張七度。

建昭五年六月壬申晦，日有食之，不盡如鉤，因入。

成帝建始三年十二月戊申朔，日有食之，其夜未央殿中地震。谷永對曰：「日食婺女九度，占在皇后。地震蕭牆之内，咎在貴妾。〔一〕二者俱發，明同事異人，共掩制陽，將害繼嗣也。亶日食，則妾不見；〔二〕亶地震，則后不見。異日而發，則似殊事；亡故動變，則恐不知。是月后妾當有失節之郵，〔三〕故天因此兩見其變。若曰，違失婦道，隔遠衆妾，〔四〕妨絶繼嗣者，此二人也。」〔五〕杜欽對亦曰：「日以戊申食，時加未。戊未，土也，中宮之部。其夜殿中地震，此必適妾將有爭寵相害而爲患者。〔六〕人事失於下，變象見於上。能應之(司)〔以〕

德，則咎異消；忽而不戒，則禍敗至。〔七〕應之，非誠不立，非信不行。」〔八〕

〔一〕師古曰：蕭牆，謂門屏也。蕭，肅也，人臣至此，加肅敬也。

〔二〕師古曰：亶讀曰但。下例並同。

〔三〕師古曰：郵與尤同。尤，過也。

〔四〕師古曰：遠音于萬反。

〔五〕【補注】先謙曰：二人，謂許皇后、班婕妤。永傳所云「建始、河平之際，許、班之貴，頃動前朝」者也。此永應直言詔對，後上特復問永，永對云云。

〔六〕師古曰：適讀曰嫡。

〔七〕師古曰：忽，怠忘。【補注】先謙曰：官本無注。

〔八〕【補注】先謙曰：文與欽傳大同。

河平元年四月己亥晦，日有食之，不盡如鉤，〔一〕在東井六度。劉向對曰：「四月交於五月，月同孝惠，日同孝昭。〔二〕東井，京師地，且既，其占恐害繼嗣。」日蚤食時，從西南起。

〔一〕【補注】葉德輝曰：本紀無末四字。

〔二〕【補注】何焯曰：孝惠時，以十月爲歲首。今食於夏正之四月，雖變之大者，月固不同也。

三年八月乙卯晦，日有食之，在房。

四年三月癸丑朔，日有食之，在昴。

陽朔元年二月丁未晦，日有食之，在胃。

永始元年九月丁巳晦，日有食之。〔一〕谷永以京房易占對曰：「元年九月日蝕，酒亡節之所致也。〔二〕獨使京師知之，四國不見者，若曰，湛湎于酒，君臣不別，禍在内也。」〔三〕

〔一〕【補注】齊召南曰：成紀不書。

〔二〕【補注】葉德輝曰：開元占經九引京房易傳曰「人君荒酒無節，則日蝕乍青，乍黑，乍赤」。先謙曰：官本「蝕」作「食」。

〔三〕師古曰：湛讀曰沈，又讀曰耽也。【補注】先謙曰：官本注無「也」字。

永始二年二月乙酉晦，日有食之。谷永以京房易占對曰：「今年二月日食，賦斂不得度，民愁怨之所致也。所以使四方皆見，京師陰蔽者，若曰，人君好治宮室，大營墳墓，賦斂茲重，而百姓屈竭，〔一〕禍在外也。」

〔一〕師古曰：茲，益也。屈，盡也，音其勿反。【補注】先謙曰：屈、竭同訓。荀子榮辱、王制、禮論等篇注「屈，竭也」。淮南原道訓「悦兮忽兮，用不屈兮」。不屈，猶不竭。

三年正月己卯晦，日有食之。

四年七月辛未晦，日有食之。

元延元年正月己亥朔，日有食之。

哀帝元壽元年正月辛丑朔，日有食之，不盡如鉤，在營室十度，與惠帝七年同月日。

二年三月壬辰晦，〔一〕日有食之。

〔一〕【補注】齊召南曰：哀紀作「夏四月」。

平帝元始元年五月丁巳朔，日有食之，在東井。

二年九月戊申晦，日有食之，既。〔一〕

〔一〕【補注】朱一新曰：平紀無「既」字。

凡漢著紀〔一〕十二世，二百一十二年，日食五十三，朔十四，晦三十六，先晦一日三。

〔一〕【補注】先謙曰：官本連上不提行。

成帝建始元年〔一〕八月戊午，晨漏未盡三刻，有兩月重見。京房易傳曰：「『婦貞厲，月幾望，君子征，凶。』〔二〕言君弱而婦彊，爲陰所乘，則月並出。晦而月見西方謂之朓，朔而月見東方謂之仄慝，〔三〕仄慝則侯王其肅，朓則侯王其舒。」劉向以爲朓者疾也，君舒緩則臣驕慢，故日行遲而月行疾也。〔四〕仄慝者不進之意，君肅急則臣恐懼，故日行疾而月行遲，〔五〕不敢迫近君也。不舒不急，以正失之者，食朔日。劉歆以爲舒者侯王展意顓事，臣下促急，故月行疾也。〔六〕肅者王侯縮朒不任事，〔七〕臣下弛縱，故月行遲也。〔八〕當春秋時，侯王率多縮朒不任事，故食二日仄慝者十八，食晦日朓者一，此其效也。考之漢家，食晦朓者三十六，終亡二日仄慝者，歆説信矣。此皆謂日月亂行者也。

〔一〕【補注】先謙曰：官本連上不提行。

〔二〕師古曰：小畜上九爻辭也。幾音鉅依反。

〔三〕孟康曰：朓者，月行疾在日前，故早見。仄慝者，行遲在日後，當没而更見。師古曰：朓音吐了反。【補注】錢大昕曰：周禮疏引尚書五行傳作「側匿」。先謙曰：匿，正字慝，借字亦作縮肭。説文「晦而月見西方謂之朓。朔而月見東方謂之縮肭」。側與縮、匿與肭，聲近義同。

〔四〕【補注】先謙曰：後漢盧植傳「植封事云『五行傳曰，日晦而月見謂之朓，王侯其舒。此謂君政舒緩，故日食晦也』」。與向説同。

〔五〕【補注】先謙曰：官本「故」作「放」。

〔六〕【補注】先謙曰：後書鄭興傳，興疏云「夫日月交會，數應在朔，而頃年日食，每多在晦。先時而合，皆月行疾也。日君象而月臣象，君亢極則臣下促迫，故行疾也」。與歆説同。

〔七〕服虔曰：朒音忸怩之忸。鄭氏曰：不任事之貌也。師古曰：朒音女六反。

〔八〕師古曰：弛，放也，音式爾反。【補注】先謙曰：官本無注十字。

元帝永光元年四月，日色青白，亡景，〔一〕正中時有景亡光。〔二〕是夏寒，至九月，日乃有光。〔三〕京房易傳曰：「美不上人，茲謂上弱，厥異日白，七日不温。順亡所制茲謂弱，〔四〕日白六十日，物亡霜而死。天子親伐，茲謂不知，日白，體動而寒。弱而有任，茲謂不亡，日白不温，明不動。辟(𧭡)〔𠐩〕公行，茲謂不伸，〔五〕厥異日黑，大風起，天無雲，日光晻。〔六〕不難上政，茲謂見過，日黑居仄，大如彈丸。」

〔一〕韋昭曰：日下無景也。無景，謂唯質見耳。

〔二〕韋昭曰：無光曜也。

〔三〕【補注】先謙曰：元紀不載，亦見劉向傳。

〔四〕孟康曰：君順從於臣下，無所能制。

〔五〕孟康曰：辟，君也。有過而公行之。

〔六〕師古曰：晻與闇同也。【補注】先謙曰：官本無注末「也」字。

成帝河平元年正月壬寅朔，日月俱在營室，時日出赤。二月癸未，日朝赤，且入又赤，夜月赤。甲申，日出赤如血，亡光，漏上四刻半，乃頗有光，燭地赤黃，食後乃復。京房易傳曰：「辟不聞道茲謂亡，厥異日赤。」三月乙未，日出黃，有黑氣大如錢，居日中央。京房易傳曰：「祭天不順茲謂逆，厥異日赤，其中黑。聞善不予，茲謂失知，厥異日黃。」夫大人者，與天地合其德，與日月合其明，故聖王在上，總命羣賢，以亮天功，〔一〕則日之光明，五色備具，燭燿亡主；有主則爲異，應行而變也。色不虛改，形不虛毀，觀日之五變，足以監矣。故曰「縣象著明，莫大乎日月」，此之謂也。〔二〕

〔一〕師古曰：虞書舜典「帝曰『咨二十有二人，欽哉，惟時亮天功』」。謂敕六官、十二牧、四嶽，令各敬其職事，信定其功，順天道也。故志引之。【補注】先謙曰：官本注「六」作「九」，是。

〔二〕【補注】先謙曰：以上日月亂行，日光有異附見。又哀帝元壽元年，月行失道。見李尋傳，志不載。

嚴公七年「四月辛卯夜，恆星不見，夜中星隕如雨」。董仲舒、劉向以爲常星二十八宿者，〔一〕人君之象也；衆星，萬民之類也。列宿不見，象諸侯微也；衆星隕墜，民失其所也。夜中者，爲中國也。不及地而復，象齊桓起而救存之也。鄉亡桓公，星遂至地，中國其良絶矣。〔二〕劉向以爲夜中者，言不得終性命，中道敗也。或曰，象其叛也，言當中道叛其上也。天垂象以視下，〔三〕將欲人君防惡遠非，慎卑省微，以自全安也。〔四〕如人君有賢明之材，畏天威命，若高宗謀祖己，〔五〕成王泣金縢，〔六〕改過修正，立信布德，存亡繼絶，修廢舉逸，下學而上達，〔七〕裁什一之税，復三日之役，〔八〕節用儉服，以惠百姓，則諸侯懷德，士民歸仁，災消而福興矣。遂莫肯改寤，法則古人，而各行其私意，終於君臣乖離，上下交怨。自是之後，齊、宋之君弑，〔九〕譚、遂、邢、衞之國滅，〔一〇〕宿遷於宋，〔一一〕蔡獲於楚，〔一二〕晉相弑殺，五世乃定，〔一三〕此其效也。左氏傳曰：「恆星不見，夜明也；星隕如雨，與雨偕也。」劉歆以爲晝象中國，夜象夷狄。夜明，故常見之星皆不見，象中國微也。「星隕如雨」，如，而也，星隕而且雨，故曰「與雨偕也」，〔一四〕明雨與星隕，兩變相成也。洪範曰：「庶民惟星。」易曰：「雷雨作，解。」〔一五〕是歲歲在玄枵，齊分壄也。夜中而星隕，象庶民中離上也。雨以解過施，復從上下，象齊桓行伯，復興周室也。〔一六〕周四月，夏二月也，日在降婁，魯分壄也。先是，衞侯朔奔齊，衛公子黔牟立，齊帥諸侯伐之，天子使使救衛。〔一七〕魯公子溺專政，會齊以犯王命，〔一八〕嚴弗能止，卒從而伐衛，逐天王所立。〔一九〕不義至甚，而自以爲功。名去其上，〔二〇〕政繇下作，〔二一〕尤著，故星隕於魯，〔二二〕天事常象也。

〔一〕【補注】葉德輝曰：穀梁莊七年傳范甯注引劉向曰「隕者，象諸侯隕墜，失其所也。又中夜而隕者，象不終其性命，中道而落」。文與此向說同，惟董說夜中爲異，故下重言劉向以爲云云。

〔二〕師古曰：鄉讀曰嚮。中國，中夏之國也。良猶信也。

〔三〕師古曰：視讀曰示。

〔四〕師古曰：遠，離也。省，視。【補注】先謙曰：官本「也」字在注末。

〔五〕師古曰：謂殷之武丁有雊雉之異，而祖己訓諸王，作高宗肜日、高宗之訓。

〔六〕師古曰：武王有疾，周公作金縢之書爲王請命，王翌日乃瘳。後武王崩，成王即位，管、蔡流言，而周公居東。天大雷電以風，禾盡偃，大木斯拔。王啓金縢，乃得周公代武王之說，王執書以泣，遣使者逆公。王出郊，天乃雨，反風，禾則盡起。

〔七〕師古曰：下學，謂博謀於羣下也。上達，謂通於天道而畏威。

〔八〕師古曰：古之田租，十稅其一，一歲役兆庶不過三日也。

〔九〕師古曰：莊八年，齊無知弒其君諸兒。十二年，宋萬弒其君捷也。

〔一〇〕師古曰：十年，齊侯滅譚；十三年，齊人滅遂；閔二年，狄人入衛；僖二十五年，衛侯燬滅邢。

〔一一〕師古曰：莊十年，宋人遷宿，蓋取其地也。宿國，東平無鹽縣是。【補注】先謙曰：官本注末有「也」字。

〔一二〕師古曰：莊十年，荆敗蔡師于莘，以蔡侯獻舞歸也。

〔一三〕師古曰：謂殺奚齊、卓子及懷公也。自獻公以至文公反國，凡易五君乃定。

〔一四〕【補注】葉德輝曰：公羊傳云「如雨者，非雨也」。又云「不修春秋曰雨星」。則是無雨也。穀梁傳亦云「其隕也如雨」。均與左傳異義。劉歆古文學，故與左傳同。

〔一五〕師古曰：解卦象辭也。

〔一六〕師古曰：伯讀曰霸。【補注】先謙曰：官本無注。

〔一七〕師古曰：已解於上。

〔一八〕師古曰：溺，魯大夫名也。莊三年，溺會齊師伐衞，疾其專命，故貶而去族。天子救衞，而溺伐之，故云犯王命。

【補注】先謙曰：官本正文「專」作「顓」。

〔一九〕師古曰：謂放黔牟也。

〔二〇〕【補注】葉德輝曰：宋本「名」作「民」，德藩本亦作「民」。先謙曰：官本「名」作「民」，是。

〔二一〕師古曰：繇讀與由同。次下亦同。【補注】先謙曰：官本無注。

〔二二〕【補注】朱一新曰：尤，過也。尤著者，言其過甚著。

成帝永始二年二月癸未，夜過中，星隕如雨，長一二丈，繹繹未至地滅，〔一〕至雞鳴止。谷永對曰：「日月星辰燭臨下土，其有食隕之異，則遐邇幽隱靡不咸睹。星辰附離于天，猶庶民附離王者也。王者失道，綱紀廢頓，下將叛去，故星叛天而隕，以見其象。春秋記異，星隕最大，自魯嚴以來，至今再見。臣聞三代所以喪亡者，皆繇婦人羣小，湛湎於酒。〔二〕書云『乃用其婦人之言，四方之逋逃多罪，是信是使』。〔三〕詩曰『赫赫宗周，褒姒威之』。〔四〕『顛覆厥德，荒沈于酒』。〔五〕及秦所以二世而亡者，養生大奢，奉終大厚。方今國家兼而有之，社稷宗廟之大憂也。」京房易傳曰：「君不任賢，厥妖天雨星。」

〔一〕師古曰：繹繹，光采貌。

〔二〕師古曰：湛讀曰沈，又讀曰耽。其下亦同。

〔三〕師古曰：周書泰誓也。言紂惑於妲己，而昵近亡逃罪人，信用之。【補注】錢大昭曰：此牧誓文也。志及谷永傳注，師古竝以爲泰誓，疑誤。

〔四〕師古曰：小雅正月之詩也。已解於上。烕音許悦反。

〔五〕師古曰：大雅抑之詩也。刺王傾敗其德，荒廢政事而耽酒。【補注】朱一新曰：「沈」當作「湛」。師古上文注云「其下亦同」，正謂此「湛」字也。今作「沈」者，後人誤改。

文公十四年「七月，有星孛入于北斗」。董仲舒以爲孛者惡氣之所生也。謂之孛者，言其孛孛有所妨蔽，闇亂不明之貌也。北斗，大國象。後齊、宋、魯、莒、晉皆弒君。〔一〕劉向以爲君臣亂於朝，政令虧於外，則上濁三光之精，五星贏縮，變色逆行，甚則爲孛。北斗，人君象；孛星，亂臣類，篡殺之表也。星傳曰「魁者，貴人之牢」。〔二〕又曰「孛星見北斗中，大臣諸侯有受誅者」。一曰，魁爲齊、晉。夫彗星較然在北斗中，天之視人顯矣，〔三〕史之有占明矣，時君終不改寤。是後，宋、魯、莒、晉、鄭、陳六國咸弒其君，〔四〕齊再弒焉。〔五〕中國既亂，夷狄並侵，兵革從橫，楚乘威席勝，深入諸夏，〔六〕六侵伐，〔七〕一滅國，〔八〕觀兵周室。〔九〕晉外滅二國，〔一〇〕内敗王師，〔一一〕又連三國之兵大敗齊師于鞌，〔一二〕追亡逐北，東臨海水，〔一三〕威陵京師，武折大齊。皆孛星炎之所及，流至二十八年。〔一四〕星傳又曰「彗星入北斗，有大戰。其流入北斗中，得名人；〔一五〕不入，失名人」。宋華元，賢名大夫，大棘之戰，華元獲於鄭，〔一六〕傳舉其效云。左氏傳曰，有星孛北斗，周史服曰：「不出七年，宋、齊、晉之君皆將死亂。」〔一七〕劉歆以爲北斗有環域，四星入其中也。斗，天之三辰，綱紀星也。宋、齊、晉，天子方伯，中國綱紀。彗所以除舊布新也。斗七星，故曰不出七年。至十六年，宋人弒昭公；〔一八〕十八年，齊人弒懿公；〔一九〕宣公二年，晉趙穿弒靈公。

〔一〕師古曰：文十四年，齊公子商人弒其君舍；十六年，宋人弒其君杵臼；十八年，襄仲殺惡及視；莒弒其君庶其；宣二年，晉趙穿攻靈公於桃園。

〔二〕【補注】先謙曰：天理四星在斗魁中，爲貴人之牢，詳天文志。

〔三〕師古曰：視讀曰示。

〔四〕師古曰：宋、魯、莒、晉已解於上。宣四年，鄭公子歸生弒其君夷；十年，陳夏徵舒弒其君平國。

〔五〕師古曰：再弒者，謂向人殺舍，而閻職等又殺向人。【補注】先謙曰：官本「向」作「商」，是。

〔六〕師古曰：謂邲戰之後。

〔七〕師古曰：謂宣十二年春，楚子圍鄭；夏，與晉師戰于邲，晉師敗績；十三年，楚子伐宋；十四年，楚子圍宋；成二年，楚師侵衞，遂侵魯師于蜀；成六年，楚公子嬰齊帥師伐鄭。

〔八〕師古曰：謂宣十二年，楚子滅蕭。

〔九〕師古曰：已解於上。

〔一〇〕師古曰：謂宣十五年，晉滅赤狄潞氏；十六年，滅赤狄甲氏也。

〔一一〕師古曰：謂成元年，晉敗王師于貿戎是也。

〔一二〕師古曰：謂成二年，晉郤克會魯季孫行父、衛孫良夫、曹公子首及齊侯戰于鞌，齊師敗績。鞌，齊地。

〔一三〕師古曰：謂逐之三周華不注，又從之入自丘輿，擊馬陘，東至海濱也。

〔一四〕師古曰：炎音弋贍反。其下並同。【補注】錢大昭曰：「炎」與「燄」同。後「流炎」、「芒炎」放此。朱一新曰：謂自文十四年星孛之時，至成六年，楚公子嬰齊帥師伐鄭，適得二十八年。

〔一五〕孟康曰：謂得名臣也。

〔一六〕師古曰：宣二年，宋華元帥師及鄭公子歸生戰于大棘，宋師敗績，獲華元。大棘，宋地。

〔一七〕師古曰：史服，周内史叔服也。

〔一八〕師古曰：即杵臼。

〔一九〕師古曰：即商人。

昭公十七年「冬，有星孛于大辰」。董仲舒以爲大辰心也，心在明堂，天子之象。〔一〕後王室大亂，三王分爭，此其效也。〔二〕劉向以爲星傳曰「心，大星，天王也。其前星，太子；後星，庶子也。尾爲君臣乖離」。孛星加心，象天子適庶將分爭也。〔三〕其在諸侯，角、亢、氐，陳、鄭也；房、心，宋也。後五年，周景王崩，王室亂，大夫劉子、單子立王猛，尹氏、召伯、毛伯立子鼂。子鼂，楚出也。〔四〕時楚彊，宋、衛、陳、鄭皆南附楚。王猛既卒，敬王即位，子鼂入王城，天王居狄泉，莫之敢納。五年，楚平王居卒，子鼂奔楚，王室乃定。後楚帥六國伐吳，吳敗之于雞父，殺獲其君臣。〔五〕蔡怨楚而滅沈，楚怒，圍蔡。吳人救之，遂爲柏舉之戰，敗楚師，屠鄖都，妻昭王母，鞭平王墓。〔六〕此皆孛彗流炎所及之效也。左氏傳曰：「有星孛于大辰，西及漢。申繻曰：『彗，所以除舊布新也，〔七〕天事恆象。今除於火，火出必布焉。諸侯其有火災乎？』梓慎曰：『往年吾見，〔八〕是其徵也。火出而見，今茲火出而章，必火入而伏，其居火也久矣，其與不然乎？火出，於夏爲三月，於商爲四月，於周爲五月。夏數得天，若火作，其四國當之，在宋、衛、陳、鄭乎？宋，大辰之虚；陳，太昊之虚；鄭，祝融之虚；〔九〕皆火房也。星孛及漢，〔一〇〕漢，水祥也。衛，顓頊之虚，其星爲大水。水，火之牡也。〔一一〕其以丙子若壬午作乎？水火所以合也。若火入而伏，必以壬午，不過見之月。』」明年「夏五月，火始昏見，丙子風。梓慎曰：『是謂融風，火之始也。〔一二〕七日其火作乎？』〔一三〕戊寅風甚，壬午太甚，〔一四〕宋、衛、陳、鄭皆火。」劉歆以爲大辰，房、心、尾也，八月心星在西方，孛從其西過心東及漢也。宋，大辰虚，謂宋先祖掌祀大辰星也。陳，太昊虚，虙羲木德，火所生也。〔一五〕鄭，祝融虚，高辛氏火正也。故皆爲火所舍。衛，顓頊虚，星爲大水，營室也。天星既然，又四國失政相似，及爲王室亂皆同。

〔一〕【補注】先謙曰：官本「在」作「爲」，是。

〔二〕師古曰：三王已解於上。

〔三〕師古曰：適讀曰嫡。【補注】先謙曰：官本無注。

〔四〕師古曰：姊妹之子曰出。

〔五〕師古曰：昭二十三年，楚薳越帥師，及頓、胡、沈、蔡、陳、許之師，與吳師戰于雞父，楚師敗績。胡子髡、沈子逞滅，獲陳大夫夏齧。雞父，楚地也。父讀曰甫。【補注】先謙曰：官本「髡」作「鬣」。

〔六〕師古曰：沈，楚之與國。定四年四月，蔡公孫姓帥師滅沈，以沈子嘉歸。秋，楚爲沈故圍蔡。冬，吳興師以救之，與楚戰于柏舉，楚師敗績。庚辰，吳入郢，君舍乎君室，大夫舍乎大夫室，妻楚王之母，撻平王之墓也。

〔七〕師古曰：申繻，魯大夫。

〔八〕【補注】朱一新曰：左傳「見」下有「之」字。

〔九〕師古曰：虛讀皆曰墟。其下並同。

〔一〇〕【補注】朱一新曰：今本左傳作「天漢」者非。阮元云：宋本左傳「天」作「及」。

〔一一〕張晏曰：水以天一，爲地二牡。丙與午，南方火也；子及壬，北方水也，又其配合。

〔一二〕張晏曰：融風，立春木風也，火之母也，火所始生也。淮南子曰「東北曰炎風」。高誘以爲艮氣所生也。炎風一曰融風。

〔一三〕張晏曰：自丙子至壬午凡七日，既其配合之日，又火以七爲紀。

〔一四〕師古曰：太甚者，又更甚也。

〔一五〕師古曰：虙讀與伏同。【補注】先謙曰：官本注在「木德」下。

哀公十三年「冬十一月，有星孛于東方」。董仲舒、劉向以爲不言宿名者，不加宿也。〔一〕以辰乘日而出，亂氣蔽君明也。明年，春秋事終。一曰，周之十一月，夏九月，日在氐。出東方者，軫、角、亢也。軫，楚；角、亢，陳，鄭也。或曰，角、亢大國象，爲齊、晉也。其後楚滅陳，〔二〕田氏簒齊，〔三〕六卿分晉，〔四〕此其效也。劉歆以爲孛，東方大辰也，不言大辰，旦而見與日爭光，星入而彗猶見。是歲再失閏，十一月實八月也。日在鶉火，周分野也。十四年冬，「有星孛」，在獲麟後。劉歆以爲不言所在，官失之也。

〔一〕孟康曰：不在二十八宿之中也。

〔二〕師古曰：襄十七年，楚公孫朝帥師滅陳也。

〔三〕師古曰：齊平公十三年，春秋之傳終矣。平公二十五年卒。卒後七十年，而康公爲田和所滅。

〔四〕師古曰：晉出公八年，春秋之傳終矣。出公十七年卒。卒後八十年，至靜公爲韓、魏、趙所滅，而三分其地。蓋晉之衰也，六卿擅權，其後范氏、中行氏、智氏滅，而韓、魏、趙兼其土田人衆，故總言六卿分晉也。【補注】先謙曰：官本注「靜」作「靖」，是。

高帝三年七月，有星孛于大角，旬餘乃入。〔一〕劉向以爲是時項羽爲楚王，伯諸侯，〔二〕而漢已定三秦，與羽相距滎陽，天下歸心於漢，楚將滅，故彗除王位也。一曰，項羽阬秦卒，燒宮室，弑義帝，亂王位，故彗加之也。

〔一〕【補注】先謙曰：高紀無四字。

〔二〕師古曰：伯讀曰霸。【補注】先謙曰：官本無注。

文帝後七年九月，有星孛于西方，其本直尾、箕，末指虛、危，長丈餘，及天漢，十六日不見。〔一〕劉向以爲尾，宋地，今楚彭城也。箕爲燕，又爲吳、越、齊。宿在漢中，負海之國水澤地也。是時景帝新立，信用鼂錯，將誅正諸侯王，其象先見。後三年，吳、楚、四齊與趙七國舉兵反，〔二〕皆誅滅云。

〔一〕【補注】先謙曰：載見景紀。

〔二〕師古曰：四齊，膠東、膠西、菑川、濟南也。

武帝建元六年六月，有星孛于北方。〔一〕劉向以爲明年淮南王安入朝，與太尉武安侯田蚡有邪謀，而陳皇后驕恣，其後陳后廢，而淮南王反，誅。

〔一〕【補注】先謙曰：武紀不載。

八月，長星出于東方，長終天，三十日去。占曰：「是爲蚩尤旗，見則王者征伐四方。」其後兵誅四夷，連數十年。

元狩四年四月，長星又出西北。是時伐胡尤甚。

元封元年五月，〔一〕有星孛于東井，又孛于三台。其後江充作亂，京師紛然。此明東井、三台爲秦地效也。

〔一〕【補注】朱一新曰：武紀作「秋」。

宣帝地節元年正月，有星孛于西方，去太白二丈所。劉向以爲太白爲大將，彗孛加之，掃滅象也。明年，大將軍霍光薨，後二年家夷滅。

成帝建始元年正月，有星孛于營室，青白色，長六七丈，廣尺餘。劉向、谷永以爲營室爲後宮懷任之象，〔一〕彗星加之，將有害懷任絕繼嗣者。一曰，後宮將受害也。其後許皇后坐祝詛後宮懷任者廢。趙皇后立妹爲昭儀，害兩皇子，上遂無嗣。趙后姊妹卒皆伏辜。

〔一〕【補注】先謙曰：官本「任」作「姙」，下同。姙，俗字，當作「任」。

元延元年七月辛未，有星孛于東井，踐五諸侯，〔一〕出河戍北率行軒轅、太微，後日六度有餘，晨出東方。十三日夕見西方，犯次妃、長秋、斗、填，蠭炎再貫紫宮中。〔二〕大火當後，達天河，除於妃后之域。〔三〕南逝度犯大角、攝提，至天市而按節徐行，〔四〕炎入市，中旬而後西去，五十六日與倉龍俱伏。谷永對曰：「上古以來，大亂之極，所希有也。察其馳騁驟步，芒炎或長或短，所歷奸犯，〔五〕内爲後宮女妾之害，外爲諸夏叛逆之禍。」〔六〕劉向亦曰：「三代之亡，攝提易方；秦、項之滅，星孛大角。」是歲，趙昭儀害兩皇子。後五年，成帝崩，昭儀自殺。哀帝即位，趙氏皆免官爵，徙遼西。哀帝亡嗣。平帝即位，王莽用事，追廢成帝趙皇后、哀帝傅皇后，皆自殺。外家丁、傅皆免官爵，徙合浦，歸故郡。平帝亡嗣，莽遂篡國。

〔一〕孟康曰：五諸侯，星名。

〔二〕【補注】先謙曰：長秋，見百官表。此謂皇后星位也。天文志「中宮，後句四星，末大星正妃，餘三星後宮之屬也」。天官書索隱引援神契云「辰極橫，后妃四星從」。禮檀弓鄭注「后妃四星，其一明者爲正妃，餘三小者爲次妃」。言孛星犯次妃，長秋又犯北斗，又犯填星，再貫紫宮。次妃、長秋在紫宮中，故此云再貫也。「蠭」與「鋒」同，見藝文志及各傳注。「炎」俗作「燄」。鋒炎，猶下言芒炎矣。

〔三〕【補注】先謙曰：「當」字宜衍。彗有除舊布新之義，在妃后之域，縱橫馳騖，若埽除然。

〔四〕服虔曰：謂行遲。

〔五〕師古曰：奸音干。

〔六〕【補注】先謙曰：此永傳所謂「七月辛未，彗星横天」也。杜鄴傳云「永言彗星之占，語在五行志」，即此。內有二句，轉不如本傳之詳。

釐公十六年「正月戊申朔，隕石于宋，五，是月六鶂退飛過宋都」。董仲舒、劉向以爲象宋襄公欲行伯道將自敗之戒也。〔一〕石陰類，五陽數，自上而隕，此陰而陽行，欲高反下也。石與金同類，色以白爲主，近白祥也。鶂水鳥，六陰數，退飛，欲進反退也。其色青，青祥也，屬於貌之不恭。〔二〕天戒若曰，德薄國小，勿持炕陽，欲長諸侯，與彊大爭，必受其害。襄公不寤，明年齊威死，伐齊喪，〔三〕執滕子，圍曹，〔四〕爲盂之會，與楚爭盟，卒爲所執。後得反國，〔五〕不悔過自責，復會諸侯伐鄭，與楚戰于泓，軍敗身傷，爲諸侯笑。〔六〕左氏傳曰：隕石，星也；鶂退飛，風也。宋襄公以問周內史叔興曰：「是何祥也？吉凶何在？」對曰：「今茲魯多大喪，明年齊有亂，〔七〕君將得諸侯而不終。」退而告人曰：「是陰陽之事，非吉凶之所生也。吉凶繇人，吾不敢逆君故也。」〔八〕是歲，魯公子季友、鄫季姬、公孫茲皆卒。〔九〕明年，齊威死，適庶亂。〔一〇〕宋襄公伐齊行伯，卒爲楚所敗。〔一一〕劉歆以爲是歲歲在壽星，其衝降婁。〔一二〕降婁，魯分壄也，故爲魯多大喪。正月，日在星紀，厭在玄枵。玄枵，齊分壄也。石，山物；齊，大嶽後。〔一三〕五石象齊威卒而五公子作亂，〔一四〕故爲明年齊有亂。庶民惟星，隕於宋，象宋襄將得諸侯之衆，而治五公子之亂。星隕而鷁退飛，故爲得諸侯而不終。六鷁，象後六年伯業始退，執於盂也。〔一五〕民反德爲亂，亂則妖災生，言吉凶繇人，然后陰陽衝厭受其咎。齊、魯之災非君所致，故曰「吾不敢逆君故也」。京房易傳曰：「距諫自彊，茲謂卻行，厥異鷁退飛。適當黜，則鷁退飛。」〔一六〕

〔一〕師古曰：伯讀曰霸。【補注】先謙曰：官本無注。

〔二〕【補注】先謙曰：白祥、青祥互見。

〔三〕師古曰：僖十七年，齊桓公卒，十八年，宋襄公以諸侯伐齊。【補注】先謙曰：官本「威」作「桓」。下同。

〔四〕師古曰：十九年三月，宋人執滕子嬰齊，秋，宋人圍曹。

〔五〕師古曰：二十一年春，爲鹿上之盟。秋，會于盂。於是楚執宋公以伐宋，冬，會于薄以釋之。鹿上、盂、薄皆宋地。

〔六〕師古曰：二十二年夏，宋公、衞侯、許男、滕子伐鄭。十一月，宋公及楚人戰於泓；宋師敗績，公傷股，門官殲焉。二十三年卒，傷於泓故也。泓，水名也，音於宏反。

〔七〕師古曰：今茲謂此年。

〔八〕師古曰：繇讀與由同。【補注】先謙曰：官本無注。

〔九〕師古曰：僖十六年三月，公子季友卒，四月季姬卒，七月公孫茲卒。季姬，魯女適鄫者也。公孫茲，叔孫戴伯也。

〔一〇〕師古曰：適讀曰嫡。【補注】先謙曰：官本無注。

〔一一〕師古曰：已解於上。伯讀曰霸。【補注】先謙曰：官本無注。

〔一二〕師古曰：降音胡江反。

〔一三〕師古曰：齊，姜姓也，其先爲堯之四嶽，四嶽分掌四方諸侯。
〔一四〕師古曰：五公子，謂無虧也，元也，昭也，潘也，商人也。
〔一五〕師古曰：伯讀曰霸。【補注】先謙曰：官本無注。
〔一六〕師古曰：適讀曰嫡。

惠帝三年，隕石緜諸，一。〔一〕

〔一〕師古曰：緜諸，道也，屬天水郡也。【補注】先謙曰：官本「一」作「壹」。

武帝征和四年二月丁酉，隕石雍，二，天晏亡雲，聲聞四百里。〔一〕

〔一〕師古曰：雍，扶風之縣也。晏，天清也。

元帝建昭元年正月戊辰，隕石梁國，六。

成帝建始四年正月癸卯，隕石亳，四，肥累，一。〔一〕

〔一〕孟康曰：皆縣名也，故屬真定。師古曰：亳音工老反。累音力追反。【補注】葉德輝曰：本紀不載。

陽朔三年二月壬戌，〔一〕隕石白馬，八。〔二〕

〔一〕【補注】朱一新曰：成紀作「三月」。
〔二〕師古曰：東郡之縣名。

鴻嘉二年五月癸未，隕石杜衍，三。〔一〕

〔一〕師古曰：南陽之縣名。

元延四年三月，隕石都關，二。〔一〕

〔一〕師古曰：山陽之縣名。【補注】先謙曰：杜鄴傳「谷永言隕石之占，語在五行志」。此未見。

哀帝建平元年正月丁未，隕石北地，十。其九月甲辰，隕石虞，二。〔一〕

〔一〕師古曰：梁國之縣名。

平帝元始二年六月，隕石鉅鹿，二。

自惠盡平，隕石凡十一，皆有光燿雷聲，成、哀尤屢。〔一〕

〔一〕【補注】朱一新曰：隕石十一，惟征和四年、陽朔三年，二者見於本紀，餘皆不載。先謙曰：以上星辰逆行，星隕、隕石附見。